Petra Bertelsmeier, Jennifer Dalhaus

Naturwissenschaftlich-technische Früherziehung

für sozialpädagogische Berufe

2. Auflage

Bestellnummer 50553

■ Bildungsverlag EINS

Haben Sie Anregungen oder Kritikpunkte zu diesem Produkt?
Dann senden Sie eine E-Mail an 50553_002@bv-1.de
Autorinnen und Verlag freuen sich auf Ihre Rückmeldung.

Die in diesem Werk aufgeführten Internetadressen sind auf dem Stand zum Zeitpunkt der Drucklegung.
Die ständige Aktualität der Adressen kann vonseiten des Verlages nicht gewährleistet werden. Darüber
hinaus übernimmt der Verlag keine Verantwortung für die Inhalte dieser Seiten.

www.bildungsverlag1.de

Bildungsverlag EINS GmbH
Hansestraße 115, 51149 Köln

ISBN 978-3-427-**50553**-2

Inhaltsverzeichnis

„Das große Ziel der Bildung ist nicht Wissen, sondern Handeln."
Herbert Spencer (1820–1903)

„Denken, das heißt eingesehen zu haben, dass das Wissen zu Ende geht."
Hans Lohberger

Vorwort

Zielsetzungen

Weltfragen, wissen zu wollen, „was die Welt im Innersten zusammenhält", zeigen das Streben der Menschen an. Seit jeher ist der Mensch getrieben von dem Wunsch, die Welt zu begreifen. Dies stellt eine umso schwierigere Aufgabe dar, je komplexer die Weltzusammenhänge sind. Indem der Mensch die Welt erklären will und sie selbst gestaltet, hat er selbst einen nicht unentscheidenden Anteil daran, dass er Teil einer immer unübersichtlicher, vielschichtiger und komplizierter erscheinenden Weltstruktur ist. Zur Orientierung und Strukturierung eines immer komplexer werdenden Verstehens von „Welt" wurden Kategorisierungen notwendig, die das Denken in einzelnen Disziplinen ermöglichen. Je

nach Disziplin wird eine unterschiedliche Perspektive auf die Welt genommen. Philosophie, Sozialwissenschaften, Politik, Ökonomie, Psychologie sind etwa solche Wissenschaftsdisziplinen. Die Naturwissenschaften sind weitere. Das Ziel aller Disziplinen ist, die Welt bzw. Teilbereiche der Welt zu erklären. Dieses Ziel versuchen sie zu erreichen, indem sie eine ganz bestimmte Perspektive auf die Welt einnehmen und andere dafür ganz bewusst ausblenden. Verstehen gelingt leichter, wenn ein Gesamtzusammenhang auf Einzelaspekte hinuntergebrochen wird.

Die Welt hinterfragen. Wer einen Kuchen backen will, muss zunächst einmal die einzelnen Zutaten kennen. Damit der Kuchen schmackhaft wird, sollten zum großen Teil die Eigenschaften der einzelnen Zutaten bzw. deren Funktion im Kuchen bekannt sein (z. B. hat Zucker die Aufgabe, dem Kuchen einen süßen Geschmack zu verleihen). Die einzelnen Zutaten allein machen aber noch keinen Kuchen. Erst das Zusammenspiel dieser Zutaten in einem bestimmten Mischungsverhältnis und das Zufügen von Hitze ergeben den Kuchen.

Übertragen auf die Perspektiven, die man auf die Welt einnehmen kann, heißt dies: Eine einzelne Perspektive auf die Welt – hier die naturwissenschaftliche Sicht – ist zwar notwendig für ein Verständnis der Welt, aber nicht ausreichend. Der Mensch hat künstlich auseinandergerissen, was eigentlich zusammengehört: Er hat die Welt in verschiedene Bereiche geteilt, darf aber nicht den Fehler machen, diese Bereiche nicht wieder zu einem Ganzen zusammenzufügen, zu **einem** Weltverständnis. Bildlich gesprochen: Bleiben die Zutaten auf dem Küchentisch nebeneinander stehen, entsteht kein Kuchen.

Die Welt hinterfragen. Kinder sehen den Kuchen, nicht die einzelnen Zutaten. Sie haben noch nicht geteilt, was eigentlich zusammengehört. Sie erforschen die Welt, wie sie ihnen erscheint und lernen sie jeden Tag etwas besser kennen. Wir können ihnen beim Kennen- und Verstehenlernen helfen, indem wir ihr Interesse für die verschiedensten Teile der Welt wecken. Die Kinder können uns Erwachsenen helfen, den Blick für das Ganze nicht zu verlieren, sodass sich am Ende doch zusammenfügt, was zusammengehört und der Mensch künstlich getrennt hat.

Dieses Buch hat die zum Weltverständnis notwendige „Zutat" Naturwissenschaft zum Gegenstand. Es setzt sich mit naturwissenschaftlicher Bildung in der frühen Kindheit auseinander. Damit liefert es einen **notwendigen**, aber **keinesfalls hinreichenden Beitrag** zu der Frage, welche kindlichen Bildungsprozesse wir als Pädagoginnen und Erzieherinnen unterstützen sollten, um den Heranwachsenden ein verantwortungsvolles Leben in und Verstehen von der Welt zu ermöglichen. Die Naturwissenschaften nehmen eine wichtige Position im Rahmen ganzheitlicher Bildungsprozesse ein. Gerade deshalb müssen sie immer wieder rückgebunden werden an den Gesamtzusammenhang: Was trägt die naturwissenschaftliche Perspektive zum Verstehen der Welt bei? Welche anderen Perspektiven sind notwendig zur Entwicklung eines Weltbildes? Das Verstehen der Welt ergibt sich aus dem Handeln in ihr und mündet in einen bestimmten Umgang mit der Welt.

Das Handeln in der Welt aus naturwissenschaftlicher Sicht ist das Forschen und Experimentieren. Dieses nimmt daher in dieser Darstellung einen wesentlichen Stellenwert ein.

Welche Konsequenzen sich aus naturwissenschaftlichen Erkenntnissen für den verantwortlichen Umgang mit der Welt ergeben, kann hier nur angedeutet werden und ist wiederum Gegenstand bereichsübergreifender Betrachtungen.

Arbeiten mit diesem Lehrbuch

Dieses Buch ist geschrieben für diejenigen, die sich mit naturwissenschaftlicher Bildung in der frühen Kindheit auseinandersetzen und dabei das eigenen naturwissenschaftliche Wissen vertiefen wollen. Als Lehrbuch für die erzieherische und sozialpädagogische Ausbildung ermöglicht es die eigenständige Erarbeitung von Inhalten, zielt darüber hinaus aber ebenso auf den Einsatz in Seminar, Arbeitsgruppe oder Klasse. Es bietet sowohl methodisch als auch inhaltlich die naturwissenschaftlichen Hintergründe, die für eine erfolgreiche Umsetzung dieses Bildungsbereichs in der frühen Kindheit notwendig sind. Es wird ein Konzept einer Naturwissenschaftsdidaktik vorgestellt, das vom Kind als konstruktivem Gestalter seiner Lebenswirklichkeit ausgeht. Themenfelder der Praxis ermöglichen die konkrete Umsetzung des Bildungsbereichs Naturwissenschaften in Elementarbereich und Grundschule.

Naturwissenschaften werden in diesem Buch klassisch verstanden und unterteilt in die Disziplinen Chemie, Physik und Biologie. Auch wenn der Begriff „Naturwissenschaften" heute wesentlich weiter gefasst wird, sind dies die ursprünglichen Kategorien zur Beschreibung und Erklärung der belebten und unbelebten Natur, die die Basis für die Arbeit in anderen naturwissenschaftlichen Teilbereichen liefern.

Ein kleiner Leitfaden zur Arbeit mit diesem Lehrwerk sei dem Leser durch folgende Hinweise an die Hand gegeben:

1. **Struktur:** Die Kapitel 1 bis 6 behandeln schwerpunktmäßig den theoretischen Hintergrund für die Umsetzung des Bildungsbereichs Naturwissenschaften in der frühen Kindheit. Somit stellen sie die theoretische Basis für die nachfolgenden Kapitel 7 bis 14 dar, in welchen Themen der Naturwissenschaften in einer Weise praktisch aufbereitet werden, die einen experimentellen Zugang, verknüpft mit entsprechenden Sachhintergründen, zum Thema ermöglichen. Vorschläge für die praktische Umsetzung in Kindergarten und Grundschule werden gegeben. Die Beschreibung von Experimenten findet sich zum einen explizit in den Experimentiervorschriften, die sowohl für das eigene praktische Arbeiten als auch für das Experimentieren in Kindergarten und Grundschule geeignet sind. Zum anderen enthalten manche Aufgaben experimentelle Arbeitsaufträge.

2. **Auswahl der Themen:** Die Themen für die Praxiskapitel ergeben sich aus folgenden Überlegungen: Dieses Handbuch ist für den Bereich der frühen Kindheit geschrieben. Das heißt, bezogen auf das Bildungssystem in Deutschland zielt es auf den Elementar- und Grundschulbereich. Naturwissenschaftliche Angebote haben hier die Aufgabe, „erste anschlussfähige, grundlegende Vorstellungen ausgewählter Konzepte und Denk- und Arbeitsweisen anzubahnen", die ein Interesse schaffen, sich mit naturwissenschaftlichen Fragestellungen auseinanderzusetzen und das spätere naturwissenschaftliche Lernen vorbereiten (Steffensky, 2008, S. 181). Eine Orientierung dafür, welche Konzepte und Arbeitsweisen das sind, liefern die Naturwissenschaften selbst. Neben dieser Richtlinie ist das wesentliche Kriterium für die hier vorgenommene Auswahl die Alltags- und Lebenswirklichkeit der Kinder und darüber hinaus die Frage, wie Kinder selbstständig auf die Welt zugehen und diese begreifen. So ergeben sich Themen für die Praxis, wie z. B. Stoffe erkennen, einordnen, mischen und trennen. Luft und Wasser als zwei ganz besondere, lebenswichtige Stoffe stehen weiterhin im Fokus des naturwissenschaftlichen, kindlichen Zugangs zur Welt. Von diesen grundlegenden Themen, die etwa im Elementarbereich aufgegriffen werden können, ergeben sich weiterführende, darauf aufbauende Themenkomplexe, die dann z. B. in der Grundschule behandelt werden können. Solche Themen betreffen den Bereich Schall, Optik, Lebewesen, Mensch und Pflanze und chemische Reaktionen. Alle Themenfelder können im gesamten Bereich der frühen Kindheit eingesetzt werden. Die Frage ist letztlich die der didaktischen Reduktion.

3. **Aufgaben:** Jedes Kapitel enthält Aufgaben und Projektideen, welche dem eigenständigen Erarbeiten Rechnung tragen und vielfältige Anregungen zur Arbeit in der Praxis anbieten.

4. **Vernetzung der Kapitel:** In jedem Kapitel finden sich Querverweise zu anderen Kapiteln. Somit wird einerseits ermöglicht, theoretische Kenntnisse in der Praxis zu erproben und anzuwenden. Zudem wird dem Leser transparent gemacht, wo sich Bezüge zwischen verschiedenen Themenfeldern herstellen lassen. So werden Zusammenhänge deutlich, welche die Isolierung einzelner Kapitel aufbrechen.

5. **Anregungen:** Die für die Praxis aufbereiteten Themen stellen Anregungen und kein durchzuführendes Programm dar, dessen Absolvieren die Kinder optimal auf das spätere naturwissenschaftliche Lernen vorbereitet. Alle Themen sind experimentell in der Praxis erprobt und können für diese übernommen werden. Die Erfahrung zeigt jedoch, dass kein Konzept buchstabengetreu umgesetzt wird, sondern gerade das naturwissenschaftliche Lernen sehr stark vom Ideenreichtum und der Kreativität der Kinder lebt. Hier den roten Faden zu entdecken und den Lernprozess der Kinder angemessen zu begleiten, diese Möglichkeit bietet dieser Band.

6. **Literatur:** Am Ende der ersten 6 Kapitel finden sich Literaturtipps, die eine vertiefte Auseinandersetzung mit dem jeweiligen Gegenstand ermöglichen. Für die Praxiskapitel 7 bis 14 sind Literaturhinweise am Ende des Literaturverzeichnisses unter der Rubrik „Experimentierbücher" gegeben.

Da in der erzieherischen und sozialpädagogischen Ausbildung und Praxis der Frauenanteil überwiegt, verwenden wir in diesem Buch zur formalen Vereinfachung fast ausschließlich die weibliche Form. Selbstverständlich sind immer auch alle männlichen pädagogischen Fachkräfte angesprochen.

1   Naturwissenschaftliche Bildung in der frühen Kindheit

1.1 Bildung in der frühen Kindheit

Setzt man sich mit frühkindlichen Bildungsprozessen auseinander, so ist zunächst zu bestimmen, was unter Bildung verstanden werden kann.

„Die Antwort beginnt mit einer Setzung: Bilden ist sich bilden [...]. Das kleine Kind ist in ungleich höherem Maße sein eigener Lehrmeister, als es später der Schüler sein wird – und vieles davon ist nicht nur Entdeckung und Übung von Fähigkeiten, sondern deren eigentümliche Gestaltung, die ‚sich bilden‘ genannt zu werden sehr wohl verdient: in der Sprache, in der Aufmerksamkeit für andere Menschen, im Spiel der Einbildungskraft, in der Empfänglichkeit für Musik, für die Schönheit der Dinge, für die Rätsel und **Wunder der Natur.**"
(von Hentig, 1996, S. 39, gekürzt)

Dieses Zitat zeigt verschiedene Dimensionen, die innerhalb des Begriffs Bildung deutlich werden: Bildung ist kein hehres humanistisches Ziel, sondern beschreibt einen aktiven Prozess, der wesentlich vom Subjekt aktiv gestaltet wird. Bildung ist wesentlich verknüpft mit der Ausbildung von Fähigkeiten (Kompetenzen). Kleine Kinder weisen sehr hohe Selbstbildungspotenziale auf. Hieraus ergeben sich Konsequenzen für die Bildungsdiskussion im Elementarbereich. Bildung ist geknüpft an die Auseinandersetzung mit einer Sache (Dinge, Gegenstände, Wirklichkeitsbereiche). Der Ausdruck „Bildung von Anfang an" ist in diesem Sinne wörtlich zu verstehen: Bildung beginnt mit der Geburt und dauert ein Leben lang.

Bildungsprozesse wären aber unvollständig beschrieben, reduzierte man diese auf die aktive Gestaltung durch den im Bildungsprozess befindlichen Menschen. Wenn Gestaltung gerichtet ist auf das Gestalten von Beziehungen in und mit der Welt, und das heißt auch mit anderen Menschen, so kommt eine zweite aktive Variable in die Gleichung: Beziehung kann nicht einseitig auf sich selbst gerichtet sein. Vielmehr beschreibt sie ein Verhältnis: Gestaltung von Beziehungen erfordert mindestens zwei aktive Partner. Um dies in einem Bild aus den Naturwissenschaften auszudrücken: Die Wirkung eines Magneten entsteht nicht durch den Magneten allein, sondern nur in Relation zu einem anderen Objekt. Das Objekt muss so beschaffen sein, dass es durch den Magneten angezogen werden kann bzw. dass es selbst den Magneten anzieht. Pädagogischer ausgedrückt:

Kinder brauchen Partner, die sich mit ihnen gemeinsam auf den Weg machen, Fragen zu stellen und Antworten zu finden. Die erwachsenen Begleiter weisen dabei keinesfalls auf die Antworten hin, sondern unterstützen das Kind dabei, möglichst selbstständig herauszufinden, was es noch nicht weiß.

Die dahinter stehende Vorstellung von Entwicklung entspricht **interaktionistischen Theorien**, die davon ausgehen, dass sowohl Kind als auch Umwelt eine aktive Rolle im Entwicklungsprozess einnehmen. Davon unterschieden werden müssen exogenistische Ansätze, endogenistische Theorien und Selbstgestaltungstheorien (vgl. Fthenakis, 2009a, S. 17). Der Ansatz der Ko-Konstruktion ist der in der aktuellen Diskussion prominenteste Vertreter einer interaktionistischen Theorie (siehe Kapitel 2.2).

Aufgaben

Was ist Bildung?

1. Versuchen Sie eine eigene Definition und zeigen Sie auf, welche Ziele Bildungsprozesse verfolgen und auf welche Weise diese Ziele erreicht werden können.

2. „Bildung beginnt mit der Geburt und dauert ein Leben lang." Diskutieren Sie diese Aussage.

Welche Ziele verfolgen Bildungsprozesse? Das grundlegende Ziel ist in der Beschreibung von Bildungsprozessen selbst schon enthalten: Das Aneignen, das Begreifen von Welt, das Gestalten von Beziehungen beschreibt nichts anderes als den Weg zur Entwicklung zu einem selbstbestimmten Individuum, das verantwortungsvoll sich selbst und anderen gegenüber in dieser Welt handelt. Hierfür ist die Ausbildung grundlegender Kompetenzen notwendig:

Kompetenzen	Konkretisierungen
Selbstkompetenz	• Selbstwert • Selbstwahrnehmung • Selbststeuerung/-regulation • Selbstreflexivität • Kohärenzsinn • Selbstständigkeitsregulation • Bewältigungsfähigkeit und seelische Widerstandskraft (Resilienz)
soziale Kompetenz	• Fremdwahrnehmung • Empathiefähigkeit • Konfliktlösungsfähigkeit • Durchsetzungsvermögen • Fähigkeit zur Beziehungsgestaltung
Neugier- und Forschungskompetenz	• Neugier, Exploration und Engagiertheit • Kreativität • Lern- und Leistungsmotivation
Problemlösekompetenz	• Analyse von Situationen/Problemen • Entwicklung und Anwendung von Problemlösestrategien • Vermutungsbildung • schlussfolgerndes Denken
Orientierungskompetenz	• Analyse und Auswahl bei Vielfalt • Fähigkeit zur Synthese/Schaffung eines Weltbildes • Fähigkeit zur Entscheidung • Umgang mit Vielfalt

(vgl. Arbeitsgruppe Pädagogik der frühen Kindheit an der Evangelischen Fachhochschule Freiburg, 2006)

In der bildungspolitischen Diskussion hat in den letzten Jahren ein Wandel von Begrifflichkeiten stattgefunden. Der Kompetenzbegriff hat mittlerweile den Lernziel- und Qualifikationsbegriff abgelöst und trägt damit der Tatsache Rechnung, dass Bildung auf eine ganzheitliche Persönlichkeitsentwicklung und auf Teilhabe an gesellschaftlichen

Prozessen (wie auch immer diese konkret aussehen) zielt und nicht auf eine Aneignung von Wissen in einzelnen Bildungsbereichen reduziert werden kann. Kompetenzbeschreibungen ermöglichen eine allgemeine Beschreibungsebene von Bildungszielen und berücksichtigen, dass Gesellschaft einem stetigen Wandel unterworfen ist. Somit kann heute nicht vorhergesagt werden, welche konkreten Qualifikationen und welches konkrete Wissen Heranwachsende in ihrem zukünftigen Leben benötigen, um im persönlichen, beruflichen und gesellschaftlichen Leben erfolgreich zu sein. Im Bereich der Frühpädagogik spricht man von Vorläuferkompetenzen.

„Gemeint sind Erfahrungen, die die später in der Schule geforderten Fähigkeiten vorbereiten. So kann etwa der Umgang mit oder das Verständnis von abstrakten Zeichen als Vorläuferkompetenz für das Schreiben betrachtet werden. Oder das Abschätzen von Größen und Mengen als Vorstufe mathematischen Denkens."
(Merkel, 2005, S.19)

Wenn Bildung nicht bedeutet, Wissen aus einzelnen Bildungsbereichen anzusammeln, welche Rolle spielen diese Bildungsbereiche dann für Bildungsprozesse?

Kompetenzen entwickeln sich nicht in einem luftleeren Raum, sondern anhand von Auseinandersetzungen mit einer Sache, mit einem Gegenstand, mit einem Inhalt. Diese werden durch einzelne Bildungsbereiche konkretisiert, die also daraufhin befragt werden müssen, was sie zur Ausbildung einzelner Kompetenzen beitragen können. So lässt sich etwa eine Matrix erstellen, in welcher die Bildungsbereiche[1] und Kompetenzen aufeinander bezogen sind:

	BILDUNGSBEREICHE					
	Bewegung und Motorik	Sprache und Kommunikation	Natur Umwelt Technik	Mathematik	Kunst und Musik	Sinn und Ethik
K O M P E T E N Z E N Selbstkompetenz						
soziale Kompetenz						
Neugier- und Forschungskompetenz						
Problemlösekompetenz						
Orientierungskompetenz						

(vgl. Arbeitsgruppe Pädagogik der frühen Kindheit an der Evangelischen Fachhochschule Freiburg, 2006)

---

[1] Anzahl und inhaltliche Bestimmung der Bildungsbereiche variieren in den Bildungsplänen der Bundesländer. Die hier vorgeschlagene Einteilung muss an die jeweils in den einzelnen Bundesländern vorgenommene Strukturierung angepasst werden.

Bildung in einem hier beschriebenen Sinn ist **ganzheitliche Bildung**: Sie umfasst erstens die ganzheitliche Persönlichkeitsentwicklung. Inhalte und Methoden der Bildungsbereiche werden mit der Ausbildung von Kompetenzen verknüpft. Zweitens werden in einem ganzheitlichen Bildungsverständnis Themen bildungsbereichsübergreifend angegangen. Drittens deutet der Begriff Ganzheitlichkeit auf Lernprozesse hin, welche die Kinder als ganze Person, auf allen Ebenen ihrer Wahrnehmung, ansprechen.

Für den Bildungsbereich Naturwissenschaften muss also auch die Frage gestellt werden, welchen Beitrag er zu einer ganzheitlichen Bildung leistet, welche Kompetenzen er fördert und wie er bildungsbereichsübergreifende Themen um seine ganz eigene Perspektive bereichern kann.

1.2 Naturwissenschaftliche Bildung im Elementar- und Grundschulbereich

1.2.1 Aktuelle Situation

Der Bildungsbereich Naturwissenschaften ist seit einigen Jahren aus den Diskussionen in Elementar- und Grundschulpädagogik nicht mehr wegzudenken. Welchen Stellenwert sollen die Naturwissenschaften in frühkindlicher Bildung einnehmen? Welche Gewichtung erhalten hierbei belebte und unbelebte Natur? Untersuchungen von z. B. Lück weisen darauf hin, wie gering der Anteil der naturwissenschaftlichen, in besonderer Weise der chemischen und physikalischen Sachthemen, im Gesamtlehrplan des Sachkundeunterrichts ist. Die zunehmende Anzahl an Fort- und Weiterbildungsmaßnahmen in diesem Bereich verdeutlicht diese Fokussierung ebenso wie die Erzieherinnenausbildung an den Fachschulen für Sozialpädagogik, die nicht mehr das Fach Biologie, sondern Naturwissenschaften in den Richtlinien und Lehrplänen verankert hat. In allen Bildungs- bzw. Orientierungsplänen der Bundesländer sind die Naturwissenschaften inhaltlich vertreten (vgl. Fthenakis 2009a, S. 14). Während beispielsweise in der alten Bildungsvereinbarung NRW von 2003 der Bildungsbereich Natur und kulturelle Umwelten als einer von insgesamt vier Bildungsbereichen sehr allgemein beschrieben war, findet sich in der neuen Bildungsvereinbarung „Mehr Chancen durch Bildung von Anfang an" von 2010 explizit der Bereich naturwissenschaftlich-technische Bildung mit konkreten Hinweisen zur Förderung des naturwissenschafltlich-technischen Verständnisses in der frühen Kindheit.

Die Auseinandersetzung mit der Frage, wie viel Bildung der Kindergarten braucht, entzündet sich gerne am naturwissenschaftlich-mathematisch-technischen Themenfeld.

Dabei gewinnt so manch einer, der sich nicht erst seit den letzten zehn Jahren in diesem Berufsfeld tummelt, den Eindruck, dass eigentlich nur alter Wein in neuen Schläuchen angeboten wird: Naturerfahrung ist keine neue Erfindung der Autoren von Bildungsvereinbarungen, sondern war schon immer ein Bereich in der Elementarpädagogik. Jedoch entwickelt dieser Bereich in der Diskussion um Bildung eine völlig neue Dimension. Grundlegend sollen den Erzieherinnen und Pädagoginnen die Naturwissenschaften erschlossen werden. Es werden Konzeptionen entwickelt, wie naturwissenschaftliche Bildung systematisch in den Vorschulbereich integriert werden kann. Große Unternehmen haben es sich zur Aufgabe gemacht, im Non-Profit-Bereich Bildungseinrichtungen zu unterstützen und bundesweite Initiativen, wie das „Haus der kleinen Forscher", versuchen den Großteil aller elementarpädagogischen Einrichtungen mit ihrem Angebot zu erreichen, um überall „naturwissenschaftliche Bolzplätze" zu initiieren.

Die Ursachen dieser Bestrebungen liegen sicherlich nicht allein in der Förderung naturwissenschaftlicher Bildungsprozesse begründet, sondern deuten ein sich entwickelndes neues Verständnis pädagogischer Berufe an: Die Analyse deutscher Bildungsstandards im internationalen Vergleich führt zu Reflexionsprozessen über konzeptuelle Veränderungen im Bildungssystem. Aus dem *Sein* kann nicht automatisch das *Sollen* abgeleitet werden. Vielmehr ist darzulegen, welche Relevanz dem Bildungsbereich Naturwissenschaften in der frühen Kindheit zukommt. Besondere Aufmerksamkeit gilt der Gefahr, den Schulunterricht einfach in den Elementarbereich vorzuziehen, mit dem Hinweis, verschiedene Untersuchungen zeigten, dass Kinder kognitiv durchaus in der Lage seien, sich schon früh mit diesen Themen auseinanderzusetzen. Welche Gründe lassen sich für den Einsatz naturwissenschaftlicher Zusammenhänge in der frühkindlichen Bildung nennen? Welche Kompetenzen (siehe S. 13) fördert er und wie ordnet er sich in ein ganzheitliches Bildungsverständnis ein?

1.2.2 Begründungszusammenhänge naturwissenschaftlicher Früherziehung

Gesellschaftliche Bedingungen

Ein grundlegender Orientierungspunkt für das pädagogische Handeln der Erzieherinnen und Erzieher ist die Lebenswelt der Kinder. Entsprechend gehört es zu den Kernkompetenzen pädagogischer Fachkräfte, die Lebensbedingungen der Kinder zu analysieren und somit auch gesellschaftliche Wandlungsprozesse, denen sie unterworfen sind, zu erkennen.

Als ein zentraler Bestandteil gegenwärtiger Lebensbedingungen gelten Natur und Technik: Erkenntnisse der Naturwissenschaften und deren Anwendung haben dazu geführt, dass wir aktuell in einer hochtechnisierten Welt leben. Nach außen betrachtet besteht eine scheinbare Ambivalenz zwischen beiden Gegenstandsbereichen Natur und Technik. So dient doch die Technik dem Fortschritt der Menschheit, welche auf Kosten der Natur den Menschen vorantreibt. Durch Technik verändert der Mensch Natur und Umwelt und greift in problematischer Weise in natürliche Zusammenhänge ein. Hier erhalten die Naturwissenschaften einen zentralen Stellenwert: Ihre Anwendungsfelder stellen den Bezug zur Technik her, außerdem liefern sie Beschreibungen der Natur, deren Kenntnis eine notwendige Voraussetzung zum verantwortlichen Umgang mit dieser ist. Genau das erscheint als eine der **zentralen Aufgaben der Zukunft**: Die verantwortungsvolle Ausgestaltung unserer Welt, die an der (technischen) Weiterentwicklung der Menschheit orientiert ist, die ihre Grenzen jedoch in der Bewahrung unserer natürlichen Umwelt hat.

Diese Aufgabe kann ohne ein Naturbewusstsein und ohne naturwissenschaftliches Wissen (Inhalte und Methoden) nicht bewältigt werden. Die eigene Haltung und das eigene Handeln zu reflektieren und im Hinblick auf Angemessenheit zu überprüfen, erfordert eine Wissensbasis, von der aus Bewertungen vorgenommen werden können. Wenn etwa nicht bekannt ist, dass von Autos Schadstoffemissionen ausgehen und welche Folgen eine erhöhte Schadstoffkonzentration in der Luft für das globale Klima hat, dann kann aus umweltschutztechnischer Sicht auch keine Bewertung der Frage vorgenommen werden, ob es sinnvoller ist, das Auto oder das Fahrrad zu nehmen. Unsere naturwissenschaftlich und technisch geprägte Welt fordert eine naturwissenschaftliche Grundbildung, die eine Beteiligung an gesellschaftlichen Diskussionen diese Themen betreffend ermöglicht (vgl. Steffensky, 2008, S. 180).

Luftverschmutzung durch Abgase

Über die Ausbildung genereller Kompetenzen in Bezug auf den Zusammenhang Natur-Technik-Naturwissenschaften hinaus sind spezifische Kompetenzen und Fähigkeiten Einzelner notwendig: Gegenläufig zu der hohen Bedeutsamkeit der Naturwissenschaften ist die Zahl derjenigen, die einen Beruf im naturwissenschaftlich-technischen Bereich wählen, rückläufig. Das Image dieser Berufsfelder ist teilweise negativ besetzt, sodass verhältnismäßig wenige Menschen einen entsprechenden beruflichen Werdegang einschlagen. Die Förderung von Interesse, Begabungen und Kompetenzen schon im frühen Kindesalter, der unbefangene Zugang zu Naturwissenschaft und Technik, könnte diese Entwicklung beeinflussen und dazu führen, dass sich mehr Menschen in diesen Bereichen beruflich qualifizieren.

Aus Sicht gesellschaftlicher Rahmenbedingungen muss also die Beschäftigung mit den Naturwissenschaften notwendigerweise einen Stellenwert im Rahmen frühkindlicher Bildungsprozesse erhalten.

Der Verweis auf gesellschaftliche Implikationen stellt zwar eine notwendige, dennoch keine hinreichende Begründung für naturwissenschaftliche Bildung im frühen Kindesalter dar. Eine eindeutige Relevanz wird erst – geht man von Selbstbildungspotenzialen der Heranwachsenden aus – durch das Kind selbst, durch seine Bedürfnisse, gegeben.

Neugier und Interesse des Kindes

Welche Haltung nehmen Kinder selbst zur Beschäftigung mit naturwissenschaftlichen Phänomenen ein? Das grundlegende Interesse, die Welt zu erforschen und zu verstehen, ist ein typisches Kennzeichen der jungen Heranwachsenden. Schon Säuglinge erforschen ihre Umwelt mit allen Sinnen. Es ist aber zu klären, ob auch das Experimentieren, das Gewinnen von Erkenntnissen über

experimentierendes Kind

eine Problemstellung, die Vermutungsbildung und die Überprüfung derselben im Interesse des Kindes liegen. Genau dies hat Gisela Lück in einer Untersuchung nachgewiesen (vgl. Lück/Köster, 2006, S. 20 f.). 70 Prozent aller Kinder einer Einrichtung im Alter von fünf bis sechs Jahren entschieden sich – nachdem sie schon einmal an einer Experimentieraktivität teilgenommen hatten – trotz attraktiver Alternativangebote für die freiwillige Teilnahme an einer Experimentiereinheit. Lück wies in verschiedenen Untersuchungen ein sehr hohes Interesse, Neugier, Wissensdrang und eine uneingeschränkte Offenheit für naturwissenschaftliche Phänomene nach, Haltungen, die im Sekundarbereich im großen Maße verloren gehen. Darüber hinaus zeigte eine Untersuchung die hohe Erinnerungsfähigkeit der Kinder an sechs Monate zuvor durchgeführte Experimentierreihen: Jedes Kind erinnerte sich mindestens an vier von zehn der sechs Monate zuvor durchgeführten Versuche (vgl. Lück, 2007a, S. 4). Dies deutet auf Erfolge im Bereich der Langzeitwirkung von früher Naturwissenschaftserfahrung hin.

Das große Interesse der Kinder ist ein sehr starkes Argument für das Ermöglichen naturwissenschaftlicher Erfahrung schon im Elementarbereich. Lernpsychologisch gesehen ist die intrinsische Motivation einer der größten Motoren für das Lernen, sodass es sehr sinnvoll ist, diese zu nutzen, um Kinder schon früh mit naturwissenschaftlichen Basiskonzepten in Berührung zu bringen und eine positive Besetzung des Bereichs Naturwissenschaften zu erreichen.

Sowohl die Entwicklungspsychologie als auch die Neurowissenschaften machen hierbei deutlich, dass es im Vorschulbereich lediglich um eine erste Anbahnung naturwissenschaftlicher Erkenntnisse (Vorläuferkompetenzen) gehen kann, im Lauf der Grundschulzeit aber Kompetenzen im formalen wissenschaftlichen Denken zunehmen und entsprechend auf den Erfahrungen des Elementarbereichs weiter aufgebaut werden kann. Es sind unterschiedliche Schwerpunkte im Elementar- und Grundschulbereich notwendig. Während naturwissenschaftliche Angebote in den Kindertageseinrichtungen nicht ausschließlich, aber verstärkt phänomenologisch und im Bereich der „Wenn-dann-Beziehungen" vorbereitet werden sollten, können in der Grundschule zu diesen Phänomenen vermehrt Erklärungen gefunden werden, die über rein phänomenologische Betrachtungen hinausgehen. Wichtig für die Begleitung in allen Altersstufen sind metakognitive Prozesse (siehe Kapitel 4.5.2, S. 98), die einen großen Beitrag zur Anbahnung eines Wissenschaftsverständnisses liefern, das dann im Sekundarbereich weiter ausgebaut werden kann.

Aufgabe

Tragen Sie alle bisher vorgestellten Argumente für die Auseinandersetzung mit dem Bildungsbereich Naturwissenschaften in der frühen Kindheit zusammen.

Beitrag zu einem ganzheitlichen Bildungskonzept

Der bisherige Blick auf den Bildungsbereich Naturwissenschaften allein soll nun um eine Integration in einen ganzheitlichen Bildungsansatz erweitert werden. Inwieweit kann der Bildungsbereich Naturwissenschaften über die Vermittlung von fächerspezifischem Wissen hinaus einen Beitrag zur ganzheitlichen Persönlichkeitsentwicklung des Kindes leisten? Welche Kompetenzen hilft er anzubahnen? Wie kann durch Verknüpfungsmöglichkeiten der verschiedenen Bildungsbereiche ein Denken, ein Lernen in Zusammenhängen erfolgen?

Wenn Bildung in einem ganzheitlichen Ansatz verstanden wird als Bildung von Persönlichkeit und Identität, dann muss gezeigt werden, inwieweit die Beschäftigung mit naturwissenschaftlichen Fragestellungen und Themen helfen, entsprechende Kompetenzen und Persönlichkeitseigenschaften zu entwickeln. Auf welche Weise der Bildungsbereich Naturwissenschaften verschiedene Kompetenzen fördert, ist im Folgenden anhand einiger Beispiele tabellarisch aufgeführt.

Kompetenzen	Bildungsbereich Naturwissenschaften
Selbstkompetenz • Selbstwert • Selbstwahrnehmung • Selbststeuerung/-regulation • Selbstreflexivität • Kohärenzsinn • Selbstständigkeitsregulation • Bewältigungsfähigkeit und seelische Widerstandskraft (Resilienz)	• selbstständig forschen • unter Anstrengung etwas erreichen, z. B. eine Frage mithilfe eines Experiments beantworten • mich und meine Bedeutung für den Forschungsprozess innerhalb der Gruppe wahrnehmen • aufgrund besonderer Fähigkeiten eine bestimmte Aufgabe in der Gruppe übernehmen • das eigenes Vorgehen und Handeln während des Forschungsprozesses reflektieren • sich von Misserfolgen (ein Experiment hat nicht das gewünschte Ergebnis gebracht, eine Vermutung hat sich als nicht richtig herausgestellt) nicht entmutigen lassen, sondern diese zum Anlass nehmen, weiterzumachen (Kontrolle von Emotionen) • ein angemessenes Fehlerverständnis entwickeln: Fehler und falsche Annahmen als wichtigen Schritt im Forschungs- und Erkenntnisprozess ansehen; sich bewusst werden, dass Fehler den Menschen lehren, wie etwas nicht funktioniert (Erkenntniszuwachs)
soziale Kompetenz • Fremdwahrnehmung • Empathiefähigkeit • Konfliktlösungsfähigkeit • Durchsetzungsvermögen • Fähigkeit zur Beziehungsgestaltung	• den Beitrag der anderen zum Forschungsprozess anerkennen • wahrnehmen, wenn andere Hilfe benötigen und ihnen Hilfe anbieten (z. B. beim Entzünden eines Teelichts) • Kompromisse bei der Aufgabenverteilung eingehen • die eigene Meinung gegenüber anderen durchsetzen, Argumente und Begründungen für die eigene Sicht der Dinge finden • Austausch von nicht für alle vorhandenen Materialien und Geräten • im „Forscherteam" gemeinsam zu einem Ergebnis kommen
Neugier- und Forschungskompetenz • Neugier, Exploration und Engagiertheit • Kreativität • Lern- und Leistungsmotivation	• sensibel für die vielfältigen Phänomene der Natur werden • Fragestellungen entwickeln • ein Phänomen erklären wollen • Vermutungen und Lösungen für ein Problem vorschlagen • nach einer gewonnenen Erkenntnis für eine neue Fragestellung motiviert sein • sich anstrengen, um etwas herauszufinden

Kompetenzen	Bildungsbereich Naturwissenschaften
Problemlösekompetenz • Analyse von Situationen/Problemen • Entwicklung und Anwendung von Problemlösestrategien • Vermutungsbildung • schlussfolgerndes Denken	Naturwissenschaftliche Bildungsprozesse nehmen eine zentrale Stellung innerhalb der Ausbildung dieser Kompetenz ein, indem die Entwicklung aller hier genannten Fähigkeiten wesentlicher Bestandteil des Forschungsprozesses selbst sind (vgl. Kapitel 3.1). Die Fähigkeit, Probleme zu lösen und die wichtige Funktion, die Reflexionsprozesse hier einnehmen, können auf andere Lebensbereiche übertragen werden.
Orientierungskompetenz • Analyse und Auswahl bei Vielfalt • Fähigkeit zur Synthese/Schaffung eines Weltbildes • Fähigkeit zur Entscheidung • Umgang mit Vielfalt	• Wissen strukturieren durch Vergleichen und Kategorisieren • Naturbewusstsein anbahnen • Anbahnung eines ersten Verständnisses über die Rolle des Menschen in der Natur

Ganzheitliche Bildung heißt auch, Themen bildungsbereichsübergreifend aufzubereiten. Dass die naturwissenschaftliche Perspektive mit anderen Bildungsbereichen wie Sprache, Bewegung, Kunst oder Musik verknüpft werden kann, um Themenfelder mehrperspektivisch anzugehen, liegt auf der Hand. Verschiedene Beispiele hierfür werden in Kapitel 6 gegeben.

Beim naturwissenschaftlichen Forschen werden unterschiedliche Ebenen der Wahrnehmung angesprochen, die Kinder setzen ihre Sinne ein: Etwas beobachten heißt, etwas zu sehen, zu hören oder zu riechen und zu schmecken. Die Oberflächenbeschaffenheit von Materialien und Gegenständen kann ertastet werden. Kognitive Fähigkeiten werden angesprochen und entwickelt, indem z.B. Denkprozesse initiiert werden. Gefühle und Emotionen begleiten das Forschen z.B. über das Staunen und Sich-Wundern bzw. Sich-etwas-Fragen, über das Erleben von Erfolgen und Misserfolgen, über die Erfahrung, gemeinsam etwas herauszubekommen zu haben.

Diese exemplarischen Hinweise machen deutlich, dass der Bildungsbereich Naturwissenschaften weit über die Vermittlung von fächerspezifischem Wissen hinausgeht und einen Beitrag leisten kann zur Förderung von Persönlichkeit und Identität. Er bietet Unterstützung darin, das Kind vorzubereiten und stark zu machen für die Welt, die es gestalten und in der es sein Leben gestalten wird. Hierzu ist es notwendig, alle Dimensionen des Menschen anzusprechen, aber auch spezielle naturwissenschaftliche Talente und Begabungen zu fördern und Räume anzubieten, in denen sich die Heranwachsenden ausprobieren und eigene Interessen umsetzen können. Auf diese Weise leistet naturwissenschaftliche Bildung in der frühen Kindheit einen Beitrag zur „Scientific Literacy" zur naturwissenschaftlichen Grundbildung, die definiert werden kann als

„... Fähigkeit, naturwissenschaftliches Wissen anzuwenden, naturwissenschaftliche Fragen zu erkennen und aus Belegen Schlussfolgerungen zu ziehen, um Entscheidungen zu verstehen und zu treffen, welche die natürliche Welt und die durch menschliches Handeln an ihr vorgenommenen Veränderungen betreffen."

(Deutsches Pisa-Konsortium, 2000, S. 66)

Naturwissenschaftliches Wissen beinhaltet in diesem Sinne folgende Aspekte:

- Wissen und Verständnis zentraler Konzepte und Theorien (Inhalte und Methoden)

- Wissen über die Naturwissenschaften (Metaebene):
    - Wissen über Ziele und Vorgehensweisen naturwissenschaftlicher Erkenntnisgewinnung
    - Wissen über die Rolle der Naturwissenschaften in der Gesellschaft
    - Verhältnis von Naturwissenschaften und Technik

- Anwendung des Wissens, z.B. im Hinblick auf naturwissenschaftliche Fragestellungen und Entscheidungsfindung

- Einstellungen und Haltungen gegenüber den Naturwissenschaften, Interesse für die naturwissenschaftliche Perspektive auf die Welt

Es ist hier bewusst von den Naturwissenschaften und nicht von Biologie, Chemie oder Physik die Rede, da eine solche Trennung im Rahmen frühkindlicher Bildungsprozesse nicht relevant ist. Einzelne Themenbereiche dieses Bandes lassen sich natürlich schwerpunktmäßig einzelnen naturwissenschaftlichen Bereichen zuordnen. Für das Kind bestehen diese Kategorien jedoch noch nicht, weil ihm hierfür Definitionen und Klassifizierungen fehlen. Diese werden in der weiteren Entwicklung ausgebildet. Im Verständnis eines kumulativen Lernens können frühkindliche Bildungsprozesse das spätere Lernen vorbereiten und anbahnen helfen, aber keinesfalls vorwegnehmen. Darüber hinaus ergeben sich bei allen Themengebieten der belebten und unbelebten Natur Bezüge zu allen drei klassischen Disziplinen und ermöglichen ganzheitliches Lernen.

Eine signifikante Bedeutung naturwissenschaftlicher Themenfelder ist hinreichend deutlich geworden. Deren Behandlung innerhalb des Elementar- und Grundschulbereichs wird jedoch hinfällig, sofern man nicht die folgende Frage positiv beantworten kann: Können Kinder dies überhaupt? Sind sie in der Lage, über Fragestellung, Vermutungsbildung, Experimente und Schlussfolgerungen zu naturwissenschaftlichen Erkenntnissen zu gelangen? Eine Antwort auf diese Frage liefern entwicklungspsychologische und neurobiologische Grundlagen.

Literaturtipps

von Hentig, Hartmut: Bildung – Ein Essay, München: Carl-Hanser, 1996.

Steffensky, Miriam: Einen naturwissenschaftlichen Blick entwickeln: Naturwissenschaftliches Lernen im Kindergarten, in: Vorschulische Bildungsprozesse in Mathematik und Naturwissenschaften, hrsg. von Frank Hellmich und Hilde Köster, Bad Heilbrunn: Julius Klinkhardt, 2008, S. 179–193.

Schäfer, Gerd E.: Bildung beginnt mit der Geburt. Ein offener Bildungsplan für Kindertageseinrichtungen in Nordrhein-Westfalen, Weinheim: Beltz, 2005.

Robert Bosch Stiftung GmbH (Hrsg.): Frühpädagogik studieren – ein Orientierungsrahmen für Hochschulen, Stuttgart, 2008.

Merkel, Johannes: Gebildete Kindheit. Wie die Selbstbildung von Kindern gefördert wird. Handbuch der Bildungsarbeit im Elementarbereich, Bremen: edition lumière, 2005.

2 Erkenntnisse aus Lernpsychologie und Neurowissenschaften

2.1 Warum Piaget recht hat und Kinder trotzdem forschen können: Entwicklungspsychologische Überlegungen

Als Wegbereiter der Entwicklungspsychologie kann über Piaget nicht hinweggegangen werden, beschäftigt man sich mit kindlichen Bildungspotenzialen. Wie denken Kinder? Welche Logik liegt kindlichen Gedanken zugrunde? Welche Entwicklung nimmt das Denken bei Heranwachsenden? Diese Fragen stehen im Vordergrund von Piagets Untersuchungen, aufgrund derer er folgende Entwicklungsstufen aufstellt, wobei die Altersangaben als ungefähre Richtwerte anzusehen sind:

Sensorische Phase: *0 bis 2 Jahre – Säuglingsalter*
Präoperationale Phase: *2 bis 7 Jahre – Kindergarten-/Vorschulalter*
Phase der konkreten Operationen: *7 bis 12 Jahre – Grundschulalter*
Phase der formalen Operationen: *ab ca. 12 bis 15 Jahre – Jugendalter*

Grundlegend für Piagets Ansatz sind die Begriffe Schema, Adaptation, Assimilation und Akkomodation.

2.1.1 Schemata – Denken in Netzwerken

Unter Schemata sind Wissens- oder Verhaltensmuster zu verstehen, die es dem Menschen ermöglichen, handelnd und verstehend mit dieser Welt umzugehen.

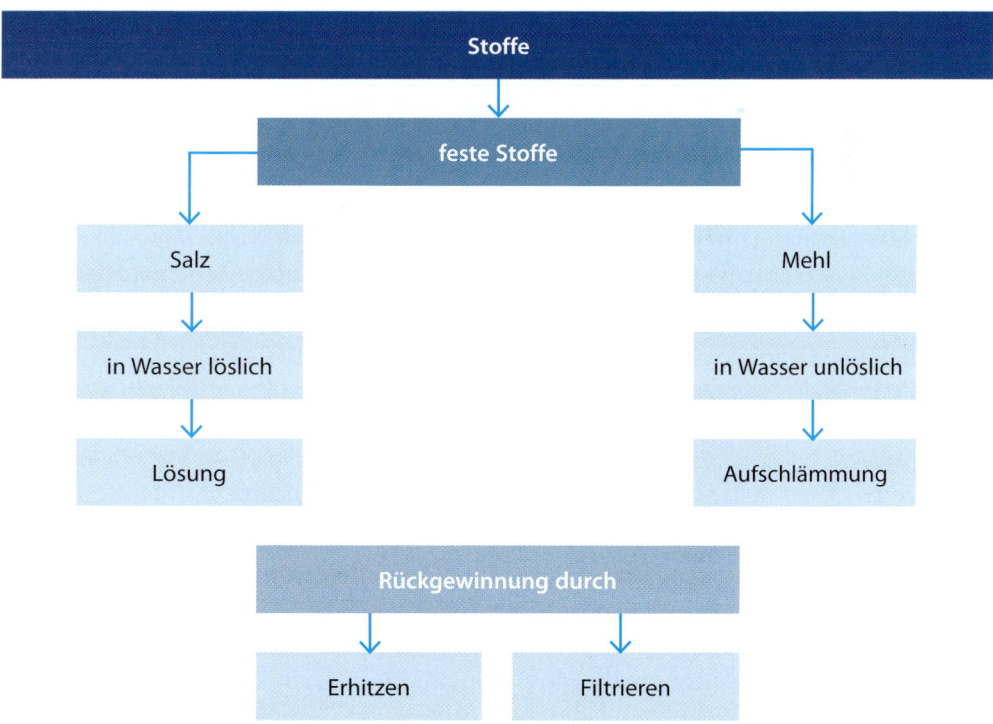

Piaget unterscheidet kognitive Schemata und Verhaltensschemata. Wissensinhalte und Verhaltensweisen werden so organisiert, dass sie nicht für sich allein stehen, sondern in netzartigen Strukturen angeordnet sind. Schemata ermöglichen Menschen, Begrifflichkeiten in Begriffsysteme einzuordnen, die wiederum in größere Verstehenssysteme integriert werden können. Das Resultat ist ein subjektives Weltverstehen aus den so gebildeten Netzwerken. Würde jede Begrifflichkeit, jedes Verhalten für sich allein und nicht in einem übergeordneten Kontext stehen, wäre ein Verstehen von und ein Umgehen mit der Umwelt nicht möglich. Ein Schema steht nie für sich, sondern ist wiederum mit anderen Schemata vernetzt. Dadurch werden erst zusammenhängende Handlungs- und Denkprozesse möglich. Beispielsweise ist beim Lösen von Salz in Wasser die Koordination der Schemata „Abmessen", „Schütten", „Umrühren" notwendig, um dieser Aufgabe gerecht zu werden. Sowohl die Schemata als auch die Koordination verschiedener Schemata sind nicht von Anfang an gegeben, sondern müssen vom Heranwachsenden im Laufe seiner Entwicklung erworben werden. Durch die Entwicklung und Erweiterung von Schemata erfolgt eine Anpassung (Adaptation) zwischen Subjekt und Welt. Anpassung erfolgt über Assimilation und Akkomodation.

2.1.2 Assimilation und Akkomodation – Festigung, Erweiterung und Anpassung von Netzwerken

Im Vorgang der **Assimilation** wendet das Subjekt bestehende Schemata auf Umwelterfahrungen an, d.h., Wahrnehmungen von der Welt werden mithilfe bestehender Schemata gedeutet.

> *Beispiel: Weiß ein Kind, dass ein Erbsen-Sand-Gemisch mithilfe des Siebens voneinander getrennt werden kann, so wird es im Falle der Frage, wie ein Erbsen-Mehl-Gemisch zu trennen sei, das Trennverfahren des Siebens anwenden.*

Probleme, welche die Umwelt an das Kind stellt, werden mit bereits bekannten Schemata gelöst.

Akkomodation findet immer dort statt, wo vorhandene Schemata nicht mehr ausreichen, um auftretende Probleme auf bekannte Weise zu lösen. Hier müssen Schemata den Erfordernissen der Situation durch Erweiterung angepasst werden.

> *Beispiel: Sieht sich ein Kind vor die Aufgabe gestellt, ein Wasser-Öl-Gemisch in seine Bestandteile zu trennen, wird es sehr wahrscheinlich, wenn es zuvor das Sieben als Trennverfahren kennengelernt hat, dieses Verfahren auf diese konkrete Situation übertragen – jedoch ohne Erfolg. Hier müssen neue Wege gefunden werden, die Trennung zu erreichen, z.B. durch Abgießen des oben schwimmenden Öls. Das vorhandene Schema „Trennung durch Sieben" wird hier erweitert durch das Schema „Trennung durch Abgießen".*

Das Subjekt assimiliert also entweder Umweltgegebenheiten an die eigenen kognitiven Fähigkeiten oder passt die kognitiven Möglichkeiten durch Akkomodation der Umwelt an. Das Ziel ist es, ein Gleichgewicht (Äquilibration) zwischen Individuum und Welt bzw. zwischen Schema und Weltgegebenheit herzustellen (vgl. Flammer, 2003, S. 124).

Welche Schemata ein Individuum ausbildet und ausbilden kann, hängt maßgeblich von der Entwicklung ab, die Piaget in drei bzw. vier Phasen unterteilt. Aneignung von Umwelt ist nur erfolgreich, wenn diese im Rahmen der kognitiven Möglichkeiten des Kindes erfolgt, mit anderen Worten, wenn das Kind in der Lage ist, Schemata auf ein Problem anzuwenden (Assimilation) bzw. zur Lösung des Problems die Schemata entsprechend anpassen (Akkomodation) kann.

Da für den Bereich der frühen Bildung in besonderer Weise die Frage interessant ist, ob Naturwissenschaften tatsächlich schon sinnvoll in den Elementarbereich integriert werden können und sollen, soll hier schwerpunktmäßig die präoperationale Phase behandelt werden.

2.1.3 Präoperationale Phase und naturwissenschaftliches Denken

Die für die frühkindliche naturwissenschaftliche Bildung leitende Frage ist, ob Kinder, die sich in Anlehnung an Piaget in der präoperationalen Phase befinden, Schemata entwickeln und anwenden können, um Umwelt und Natur naturwissenschaftlich zu deuten.

Kinder dieses Alters sind zunehmend in der Lage, sich komplette Handlungen auf gedanklicher Ebene vorzustellen, wenn diese Handlungen schon einmal real ausgeführt worden sind. Diese Fähigkeit ist notwendig, um Vermutungen darüber anstellen zu können, welche konkrete Handlung zur Lösung eines Problems führen könnte.

Das Denken von Kindern im Kindergarten- und Vorschulalter ist stark von anthropomorphen und magischen Vorstellungen geprägt. Gegenstände werden vermenschlicht, beobachtete Phänomene werden nicht naturwissenschaftlich erklärt, sondern auf das Wirken höherer Mächte zurückgeführt.

Für das naturwissenschaftliche Arbeiten unerlässlich ist das Umgehen mit Massen, Mengen und Volumina. Piagets Untersuchungen ergaben, dass Kinder der präoperationalen Phase Invarianzen in diesem Bereich nicht erkennen können.

> *Beispiel: Wird Knetmasse von einer Kugel zu einem Wurm ausgerollt, denkt das Kind, die Masse würde mehr und umgekehrt weniger, wenn diese wieder zu einer Kugel geformt würde (vgl. Flammer, 2003, S. 128).*

Das sehr berühmte Beispiel der Flüssigkeitsinvarianz bekräftigt dies. So wurde die gleiche Flüssigkeitsmenge von einem breiten in ein hohes Gefäß gefüllt. Aufgrund des unterschiedlichen Flüssigkeitsstandes vermuteten die Probanden in dem schlankeren Glas eine größere Menge an Flüssigkeit.

Kinder dieser Altersstufe neigen also zu sogenannten logischen Irrtümern, die dadurch entstehen, dass sie zur Erklärung von Sachverhalten einige Kriterien

Welches Glas enthält eine größere Menge an Flüssigkeit?

heranziehen (z. B. die Füllhöhe des Glases), andere jedoch außer Acht lassen (z. B. den Durchmesser des Glases). Das Denken ist sehr stark von Wahrnehmungen und weniger von der Logik bestimmt.

Für naturwissenschaftliches Denken und Handeln zu berücksichtigen ist weiterhin die Tatsache, dass das Denken der Kinder in dieser Phase von Egozentrismus geprägt ist. Sie halten die eigene Perspektive für die einzig existierende und können erst etwa ab einem Alter von vier Jahren einen Perspektivwechsel vollziehen und erkennen, dass jemand anders eine Situation anders einschätzt als man selbst.

Diese oben beschriebenen Zusammenhänge lassen Zweifel daran entstehen, ob Kinder im Vorschulbereich schon mit naturwissenschaftlichen Experimenten in Berührung kommen sollen.

Tatsächlich wurde der Ansatz von Piaget lange Zeit als Begründung dafür herangezogen, Kinder erst möglichst spät mit naturwissenschaftlichen Inhalten zu konfrontieren (Der Leser denke z. B. an die Einführung des Faches Chemie erst in der 7. Klasse). Da das Verstehen naturwissenschaftlicher Zusammenhänge abstrakte Denkoperationen erfordert, Kinder im Elementar- und Grundschulbereich diese jedoch nicht beherrschen, sei die Heranführung der Kinder an die Naturwissenschaften nicht sinnvoll.

Ein Beispiel für eine abstrakte Denkoperation stellt folgende Inklusionsbeziehung dar:
1. Säuren färben Rotkohlsaft rot,
2. Essig ist eine Säure.
Aus diesen beiden Aussagen muss dann folgen: Essig färbt Rotkohlsaft rot.

Dass Kinder in einem Alter von vier oder fünf Jahren diese Beziehung nicht in theoretischer Weise in ein Verhältnis setzen können, zeigt die Erfahrung. Würden Naturwissenschaften den Kindern theoretisch vermittelt werden, müsste eindeutig die Aussage getroffen werden, dass dieses Unterfangen im Elementarbereich nicht von Erfolg gekrönt wäre.

Da nun aber der große Vorteil des naturwissenschaftlichen Arbeitens im Experimentieren liegt und dieses den Kindern ganz konkrete Erfahrungen auf der Handlungsebene ermöglicht, können Erkenntnisse praktisch erprobt und müssen nicht theoretisch gedacht werden. Die Kinder lernen durch eigenes Ausprobieren und durch Erfahren und Erleben der Welt. Diese Erfahrungen werden kognitiv verarbeitet. Genauso werden Denkvorgänge beim naturwissenschaftlichen Forschen im Kind durch das praktische Tun initiiert.

Letztlich kann gerade Piagets Entwicklungskonzept sogar als Begründung dafür herangezogen werden, Naturwissenschaften so früh wie möglich in Kindertagesstätten einzuführen. Piaget geht davon aus, dass Kinder ihre Wirklichkeit konstruieren. Dies geschieht, indem sie sich handelnd und begreifend die Umwelt aneignen. Sicherlich ist ein Kindergartenkind überfordert, theoretisch die Frage nach den Mengenverhältnissen in unterschiedlich geformten Gläsern zu beantworten. Wenn es aber durch praktisches Tun erfährt, wie es selbst die gleiche Wassermenge hin- und herschüttet und die Möglichkeit erhält, diesen Vorgang mehrmals zu wiederholen, wird es in die Lage versetzt, ganz handfest zu begreifen, was dort vor sich geht.

Kinder konstruieren ihre eigenen Schemata, ihre eigene Welt. Das Denken ist bestimmt von der eigenen Sicht auf die Dinge. Naturwissenschaftliches Forschen wird dem gerecht: Hier geht es ja nun gerade nicht darum, dem Kind andere Sichtweisen aufzudrängen, sondern den Kindern durch eigene Erfahrungen subjektive Konstruktionen zu ermöglichen. Naturwissenschaftliches Forschen geht aber auch darüber hinaus: Indem eigene Sichtweisen mit fremden Perspektiven ausgetauscht werden, wird nach und nach die eigene Sicht ergänzt. Verstehen erwächst nicht in einem beziehungsfreien Raum, sondern in Auseinandersetzung mit der Umwelt.

Dass beim Konstruieren von der Welt logische Irrtümer entstehen, stellt keine hinreichende Begründung dafür dar, den Kindern den naturwissenschaftlichen Zugang zur Welt vorzuenthalten. Das käme in etwa der Überlegung gleich, auf naturwissenschaftliche Forschung zu verzichten, weil sich im Nachhinein ein Großteil ehemals gewonnener Erkenntnisse als nicht haltbar erwiesen habe.

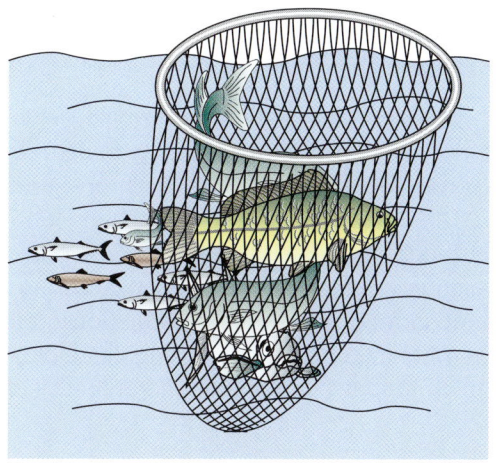

Die Geschichte der Naturwissenschaft ist voll von logischen Irrtümern, die im Nachhinein als solche identifiziert wurden. Mit der Entwicklung und Verbesserung der Methodik wandelt sich auch die Erkenntnisfähigkeit des Menschen. Der Physiker Hans Peter Dürr hat dies einmal in einem Bild ausgedrückt (vgl. Dürr, 2004, S. 18 f.): Mit der Erkenntnisfähigkeit des Menschen verhält es sich wie mit einem Forscher, der die Fische im Meer erforschen will. Hierzu wirft er ein Netz aus, fängt Fische und bestimmt die gefangenen Fische als diejenigen Fischarten, die im Meer existieren. Was der Forscher nicht bedacht hat: Er kann mit seinem grobmaschigen Netz nicht die Fische einfangen, die kleiner als die Maschengröße sind. Sein Bild von der Fischwelt im Meer ist also ungenau bzw. unvollständig, denn es existieren Fische im Meer, die er mit seiner Messmethode (dem Netz) gar nicht wahrnehmen, also nicht erkennen kann. So verhält es sich auch mit unserer Erkenntnis der Welt. Unsere Netze werden im Laufe der Menschheitsgeschichte immer engmaschiger. Unsere Erkenntnisse über die Welt immer detaillierter. Das braucht aber seine Zeit. Geben wir diese Zeit auch den Kindern und erkennen wir an, dass sie – um bei unserem Bild zu bleiben – zunächst einmal nur die großen Fische fangen werden. Im Laufe ihres lebenslangen Lernens werden sie sich früh genug mit den kleineren Fischen auseinandersetzen (müssen), ihre Netze werden engmaschiger werden und ihre Erkenntnisse über die Welt differenzierter. Geben wir also den Kindern die Chance, ihre eigenen Entdeckungen zu machen, auch wenn sie im Nachhinein revidiert werden müssen.

2.1.4 Neuere Erkenntnisse aus der Entwicklungspsychologie

Dass der Ansatz, Kinder aufgrund mangelnden Abstraktionsvermögens erst möglichst spät mit den Naturwissenschaften zu konfrontieren, längst überholt ist, zeigen außerdem viele Studien, die belegen, dass Kinder kognitive Leistungen früher erreichen als von Piaget angenommen.[1] Die von dem Entwicklungspsychologen vorgenommene Stufeneinteilung im Sinne einer zunehmenden Abstraktionsleistung scheint so nicht mehr haltbar zu sein (vgl. Stern, 2002). Zwei wichtige Erkenntnisse sind hier interessant, aus denen Konsequenzen für frühkindliche naturwissenschaftliche Bildung abgeleitet werden können.

1. Die genetischen Anlagen des Menschen sind auf die Verarbeitung von Informationen aus der belebten und unbelebten Welt ausgelegt. Es konnte beispielsweise experimentell nachgewiesen werden, dass schon Säuglinge ein Wissen über Eigenschaften von Objekten und Vorgängen in der physikalischen Welt besitzen, das sie nicht durch eigene Erfahrung erworben haben können (vgl. Stern, 2002, S. 30 f.). Geht man von universell verfügbaren und auf genetischen Grundlagen beruhenden Wisseneinheiten aus, so können in den ersten Lebensjahren durch implizites Lernen geistige Kompetenzen erworben werden.

2. Untersuchungen belegen, dass die Tatsache, dass Kinder bestimmte formale Denkprozesse nicht ausüben können, nicht mit einer generellen Einschränkung im Bereich des Verstehens und Denkens zu tun hat, sondern dass mangelnde Erfahrung und Handlungspraxis dafür verantwortlich sind. Die Voraussetzung für Verstehens- und Denkleistungen ist „eine sehr breite, flexibel zugängliche Basis von konkretem, situationsbezogenem Wissen, das in hierarchisch angeordneten Bündeln (Chunks) zusammengefasst ist" (Stern, 2002, S. 28). Es kommt somit nicht auf den Abstraktionsgrad des Wissens an, sondern wesentlich ist die Vernetzung und Strukturierung desselben. Dies soll für das wissenschaftliche Denken von Kindern im Folgenden konkretisiert werden.

Wissenschaftliches Denken („scientific reasoning") enthält zwei Bedeutungsebenen: inhaltsbezogenes und formal-wissenschaftliches Denken.

„Im Bereich des inhaltsbezogenen wissenschaftlichen Denkens geht es um das Denken über physikalische, biologische oder chemische Phänomene und Prozesse und seiner Entwicklung. Im Bereich des formalen wissenschaftlichen Denkens [...] interessiert der Erkenntnisprozess selber." *(Koerber, 2006, S. 193, gekürzt)*

Zum Letzteren gehört die Fähigkeit, zu Fragen oder Problemstellungen Hypothesen zu formulieren, diese experimentell zu prüfen und die eingangs gestellten Hypothesen anhand neu gewonnener Erkenntnisse zu bewerten. Wesentlich für diesen Prozess ist die Metakognition, d.h. die Reflexion dieser Prozesse. Verschiedene Forschungsergebnisse deuten darauf hin, dass Kinder zu diesen Leistungen noch nicht fähig sind. In diesen

---

[1] *Dies hängt sicherlich auch mit veränderten Entwicklungsbedingungen und verbesserten Lernangeboten zusammen. Die Schlussfolgerung daraus sollte sein, keine Angst vor Überforderung zu haben, sondern der Gefahr der Unterforderung vorzubeugen.*

Untersuchungen wurden allerdings sehr hohe Anforderungen an die Informationsverarbeitungskapazität der Kinder gestellt, indem z. B. Zusammenhänge zwischen mehreren Variablen gleichzeitig und kumulativ beachtet werden mussten.

Neuere Forschungsergebnisse weisen entgegen dieser Ergebnisse darauf hin, dass bei Grundschulkindern – und sogar schon bei Kindern im Vorschulalter – Basiskompetenzen wissenschaftlichen Denkens zu konstatieren sind.

> *Beispiel: So wurden Erst- und Zweitklässler mit der Frage konfrontiert, ob eine aufgestellte Schachtel mit Käse eine breite oder eine schmale Öffnung habe müsse, um herauszufinden, ob sich eine dicke oder eine dünne Maus im Haus aufhalte. 60 Prozent der Erstklässler und fast alle Zweitklässler entschieden sich richtig für die schmale Öffnung, wählten aber die große Öffnung, wenn sichergestellt werden sollte, dass die Maus auf jeden Fall den Käse bekommt (vgl. Sodian/Koerber/Thoermer, 2006, S. 14).*

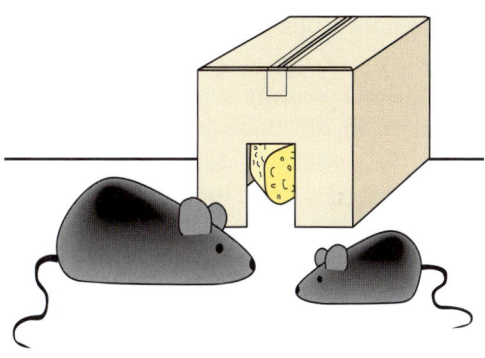

Diese Ergebnisse verdeutlichen, dass Kinder im frühen Grundschulalter durchaus schon unterscheiden können zwischen dem Testen einer Hypothese und dem Produzieren eines Effektes. In einer weiteren Untersuchung wurde nachgewiesen, dass Vorschulkinder in der Lage sind, Vermutungen über Zusammenhänge herzustellen, wenn sie entsprechende Daten sehen.

> *Vier- bis sechsjährige Kinder können zwischen Hypothese auf der einen Seite und Evidenz auf der anderen Seite unterscheiden und ihre eigenen Theorien bzw. Hypothesen zum Gegenstand bewusster Reflexion (Metakognition) machen.*

> *Beispiel: Hierzu wurde den Kindern die Puppe „Robbie" vorgestellt, der die Hypothese vertrat, dass grüne Kaugummis schlechte Zähne machen. Nachdem die Kinder Fotos von Kindern mit schlechten Zähnen gesehen hatten, die rote Kaugummis gegessen hatten und Fotos von Kindern mit gesunden Zähnen nach dem Essen grüner Kaugummis, gaben 90 Prozent der vier- bis sechsjährigen Kinder an, dass Robbie nun glauben würde, dass rote und nicht grüne Kaugummis schlechte Zähne machen (vgl. Koerber u. a., 2005, S. 144f.).*

Dies deutet darauf hin, dass die Kinder klar zwischen Hypothese und Evidenz unterscheiden können und entsprechend ein Verständnis der Hypothese-Evidenz-Beziehung haben.

Verschiedene Studien weisen darauf hin, dass bestimmte Voraussetzungen erfüllt sein müssen, wenn man Kinder mit naturwissenschaftlichen Arrangements konfrontiert: Kinder im Elementar- und Grundschulbereich können selten eigenständig kontrollierte Experimente produzieren, sondern lediglich aus einem vorgegebenen Experimentepool dasjenige auswählen, das zum Überprüfen einer Hypothese geeignet ist (vgl. Koerber, 2006, S. 196).

Darüber hinaus waren die Kinder in der Regel nicht in der Lage, mehrere Variablen gleichzeitig zu verarbeiten, sondern konnten sich nur auf eine Variable konzentrieren.

Zusammenfassend wird deutlich, dass

„unter adäquaten, altersangepassten Anforderungen [...] schon Grundschulkinder schlüssige, kontrollierte Experimente zur Beantwortung einfacher Fragestellungen auswählen, sie unterscheiden zwischen Hypothesen/Überzeugungen und Evidenz/Daten und sie verstehen, dass Hypothesen aufgrund gegenteiliger Evidenz revidiert werden können".
(Koerber, 2006, S. 198, gekürzt)

Ebenso verfügen schon Vorschulkinder (ab einem Alter von vier Jahren) über grundlegende Fähigkeiten im Bereich des formal-wissenschaftlichen Denkens, indem sie beispielsweise Vermutungen aufgrund von eindeutigen Daten revidieren (vgl. „Robbie").

Eine weitere Studie liefert Erkenntnisse, dass formal-wissenschaftliches Denken durchaus trainiert werden kann. Kinder, die sich über einen längeren Zeitraum im Bereich wissenschaftlicher Erkenntnisprozesse üben konnten, wendeten diese Kenntnisse erfolgreich in Aufgaben an, die ihnen gestellt wurden (vgl. Sodian u. a., 2002, S. 203 f.). Dieses Ergebnis stützt die Annahme, dass jüngere Kinder in vielen Kompetenzbereichen schlechter abschneiden als ältere Kinder, eben „weil sie weniger Gelegenheiten zum Wissenserwerb hatten und nicht, weil sie prinzipiell über schlechtere kognitive Voraussetzungen verfügen" (Stern, 2002, S. 29). Hier wird die Bedeutung des Vorwissens für den Lernprozess offensichtlich. Wissen wird immer in Bezug zum vorhandenen Vorwissen konstruiert (vgl. Assimilation und Akkomodation bei Piaget).

Konsequenzen, die sich aus den vorgestellten Studienergebnissen ergeben, lassen sich wie folgt zusammenfassen:

1. Kinder sollten beim naturwissenschaftlichen Forschen nicht allein gelassen werden, sondern innerhalb eines Rahmens, der irrelevante Informationen ausblendet und den Fokus auf ein Einzelproblem legt, die Möglichkeit zu konstruktiven Prozessen erhalten. Ko-konstruktiv müssen Aufgaben bzw. zu lösende Probleme in einen sinnvollen Kontext eingebettet und entsprechend mit gezielten Fragen und Reflexionsangeboten begleitet werden. Genau dies legt auch eine Studie mit Drittklässlern nahe, die den Erwerb physikalischer Basiskonzepte zum Thema „Schwimmen und Sinken" abhängig vom Grad der Strukturierung des Unterrichts untersuchte. Es zeigte sich, dass das konzeptuelle Verständnis von Dichte und Auftrieb durch strukturierende und instruierende Momente in einem konstruktiv angelegten Unterricht optimiert werden konnte. Kinder, die ohne diese strukturierende Unterstützung von derselben Lehrerin unterrichtet wurden, schnitten im Bereich des konzeptuellen Verständnisses schlechter ab (vgl. Stern, Nr. 2/2006, S. 323).

2. Als Pädagoginnen sollten wir den Kindern ermöglichen, möglichst viele konkrete Erfahrungen zu machen, die miteinander vernetzt werden. So können bereits im frühen Alter Prinzipien kausalen Denkens und wissenschaftlichen Vorgehens erworben werden, auf welche das Kind im weiteren Verlauf seiner Entwicklung aufbauen kann. Diese Erkenntnisse sprechen gegen eine naturwissenschaftliche Frühförderung, die einzelne

kindgerechte Experimente aufgreift und unvermittelt nebeneinander bestehen lässt, und für ein Experimentieren in (Sinn-) Zusammenhängen, das Querbezüge zwischen den einzelnen Bausteinen herstellt, diese aufeinander aufbaut und somit den Kindern ermöglicht, erworbene Fähigkeiten in neuen Handlungskontexten anzuwenden und zu erweitern.

Aufgabe

Tragen Sie so umfassend wie möglich Argumente für (Gruppe 1) und gegen (Gruppe 2) naturwissenschaftliche Früherziehung zusammen. Ihre eigene Meinung ist hierbei nicht wichtig, sondern lediglich das Finden stichhaltiger Argumente für die eine oder andere Sichtweise. Wählen Sie aus jeder Gruppe zwei Vertreter, welche im Rahmen einer Podiumsdiskussion die Frage diskutieren, wann naturwissenschaftliche Bildung beginnen sollte. Nach der Diskussion soll das Plenum entscheiden, welche Fraktion die besseren Argumente vorgetragen hat.

2.2 Ingenieure der eigenen Wirklichkeit: Ein kurzer Einblick in den Konstruktivismus

Aufgaben

1. *Betrachten Sie das oben stehende Bild und notieren Sie Gedanken, Assoziationen, Gefühle und Erfahrungen, die in Ihnen hervorgerufen werden.*
   Tauschen Sie diese untereinander aus.
2. *Beschreiben Sie Ihre Rolle als Erzieherin in der Begleitung der Lernprozesse von Kindern.*
3. *Wie gehen Sie mit falschen Ergebnissen oder falsch ausgeführten Handlungen der Kinder um?*
4. *Greifen Sie in die Selbstbildungsprozesse der Kinder ein oder sind Sie nur Beobachterin und Dokumentatorin?*

Was sind konstruktiv oder ko-konstruktiv angelegte Lernarrangements? Um das zu klären, muss der Begriff des Konstruktivismus näher beleuchtet werden.

Der Konstruktivismus stellt einen Sammelbegriff für verschiedene erkenntnistheoretische Strömungen dar, die teilweise von recht unterschiedlichen oder sogar gegensätzlichen Voraussetzungen ausgehen. Aus diesem Grund müssen hier zunächst Begriffsklärungen vorgenommen werden.

Der radikale Konstruktivismus verneint die Existenz einer objektiv vorgegebenen Wirklichkeit, einer objektiven Realität, die sich ein Subjekt aneignen könnte. Für jedes Individuum existiert lediglich eine von ihm selbst konstruierte Realität.

In Bezug auf das Lernen hieße dies, dass es keine allgemeinverbindlichen Wissensstandards mehr gäbe, die ein Mensch sich aneignen könnte, da Wirklichkeit nur als subjektiv konstruierte Wirklichkeit innerhalb eines Individuums existiert. Konstruktivistische Theorien berufen sich auf Erkenntnisse der Hirnforschung, welche die Relevanz unserer Erfahrungen für die Ausbildung unseres neuronalen Netzwerkes im Gehirn betonen (vgl. Kapitel 2.3). Die Art und Weise, wie wir Wirklichkeit wahrnehmen, hängt von unseren Erfahrungen ab und kann nicht objektiv beschrieben werden.

Beispiel: Habe ich in meinem bisherigen Leben sehr oft Situationen erlebt, in denen ich mir gestellte Aufgaben nicht erfüllen konnte, so werde ich mit einer bestimmten Einstellung einer neuen Aufgabe begegnen. Gedanken, wie, die Aufgabe nicht bewältigen zu können oder zu versagen, werden mein Denken bestimmen. Auch wenn die Aufgabe von mir problemlos zu bewältigen wäre, scheitere ich an ihr aufgrund meiner Vorerfahrungen. Meine eigene Realität, die auf meiner subjektiven Wahrnehmung basiert, bestimmt den tatsächlichen Ausgang der Situation. Aber heißt dies, dass es keine Realität unabhängig vom konstruierenden Subjekt gibt? Auch wenn ich meine eigene Realität schaffe, indem ich auf eine bestimmte Art und Weise mit Situationen umgehe, so sind diese Situationen – wenn auch durch mein Denken und Handeln durch mich hervorgerufen – als objektive Gegebenheit vorhanden.

Egal, **wie** der Mensch damit umgeht, er ist immer wieder vor Situationen gestellt, die verallgemeinerbar sind, vor die ein Großteil aller Menschen gestellt ist, wie z. B. Aufgaben bewältigen, Beziehungen gestalten, mit Trennungen umgehen, Erfolge und Misserfolge verarbeiten etc. Für die Bewältigung dieser Situationen benötigt der Mensch Handlungs- und Wissensschemata. Darüber hinaus sind Modelle wichtig, welche Möglichkeiten und Wege der Daseinsbewältigung aufzeigen. Subjektive Konstruktion allein erklärt nicht, wie ein Mensch seine Welt gestaltet. Erfahrungen werden nicht ausschließlich durch das Subjekt selbst geschaffen, sondern sie entstehen aus wechselseitigen Beziehungen. Und diese kann ein Individuum nicht allein „konstruieren". Jeder Mensch ist umgeben von anderen Menschen, die auf eine Weise (re)agieren, die er zunächst einmal nicht beeinflussen kann und die seine Erfahrungen prägen. Dass jedes Individuum das, was ihm widerfährt, auf eine ihm eigene Weise interpretiert, ist einsichtig, aber das setzt voraus, dass überhaupt erst einmal ein „Input" vorhanden ist, also eine Situation, welcher der Mensch konstruktiv begegnen kann.

Auf Lernprozesse bezogen kommt hier der **pragmatische Konstruktivismus** ins Spiel (vgl. Meixner/Müller, 2001). Dieser versucht, Instruktion und Konstruktion miteinander zu verbinden. Zum einen trägt der pragmatische Konstruktivismus der Tatsache Rechnung, dass Wissen nicht einfach ein in die Köpfe der Menschen zu transportierender Gegenstand ist, sondern dass Wissen individuell vom Lernenden konstruiert wird. Diese subjektive Konstruktion muss jedoch begleitet, angeregt und unterstützt werden. Es ist nicht beliebig, welches Wissen in welcher Form vom Lernenden konstruiert wird. Bildungseinrichtungen bereiten auf ein integriertes Leben in einer gesellschaftlichen Wirklichkeit vor und diese Wirklichkeit basiert „auf der unterstellten Gültigkeit des kollektiven Standard- und Alltagswissens" (Meixner/Müller, 2001, S. 4).

Der pragmatische Konstruktivismus berücksichtigt somit zum einen, dass es Wissensstandards gibt, deren Vermittlung in Bildungseinrichtungen stattfindet, und zum anderen, dass dieses Wissen individuell von den Lernenden konstruiert werden muss.

Dies führt dazu, „dass Lernen im konstruktivistischen Ansatz als ein Prozess gesehen wird, in dessen Verlauf Menschen ihr Wissen aktiv handelnd und fühlend in komplexen, authentischen Situationen sowie in Abhängigkeit von ihren Vorerfahrungen und im Austausch mit anderen erwerben"
(Meixner/Müller, 2001, S. 7).

Letztlich vollzieht sich Lernen zwangsläufig immer als autonome Konstruktion, was mit der Arbeitsweise unseres Gehirns zusammenhängt (vgl. Kapitel 2.3). Jedes Lernarrangement muss also danach beurteilt werden, inwieweit es subjektive Konstruktionen zulässt und somit einen Lernfortschritt ermöglicht.

Beispiel: Sie möchten in ihrer Einrichtung mit Kindern die Rückgewinnung von Salz aus einer Salzlösung vornehmen. Geben Sie den Kindern – nachdem Sie ihnen mitgeteilt haben, dass sie heute Salz aus Salzwasser zurückgewinnen sollen – Anweisungen, was sie zu tun haben? Lassen Sie Ihre Schützlinge ihre Beobachtungen erzählen und geben ihnen dann die entsprechende Erklärung mit auf den Weg? Oder können die Kinder selbstständig, nachdem sie als Problemfrage erkannt haben, ob Salz aus Salzwasser wieder zurückgewonnen werden kann, Überlegungen zur Lösung des Problems beitragen und diese in ihren selbst entwickelten Experimenten überprüfen?

Im ersten Fall instruieren Sie die Kinder, was zu tun ist, im letzteren begleiten Sie den Lernprozess, indem Sie die Ideen der Kinder aufgreifen, sie mitentwickeln und umsetzen helfen und auf diese Weise Problemlösekompetenzen schulen. Natürlich instruieren Sie auch hier und überlassen die Kinder nicht ihrem Schicksal oder warten mal ab, was passiert. Aber Instruktion erfolgt nur in der Weise, als dass diese die Kinder in die Lage versetzt, ihren eigenen Lernprozess zu durchleben. „Jede Instruktion kann nur dann erfolgreich sein, wenn sie Bedingungen erzeugt, unter denen der Lerner sein Wissen konstruiert" (Meixner/Müller, 2001, S. 13).

Dass die Kinder als Konstrukteure tätig sind, heißt auch, dass sie Wirklichkeiten konstruieren, die nicht den allgemein anerkannten Wissensstandards entsprechen, z. B. wenn sie logische Fehlschlüsse begehen. Nimmt man den konstruktivistischen Ansatz ernst, so gilt es, diese Konstruktionen zuzulassen. Nach einem durchgeführten Experiment, in welchem sich die Kinder ein eigenes Bild gemacht haben, als Anleiter mit „der richtigen Lösung" aufzuwarten, ist kontraproduktiv. Die Erfahrungen zeigen, dass verschiedene Kinder sehr unterschiedliche Beobachtungen beim naturwissenschaftlichen Experimentieren machen und verschiedene Erkenntnisse daraus ableiten. Für uns absurde Erklärungsmuster, die aber in der Konstruktion der Kinder einen Sinn ergeben, werden besonders durch die Konstruktionen der anderen Kinder infrage gestellt. Prozesse wie der Austausch von Beobachtungen und Meinungen und das Revidieren eigener Sichtweisen bahnen sich hier an. Kinder lernen, dass andere Kinder andere Sichtweisen haben, sodass hierüber schon Regulationsprozesse greifen. Für Kersten Reich, der den Begriff des **interaktionistischen Konstruktivismus** geprägt hat, ist der

„Konstruktivismus […] eine Verständigung von Beobachtern über Beobachtungen, die nie alles auf einmal beobachten können. Daraus ergibt sich mindestens, dass diese Beobachter sich noch einigen können, eine Vielfalt von Beobachtungen zuzulassen und hierbei keinen Beobachter ausschließen zu wollen […]".

(Reich, 2000, S. 109, gekürzt)

Daraus folgt, dass wir die Kinder als Akteure im experimentellen Geschehen ernst nehmen, sie als ernst zu nehmende Beobachter annehmen und uns auf ihre Sichtweise einlassen. Und es macht deutlich, dass unsere Erklärungsansätze auch nichts anderes als Konstruktionen sind.

> *Der Begriff Ko-Konstruktivismus ist eine Spielart der vorangegangenen Beschreibungen. Der Ko-Konstruktivismus hebt in besonderer Weise die soziale Dimension von Lernprozessen hervor und macht wie der interaktionistische Konstruktivismus deutlich, dass Erkenntnis sich in einem Austausch von subjektiven Konstruktionen entwickelt, wobei eigene Konstruktionen durch andere ergänzt, vertieft, erweitert und auch revidiert werden.*

Hierbei werden sowohl die anderen Kinder als auch die Erwachsenen zu Ko-Konstrukteuren der eigenen Wirklichkeit.

Aufgaben

1. *Erläutern Sie, was Sie unter Konstruktivismus verstehen. Grenzen Sie die unterschiedlichen Richtungen im Konstruktivismus voneinander ab.*

2. *Diskutieren Sie: Gibt es nur subjektiv geschaffene oder auch objektive Realitäten?*

3. *Welche Konsequenzen ergeben sich aus den konstruktivistischen Ansätzen für das Rollenverständnis der Erzieherin?*

2.3 Neuronale Konstruktionen

In Kapitel 2.2 wurde dargelegt, dass entwicklungspsychologische Studien darauf hinweisen, dass Kinder bereits deutlich früher als angenommen zu formal-wissenschaftlichem Denken in der Lage sind. Sie zeigen bereits erste Basiskompetenzen im Denken in Kausalzusammenhängen und Analogien, im Differenzieren zwischen Hypothese und Evidenz und in der Reflexion der eigenen Denkprozesse. Sie wenden diese Kompetenzen insbesondere dann erfolgreich an, wenn das zu lösende Problem nicht zu viele unbekannte Variablen birgt, sie es handelnd lösen können und sie bereits über mit dem Problem verknüpftes, aktives und strukturiertes Wissen und verwandte Problemlösestrategien verfügen.

Warum lohnt sich nun noch eine neurobiologische Perspektive? Es ist ein steter Kritikpunkt an der Hirnforschung, dass ihre Ergebnisse in Bezug auf Lerntheorien lediglich das stützen, was aus der Entwicklungspsychologie bereits bekannt ist.

Ein Argument für die Auseinandersetzung mit unserem sicherlich faszinierendsten Organ ist, dass dadurch **veranschaulicht** wird, warum Lernen und Problemlösen funktioniert, wann es besonders gut funktioniert und wann nicht. Seit den 1990er-Jahren gelingen mithilfe bildgebender Verfahren immer tiefere Einsichten in die komplizierte Funktionsweise unseres Gehirns. Es ist möglich geworden, Studien an Gehirnen von gesunden Menschen durchzuführen und so die dynamischen Prozesse zu verfolgen, die in unseren Gehirnen ablaufen, wenn wir denken, fühlen und uns erinnern (vgl. Thompson, 2001, S. 423).

Die Neurowissenschaften erklären die Funktionsweise unseres Gehirns auf der Grundlage seiner netzwerkartig organisierten Struktur. In Bezug auf das Lernen ist ihre simpelste und zugleich fundamentalste Erkenntnis, dass jeder Lernvorgang mit einer Veränderung dieser netzwerkartigen neuronalen Struktur einhergeht. Spricht der Entwicklungspsychologe also von Konstruktionsprozessen beim Erwerb von Wissen, so lassen sich diese als tatsächliche Veränderungen in der „Konstruktion" unserer Gehirne wiederfinden.

Das Wissen und ein Bewusstsein darüber, auf welche Weise sich diese Veränderungen im Kopf vollziehen und ebenso wann diese und damit der Lernprozess gestört werden, veranschaulichen und ergänzen die Erkenntnisse der Entwicklungspsychologie und bilden gemeinsam mit ihnen die Grundlage zur Gestaltung und Begleitung von Lern- und Entwicklungsprozessen. Die Erkenntnisse der Neurowissenschaften erlauben uns inzwischen einen längst nicht vollständigen, aber in vielen Bereichen bereits tief gehenden Einblick in die neuronalen Abläufe beim Lernen und Behalten. Es wäre eine nicht genutzte Chance, diese unbeachtet zu lassen. Im Folgenden sollen daher zunächst allgemeine Erkenntnisse über Denk- und Lernprozesse dargestellt und anschließend Schlussfolgerungen für naturwissenschaftliche Bildungsprozesse im Elementar- und Primarbereich abgeleitet werden.

Struktur und Funktionsweise des Gehirns stehen in einem engen Zusammenhang. Entsprechend stellt die individuelle Struktur eines Gehirns die Basis für die kognitiven Prozesse eines Individuums dar.

2.3.1 Ein Netzwerk aus Neuronen

Das zentrale Nervensystem, bestehend aus Gehirn und Rückenmark, ist das „Rechenzentrum" unseres Körpers. Hier werden sowohl äußere Reize, die über unsere Sinnesorgane aufgenommen wurden, als auch Botschaften aus unserem Körperinneren ausgewertet, verglichen, eingeordnet, beantwortet und gespeichert. Diese hochkomplexen Abläufe liegen all unserem Fühlen, Denken und Erinnern zugrunde.

Ausgeführt werden diese Verarbeitungsprozesse durch ein komplexes Netzwerk aus hoch spezialisierten Nervenzellen, den **Neuronen**. Neurone lassen sich in ihrem Aufbau vereinfacht mit stark verästelten Bäumen vergleichen. Diese bilden nicht nur die Bausteine für das Netzwerk unseres Gehirns, sondern durchziehen mithilfe langer Ausläufer unseren gesamten Körper. So ermöglichen sie, vergleichbar mit Telefonkabeln, den Austausch von Informationen zwischen den verschiedenen Regionen unseres Körpers und dem zentralen Nervensystem. Treten wir z. B. mit nackten Füßen auf einen spitzen Stein, wird die Tastempfindung „spitzer Stein" von Sinneszellen in der Haut unserer Fußsohlen erfasst, in elektrische Impulse umgewandelt und über unsere Nervenbahnen an das Gehirn gesendet. Hier werden die eingetroffenen Impulse verarbeitet: Der „spitze Stein" wird, sofern wir bereits Erfahrungen mit spitzen Steinen gemacht haben, als solcher identifiziert und wahrgenommen. Der gesamte Prozess vollzieht sich in Bruchteilen einer Sekunde!

Neurone vermitteln Kommunikationsprozesse zwischen den verschiedenen Regionen des Körpers. Sie ermöglichen die Aufnahme, Weiterleitung und Verarbeitung innerer und äußerer Reize. Neurone sind netzwerkartig organisiert.

2.3.2 Kommunikation zwischen Neuronen

Wie erfolgt die „Informationsverarbeitung" im Gehirn? Wie leisten Neurone den Prozess des Abspeicherns und Erinnerns von Informationen, wie bleiben also z. B. Erlebnisse, Faktenwissen oder motorische Fähigkeiten im Neuronennetzwerk des Gehirns erhalten?

Von entscheidender Bedeutung hierfür ist die Vernetzung und Kommunikation der zahlreichen Neurone untereinander. Kommunikation meint den Austausch bzw. die Übertragung von Informationen zwischen den Neuronen. Dies erfolgt an sogenannten **Synapsen**, den Verbindungsstellen zwischen zwei Neuronen. Die Informationen werden hier nicht elektrisch, sondern chemisch, durch die Ausschüttung von Botenstoffen, weitergeleitet. Erfolgt an einer Synapse die Ausschüttung von Botenstoffen durch ein Neuron, beeinflussen diese das benachbarte Neuron, indem sie sich an spezifische Rezeptoren desselben anlagern. Die Botenstoffe können an dem benachbarten Neuron einen neuen elektrischen Impuls auslösen oder aber auch genau dies verhindern. Viele Medikamente und Drogen wirken übrigens auf dieselbe Art und Weise auf unsere Neurone und beeinflussen so unser zentrales Nervensystem und damit unsere Wahrnehmung.

„Informationsverarbeitung" im Gehirn erfolgt auf der Basis des Informationsaustausches zwischen Neuronen.

Der Vorgang der Weiterleitung und Übertragung von Informationen hinterlässt dauerhaft feinste Spuren innerhalb der Neuronen. Die genauen Mechanismen hierzu werden intensiv erforscht. Fest steht, dass die Veränderungen an den Neuronen gewissermaßen unsere Erinnerung darstellen.

Der häufige „Gebrauch" von Synapsen verbessert die Kommunikation zwischen den Neuronen. So lassen sich z. B. eine Vergrößerung ihrer Kontaktfläche, erhöhte Ausschüttung von Botenstoffen und Vermehrung der für sie passenden Rezeptoren bzw. sogar die Ausbildung zusätzlicher Synapsen nachweisen. Es wird deutlich, dass durch regelmäßiges „Synapsen-Training" die Informationsverarbeitung in unserem Gehirn viel effektiver wird.

Unser Gedächtnis findet sich in der Struktur unserer Neuronen wieder.

2.3.3 Vernetzung und Spezialisierung der Neuronen

Die Fähigkeit zu strukturellen Veränderungen ist in unserem Gehirn lebenslang, jedoch in besonders hohem Maße in unseren ersten Lebensmonaten und -jahren gegeben. Während die Grundausstattung, die Neuronen selbst, bereits bei der Geburt ausgebildet sind, ist die Dichte ihrer Verknüpfungen noch gering. Entsprechend sind die in dieser Phase möglichen Verarbeitungsprozesse noch wenig komplex.

Die synaptischen Verbindungen zwischen den Neuronen nehmen jedoch in den ersten Lebensjahren explosionsartig zu, in entsprechendem Tempo erfolgt in dieser Zeit das Lernen. Allerdings erfolgt die Ausbildung neuer Verknüpfungen nur, wenn das Gehirn permanent sensorischen Input erhält. Und fast noch entscheidender ist: Werden einmal ausgebildete Neurone nicht genutzt, so verkümmern sie, werden sie dagegen häufig genutzt, so bilden sie vielfältige Verzweigungen zu weiteren Nervenzellen aus.

Es werden für die Entwicklung bestimmter Fähigkeiten, z. B. in den Bereichen Sprache, Motorik und Musikalität, sogenannte sensible Phasen angenommen, in denen diese sich besonders stark entfalten können. Das bedeutet, dass das Fehlen von entsprechenden Stimuli in dem für die jeweilige sensible Phase angenommenen Zeitfenster zu einer weniger ausgeprägten Entwicklung der entsprechenden Kompetenz führt. Für einige spezifische, neuronale Entwicklungsprozesse ließ sich dies bereits nachweisen.

Bei aufgrund einer Linsentrübung blinden Kleinkindern wurde beobachtet, dass diese trotz erfolgreicher operativer Behandlung der Linse blind blieben. Zwar funktionierte der optische Apparat nach dem Eingriff, dieser war jedoch zu spät, erst nach dem zweiten Lebensjahr, vorgenommen worden. Das zeitliche Fenster für die Ausbildung der neuronalen Kommunikation zwischen Gehirn und Auge war hier bereits geschlossen. Ähnliche Beobachtungen lassen sich auch beim Spracherwerb und bei der motorischen Entwicklung machen.

Letztlich bestehen jedoch zu wenige Untersuchungen zu der Frage, wann sich welche Entwicklungsfenster für wie lange öffnen. Es ist jedoch zu vermuten, dass sich eine sensible Phase für eine bestimmte Kompetenz vor allem durch das Interesse der Kinder an der Auseinandersetzung mit eben dieser zeigt. Die zugehörige Strategie ist, entsprechend „sorgfältig darauf zu achten, wofür sich das Kind jeweils interessiert, wonach es verlangt, und wodurch es glücklich wird. [...] Kinder sind in aller Regel genügend neugierig und wissbegierig, um sich das zu holen, was sie brauchen" (Singer, 2002, S. 56, gekürzt).

Anstatt eines bereichsspezifischen Überangebotes, das auf nur wenig Interesse stößt, sollte eine kindliche Umgebung vielfältige Angebote bereitstellen, aus denen Kinder auswählen können. Eine einseitige „Talentförderung", die nicht auf die Interessen des Kindes Rücksicht nimmt, ist unproduktiv und eher dazu geeignet, Lernwiderstände zu wecken. Andererseits ist das völlige Fehlen bereichsspezifischer Angebote sicherlich ein Versäumnis. Es wird davon ausgegangen, dass bereits im Alter von zehn Jahren viele sensorische Phasen abgeschlossen sind. In diesem Zusammenhang ist zu bemerken, dass Naturwissenschaften, insbesondere Chemie und Physik, Kindern häufig noch immer erst Jahre später angeboten werden.

Ein Neuron steht über seine Synapsen mit einer Vielzahl weiterer Neuronen in Kontakt. Während der Verarbeitung einer Information kommunizieren daher stets mehrere, miteinander verknüpfte Neuronen miteinander. Sie bilden eine Art „neuronales Ensemble" oder „Muster" innerhalb des Gesamtnetzes. Entsprechend wird nicht nur ein einzelnes Neuron, sondern ein Teilnetzwerk durch die Verarbeitung einer Information beeinflusst und somit strukturell verändert (Schirp, 2006, S. 103).

Gleiche Informationen aktivieren und verändern stets dieselben neuronalen Muster des Gehirns. Je häufiger die gleiche Information unser Gehirn erreicht, desto stärker „spezialisieren" sich die angesprochenen Neuronen strukturell auf eben diese Information.

Die an einem komplexen Verarbeitungsprozess beteiligten Neuronen liegen oftmals in ganz unterschiedlichen Regionen des Gehirns. Sie lassen sich durch bildgebende Verfahren nachweisen. Je häufiger bestimmte Regionen und Teilnetzwerke aktiviert werden, desto leistungsfähiger sind sie.

> **Beispiel:** *So wurde für Profimusiker, die von Kindheit an regelmäßig mit ihrem Instrument übten, Folgendes nachgewiesen: Die Gehirnregionen, die für die Feinmotorik der Hände zuständig sind, beanspruchen einen größeren Anteil an der Großhirnrinde als dies normalerweise der Fall ist.*

Im beschriebenen Beispiel wurde die Fähigkeit des Gehirns, motorische Abläufe zu steuern, offensichtlich stark verbessert. Lässt sich aber auch ein so komplexer Prozess wie problemlösendes Denken trainieren?

2.3.4 Probleme lösen

Eine Problemsituation resultiert aus einem unbefriedigenden Ist zustand und einem angestrebten Soll zustand. Diese können ganz alltäglich sein, wie die Organisation eines für alle Beteiligten zufriedenstellenden Dienstplans oder eine ungelöste fachwissenschaftliche Fragestellung.

Es gibt verschiedene Möglichkeiten, eine Problemsituation zu bewältigen. Bestenfalls ist bereits eine das Problem lösende Strategie bekannt. In diesem Fall lässt sich weniger von einem Problem als von einer Aufgabe sprechen. Möglicherweise erscheinen zunächst auch mehrere Strategien anwendbar. In diesem Fall gilt es, die bestmögliche auszuwählen. Eventuell lässt sich auch eine bekannte Strategie modifizieren, oder es lassen sich mehre bekannte Strategien miteinander kombinieren. Selten kommt es dagegen vor, dass für ein Problem völlig eigenständig eine gänzlich neue Strategie entwickelt werden muss. Expertise bedeutet somit vor allem, über ein möglichst breites bereichsspezifisches Wissen zu verfügen und auch eine möglichst große Auswahl an Problemlösestrategien bereits zu kennen. Vielfältig untersucht ist das problemlösende Denken von Schachspielern. Was unterscheidet einen Großmeister auf diesem Gebiet von einem Amateur? Warum können sie blind spielen und sich dabei scheinbar unzählige Züge und komplizierte Konstellationen auf dem Brett merken? Laborversuche haben hier interessante Ergebnisse geliefert. So zeigte sich in gewöhnlichen Erinnerungstests, dass die Merkfähigkeit der Großmeister nicht besser ist als die von Amateuren. Weit voraus lagen sie den Amateuren jedoch beim Einprägen von kurz gezeigten Figurenkonstellationen auf einem Spielbrett. Dies allerdings auch nur, wenn es sich um Stellungen aus Meisterpartien handelte. Zeigte man den Spielern vom Computer zufällig konstruierte Konstellationen auf dem Spielbrett, schnitten die Großmeister nicht wesentlich besser ab. Die Ergebnisse deuten darauf hin, dass sich ein Großmeister von einem Amateur nicht zwingend durch allgemeine überdurchschnittliche Merkfähigkeit und Problemlösekompetenz unterscheidet, sondern durch ein umfangreicheres Wissen über mögliche Konstellationen der Figuren auf dem Schachbrett und Strategien, diese für sich auszunutzen. Dieses Wissen resultiert aus der jahrelangen Auseinandersetzung mit dem Spiel und bekannten Partien führender Schachspieler. Das bedeutet, bereichsspezifische Problemlösefähigkeit kann trainiert werden.

Insbesondere die Schnelligkeit, mit der sich die Spieler im Versuch immer andere Spielbrettsituationen merkten, deutet daraufhin, dass hierbei nicht jede Figur einzeln erfasst wird. Eine Erklärung für die ungewöhnliche Leistung liefert die in Kapitel 2.3.3 erläuterte Vorstellung, dass Fakten in komplexen, strukturierten Mustern, sogenannten „Chunks" („Bündeln") erinnert werden. In diesem Zusammenhang spielen auch Kategorien und Begriffe eine große Rolle. Besondere Konstellationen besitzen im Schach spezifische Bezeichnungen. So kann ein Spieler „einen Teil der Stellung etwa als ‚Rochade mit Fianchetto auf dem Damenflügel' erkennen" (Ross, 2008, S. 62 ff.) und diese ihm bereits bekannte Situation mit neuen Aspekten kombinieren.

Eine breite Vernetzung von Informationen und Lösungsstrategien, ihre Bündelung in „Chunks" und damit eine breite und schnelle Assoziationsfähigkeit ist die Basis für Kreativität und für die Fähigkeit, Probleme zu bewältigen. Die Basis für die Bündelung von Wissenseinheiten liegt in der Netzwerkstruktur des Gehirns.

Wäre das Wissen in unseren Köpfen nicht netzartig, sondern linear organisiert, könnten wir uns kaum neuen Herausforderungen stellen. Jede noch so geringe Variation eines bereits gelösten Problems müsste vollständig neu durchdacht werden!

2.3.5 Kurz- und Langzeitgedächtnis-Modell

Wie schnell und dauerhaft sich manchmal eine einzige, wenig bedeutsame neue Information in unserem Gehirn verankern lässt und wie dies unsere Wahrnehmung verändern kann, lässt sich an nebenstehendem Bilderrätsel veranschaulichen: Viele Menschen nehmen bei der erstmaligen Betrachtung des Bildes lediglich Farbflecken wahr. Nachdem ihnen jedoch der Hinweis auf die Darstellung eines Hundes gegeben wurde, entdecken ihn die meisten schnell im Bild. Auch Jahre später ergibt sich bei erneuter Betrachtung sofort die einmal hergestellte Assoziation. Sie hat einen bleibenden „Eindruck" im neuronalen Netzwerk hinterlassen.

Meistens widerspricht es jedoch unserer persönlichen Erfahrung, dass jede Information „Spuren" in unserem Gehirn hinterlässt. Die Englischvokabeln oder mathematischen Formeln, die wir in der Schule lernen mussten, hinterließen oftmals bedauerlich wenige. Es kostete meist große Mühe, sie so im Gedächtnis zu verankern, dass wir sie nach Bedarf wieder abrufen konnten und häufig war ihre Präsenz in unserem Gehirn nicht von langer Dauer. Warum erinnern wir uns am manche Informationen spielerisch leicht, an andere dagegen nur mühsam?

In einem vereinfachten Denkmodell werden alle Informationen, die wir als Reize mit unseren Sinnesorganen wahrnehmen, zunächst unbewusst von den Nervenzellen der Großhirnrinde verarbeitet. Diese unbewusste Verarbeitung aller eingehenden Informationen wird als sensorisches Gedächtnis bezeichnet. Erst dann entscheidet sich, welche der aufgenommenen Informationen in Gehirnregionen weitergeleitet werden, die das sogenannte Kurzzeitgedächtnis repräsentieren und somit bewusst verarbeitet werden. Die meisten der eingetroffenen Informationen werden nicht weitergeleitet und damit nicht bewusst wahrgenommen oder sogar vergessen. Dieses Vergessen hat durchaus Sinn: Würde das Gehirn versuchen, alle es erreichenden Sinneswahrnehmungen zu speichern, wäre es völlig überfordert. Es wäre nicht mehr in der Lage, sich auf wichtige Informationen zu konzentrieren und diese sinnvoll zu verarbeiten.

Informationen, die im Kurzzeitgedächtnis verarbeitet werden, können in das Langzeitgedächtnis übertragen werden. Langzeitgedächtnis meint eine Speicherung der Informationen, die sie für uns auch nach größerem zeitlichem Abstand erinnerbar macht.

Ein Teil der Informationen aus dem sensorischen Gedächtnis, insbesondere visuelle Eindrücke (z. B. das „Gesichtergedächtnis") und motorische Abläufe, gelangen auch unbewusst von dem sensorischen Gedächtnis in unser Langzeitgedächtnis.

Langzeitgedächtnis und Kurzzeitgedächtnis, bzw. die sie repräsentierenden Neuronen, befinden sich in ständiger Kommunikation miteinander. Erinnern wir uns an etwas, werden diese Erinnerungen vorübergehend wieder in das Kurzzeitgedächtnis zurückgerufen. Dies erfolgt ebenfalls, wenn wir neue Informationen verarbeiten, diese mit bereits vorhandenem Wissen abgleichen und mit bestehenden neuronalen Mustern „vernetzen". Aufgrund der ihm zugeschriebenen Arbeitsweise wird das Kurzzeitgedächtnis von einigen Autoren mit unserem Bewusstsein gleichgesetzt.

Die bewusste Wahrnehmung neuer Informationen erfolgt im „Kurzzeitgedächtnis", ihre langfristige Speicherung dagegen im „Langzeitgedächtnis".

2.3.6 Von der Information zur Erinnerung

Kurzzeit- und Langzeitgedächtnis sind im vereinfachten Modell leicht zu unterscheiden. Vergleicht man sie mit einem Computer, so übernimmt das Kurzzeitgedächtnis die Funktion des Arbeitsspeichers: Es speichert die Daten, mit denen aktuell gearbeitet wird, verliert sie jedoch, sobald das Gerät abgeschaltet wird. Das Langzeitgedächtnis ähnelt dagegen der Festplatte des PCs: „Dort werden Informationen nur dann abgelegt, wenn wir auf ‚Speichern' klicken. Sobald sie gesichert sind, können wir immer wieder darauf zurückgreifen" (Ratey, 2001, S. 232). Auch wenn der Vergleich zwischen Gehirn und Computer insgesamt nicht zulässig ist, wirft er die für uns entscheidenden Fragen auf: Wo befindet sich unser Speicherknopf im Gehirn? Wie befördern wir Informationen auf unsere neuronale Festplatte?

Von besonderer Bedeutung für diesen Prozess ist eine neuronale Struktur, die sich in einem evolutionsgeschichtlich alten Hirnbereich, dem limbischen System, befindet: der Hippocampus (bzw. die Hippocampi, „Seepferdchen" genannt, wegen ihres gewundenen Querschnitts). Er ist der „Organisator" des bewussten Lernens und Erinnerns.

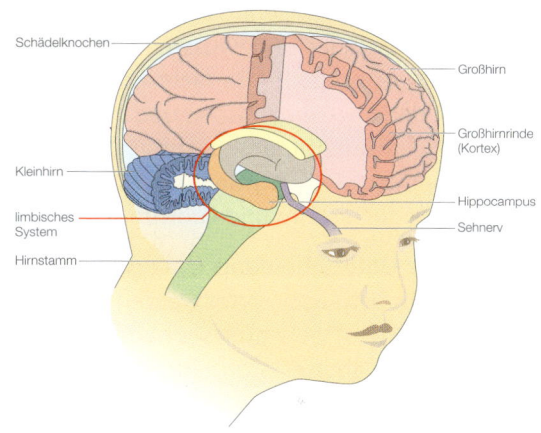

Die im Hippocampus gebündelten Neuronen leiten eingehende neue Informationen gezielt an die für sie zuständigen Regionen der Großhirnrinde weiter. Neu aufgenommene Informationen werden hier mit bereits vorhandenen verglichen und möglichst in bereits bestehende Teilnetzwerke eingefügt.

Im Rahmen dieser Verarbeitungsprozesse werden die Informationen bewertet: Ist eine Information alt, neu, interessant oder uninteressant? Durch die wiederholte Weiterleitung von Informationen, die als bedeutsam bewertet wurden, werden immer wieder die gleichen neuronalen Muster aktiviert und entsprechend trainiert. Die Informationen werden langfristig in den entsprechenden Regionen der Großhirnrinde gespeichert. Dieses Training benötigt Zeit, es erfolgt besonders auch in Ruhephasen, z. B. wenn wir träumen (vgl. Spitzer, 2009, S. 123 ff.).

Betrachtet man die Funktionen des Hippocampus, wird ein wesentlicher Unterschied zwischen dem Gehirn und einem Computer deutlich: Im Gegensatz zu einem Computer entscheidet das Gehirn, welche der ankommenden Reize weiterverarbeitet werden und welche nicht. Informationen müssen den Hippocampus zunächst „davon überzeugen", sinnvoll, relevant, bedeutsam zu sein, um weiterverarbeitet zu werden. Die Begriffe implizieren, dass eine positive Bewertung sehr stark von den bereits vorhandenen Informationen abhängig ist, also von individuellem Vorwissen, persönlichen Erfahrungen und Erlebnissen.

Im Rahmen dieses Bewertungsprozesses ist das Gehirn also nicht nur in der Lage, sondern sogar darauf angewiesen, auf bereits bestehende neuronale Muster zurückzugreifen, neue Informationen mit bereits vorhandenen zu vernetzen. Diese Erkenntnis ist für das Lernen von entscheidender Bedeutung. Würden wir ständig neue, voneinander völlig unabhängige Informationen erhalten, könnten wir kaum etwas lernen.

Unser Gehirn speichert Informationen, die für uns Sinn, Relevanz und Bedeutung besitzen. Die Beurteilung der Information basiert auf der Basis bereits vorhandener Informationen.

2.3.7 Organisation des Langzeitgedächtnisses

Inhalte des Langzeitgedächtnisses werden nicht nur in bereits bestehende Muster integriert, sondern zudem in verschiedenen Gedächtnistypen organisiert, die in unterschiedlichen Regionen des Gehirns lokalisiert sind. Diese unterteilen sich in das bewusste (deklarative) und das unbewusste (implizite) Gedächtnis. Dem deklarativen Gedächtnis werden das „episodische Gedächtnis" (Speicherung von persönlichen Erlebnissen und Gefühlen) und das „semantische Gedächtnis" (Speicherung von Daten und Fakten) untergeordnet. Zum impliziten Gedächtnis gehören das „prozeduale Gedächtnis" (Bewegungsabläufe) und das „Priming-Gedächtnis" (unbewusst erlernte Zusammenhänge wie „Eis ist kalt" oder „Verkehrslärm und Großstadt").

Trotz dieser Unterscheidung in verschiedene Gedächtnistypen, die in verschiedenen Regionen des Gehirns verortet werden, darf nicht der Eindruck entstehen, dass es sich um „Schubladen" des Gedächtnisses handelt, die unabhängig voneinander mit Inhalt gefüllt werden. Gespeicherte Informationen, ob bewusst oder unbewusst erworben, stehen immer in einem situativen Kontext und seiner neuronalen Entsprechung. Erfahrungsgemäß erinnern wir uns an Faktenwissen aus unserem semantischen Gedächtnis leichter, wenn es mit persönlichen Erlebnissen aus dem episodischen Gedächtnis verknüpft ist.

Je stärker Informationen in unserem Gehirn mit anderen Informationen vernetzt sind, desto mehr Zugriffsmöglichkeiten hat unser Gehirn auf eben diese.

2.3.8 Einfluss emotionaler Bewertungen auf das Lernen

Das zweite Element des limbischen Systems, das Einfluss darauf hat, ob eine Erinnerung vom Gehirn langfristig gespeichert wird oder nicht, sind die Nervenzellen einer Struktur, die als Amygdala (bzw. Amygdalae, „Mandelkerne") bezeichnet wird. Die Nervenzellen, die sich in dieser Struktur befinden, sind für die emotionale Bewertung ankommender Signale verantwortlich. Werden eintreffende Signale von der Amygdala als „gefährlich" eingestuft, stimuliert diese über Botenstoffe Nervenzellen des Hypothalamus. Dies führt zur Ausschüttung von Stresshormonen: Der Körper wird in Alarmbereitschaft versetzt.

Erfolgt eine massive Ausschüttung an Stresshormonen, stellt sich der Körper auf reflexartige Körperreaktionen wie Flucht ein, kognitive Prozesse werden dagegen beeinträchtigt.

Wir können nicht mehr klar denken. Situationen, die solche Stressreaktionen in unserem Körper auslösen, müssen nicht gleich lebensbedrohlich sein. Auch Versagensängste oder die Auseinandersetzung mit Dingen, die dem Gehirn unbekannt, fremd und damit zunächst einmal „feindlich" erscheinen, können zu Denkblockaden, Sinnesstörungen oder Gedächtnislücken führen. Ebenso wie alle anderen Nervenzellen unsers Gehirns sind auch die Synapsen der Nervenzellen der Amygdala

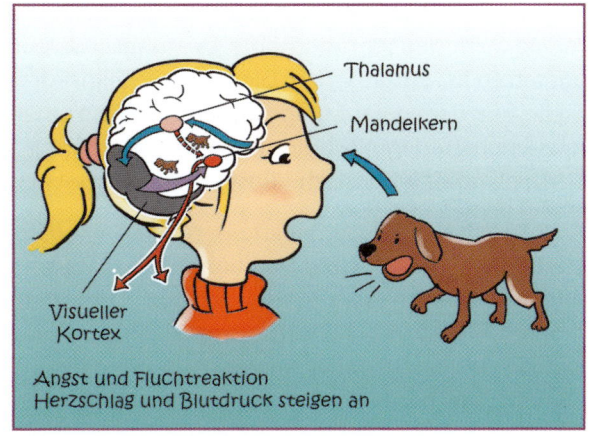

Reaktion auf die potenzielle Gefahr „Hund"

trainierbar (vgl. Bauer, 2007, S. 61). Aufgebaute Ängste oder Abwehrhaltungen können sich also manifestieren. Andererseits kann eine positive emotionale Bewertung das Speichern von Informationen positiv beeinflussen. Das Gehirn besitzt ebenfalls im limbischen System ein eigenes Belohnungs- oder auf Motivationssystem, das bei positiven Reizen, z.B. wenn wir einen Lernerfolg haben, körpereigene Opioide und Dopamin freisetzt. Opioide sorgen dafür, dass wir uns gut fühlen, Dopamin verbessert die Informationsverarbeitung der Nervenzellen. Informationen, die mit positiven Gefühlen besetzt sind, haben somit deutlich bessere Chancen, in den Neuronen „haften" zu bleiben (vgl. Roth/Prinz, 1996, S. 237).

In besonderem Maße spielen daher auch soziale Beziehungen beim Lernen eine wichtige Rolle. Bei isoliert gehaltenen Tieren konnte gezeigt werden, dass durch den fehlenden Kontakt zu Artgenossen das Motivationssystem quasi gelähmt wird. Studien an Menschen zeigten: Je mehr Sympathie wir einem Menschen entgegenbringen, umso aktiver wird unser Belohnungssystem. Mit verantwortlich ist ein Hormon namens Oxitocyn, das „Freundschafts- und Zärtlichkeitshormon", das bei positiver Zuwendung von Nervenzellen des Hypothalamus ausgeschüttet wird. Auch Oxytocin wirkt sich positiv auf die Verarbeitungsprozesse im Gehirn, also auf Denken, Lernen und Erinnern, aus (vgl. Bauer, 2007, S. 64 f.).

2.3.9 Konsequenzen für die naturwissenschaftliche Früherziehung

Welche Konsequenzen ergeben sich aus den dargestellten Zusammenhängen für die naturwissenschaftliche Früherziehung?

Die naturwissenschaftliche Früherziehung sollte **neben** anderen Bildungsbereichen stehen. Sie ist ein Baustein in dem breiten Angebot, das Kinder zur Entfaltung möglichst vieler Fähigkeiten benötigen. Auch wenn sich kein konkretes Zeitfenster einer sensiblen Phase für das naturwissenschaftliche Denken und Handeln identifizieren lässt, wäre es fatal, eine solche zu versäumen.

Voraussetzung für naturwissenschaftliche Aktivitäten mit Kindern ist die Neugierde und das Interesse der Kinder an den naturwissenschaftlichen Phänomenen. Dieses kann aus

Alltagssituationen heraus entstehen, aber auch durch Impulse geweckt werden. Zu vermeiden sind jedoch überhöhte Leistungserwartungen, welche Kinder der Möglichkeit aussetzen, zu enttäuschen. Dies gilt zweifellos für alle Bildungsbereiche. Es soll an dieser Stelle trotzdem darauf hingewiesen werden, zumal es manchmal scheint, dass die Naturwissenschaften implizit ein größeres Potenzial für Leistungsdenken provozieren als dies beispielsweise in musisch-künstlerischen Bereichen der Fall ist.

Auch in den Naturwissenschaften ist es eine Voraussetzung für erfolgreiches Lernen, dass die Phänomene der belebten und unbelebten Umwelt durch vielfältiges praktisches Handeln und Ausprobieren erfahren und nicht nur abstrakt erklärt werden. Nur so sind Lernerlebnisse möglich, die sich durch die Nutzung vielfältiger Sinnesreize und der verschiedenen Gedächtnistypen fest im Gehirn verankern. Daher sind naturwissenschaftliche Aktivitäten gebunden an praktische naturwissenschaftliche Experimente, die sich kreativ unter Einbezug anderer Bildungsbereiche wie Musik, Kunst und Sprache ausgestalten und vertiefen lassen.

Damit neue Erfahrungen und Wissen integriert werden können, müssen neue Inhalte durch Einbindung in Alltagsbezüge oder durch Bezüge zu bereits erforschten Phänomenen, Kausalbeziehungen und Problemstellungen an den Erfahrungshorizont der Kinder anknüpfen: Sie dürfen keine isolierten Informationspakete darstellen, sondern müssen für Kinder Relevanz und Bedeutung besitzen. In diesem Zusammenhang ist es von besonderer Wichtigkeit, vorhandene Fragestellungen der Kinder aufzugreifen.

Es ist somit Aufgabe der begleitenden Pädagoginnen und Pädagogen, vorhandene naturwissenschaftliche Fragestellungen als solche zu erkennen und möglichst Handlungsrahmen zur praktischen Erforschung derselben zu schaffen. Dies ist die eigentliche und zugleich anspruchsvollste Aufgabe der naturwissenschaftlichen Früherziehung.

Aufgabe

Stellen Sie die Schnittmengen zwischen Entwicklungspsychologie und neurobiologischen Erkenntnissen zusammenfassend dar.

Literaturtipps

Caspary, Ralf: Lernen und Gehirn: Der Weg zu einer neuen Pädagogik, 6. Auflage, Freiburg: Herder, 2009.

Flammer, August: Entwicklungstheorien. Psychologische Theorien der menschlichen Entwicklung, 3. Auflage, Bern: Hans Huber, 2003.

Herrmann, Ulrich: Neurodidaktik. Grundlagen und Vorschläge für gehirngerechtes Lehren und Lernen, Weinheim: Beltz, 2006.

Meixner, Johanna/Müller, Klaus: Konstruktivistische Schulpraxis. Beispiele für den Unterricht, Neuwied: Luchterhand, 2001.

Roth, Gerhard/Prinz, Wolfgang: Kopf-Arbeit, Heidelberg: Spektrum Akademischer Verlag, 1996.

Sodian, Beate/Koerber, Susanne/Thoermer, Claudia: Zur Entwicklung des naturwissenschaftlichen Denkens im Vor- und Grundschulalter, in: Es ist nie zu früh. Naturwissenschaftliche Bildung in jungen Jahren, hrsg. von Peter Nentwig und Sascha Schanze, Münster: Waxmann, S. 11–20.

Spitzer, Manfred: Lernen: Gehirnforschung und die Schule des Lebens, Heidelberg: Spektrum Akademischer Verlag, 2009.

Stern, Elsbeth: Wie abstrakt lernt das Grundschulkind? Neuere Ergebnisse der entwicklungspsychologischen Forschung, in: Individuelles und soziales Lernen in der Grundschule – Kindperspektive und pädagogische Konzepte, hrsg. von Hans Petillon, Opladen: Leske & Budrich, 2002, S. 27–42.

Watzlawick, Paul: Die erfundene Wirklichkeit. Wie wissen wir, was wir zu wissen glauben? Beiträge zum Konstruktivismus, 3. Auflage, München: Piper 2007.

3 Naturwissenschaftliche Grundlagen

In diesem Kapitel sollen folgende Fragen geklärt werden:

- Was genau sind Naturwissenschaften?
- Worin unterscheiden sich Physik, Chemie und Biologie?
- Wie kann das Verhältnis von Mensch und Natur beschrieben werden?
- In welchem Verhältnis stehen Naturwissenschaften und Technik?
- Inwiefern helfen Naturwissenschaften, die Welt zu verstehen?
- Wie gelangen Naturwissenschaftler zu neuen Erkenntnissen?
- Welche Methoden wenden sie dabei an?

Aufgaben

1. *Führen Sie in der Kleingruppe ein Brainstorming zu folgenden Begriffen durch: Naturwissenschaften, Technik, Chemie, Biologie, Physik. Fertigen Sie hierzu ein Mindmap an.*

2. *Diskutieren Sie die Begriffe und formulieren Sie Definitionen.*

3. *Überlegen Sie, wie das Verhältnis Natur – Mensch beschrieben werden kann. Welche Rolle spielen hierbei die Naturwissenschaften?*

Naturwissenschaften beschreiben und erklären die belebte und unbelebte Natur. Hierzu erforschen sie Gesetzmäßigkeiten, denen die Natur unterworfen ist. Traditionell werden die Naturwissenschaften unterschieden in die drei Bereiche Chemie, Physik und Biologie.

Chemie: *Wissenschaft vom Aufbau, den Eigenschaften und den Umwandlungen von Stoffen*

Physik: *Wissenschaft von den Eigenschaften, Zustandsformen, Struktur und Bewegung der unbelebten Materie, ihren Wechselwirkungen und den dabei wirkenden grundlegenden Gesetzen*

Biologie: *Wissenschaft der Erscheinungsformen lebender Systeme*

Alle drei Disziplinen versuchen in ihrem Gebiet die Frage zu beantworten: Wie funktioniert die Natur? Es ist ersichtlich, dass es zwischen den Disziplinen viele Schnittmengen gibt. Will man etwa in der Biologie das Erbgut des Menschen erforschen, so wendet man Kenntnisse der Chemie an, indem man beispielsweise Aufbau/Molekülstruktur und Reaktionen der DNA in den Blick nimmt.

Natur und Mensch stehen in einem wechselseitigen Verhältnis zueinander. Dabei darf nicht vergessen werden, dass der Mensch selbst Teil der Natur ist. Um das Verhältnis zwischen Natur und Mensch angemessen zu beschreiben, sind über die Naturwissenschaften hinaus weitere Wissenschaftsdisziplinen notwendig. Dort, wo es um einen verantwortungsvollen Umgang mit der Natur geht, sind Ethik, Politik, Philosophie, Soziologie und Ökonomie gefragt. Diese sollen zu einem großen Teil dazu beitragen, die Natur zu bewahren (vgl. Abbildung unten).

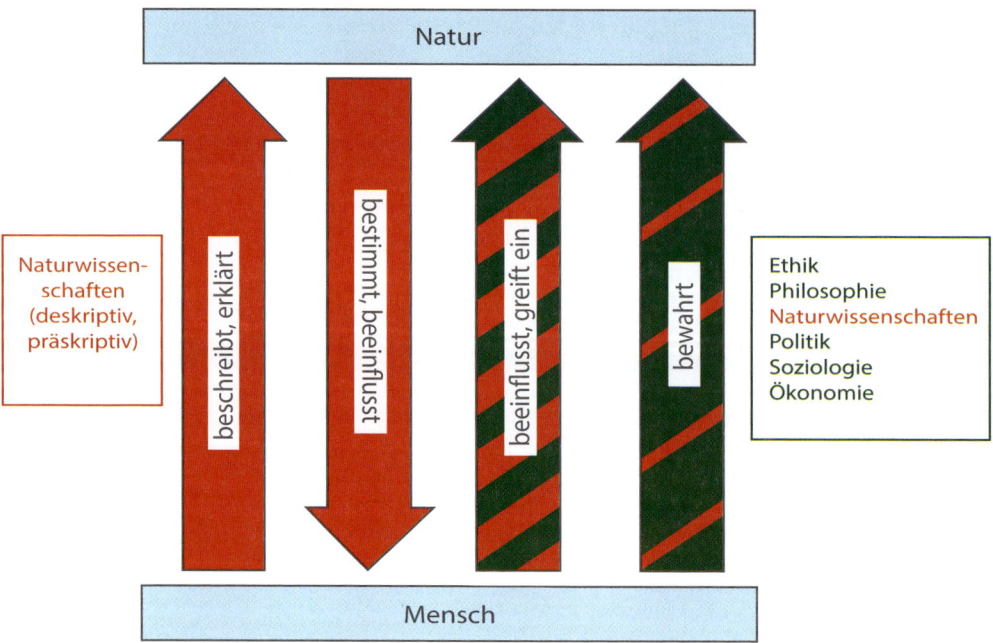

Natur

Naturwissen-
schaften
(deskriptiv,
präskriptiv)

beschreibt, erklärt

bestimmt, beeinflusst

beeinflusst, greift ein

bewahrt

Ethik
Philosophie
Naturwissenschaften
Politik
Soziologie
Ökonomie

Mensch

Verhältnis Mensch – Natur

Um Erkenntnisse über die Natur zu sammeln, sie zu beschreiben und zu erklären, werden bestimmte Arbeits- und Denkweisen angewendet. Inhaltliches Wissen – z. B. Luft ist ein Stoffgemisch und besteht zu einem großen Anteil aus den Elementen Stickstoff und Sauerstoff – resultiert aus einer ursprünglich gestellten Frage: Welche Bestandteile enthält die Luft? Langwierige Forschungsprozesse, welche eine den Naturwissenschaften eigene Methodik anwenden, lieferten letztlich die Antwort auf diese Frage. Das Ziel der Naturwissenschaften, **inhaltliches Wissen** über die Natur zu sammeln, erfordert ein **methodisches Wissen:** Wie können neue Kenntnisse erlangt werden?

Aufgabe

Entwickeln Sie anhand des unten aufgeführten Textes über Ignaz Semmelweis methodische Schritte, wie Naturwissenschaftler zu neuen Erkenntnissen gelangen und stellen Sie diese Schritte zur Erkenntnisgewinnung in einem Schema dar.

Semmelweis erforscht das Kindbettfieber

„Ignaz Semmelweis, ein ungarischer Arzt, arbeitete von 1844 bis 1848 am Wiener Allgemeinen Krankenhaus. Als Mitglied des ärztlichen Kollegiums der Ersten Geburtshilflichen Abteilung dieses Krankenhauses war Semmelweis besorgt darüber, dass ein großer Teil der Frauen, die in dieser Abteilung entbunden wurden, sich eine ernste und oft tödliche Krankheit zuzogen, die als Puerperal- oder Kindbettfieber bekannt war. 1844 starben nicht weniger als 260 von 3157 Müttern der Ersten Abteilung (8,2 Prozent) an dem Leiden; 1845 betrug die Todesrate 6,8 und 1846 waren es 11,4 Prozent. Diese Zahlen waren umso alarmierender, als in der Zweiten benachbarten Geburtshilflichen Abteilung des gleichen Krankenhauses, die fast genauso viele Frauen versorgte, die Todesrate durch Kindbettfieber in denselben Jahren viel niedriger lag: 2,3; 2,0 und 2,7 Prozent. [...]

Zunächst untersuchte er verschiedene Erklärungen, die zu jener Zeit gängig waren; einige davon wies er sofort als unvereinbar mit außer Frage stehenden Tatsachen zurück; andere unterwarf er spezifischen Tests. [...] Eine davon stellte fest, die Erste Abteilung sei so gelegen, dass der Priester, der den sterbenden Frauen die Kommunion bringe, erst fünf Stationen passieren müsse, um den dahinterliegenden Krankensaal zu erreichen: Das Erscheinen des Priesters, begleitet vom Messdiener mit einer Klingel, habe auf die Patientinnen der Stationen angeblich eine so erschreckende und entkräftende Wirkung, dass es sie zu leichteren Opfern des Kindbettfiebers mache. In der Zweiten Abteilung fehlte dieser widrige Faktor, da der Priester zum Krankenzimmer direkten Zugang hatte. Semmelweis entschloss sich, diese Vermutung zu überprüfen. Er überredete den Priester, auf einem Umweg und ohne Klingel zu kommen, um das Krankenzimmer leise und unbeobachtet zu erreichen. Die Sterblichkeit in der Ersten Abteilung sank jedoch nicht.

Ein neuer Einfall kam Semmelweis, als er beobachtete, dass in der Ersten Abteilung die Frauen auf dem Rücken liegend entbunden wurden, in der Zweiten dagegen auf der Seite liegend. Obwohl er es für unwahrscheinlich hielt, entschloss er sich [...] zu überprüfen, ob dieser Unterschied von Bedeutung war. Er führte auf der ersten Station die laterale Stellung ein, aber wiederum blieb die Sterblichkeit unverändert.

Schließlich, zu Anfang des Jahres 1847, gab ein zufälliger Unglücksfall Semmelweis den entscheidenden Anhaltspunkt für die Lösung des Problems. Einer seiner Kollegen, Kolletschka, erhielt von dem Skalpell eines Studenten, mit dem er eine Autopsie durchführte, eine punktförmige Verletzung am Finger und starb nach einer quälenden Krankheit, in deren Verlauf er die gleichen Symptome erkennen ließ, die Semmelweis bei den Opfern des Kindbettfiebers beobachtet hatte. Obwohl die Rolle der Mikroorganismen bei solchen Infektionen zu jener Zeit noch nicht bekannt war, begriff Semmelweis, dass ‚Leichensubstanz‘, vom Skalpell des Studenten in Kolletschkas Blutstrom geraten, die tödliche Krankheit des Kollegen verursacht hatte. Die Ähnlichkeiten im Krankheitsverlauf bei Kolletschka und bei den Frauen in seiner Klinik führten Semmelweis zu dem Schluss, dass seine Patientinnen an der gleichen Art von Blutvergiftung gestorben waren. Er, seine Kollegen und die Medizinstudenten waren die Träger des infektiösen Materials, denn sie kamen gewöhnlich direkt in die Stationen, nachdem sie im Autopsie-Saal Sektionen durchgeführt hatten, und untersuchten die in Wehen liegenden Frauen, nachdem sie sich nur oberflächlich die Hände gewaschen hatten, denen auch oft noch ein charakteristischer Verwesungsgeruch anhaftete.

Wiederum testete Semmelweis seinen Einfall. Er überlegte, dass – wenn er recht hatte – das Kindbettfieber dadurch verhütet werden konnte, dass das an den Händen verbliebene infektiöse Material chemisch vernichtet wurde. Er gab deshalb allen Medizinstudenten die Anweisung, ihre Hände vor jeder Untersuchung in einer Chlorkalk-Lösung zu waschen. Die Sterblichkeit an Kindbettfieber begann prompt zu sinken; sie fiel 1848 auf 1,27 Prozent in der Ersten Abteilung, gegenüber 1,33 Prozent in der Zweiten.

Seine Idee, oder – wie wir auch sagen werden – seine Hypothese, wurde, wie Semmelweis bemerkte, auch durch die Tatsache gestützt, dass die Sterblichkeit in der Zweiten Abteilung durchweg so viel niedriger lag. Dort wurden die Patientinnen von Hebammen gepflegt, deren Ausbildung keinen Anatomie-Unterricht mit Leichensektion umfasste. [...]

Weitere klinische Experimente brachten Semmelweis bald dazu, seine Hypothese zu erweitern. Zum Beispiel untersuchten er und seine Kollegen [...] eine in Wehen liegende Frau, die an einem eitrigen Gebärmutterkrebs litt; daraufhin setzten sie ihre Untersuchungen an zwölf weiteren Frauen in diesem Raum fort, nachdem sie sich nur routinemäßig ohne erneute Desinfektion gewaschen hatten. Elf der zwölf Patientinnen starben an Puerperalfieber. Semmelweis folgerte daraus, dass Kindbettfieber nicht nur durch Leichensubstanz, sondern auch durch ‚verfaulende Materie aus lebendigen Organismen' verursacht werden kann."

(Hempel, 1977, S. 11-14, gekürzt)

3.1 Denk- und Arbeitsweisen der Naturwissenschaften

Das Vorgehen des Arztes Semmelweis ist aus heutiger Sicht undenkbar. Alle Studien, in denen Menschen Gegenstand von Untersuchungen sind, unterliegen strengen Kriterien und müssen durch den Ethikrat genehmigt werden. Trotzdem zeigt dieses Beispiel den Weg zur Gewinnung naturwissenschaftlicher Erkenntnisse an, der in folgendem Schema dargestellt ist.

Der Weg naturwissenschaftlichen Erkenntnisgewinns

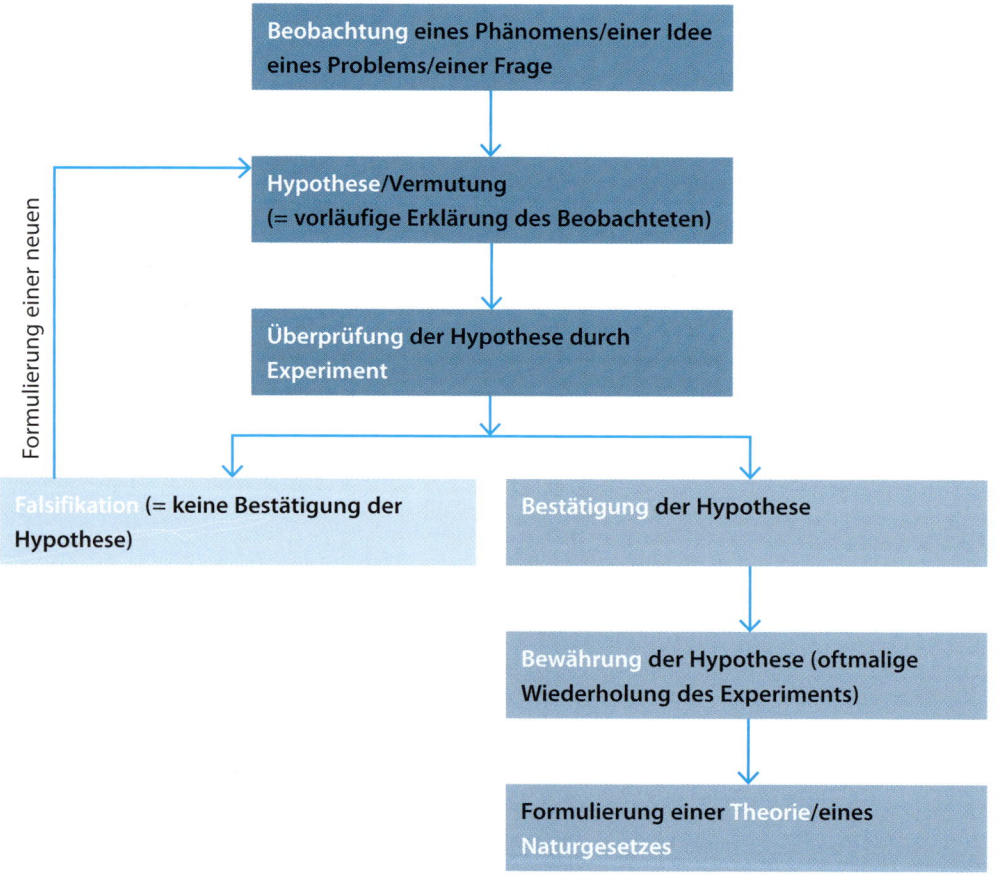

Dieses Schema macht Folgendes deutlich: Erkenntnisse, die in den Naturwissenschaften formuliert werden, sind (in der Regel) keine abstrakten Gesetzmäßigkeiten, die in theoretischer Weise von schlauen Köpfen ausgedacht worden sind. Tatsächlich stellen sie nichts anderes als auf konkreten Erfahrungen basierendes Wissen dar, das gefunden, strukturiert und systematisiert wird. Zwei Beispiele sollen dies verdeutlichen:

1. Die Kategorisierung von Pilzen in essbare, ungenießbare und giftige Pilze basiert letztlich auf der Erfahrung, dass Menschen in früheren Zeiten nach dem Genuss bestimmter Pilze gestorben sind. Dabei war nicht unbedingt sofort einsichtig, woran ein Mensch gestorben war. Schließlich konnte er auch etwas anderes zu sich genommen haben, das ihn vergiftet hatte. Es sind also mit Sicherheit viele Menschen an einer bestimmten Pilzsorte gestorben, bevor diese als Todesursache identifiziert werden konnte. Diese Erfahrung, die Menschen mit dem Leben bezahlten, hat dazu geführt, dass Menschen Wissen über die Giftigkeit von Pilzen gewonnen haben. Heute können wir mit unseren Mess- und Analysemethoden genau bestimmen, welche Bestandteile von Pilzen giftig sind. Wir können genau beschreiben, warum diese Stoffe giftig für uns sind, d. h., welche Reaktionen sie in unserem Körper auslösen. Dieses Beispiel verdeutlicht zum einen, dass Erfahrung der Ausgangspunkt für das Erlangen einer Erkenntnis ist, zum anderen, dass im Laufe der Menschheitsgeschichte Erkenntnisse genauer und detaillierter beschrieben werden können aufgrund der Tatsache, dass uns immer genauere Messmethoden zur Verfügung stehen.

2. Die Schwerkraft (Schwerkraft auf der Erdoberfläche: Erdanziehung), die sich wunderbar in für den Nicht-Naturwissenschaftler nicht nachvollziehbaren Formeln ausdrücken lässt, ist kein jenseits konkreter Erfahrung erfundenes oder gefundenes Gesetz, sondern beruht auf der Beobachtung, dass alle Gegenstände nach unten fallen. Diese Beobachtung hat dazu geführt, dass Menschen sich mit der Frage auseinandergesetzt haben, warum dies so ist, wie die Schwerkraft zustande kommt und wodurch sie beeinflusst wird. Am Ende des Forschungsprozesses stand eine **Theorie**. Diese konnte dann erweitert werden. Zum Beispiel konnte begründet werden, warum die Schwerkraft auf dem Mond deutlich geringer ist. Oder es wurden Möglichkeiten gefunden, trotz der wirkenden Schwerkraft Gegenstände zum Fliegen zu bringen. Indem wir also lernen, Gesetzmäßigkeiten der Natur zu verstehen, beeinflussen wir die Natur gleichzeitig. Naturwissenschaften werden – weil sie auf Erfahrungen beruhen – auch **empirische[1] Wissenschaften** genannt.

> *Natur zu beschreiben und zu erklären, heißt Wirklichkeit zu erfassen, aber eben nur einen Teil der Wirklichkeit. Naturwissenschaften arbeiten reduktionistisch, d. h., sie sehen nur einen Bereich, einen Ausschnitt der Wirklichkeit, nämlich den, auf welchen sie ihren Fokus richten.*

So sagt etwa die Kategorisierung von Pilzen in giftig und ungiftig noch nichts darüber aus, welche Rolle Pilze im Ökosystem Wald spielen. Auch hilft diese Kategorisierung nicht weiter in der Beschreibung der Gefühle der Menschen, die Angehörige aufgrund einer Pilzvergiftung verloren haben. Die naturwissenschaftliche Sicht auf die Welt muss also durch weitere Perspektiven ergänzt werden.

---

[1] *griech. empireia: Erfahrung, Erfahrungswissen*

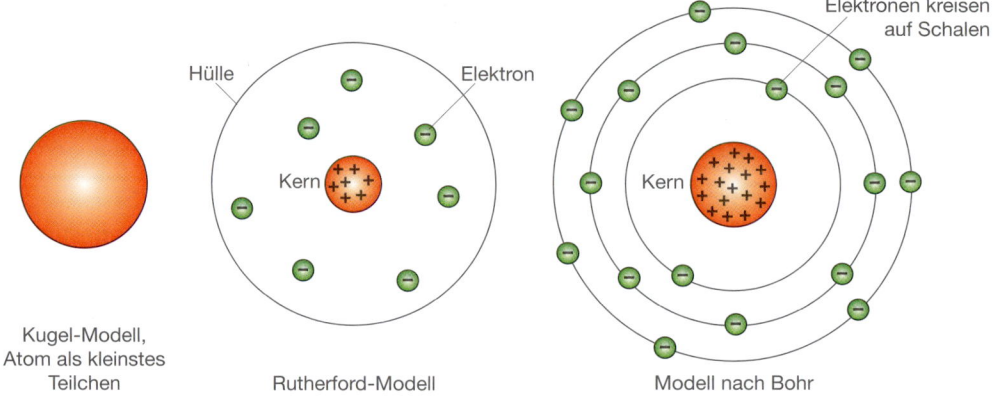

Modele zum Aufbau von Atomen

Ergebnisse naturwissenschaftlicher Betrachtungen stellen keine absoluten Wahrheiten dar. Vielmehr spiegeln diese Ergebnisse den aktuellen Erkenntnisstand zu einem bestimmten Zeitpunkt wider. Dieser Erkenntnisstand verändert sich permanent, indem Ergebnisse naturwissenschaftlicher Forschung ergänzt, erweitert, aber auch revidiert werden. Viele Ergebnisse naturwissenschaftlicher Forschung haben sich im Laufe der Zeit als unzureichend oder schlichtweg als falsch herausgestellt. So dachte man zum Beispiel im 19. Jahrhundert, dass die kleinste Einheit, aus der Materie besteht, die Atome[1] sind. Diese Meinung musste bald revidiert werden, denn man fand kleinere Bausteine: Neutronen und Protonen im Atomkern und Elektronen in der Hülle. Heute gehen wir davon aus, dass diese wiederum aus kleineren Einheiten, nämlich den Quarks bestehen. Weitere Elementarteilchen wie Gluonen und Leptonen wurden gefunden und immer noch können die Verhältnisse in einem Atom nicht genau beschrieben werden. Immer genauere Methoden liefern immer detailreichere Kenntnisse (vgl. Methode mit der Maschengröße des Fischernetzes: Je feiner das Netz, desto kleiner die Fische, die gefangen werden können, siehe S. 27).

Dazu müssen wir beachten, dass unsere Vorstellungen, z.B. vom Aufbau der Materie, keinesfalls die Wirklichkeit an sich darstellen, sondern Modelle (siehe Kapitel 4.2) und Vorstellungen von etwas sind, das wir so – wie es an sich ist – nicht wahrnehmen können.

Die Welt ist ein komplexes System. Die Naturwissenschaften versuchen, durch systematische Vereinfachung einen Beitrag zum Verständnis dieser Komplexität zu leisten. Dieser Vereinfachung muss man sich bewusst sein, will man das, was Naturwissenschaften zum Weltverständnis leisten können, richtig einordnen.

Naturwissenschaften an sich sind zunächst wertfrei. Naturwissenschaftliche Forschung ist weder gut noch schlecht. Bewertungen fangen dort an, wo naturwissenschaftliche Forschung zu einem Zweck, zu einem bestimmten Nutzen eingesetzt wird. Hier kann großer Schaden angerichtet, aber auch viel Positives bewirkt werden. Die Entschlüsselung des Erbguts an sich ist weder gut noch schlecht. Ethisch diskutiert werden muss allerdings, was mit diesem Wissen gemacht wird: Werden Krankheiten geheilt, Embryonen mit Gendefekten aussortiert oder der Mensch geklont? Hier kommen philosophische oder auch

[1] griech. atomos: das Unteilbare

religiöse Betrachtungen ins Spiel. Es ist eine Ethik notwendig, die Kriterien anbietet, anhand derer entschieden werden kann, welche Ziele naturwissenschaftlicher Forschung moralisch vertretbar sind. Und es braucht eine Gesetzgebung, die, unter Berücksichtigung dieser ethischen Urteile (die je nach Argumentation und angewendeten Kriterien keinesfalls einheitlich ausfallen) und gesellschaftlichen Interessen, dies regelt (siehe Kapitel 6.4).

Zurück zum Weg naturwissenschaftlichen Erkenntnisgewinns: Um diesen Weg zu gehen, werden verschiedene Verfahren, verschiedene Denk- und Arbeitsweisen eingesetzt, die im Folgenden dargestellt sind.

Betrachten und Beobachten

Dieser Vorgang stellt eine zentrale Kategorie in der naturwissenschaftlichen Forschung dar: Um überhaupt naturwissenschaftliche Fragestellungen erkennen zu können, ist oftmals ein genaues Beobachten notwendig: Der Frage „Wo ist das Salz, nachdem es in Wasser gelöst wurde?" geht die Beobachtung voraus, dass es nach dem Lösungsprozess in Wasser nicht mehr sichtbar ist. Erst die Wahrnehmung dieses Sachverhalts führt zu einer Frage, welche dann in einem Forschungsprozess näher untersucht werden kann. Während des Experimentierens selbst ist das genaue Beobachten eine Bedingung dafür, Erklärungen im Hinblick auf das Beobachtete zu ziehen und Schlüsse aus dem durchgeführten Experiment im Hinblick auf eine Ausgangsfrage oder ein Ausgangsproblem zu formulieren.

Vermuten

Nachdem eine Frage bzw. ein Problem formuliert wurde, gilt es, begründete Vermutungen (Hypothesen) zur Lösung des Problems zu formulieren. Basiert die Voraussage bezüglich der Lösung des Problems auf einer bereits vorhandenen Theorie, wird dieses Vorgehen Deduktion genannt. Im Fall der oben gestellten Frage könnte die Antwort lauten: „Auch wenn man Salz nicht mehr sehen kann, ist es dennoch vorhanden. Es hat sich lediglich in so kleine Einheiten zerteilt,

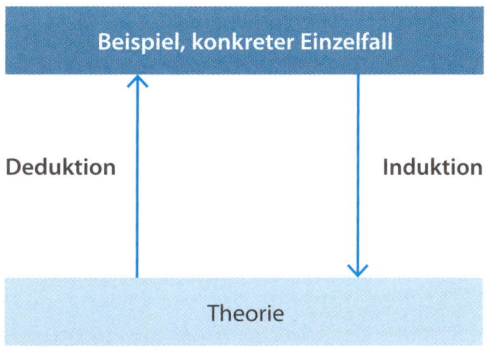

dass es mit dem Auge nicht mehr erkennbar ist." Besteht kein oder kaum Vorwissen, können häufig weniger gut begründete Vermutungen angestellt werden, es ist eher ein Vermuten „ins Blaue hinein". Eine Erkenntnis, die zu einer neuen Theorie führt, wird erst durch das Experiment gewonnen. Dieses Vorgehen nennt man Induktion. Innerhalb naturwissenschaftlicher

Erkenntnisprozesse wechseln sich Induktion und Deduktion in der Regel ab. Verglichen mit Piagets Begriffspaar Assimilation – Akkomodation entsprechen deduktive Prozesse dem Vorgang der Assimilation, induktive Prozesse dem der Akkomodation.

Um sinnvolle Vermutungen anstellen zu können, ist inhaltliches Wissen notwendig. Das reine Beherrschen einer Methode führt zu keinem Ergebnis, wenn dieses nicht in einen Kontext, in einen Gesamtzusammenhang eingeordnet werden kann, der auch ein bestimmtes fachliches Wissen voraussetzt. Der Streit in der Didaktik, ob inhaltliches Wissen Vorrang vor methodischem Wissen hat oder umgekehrt, ist durch diesen Sachverhalt im Keim erstickt. Natürlich ist es vor dem Hintergrund der Wissensexplosion in unserem Informationszeitalter immer weniger möglich, sich auch nur ansatzweise dieses Wissen anzuzeigen. Bildungseinrichtungen können hier nur exemplarisch vorgehen. Daher wird es natürlich zunehmend bedeutsamer, die entsprechende Methodik zu beherrschen und sich selbstständig gerade benötigte Informationen zu erschließen. Neue Informationen kann ich nur dann sinnvoll verarbeiten, wenn ich sie in ein vorhandenes Informationsnetzwerk integrieren kann – und das heißt, wenn ich mir inhaltliches Wissen angeeignet habe, das ich selbstständig und je nach Notwendigkeit erweitern kann. Als Erzieherin, als Unterrichtender muss ich mir jedoch darüber im Klaren sein, dass Kinder noch am Anfang der Ausbildung eines solchen Wissensnetzes stehen. Wir können häufig eben nicht auf vorhandenes Vorwissen der Kinder zurückgreifen. Das wirft folgende Fragen für die Vermutungsbildung innerhalb des naturwissenschaftlichen Forschens auf, die sich jede Pädagogin stellen und auch beantworten muss, wenn sie mit Kindern forscht:

1. Können überhaupt schon sinnvolle Vermutungen geäußert werden oder verkommt der Prozess zu einem Ratespiel, dann sollte überlegt werden, ob dieser Weg überhaupt eingeschlagen wird (vgl. Kapitel 4.1.1 zum forschend-entwickelnden Verfahren, S. 77)?

2. Wie können naturwissenschaftliche Sequenzen sinnvoll strukturiert werden, sodass das Kind die Möglichkeit hat, mit zunehmender Erkenntnis möglichst selbstständig begründete Vermutungen zu bilden und zu überprüfen?

Experimentieren

Das Experiment im engeren Sinne bildet das Zentrum naturwissenschaftlichen Forschens, indem es zu neuen Erkenntnissen führt. Je nach Einsatz während des Forschunsprozesses, kann es verschiedene Funktionen einnehmen. Die prominenteste Funktion ist wohl die

der Überprüfung einer aufgestellten Vermutung (Hypothese) und damit verbunden die des Erkenntnisgewinns. Bezogen auf die Vermutung im Beispiel, dass das Salz nicht weg, sondern nur im Wasser gelöst sei, kann zur Überprüfung dieser Vermutung das Salz in einem Experiment durch Verdampfen des Wassers wiedergewonnen werden, sodass die zuvor aufgestellte Hypothese sich als richtig erweist. Ein Experiment kann aber auch neue Fragen auf-

werfen, zu neuen Hypothesen führen, die dann wiederum mithilfe eines Experiments bestätigt oder widerlegt werden. Auf die Didaktik bezogen haben Experimente in Kindergarten und Schule weiterhin eine Festigungs- und Übungsfunktion, indem diese – gegebenenfalls mit anderen Stoffen – wiederholt werden. In der Forschung dient die mehrmalige Wiederholung eines Experiments unter denselben Bedingungen der Bestätigung des Experimentausgangs. Abweichende Ergebnisse, z. B. aufgrund von Messfehlern, können somit aussortiert werden.

So wie in der Forschung ein Experiment nie allein steht, nie Selbstzweck an sich ist, so soll es sich idealerweise auch beim Experimentieren mit Kindern verhalten: Es gilt, die Sinnhaftigkeit des Experiments aufzuzeigen und dieses in einen Gesamtkontext einzuordnen, der auf einen Erkenntniszuwachs ausgerichtet ist.

Messen und Mathematisieren

In den Naturwissenschaften spielen verschiedene Größen wie Volumen, Gewicht, Temperatur oder Kraft eine Rolle. Methoden zur Messung dieser Größen gehören zum Repertoire eines Naturwissenschaftlers. Sollen Ergebnisse reproduzierbar, also wiederholbar sein, muss mit gleichen Mengen gearbeitet werden. Soll z. B. erforscht werden, ob Salzwasser bei gleicher Temperatur siedet wie reines Wasser, muss ich Messinstrumente zur Hand haben, um diese Frage zu beantworten.

Einige wichtige Größen und ihre Einheiten:

Größe	Einheit
Volumen *V*	Liter (l)
Masse *m*	Gramm (g)
Länge *l*	Meter (m)
Fläche *A*	Quadratmeter (m^2)
Kraft *F*	Newton (N)
Geschwindigkeit *v*	Meter pro Sekunde (m/s)
Temperatur *T*	Grad Celsius (°C)
Stoffmenge *n*	Mol (mol)
Konzentration *c*	Stoffmenge/Liter (mol/l)
Zeit *t*	Sekunde (s)

Vergleichen und Kategorisieren

Um eine Struktur, ein logisches System zu entwickeln, ist es notwendig, zu vergleichen und zu kategorisieren. Worin unterscheiden sich die Blätter einer Eiche von den Blättern einer Birke? Was macht einen Laubbaum zu einem Laubbaum und Nadelhölzer zu Nadelhölzern? In welche Kategorie lassen sich aufgrund welcher Merkmale Eiche und Birke einordnen? Vergleichen und Kategorisieren helfen, die Welt zu ordnen und zu strukturieren. Sind die Kriterien für eine kategorie klar, ist es leicht, neue Begriffe in eine vorhandene Kategorie einzuordnen. Habe ich einmal erfahren, dass ein Pottwal kein Fisch, sondern ein Säugetier

ist, so kann ich dasselbe für den Blauwal annehmen. Kann ich dies noch damit begründen, dass Wale mit der Lunge und nicht mit Kiemen atmen, ihre Jungen lebendig zur Welt bringen, keine Eier legen und eine gleichbleibende Körpertemperatur haben, also nicht wechselwarm sind (d. h. die Körpertemperatur der Außentemperatur angleichen können), so sind mir wichtige Kriterien bewusst, die ein Tier zu einem Fisch oder zu einem Säugetier machen.

Diskutieren und Interpretieren

Gewonnene Daten müssen interpretiert, d. h. in ein System eingeordnet und miteinander verglichen werden. Wurde in einem Experiment die Löslichkeit von Zucker in Wasser und in Öl überprüft, müssen die Ergebnisse interpretiert werden: Warum ist Zucker in Wasser löslich, in Öl aber nicht? Welche Strukturen weisen Zucker, Wasser und Öl auf, mit denen die Versuchsergebnisse erklärt werden können? Wie lassen sich diese Ergebnisse beispielsweise in Beziehung setzen zu weiteren Versuchsreihen zur Überprüfung der Wasser- und Öllöslichkeit von anderen Stoffen? Dieses Verfahren hilft also, gewonnene Daten zu erklären und sie in ein System einzuordnen.

Modelle anwenden und entwickeln

Naturwissenschaften kommen ohne Modellbetrachtung nicht aus (siehe Kapitel 4.2 Modelle). Überall dort, wo Betrachtungen der Realität nicht möglich sind, müssen Modelle entwickelt werden, die unser (augenblickliches) Verständnis der Welt adäquat beschreiben. Haben sich Modelle bewährt, werden sie angewendet, um Erklärungen z. B. auf Teilchenebene zu geben. Modelle werden im Laufe des Forschungsprozesses immer weiterentwickelt, z. B. dann, wenn neue Forschungsergebnisse mit einem bisher benutzten Modell nicht mehr erklärt werden können.

Planen und Konstruieren

Über das Planen des Forschungsprozesses und das Konstruieren von Experimentier- vorschriften hinaus spielt diese Arbeitswei- se insbesondere im Anwendungsbereich der Naturwissenschaften, also in der Tech- nik, eine Rolle. Wie sind Windräder zu kons- truieren, die in möglichst optimaler Weise die Windkraft ausnutzen? Wie lässt sich die gewonnene mechanische Energie in elekt- rische Energie umwandeln? Wenn heiße Luft eine geringere Dichte einnimmt als kalte Luft und entsprechend nach oben steigt, lässt sich damit ein Gefährt konstru- ieren, mit dem man in die Luft aufsteigen kann? Diese Beispiele verdeutlichen, dass Planungen und Konstruktionen auf der Basis naturwissenschaftlicher Erkenntnisse vorgenommen werden.

Recherchieren und Kommunizieren

Zum naturwissenschaftlichen Arbeiten gehört das Recherchieren und Kommunizieren. Stimmen Versuchsergebnisse mit in der Literatur beschriebenen Ergebnissen überein? Gibt es ähnlich beschriebene Versuchsanordnungen, die ich für mein Experiment über- nehmen kann? Was weiß ich schon über die eingesetzten Stoffe, welches Wissen muss ich mir noch aneignen?

Die Kommunikation während des Forschungsprozesses, der Austausch über Vermutun- gen, Vorgehensweisen, Beobachtungen, Schlussfolgerungen und Interpretation des Ver- suchsergebnisses ist notwendig, um Sichtweisen auszutauschen und gemeinsam zu einem Ergebnis zu kommen (Ko-Konstruktion, vgl. Kapitel 2.2). Das Abstimmen über die Teilung von Arbeitsschritten und das spätere Zusammenfügen dieser erfordert Abspra- chen und Austausch der Teilergebnisse. Alltags- und Fachsprache spielen hier eine Rolle.

Aufgabe

Wählen Sie eine von Ihnen geplante naturwissenschaftliche Aktivität aus und machen Sie deutlich, welche der oben genannten Denk- und Arbeitsweisen im Verlauf eine Rolle spielen.

Die Einübung dieser den Naturwissenschaften eigenen Arbeitsweisen hat eine große Relevanz innerhalb der naturwissenschaftlichen Bildung in Elementarbereich und Schule, indem sie den Erkenntnisweg der Lernenden gestaltet. Bei alledem ist der Unterschied zwischen Forschung und Lernort zu beachten: Während in der naturwissenschaftlichen Forschung neue Wege beschritten, neue Forschungsergebnisse für die Menschheit gewonnen werden, geht es in der Vermittlung der Naturwissenschaften in Kindertagesstätte und Schule lediglich um einen Nachvollzug dieser Verfahren, um den Erkenntnisgewinn für den Einzelnen. Wie dieser Weg gestaltet wird, muss von der Erzieherin, vom Unterrichtenden an didaktischen Prinzipien orientiert, umfassend reflektiert werden.

Es ist hervorzuheben, dass „problemlösendes Denken" unter Anwendung oben dargestellter Methoden kein ausschließlich den Naturwissenschaften zugeordneter Bereich ist, sondern eine allgemeine Kompetenz innerhalb der verantwortlichen Lebensgestaltung darstellt (vgl. Kapitel 1.2, S. 20). Die naturwissenschaftlichen Denk- und Arbeitsweisen

„sind einerseits eine notwendige Voraussetzung für das fortschreitende Lernen innerhalb eines Faches (kumulatives Lernen, vertikale Vernetzung). Sie sind andererseits übertragbar auf neue Problemstellungen innerhalb und außerhalb des Unterrichts, sofern sie als Prinzipien und Strategien verinnerlicht worden sind (horizontale Vernetzung)."
(Prenzel/Parchmann, 2003, S. 16)

Bevor wesentliche Grundkonzepte der Naturwissenschaften vorgestellt werden, ist eine kurze Einführung in die Fachsprache und Symbolik der Naturwissenschaften notwendig.

3.2 Fachsprache und Symbolik

Die Naturwissenschaften bedienen sich einer ganz eigenen Fachsprache und Symbolik, die es zum einen ermöglicht, dass Menschen sich international über ein und denselben Sachverhalt verständigen können, ohne dass Übersetzungsprobleme entstehen. Fachsprache dient hier sowohl der Verständigung zwischen den Naturwissenschaftlern als auch zwischen Naturwissenschaftlern und Nichtfachleuten. Zum anderen ermöglichen Fachsprache und Symbolik eine prägnante Darstellungsweise, die schnell und übersichtlich das Gemeinte verdeutlicht. So lässt sich beispielsweise folgender Satz: „Bei der Fotosynthese reagieren Kohlenstoffdioxid und Wasser zu Glukose und Sauerstoff" mithilfe von Elementsymbolen und einer Reaktionsgleichung so ausdrücken:

$$6CO_2 + 6H_2O \rightarrow C_6H_{12}O_6 + 6O_2$$

Sehr prägnant, aber leider für den Nicht-Eingeweihten nicht nachvollziehbar. Hier liegt ein wesentliches Problem des naturwissenschaftlichen Unterrichts: Stellen Sie sich vor, dieses Handbuch würde bei Ihnen Kenntnisse und Gebrauch der chemischen

Fachsprache voraussetzen und es würde ganz selbstverständlich mit verschiedensten chemischen Symbolen hantieren. Sie würden vermutlich nach spätestens zwei Seiten – vielleicht schon eher – das Buch zur Seite legen und es als unnütze Investition ansehen. Es entstehen die größten Kommunikationsschwierigkeiten, wenn Fachleute anderen Menschen ohne entsprechende Vorkenntnisse gegenübertreten, genau diese Vorkenntnisse aber voraussetzen. Und so ist es übrigens auch beim Experimentieren mit Kindern im Kindergarten. Hüten Sie sich davor, Kenntnisse bei den Kindern vorauszusetzen, welche diese gar nicht haben können. Reflektieren Sie genau die Voraussetzungen aufseiten der Kinder. Haben diese den Kenntnisstand, der notwendig ist, um das Experiment durchzuführen?

Die Darstellung der oben abgebildeten Reaktionsgleichung vermittelt in Bezug auf Fachsprache und Symbolik – und das gilt auch für alle weiteren fachlichen Zusammenhänge – einen Kenntnisstand, der darüber hinausgeht, was an Fachkenntnissen für das Experimentieren im Kindergarten benötigt wird. Jedoch versetzt sie den nicht oder wenig naturwissenschaftlich vorgebildeten Leser in die Lage, eine eigene naturwissenschaftliche Denkstruktur zu entwickeln, die von unnötigem Ballast befreit ist und es ermöglicht, souverän mit anderer naturwissenschaftlicher Literatur, welche zum Experimentieren im Kindergarten herangezogen wird, umzugehen.

Die Fachsprache gliedert sich in die drei Bereiche Symbole, Namen, Termini.

Symbole

Für Elemente wie Wasserstoff, Sauerstoff oder Kohlenstoff werden Elementsymbole angegeben: H, O, C. Gehen Elemente Verbindungen ein, so entstehen chemische Verbindungen, die auch wieder in Symbolform ausgedrückt werden können. Der Stoff Wasser besteht z. B. aus Wassermolekülen, H_2O, in denen zwei Wasserstoffatome und ein Sauerstoffatom miteinander verbunden sind.

Namen

Stoffe haben bestimmte Namen wie z. B. Wasserstoff, Zitronensäure. Diese Namen erklären sich oft durch ihre Herkunft, besondere Eigenschaften oder ihren Entdecker. Der Name Wasserstoff leitet sich beispielsweise daraus ab, dass der Chemiker Antoine Lavoisier im 18. Jahrhundert entdeckte, dass aus diesem Gas Wasser gebildet werden kann. Der Begriff Zitronensäure trägt der Tatsache Rechnung, dass dieser Stoff zum ersten Mal von Carl Wilhelm Scheele aus dem Saft der Zitrone gewonnen wurde.
In den Naturwissenschaften sind auch die Namen besonderer Gerätschaften von Bedeutung wie z. B. Reagenzglas, Becherglas oder Spatel.

Termini

In den Naturwissenschaften besteht eine typische Terminologie (Begrifflichkeit), die es ermöglicht, Kategorisierungen vorzunehmen. Das Begriffspaar Säuren/Basen ist ein solches Beispiel. Stoffe können dahingehend eingeteilt werden, ob sie eine Säure, eine Base oder keines von beiden sind.

Eigenschaften von Stoffen werden in Begrifflichkeiten wie Löslichkeit, Magnetismus, Schmelztemperatur etc. angegeben. Auch **chemische Reaktionen** folgen einer bestimmten Terminologie. Reagiert beispielsweise eine Säure mit einer Base, findet eine **Neutralisationsreaktion** statt.

Diese Aspekte machen die naturwissenschaftliche Fachsprache aus und genauso wie in der Sprache die Verknüpfung von Buchstaben zu Wörtern und von Wörtern zu Sätzen bestimmten Regeln unterliegt, so müssen fachsprachliche Elemente in den Naturwissenschaften zu einem sinnvollen Ganzen verknüpft werden. So ergeben sich dann aus einzelnen Elementsymbolen chemische Formeln, die zu sinnvollen Sätzen verknüpft werden können, wie dem obigen:

„Bei der Fotosynthese reagieren Kohlenstoffdioxid und Wasser zu Glukose und Sauerstoff":

$$6CO_2 + 6H_2O \rightarrow C_6H_{12}O_6 + 6O_2$$

Die chemischen Formeln stehen dabei symbolisch für die vier an der Reaktion beteiligten Stoffe, das „+" ist jeweils mit „und" zu übersetzen und der „$\rightarrow$" steht für „reagiert zu". Die als Index hinter jedem Elementsymbol angegebene Zahl beschreibt das Anzahlverhältnis der Teilchen innerhalb einer Verbindung. Z.B. besteht ein Wasserteilchen aus zwei Wasserstoffatomen (H_2O) und einem Sauerstoffatom (H_2O_1), während die Zahlen *vor* den jeweiligen Teilchen angeben, wie viele Teilchen jeweils miteinander reagieren: Es werden 6 Kohlenstoffdioxidteilchen und 6 Wasserteilchen benötigt, um ein Glukoseteilchen und 6 Sauerstoffteilchen zu erhalten. Wenn Sie die Anzahl aller links in der Reaktionsgleichung vorkommenden Elemente vergleichen mit der Anzahl aller rechts vorkommenden Elemente, so werden Sie feststellen, dass rechts und links jeweils die gleiche Teilchenzahl steht.

Hiermit ist ein wesentlicher Grundsatz dargestellt, nämlich dass keine Stoffe verschwinden oder neu erzeugt werden können. Es können Stoffe ineinander umgewandelt, aber Materie kann nicht vernichtet werden. Diese Überlegung ist für den Nicht-Naturwissenschaftler gewöhnungsbedürftig, nimmt man doch an, wenn man beispielsweise ein Stück Holz verbrennt, dass dieses am Ende „weg" ist. Tatsächlich ist es aber so, dass das Stück Holz, das u.a. aus Cellulose besteht, mit dem Sauerstoff der Luft zu gasförmigen Kohlenstoffdioxid und Wasser reagiert, das in die Atmosphäre entweicht.

3.3 Grundkonzepte der Chemie, Physik und Biologie

In diesem Kapitel sollen die Fachinhalte im Vordergrund stehen. Welche grundlegenden naturwissenschaftlichen Konzepte gibt es? Naturwissenschaften werden oft mit Lernen und Anwenden von Detailwissen verbunden, mit komplizierten, wenig durchschaubaren Systemen, die nur Naturwissenschaftler verstehen können.

Tatsächlich ist es so, dass die Naturwissenschaften eine ganz eigene Sprache, eine eigene Symbolik verwenden (siehe Kapitel 3.2). Wird man in diese nicht eingeführt, bekommt man keine „Übersetzungen" an die Hand, ist ein Verstehen schwierig. Wie soll jemand die italienische Sprache lernen, wenn er nicht in Vokabeln, Grammatik und Rechtschreibung unterrichtet wird? Griechische Schriftzeichen können von jemandem, der lediglich das lateinische Schriftsystem beherrscht, nicht ohne Weiteres dechiffriert werden. Er benötigt Übersetzungshilfen, um die unbekannten Zeichen mit den bereits bekannten vergleichen zu können.

Trotzdem ist die Naturwissenschaft keine Disziplin, die ein Wissen von Tausenden von Einzelfakten erfordert (um im Sprachenbeispiel zu bleiben: Es müssen nicht – wie etwa in der chinesischen Sprache – Tausende von Schriftzeichen gelernt werden, um die Sprache angemessen zu beherrschen), sondern wesentlich für ein basales Verständnis ist die Kenntnis von grundlegenden Konzepten, in die naturwissenschaftliche Inhalte „eingeordnet" werden können.

3.3.1 Stoff-Teilchen-Konzept

Beobachtungen, die an Stoffportionen vorgenommen werden (z. B. Wasser siedet bei 100 °C, geht genau bei dieser Temperatur vom flüssigen in den gasförmigen Zustand über), werden durch die Vorstellung von der Existenz kleinster Teilchen (die Anziehung zwischen den Wassermolekülen wird überwunden, die Wasserteilchen gelangen in einen sehr großen Abstand zueinander) gedeutet. Das, was beobachtet werden kann, wird erklärt auf einer Ebene, die sich grundsätzlich der Beobachtung entzieht. Ich kann die kleinsten Teilchen nicht sehen, auch nicht unter dem Mikroskop, aber ich habe eine Vorstellung, ein Modell, von dem, was sich auf submikroskopischer Ebene abspielt.

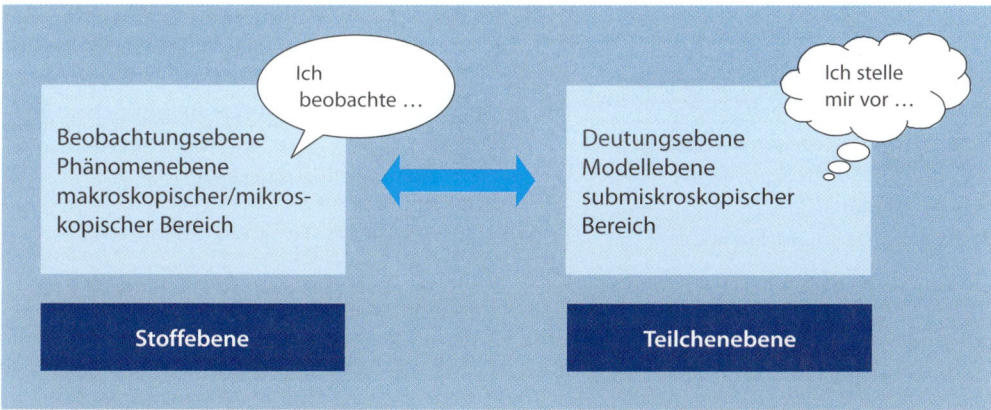

(vgl. Habelitz-Tkotz, 2003, S. 238)

Die Eigenschaften eines Stoffes, etwa in den Aggregatzuständen fest, flüssig und gasförmig, lassen sich erklären, wenn diese mithilfe des Teilchenmodells beschrieben werden.

Teilchenmodell und Aggregatzustand

Dem Teilchenmodell liegt die Annahme zugrunde, dass alle Stoffe aus kleinsten kugelförmigen Teilchen aufgebaut sind. Diese sind weder mit bloßem Auge noch mit einer Lupe oder einem Mikroskop zu sehen. Teilchen eines Stoffes sind untereinander gleich, Teilchen verschiedener Stoffe untereinander verschieden. Mit dem **Teilchenmodell** versucht man, die **Eigenschaften** von Stoffen zu erklären.

Bei festen Stoffen sind die kleinsten Teilchen regelmäßig in geringen Abständen zueinander angeordnet. Will man Festkörper zerteilen, muss man Kraft aufwenden, um die Anziehungskräfte zwischen den Teilchen zu überwinden.

Erwärmt man einen **Feststoff**, so geraten die kleinsten Teilchen in immer stärkere Schwingungen, bis bei einer bestimmten Temperatur der Teilchenverband getrennt wird. Der Abstand der Teilchen zueinander hat zugenommen, die Beweglichkeit der Teilchen ebenso. Der Stoff ist flüssig.

Bei weiterem Erwärmen nimmt die Geschwindigkeit der Teilchen zu. Sie werden zunächst durch den äußeren Druck, meist den Luftdruck, noch in der **Flüssigkeit** gehalten. Erst bei höherer Geschwindigkeit kann dieser äußere Druck überwunden werden, und die Teilchen verlassen die Flüssigkeit. Bei **Gasen** sind die Abstände zwischen den Teilchen wesentlich größer als bei Feststoffen und Flüssigkeiten. Zu beachten ist, dass die Aggregatzustände fest, flüssig und gasförmig nur einem Stoff, d.h. einer Stoffportion zugeordnet werden. Ein einzelnes Teilchen besitzt keinen Aggregatzustand.

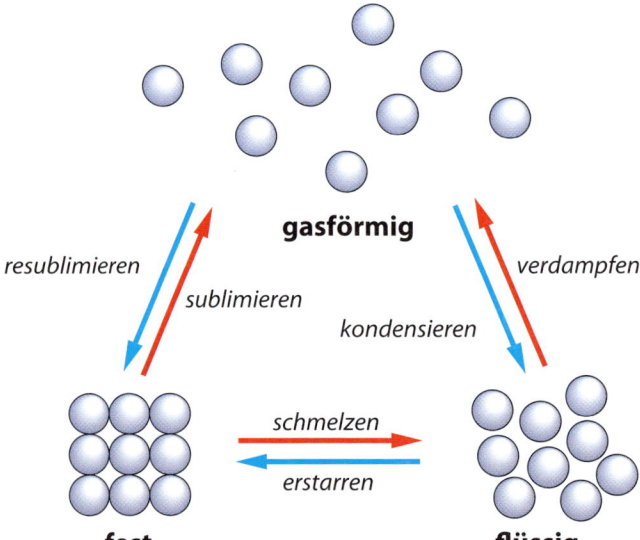

Aggregatzustände im Teilchenmodell

Kriterien Aggregatzustand	Struktur der Teilchen	Abstand zwischen den Teilchen	Bewegung der Teilchen	Anziehung zwischen den Teilchen
fest	regelmäßig angeordnet	gering	schwingen auf ihrem Platz	sehr stark
flüssig	unregelmäßig angeordnet	gering	wechseln Plätze (gleiten)	stark
gasförmig	ungeordnet	groß	sehr schnell, frei beweglich	nicht vorhanden

Das Teilchenmodell bietet eine Vorstellung vom Aufbau der Teilchen, mit deren Hilfe verschiedene Phänomene auf der Stoffebene erklärt werden können. Für viele Betrachtungen reicht das Teilchenmodell jedoch nicht aus. Die Eigenschaften von Stoffen lassen sich mithilfe des Teilchenmodells nicht verstehen. So kann es z. B. nicht erklären, warum sich einige Stoffe in Wasser lösen, andere nicht. Auch kann es nicht zum Verständnis herangezogen werden, warum einige Stoffe bei Raumtemperatur fest, andere flüssig und wieder andere gasförmig sind. Hierzu müssen die kleinsten Teilchen weiter spezifiziert werden und es sind genauere Modelle notwendig, die Aufschluss über die Struktur der Teilchen geben.

3.3.2 Struktur-Eigenschafts-Konzept

Zu beobachtende Stoffeigenschaften (z. B. Wasser und Öl sind nicht mischbar) werden gedeutet mithilfe von Vorstellungen über die Struktur der Teilchen (das Wassermolekül ist ein polares, das Ölmolekül ein unpolares Teilchen). Welche Teilchensorten liegen vor (Atome, Moleküle, Ionen) und wie sind sie in einem Teilchenverband angeordnet? Welche Wechselwirkungen bestehen innerhalb und zwischen den Teilchen?

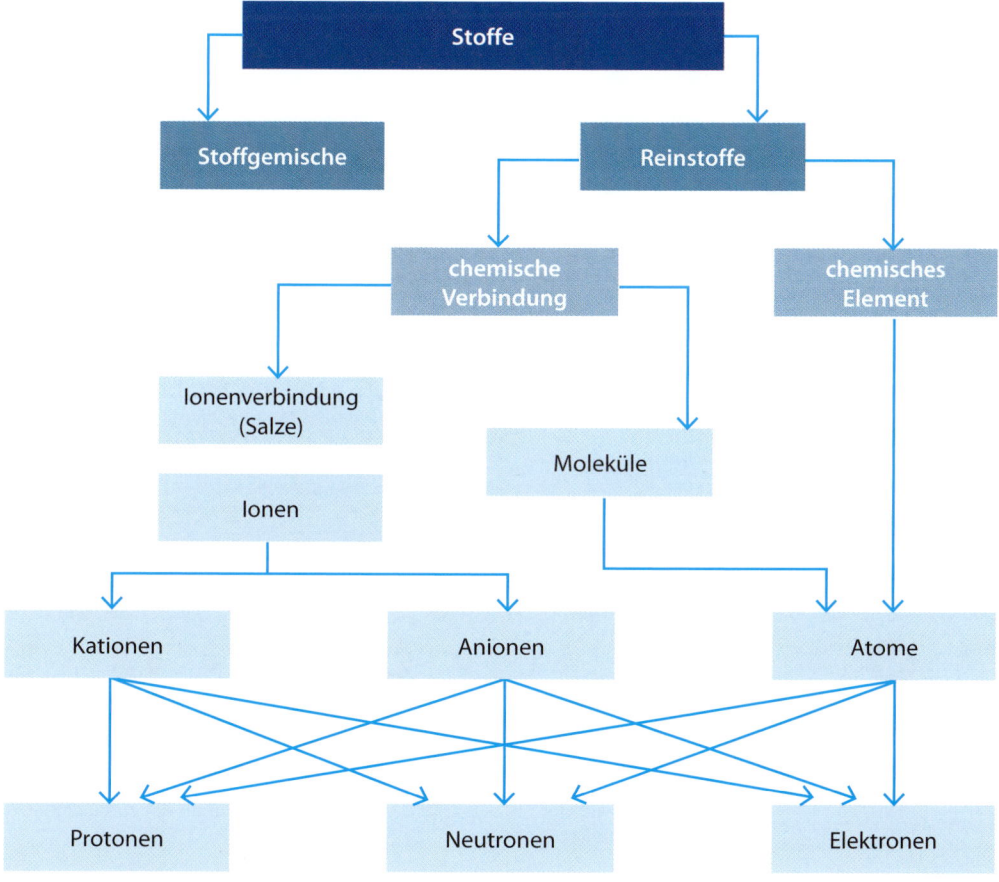

Grundbegriffe Stoffe – Teilchen

Folgende Stoffe und Teilchen lassen sich unterscheiden:

Reinstoff: Stoff, der aus gleichartigen Teilchen besteht. Der Stoff Sauerstoff besteht aus Sauerstoffmolekülen. Der Stoff Kohlenstoffdioxid besteht aus Kohlenstoffdioxidmolekülen. Reinstoffe sind chemische Elemente oder chemische Verbindungen.

Stoffgemisch: Stoff, der aus Teilchen verschiedener Reinstoffe besteht. Man unterscheidet homogene und heterogene Stoffgemische. In homogenen Stoffgemischen lassen sich die einzelnen Stoffe nicht mehr nebeneinander erkennen, in heterogenen Stoffgemischen sind die einzelnen Stoffe noch deutlich erkennbar. In einer Zuckerlösung befinden sich beispielsweise Zucker- und Wassermoleküle. Da man nur eine klare Lösung sieht, also die verschiedenen Stoffe nicht identifizieren kann, ist dies ein Beispiel für ein homogenes Gemisch. Ein Gemisch aus Mehl und Wasser hingegen ist ein heterogenes Gemisch, da das Mehl sich nicht in Wasser löst und somit zwei Phasen – Wasser und Mehl – erkennbar sind.

Chemisches Element: Reinstoff, der nur aus gleichartigen Atomen besteht. Beispiel: Das chemische Element Kohlenstoff (C) besteht ausschließlich aus Kohlenstoffatomen. Das chemische Element Sauerstoff besteht ausschließlich aus Sauerstoffatomen (O_2).

Chemische Verbindung: Reinstoff, in dem die Atome mindestens zweier Elemente miteinander verbunden sind. Kohlenstoffdioxid (CO_2) besteht aus Kohlenstoffatomen (C) und Sauerstoffatomen (O).
Chemische Verbindungen können aus **Molekülen** aufgebaut sein, in denen Atome über Elektronenpaare miteinander verbunden sind. Immer dann, wenn Nichtmetallatome eine chemische Verbindung eingehen, bilden sich Moleküle. Chemische Verbindungen können aber auch **Ionenverbindungen** sein, in denen **Ionen** mit entgegengesetzten Ladungen (Kationen: positiv geladene Ionen; Anionen: negativ geladene Ionen) eine starke Wechselwirkung eingehen. Ionen sind Teilchen, die durch Elektronenaufnahme oder Elektronenabgabe zu geladenen Teilchen werden. Atome und Ionen bestehen aus einem Atomkern, der **Neutronen** und **Protonen** beinhaltet, und aus einer Hülle, in welcher die **Elektronen** lokalisiert sind. Elektronen tragen eine negative Ladung, Protonen eine positive Ladung, Neutronen sind überhaupt nicht geladen.

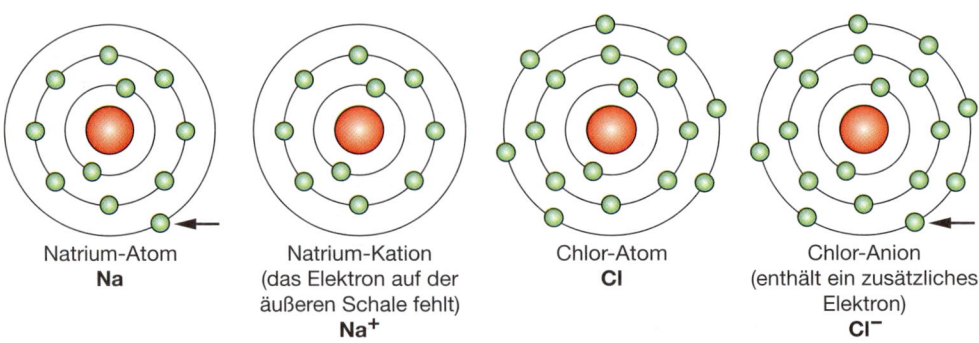

Natrium-Atom	Natrium-Kation	Chlor-Atom	Chlor-Anion
Na	(das Elektron auf der äußeren Schale fehlt) **Na⁺**	**Cl**	(enthält ein zusätzliches Elektron) **Cl⁻**

Atom, Anion und Kation im Schalenmodell

Wie sind Atome aufgebaut?

Verschiedene Modelle (siehe Kapitel 4.2) liefern uns Aufschluss über den Aufbau eines Atoms. Eines davon ist das Kern/Hülle-Modell des Atoms nach **Ernest Rutherford** (1911): Jedes Atom enthält einen Atomkern, der positiv geladen ist. Dieser enthält nahezu die gesamte Masse des Atoms, mehr als 99,9 Prozent, ist aber zehntausendmal kleiner als das Atom selbst. Der Atomkern enthält neben den positiv geladenen Protonen die Neutronen. Um den Atomkern bewegen sich die Elektronen, die selbst kaum eine Masse besitzen. Sie bilden die Atomhülle. Insgesamt ist ein Atom elektrisch neutral, denn die negative Ladung in der Atomhülle stimmt mit der positiven Ladung des Kerns überein, da jedes Atom eines Elements dieselbe Anzahl an Protonen und Elektronen besitzt. Zum Beispiel enthält jedes Sauerstoffatom sowohl acht Protonen als auch acht Elektronen. Die Neutronenzahl einer Atomsorte kann jedoch variieren.

Ein weiteres, genaueres Modell vom Aufbau der Atome wurde 1913 von **Niels Bohr**, der das Rutherfordsche Atommodell erweiterte, entwickelt: Nach diesem Modell kreisen die Elektronen in bestimmten Schalen, die um den Atomkern angeordnet sind: In jeder Schale findet nur eine begrenzte Anzahl an Elektronen Platz. Auf der ersten Schale sind dies zwei Elektronen, auf der zweiten und dritten Schale genau acht Elektronen. Die Elektronen, die auf der äußersten Schale um den Atomkern kreisen, heißen **Außenelektronen**. Alle Elemente, deren Atome dieselbe Anzahl an Außenelektronen besitzen, stehen im Periodensystem der Elemente (PSE) in einer Hauptgruppe. So haben z.B. alle Elemente der ersten Hauptgruppe ein einziges Elektron auf der äußeren Schale, alle

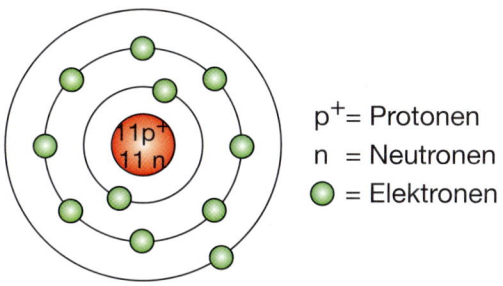

p$^+$= Protonen
n = Neutronen
◯ = Elektronen

Na-Atom
Schalenmodell eines Natrium-Atoms

Hauptgruppen						
I	II	III	IV	V	VI	VII
Periode 1			$_1$H 1,01			
Periode 2 — $_3$Li 6,94	$_4$Be 9,01	$_5$B 10,81	$_6$C 12,01	$_7$N 14,01	$_8$O 16,00	$_9$F 19,00
Periode 3 — $_{11}$Na 22,99	$_{12}$Mg 24,31	$_{13}$Al 26,98	$_{14}$Si 28,08	$_{15}$P 30,97	$_{16}$S 32,06	$_{17}$Cl 35,45
Periode 4 — $_{19}$K 39,10	20Ca 40,08	$_{31}$Ga 69,72	$_{32}$Ge 72,59	$_{33}$As 74,92	$_{34}$Se 78,9	$_{35}$Br 79,90
Periode 5 — $_{37}$Rb 85,47	$_{38}$Sr 87,62	$_{49}$In 114,82	$_{50}$Sn 118,69	$_{51}$Sb 121,75	$_{52}$Te 127,60	$_{53}$I 126,90
Periode 6 — $_{55}$Cs 132,90	$_{56}$Ba 137,34	$_{81}$Tl 204,37	$_{82}$Pb 207,19	$_{83}$Bi 208,98	$_{84}$Po 210	$_{85}$At 210
Periode 7 — $_{87}$Fr 223	$_{88}$Ra 226,01					

Hauptgruppennummer entspricht der Anzahl der Elektronen auf der äußeren Schale

Periodennummer entspricht der Anzahl der Schalen

Periodensystem der Elemente, Ausschnitt

Elemente der zweiten Hauptgruppe zwei Elektronen usw. Außerdem kann man am Periodensystem ablesen, wie viele Schalen ein Element hat: Alle Elemente der ersten Periode besitzen nur eine Schale, alle Elemente der zweiten Periode zwei Schalen usw. Das Periodensystem ist also kein undurchschaubares System, sondern logisch angeordnet nach Anzahl der Schalen und Außenelektronen eines Elements. Dies gilt aber nur für Hauptgruppenelemente und nicht für die Nebengruppen.

Atome können sich zusammenschließen und Verbindungen eingehen.

Aus Atomen werden Ionen

Wenn Atome sich miteinander verbinden, entstehen neue Teilchen. Reagieren die Atome eines Nichtmetalls (z. B. Chlor: Cl_2) mit Atomen eines Metalls (z. B. Natrium: Na), so entsteht immer eine Ionenbindung. Bei der Bildung von Ionen findet ein Elektronenübergang statt: Elektronen gehen vom Metall- auf das Nichtmetallatom über. Elektronenübergänge laufen immer so ab, dass die Teilchen voll besetzte äußere Schalen (das sind 2 Elektronen auf der ersten oder 8 Elektronen auf der zweiten und dritten Schale) erhalten. Der Grund: Teilchen mit voll besetzten Schalen sind besonders stabil. Diesen Zustand nennt man **Edelgaskonfiguration**. Die dazugehörige Regel heißt Edelgasregel. Der Name rührt daher, dass die Atome der Edelgaselemente immer schon eine voll besetzte Schale haben.

Beispiel: Die Bildung von Natriumchlorid (Kochsalz)
Das Natrium-Atom hat elf Elektronen, von denen zwei die erste, acht die zweite und eins

die dritte Schale besetzen. Neben den elf Elektronen befinden sich im Atomkern elf Protonen, sodass insgesamt elf positive und elf negative Ladungen ein elektrisch neutrales Atom bilden. Natrium ist mit einem Elektron auf der äußeren Schale sehr unstabil. Es kann an Stabilität gewinnen, indem es das eine auf der äußeren Schale befindliche Elektron abgibt. Dies führt zu einer vollbesetzten äußeren Schale. Das entstehende Natrium-Ion hat dann nur noch zehn Elektronen (aber immer noch elf Protonen! Also, eine positive Ladung „im Überschuss"). Aufgrund der positiven Ladung schreibt man für das Natrium-Ion: Na⁺.

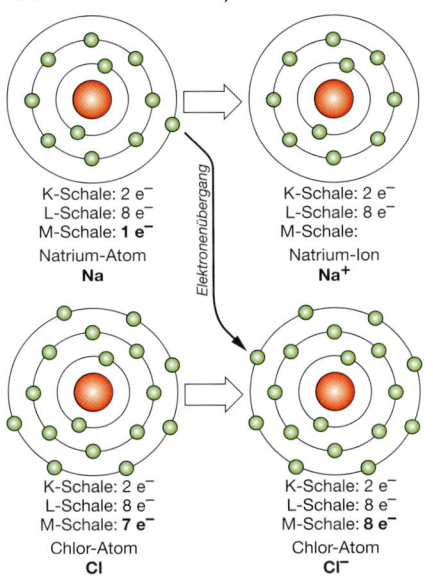

Bildung von Natrium- und Chlorid-Ionen aus Atomen

Wohin wandert das Elektron des Natriums? Es trifft sich gut, wenn z. B. ein Atom in der Nähe ist, das gerade ein Elektron benötigt, damit seine äußere Schale komplett mit Elektronen gefüllt ist. Das ist beim Chloratom der Fall, das sieben Elektronen auf der äußeren Schale hat und durch die Aufnahme eines Elektrons eine zusätzliche negative Ladung erhält: Cl⁻. Das entstehende Chlorid-Ion besitzt Edelgaskonfiguration.

Nachdem Natrium und Chlor ein Elektron ausgetauscht haben, üben sie eine sehr starke Anziehungskraft aufeinander aus, die daher kommt, dass sich das positiv geladene Natrium-Ion und das negativ geladene Chlorid-Ion anziehen. Man spricht hier von elektrostatischen Anziehungskräften.

Alle Stoffe, die aus Ionen aufgebaut sind, sind **Salze**, die oft sehr ähnliche Eigenschaften aufweisen: Hohe Schmelz- und Siedetemperaturen, gute Löslichkeit in Wasser und elektrische Leitfähigkeit von Salzlösungen.

Wenn Nichtmetallatome sich binden

Jedes Atom ist bestrebt, eine **Edelgaskonfiguration** zu erreichen, d. h. eine voll besetzte äußere Schale zu haben (**Edelgasregel**). Außer den Edelgasen besitzen die Atome der Elemente keine voll besetzte Schale. Dieser Zustand kann aber erreicht werden, indem verschiedene Atome sich miteinander verbinden.

Alle **Nichtmetalle** verbinden sich untereinander, indem sie **Elektronenpaarbindungen** ausbilden und auf diese Weise Edelgaskonfiguration erhalten.

Beispiel Wasser

Wassermoleküle bestehen aus genau einem Sauerstoff- und zwei Wasserstoffatomen. Warum nicht aus z. B. einem Sauerstoff- und vier Wasserstoffatomen? Die Antwort liegt in der Struktur der Atomsorten begründet. Ein Wasserstoffatom besitzt ein Elektron auf der äußeren Schale, sodass ihm noch ein Elektron zum Erreichen einer voll besetzten Schale fehlt. Ein Sauerstoffatom hingegen besitzt sechs Elektronen auf der äußeren Schale, ihm fehlen also noch zwei Elektronen zu einer voll besetzten Schale. Woher kommen die fehlenden Elektronen?

Die voll besetzten Schalen werden dadurch erreicht, dass zwei Atome die Außenelektronen gemeinsam nutzen. Ihre Atomhüllen durchdringen sich, ein gemeinsames Elektronenpaar – eine Elektronenpaarbindung – bildet sich. Das gemeinsame Elektronenpaar wird von einem Elektron des Wasserstoffatoms und von einem Elektron des Sauerstoffatoms gebildet. Da dem Wasserstoffatom ein Elektron fehlt, geht es eine einzige Bindung ein. Das Sauerstoffatom, dem jedoch zwei Elektronen fehlen, muss zwei Bindungen eingehen, damit die Edelgaskonfiguration erreicht wird. Die Elektronenpaarbindung ist eine

2 H-Atome + 1 O-Atom ⟶ 1 H-Wassermolekül

Wassermolekül

chemische Bindung, die den Zusammenhalt von Atomen in **Molekülen** bewirkt. Die Elektronenpaarbindung zwischen den Atomen ist sehr stabil. Die beiden Elektronen, die diese Elektronenpaarbindung bewirken, werden als **bindendes Elektronenpaar** bezeichnet. In einem Wassermolekül gibt es also zwei bindende Elektronenpaare.

Um die Bindungsverhältnisse in Molekülen in einer Formel darzustellen, benutzt man die sogenannte Lewis-Schreibweise. Hierbei werden einzelne Elektronen als Punkte und Elektronenpaare als Striche gekennzeichnet. Formeln in dieser Schreibweise werden als Valenzstrichformeln bezeichnet. Die Valenzstrich- bzw. Lewis-Formel berücksichtigt nur die Außenelektronen und nicht die Elektronen, die auf den inneren Schalen liegen.

Aufgaben

1. *Definieren Sie folgende Begriffe: Ionen, Ionenbindung, Elektronenpaarbindung, Edelgaskonfiguration, bindendes Elektronenpaar, nicht bindendes Elektronenpaar, Molekül, Lewis-Formel.*

2. *Wie viele Elektronenpaarbindungen bilden Stickstoff (N), Fluor (F) und Neon (Ne) aus? Begründen Sie. Zeichnen Sie die Lewis-Formeln für die Moleküle, die Stickstoff, Fluor und Neon mit Wasserstoff bilden.*

3. *Stellen Sie auf der Basis ihrer Struktur Vermutungen darüber an, warum Kochsalz bei Raumtemperatur fest, Wasser hingegen flüssig ist.*

Warum ist Wasser bei Raumtemperatur flüssig, Kochsalz (Natriumchlorid) hingegen fest? Mit der Vorstellung vom Aufbau der Teilchen können wir diese Frage nun beantworten: Stoffe, die aus Molekülen aufgebaut sind, wie Wasser, sind bei Raumtemperatur im Gegensatz zu denen der Salze flüssig oder gasförmig, Schmelz- und Siedetemperaturen also im Gegensatz zu denen der Salze niedrig. Das liegt daran, dass **zwischen** den Molekülen die Anziehungskräfte nicht so groß sind wie zwischen den Ionen. Es braucht weniger Energie, um die Anziehungskräfte zwischen den Wassermolekülen zu überwinden als zwischen den Natrium- und Chlorid-Ionen. Wärme ist eine Form von Energie: Für Wasser reicht eine Temperatur von 100 °C aus, um die Moleküle aus dem Teilchenverband zu lösen und Wasser den gasförmigen Aggregatzustand annehmen zu lassen. Kochsalz müsste auf eine Temperatur von 1465 °C (Schmelztemperatur: rund 800 °C) erhitzt werden, um die Anziehungskräfte zwischen den Ionen zu überwinden und den gasförmigen Zustand für Kochsalz zu erreichen. In einem Bild kann man sich dies etwa so vorstellen: Es braucht wesentlich weniger Kraft, einen kleinen Magneten von der Kühlschranktür zu entfernen, als zwei sich anziehende, etwa ein Kilogramm schwere Magneten voneinander zu trennen.

Mit Struktur und Aufbau der Teilchen können also viele Eigenschaften erklärt werden wie Schmelz- und Siedetemperatur, Löslichkeit in Wasser oder auch Dichte (dies ist in besonderer Weise Gegenstand des Kapitels 7). Darüber hinaus können mit ihrer Hilfe chemische Reaktionen beschrieben werden.

3.3.3 Stoffumwandlungen (chemische Reaktionen)

Naturwissenschaften handeln von Stoffumwandlungen. Stoffwechselprozesse im menschlichen Körper, die Fotosynthese von Pflanzen, das Backen eines Kuchens oder das Auflösen einer Brausetablette in Wasser – all dies sind Beispiele, in denen Stoffumwandlungen und damit chemische Reaktionen eine Rolle spielen.

Bei einer **chemischen Reaktion** reagieren **Ausgangsstoffe** zu **Reaktionsprodukten** (entstehende Stoffe). Dabei werden die Teilchen von Stoffen umgruppiert. Es gehen keine Teilchen verloren, sondern durch das Lösen und erneute Knüpfen von Bindungen ordnen sich die Teilchen neu an und bilden **neue Stoffe mit neuen Eigenschaften**. Ein Beispiel für eine chemische Reaktion ist das Verbrennen von Ethanol. Diesen Vorgang kennt jeder, der für das Fondue Brennspiritus verwendet oder – um den Erfolg beim Grillen im Sommer zu erhöhen – die Kohle mit Brennspiritus entzündet. Ethanol reagiert mit dem Sauerstoff der Luft zu Kohlenstoffdioxid und Wasser. Die vor der chemischen Reaktion vorhandenen Ausgangsstoffe Ethanol und Sauerstoff reagieren zu den Reaktionsprodukten Wasser und Kohlenstoffdioxid. Während der chemischen Reaktion nimmt der Anteil der Ausgangstoffe ab und der Anteil der Reaktionsprodukte zu. Ausgedrückt in einer Reaktionsgleichung sieht das folgendermaßen aus:

$$C_2H_5OH + \frac{7}{2} O_2 \rightarrow 3H_2O + 2CO_2$$

Diese Reaktionsgleichung bringt Folgendes zum Ausdruck: Ein Ethanolteilchen und dreieinhalb Sauerstoffteilchen reagieren zu 3 Wasser- und 2 Kohlenstoffdioxidteilchen (zur Symbolik siehe Kapitel 3.2).

Dass genau diese chemische Reaktion abläuft, kann mit dem bloßen Auge nicht beobachtet werden. Man sieht weder, wie der Sauerstoff aus der Luft verbraucht wird, noch dass H_2O und CO_2 entstehen, denn diese sind gasförmig. Man kann aber beobachten, dass das Ethanol mit bläulich-orange Flamme verbrennt und nach dem Erlöschen der Flamme keine Flüssigkeit, also kein Ethanol, mehr vorhanden ist. Um nachzuweisen, dass genau diese chemische Reaktion abläuft, müssten entsprechende Analysen im Labor vorgenommen werden. Anhand dieser Reaktionsgleichung wird deutlich, dass bei einer chemischen Reaktion keine Teilchen verloren gehen, sondern nur umgruppiert werden: Ein Nachzählen der Teilchen ergibt auf der linken Seite 2 C-, 6 H- und 7 O-Teilchen, genau dieselbe Anzahl wie auf der rechten Seite der Reaktionsgleichung.

Stoffumwandlungen sind immer mit energetischen Änderungen der Teilchen verbunden. Hiermit ist ein nächstes Grundkonzept berührt. Das Gebiet der chemischen Reaktionen wird praktisch hauptsächlich in Kapitel 13 behandelt.

3.3.4 Energie

Um einen Ball zum Rollen zu bringen, muss Energie aufgewendet werden, ebenso, um einen Eimer mit Wasser hochzuheben. Es kostet Energie, einen Berg zu erklimmen und Wasser zu erwärmen. Das Brennen einer Kerze liefert Energie in Form von Wärme und Licht. Schalten wir den Lichtschalter an, benutzen wir die elektrische Energie, ohne meistens genau zu wissen, woher diese Energie eigentlich kommt. Laufen wir einen Marathon, zehrt dies heftig an unseren Energiereserven, die wir schnell wieder auffüllen müssen.

Energie ist eine physikalische Größe für die Fähigkeit eines Systems, Arbeit zu verrichten, bzw. für die in einem System gespeicherte Energie. Energie kommt in verschiedenen Energieformen wie z. B. kinetischer Energie (Bewegungsenergie), thermischer Energie (transportierte thermische Energie: Wärmeenergie), elektrischer Energie oder chemischer Energie vor.

Energieform	Beispiel/Anwendung
kinetische Energie (Bewegungsenergie)	fließendes Wasser, Fahrrad, Schall
thermische Energie (Wärmeenergie)	Heizung, Feuer
elektrische Energie	elektrischer Strom, Blitz
chemische Energie	Brennstoffe, z. B. Ethanol
Strahlungsenergie (elektromagnetische Strahlung)	Sonnenlicht, z. B. UV-Strahlung
Kernenergie	Atomkraftwerk

Energie kann von einer Form in eine andere Form umgewandelt werden, sie kann aber niemals verschwinden, genauso wie sie nicht aus dem Nichts entstehen kann (erster Hauptsatz der Thermodynamik).

So kann beispielsweise die Wärmeenergie aus der Sonnenstrahlung durch Solaranlagen in elektrische Energie umgewandelt werden. Mithilfe von Windrädern wird kinetische Energie in elektrische Energie umgewandelt. Es gibt aber keine Maschine, die aus dem Nichts Energie erzeugen kann.

Theoretisch wäre es nach dem 1. Hauptsatz der Thermodynamik möglich, dass sich eine Tasse kalter Kaffee erhitzt, indem Energie aus der Umgebung auf die Flüssigkeit übertragen wird, wobei sich die Zimmerluft abkühlt. Tatsächlich ist so etwas noch nie beobachtet worden. Lediglich der umgekehrte Fall findet statt. Heißer Kaffee wird immer kälter, wenn er in einem Raum mit Zimmertemperatur steht. Letztlich nimmt der Kaffee Zimmertemperatur an (und schmeckt dann den meisten nicht mehr). Hier kommt der zweite Hauptsatz der Thermodynamik ins Spiel, der sich auf verschiedene Weise formulieren lässt. Eine Möglichkeit der Formulierung ist folgende:

Thermische Energie ist nicht in beliebigem Maße in andere Energiearten umwandelbar. Oder: Alle spontan (in eine Richtung) ablaufenden Prozesse sind irreversibel.

Dieser Satz ist nie bewiesen worden, sondern beruht nur auf unserer Erfahrung.

Mit chemischer Energie wird die Energie bezeichnet, die in chemischen Bindungen gespeichert ist. Um diese Bindungen zu brechen, muss Energie aufgewendet, also in das System eingebracht werden. Bei der Bildung neuer Bindungen wird oftmals ein großer Betrag an Energie frei. Dass bei einer chemischen Reaktion Energie frei wird, kann z. B. beim Brennen einer Kerze beobachtet werden. Bei der Reaktion des Kerzenwachses mit dem Luftsauerstoff zu Kohlenstoffdioxid und Wasser wird Energie in Form von Wärme und Licht frei. Licht ist elektromagnetische Strahlung und stellt selbst eine Form von Energie dar.

So wie für die Länge die Maßeinheit Meter ist, ist die Maßeinheit für Energie Joule. Wie viel Energie in Nahrungsmitteln steckt, wird beispielsweise in Joule angegeben. Daneben wird immer noch die Einheit Kilokalorie benutzt. Eine weitere geläufige Einheit für Energie ist die Kilowattstunde (kWh). Eine Kilowattstunde entspricht dabei 3.600.000 Joule.

Die wichtigste Energiequelle ist die Sonne. Verbrennt man fossile Brennstoffe, macht man nichts anderes, als die in ihnen gespeicherte Sonnenenergie zu nutzen. Pflanzen können die Lichtenergie der Sonne speichern, indem sie Fotosynthese betreiben. Hierbei wird Lichtenergie in chemische Energie umgewandelt, indem die Pflanzen aus Kohlenstoffdioxid und Wasser unter Einwirkung von Sonnenlicht Kohlenhydrate aufbauen. Indem Tier und Mensch Pflanzen zu sich nehmen, nehmen sie die Energie auf, die für Stoffwechselprozesse notwendig sind. Der menschliche Körper benötigt ständig Energie, nicht nur um sich zu bewegen, sondern auch um zu atmen, zu wachsen, zu denken, ... (siehe Kapitel 10.2 Dem Stoffwechsel auf der Spur, S. 223 ff.).

Während Tiere ausschließlich über die Nahrung Fremdenergien aufnehmen, ist der Mensch in der Lage, Fremdenergien auch anders zu nutzen. Dies geschieht durch die Umwandlung von Primärenergien in Sekundärenergien.

Einteilung von Energie

Primärenergie (Energieträger, die in der Natur vorhanden sind)	Energieverluste →	Sekundärenergie (durch Umwandlung von Primärenergie leichter nutzbar gemachte Energie)
• fossile Stoffe wie z. B.		

– Braunkohle
  – Steinkohle
  – Erdgas
		– elektrischer Strom
		  – Benzin
		  – Heizöl

		↓ Energieverluste
• regenerierbare Energien wie z. B.		Nutzenergie (tatsächlicher Einsatz)

– Sonnenenergie
  – Wasserkraft
  – Windkraft
		– Licht
		  – Wärme
		  – mechanische Arbeit

1. Informieren Sie sich über die Formen der Energiegewinnung in Deutschland. Legen Sie neben herkömmlichen Wegen zur Energieerzeugung (Energie aus Kohle und Kernkraft) einen Schwerpunkt auf alternative Energien, z. B. Fotovoltaik, Wind, Wasser, Erdwärme (Geothermie), nachwachsende Rohstoffe (Biomasse) oder Gezeitenkraftwerke. Beschreiben Sie jeweils die Art der Energiegewinnung, Vor- und Nachteile. Recherchieren Sie darüber hinaus, welche Form der Energiegewinnung zu welchen Anteilen in Deutschland vertreten ist.

2. Überlegen Sie, wo im Privathaushalt Energie benötigt wird. Welche Bereiche sind „Energiefresser"? Überprüfen Sie Ihre Vermutungen, indem Sie entsprechende Zahlen im Internet recherchieren.

3.3.5 Stoffkreisläufe in der Natur

Während der Mensch immer größere Müllberge anhäuft, scheint die Natur überhaupt kein Problem mit der Abfallbeseitigung zu haben: Sie hat das Prinzip des Recyclings perfektioniert. Gleichgültig ob Exkremente oder totes Material, alles was in der Natur anfällt, scheint auf erstaunliche Weise restlos wiederverwertbar. Elemente wie Kohlenstoff (C), Stickstoff (N) und Sauerstoff (O) durchlaufen immer wieder dieselben Kreisläufe und stehen in unterschiedlichen Verbindungen den Organismen immer neu zur Verfügung. Exemplarisch soll dies am Kreislauf des Kohlenstoffes gezeigt werden (Kreislauf des Wassers, vgl. Kapitel 9).

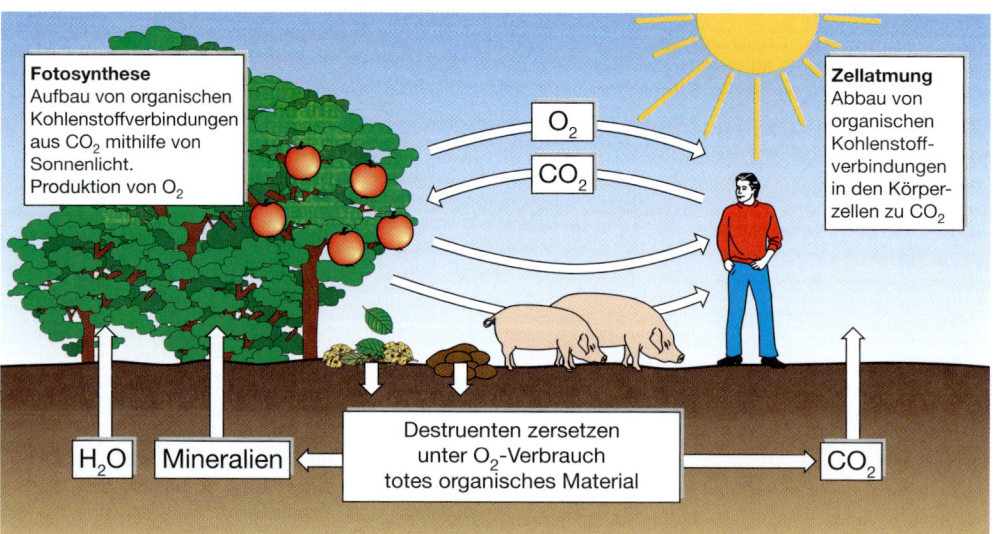

Kreislauf des Kohlenstoffs

Der Kohlenstoff befindet sich z. B. im Kohlenstoffdioxid (CO_2) der Atmosphäre. Pflanzen nutzen Kohlenstoffdioxid, um organische Kohlenstoffverbindungen aufzubauen. Sie nehmen es über feine Öffnungen ihrer Blätter auf und stellen mithilfe der Sonnenenergie aus sechs Molekülen Kohlenstoffdioxid (6 CO_2) und 12 Molekülen Wasser (12 H_2O) je ein Molekül Traubenzucker her (Glukose, $C_6H_{12}O_6$). Auf diese Weise binden die grünen Landpflanzen jährlich etwa 110 Gigatonnen (Gt) Kohlenstoffdioxid. Eine ähnlich große Menge wird durch die Ozeane gebunden. Dies erfolgt chemisch durch Bildung von Salzen und fotosynthetisch durch pflanzliches Plankton und Algen.

Fotosynthetisch aktive Organismen werden als Produzenten (Erzeuger) bezeichnet. Die von ihnen produzierte Masse an organischen Kohlenstoffverbindungen, Biomasse genannt, steht zunächst den Pflanzen fressenden Konsumenten (Verbraucher), den Herbivoren, zur Verfügung. Diese wiederum sind innerhalb komplexer Nahrungsnetze Beute für Fleisch fressende Konsumenten, die Carnivoren. Menschen, Tiere und auch Pflanzen nutzen organische Kohlenstoffverbindungen einerseits für ihr Wachstum, vor allem aber für die Gewinnung von Energie, die zur Aufrechterhaltung aller Lebensprozesse notwendig ist. Um Energie herzustellen, werden Kohlenstoffverbindungen in den Zellen der Organismen mithilfe von Sauerstoff schrittweise abgebaut – umgangssprachlich „verbrannt". Der Prozess wird als Zellatmung bezeichnet. Dabei entsteht als Abfallprodukt wieder Kohlenstoffdioxid, das über die äußere Atmung zurück an die Atmosphäre abgegeben wird. Das aus Kohlenstoffverbindungen bestehende tote pflanzliche und tierische Material wird durch die Destruenten (Zersetzer) des Bodens verwertet bis schließlich nur noch anorganische Mineralien übrig sind. Der Grundbaustein aller organischen Verbindungen, der Kohlenstoff, wird durch die Atmung der Destruenten wieder an die Atmosphäre abgegeben.
Eng verbunden mit dem Kreislauf des Kohlenstoffs ist der Kreislauf des Sauerstoffs. Auch hier sind die Motoren des Kreislaufes die Fotosynthese und die Zellatmung. Der Sauerstoff ist, umgekehrt zum Kohlenstoffkreislauf, das Abfallprodukt der Fotosynthese und wird von den grünen Pflanzen an die Atmosphäre abgegeben. Tiere und auch Pflanzen benötigen Sauerstoff wieder für die Energiegewinnung, also für den Abbau von organischen Kohlenstoffverbindungen bei der Zellatmung.

Stickstoff, der 78 Prozent unserer Atmosphäre ausmacht, ist ebenfalls ein wichtiger Bestandteil von organischen Verbindungen, z. B. von Eiweißen. Wie auch bei Sauerstoff und organischen Kohlenstoffverbindungen, sind die Konsumenten, Menschen und Tiere, darauf angewiesen, dass die Pflanzen diesen binden. Im Unterschied zum Kohlenstoffdioxid können Pflanzen jedoch keinen atmosphärischen Stickstoff (N_2) binden. Sie nehmen stattdessen Nitrat (NO_3^-) aus dem Erdboden auf. Dieser wird von Bakterien über die Zwischenstufe Nitrit (NO_2^-) aus Ammonium (NH_2^+) hergestellt. Das Ammonium wiederum entsteht als Abbauprodukt der Eiweiße bei der Zersetzung von organischem Material im Boden. Der atmosphärische Stickstoff ist über einen Umweg in diesen Kreislauf eingebunden. Lediglich einige Bakterien, die sich im Boden oder symbiotisch in bestimmten Pflanzen (Hülsenfrüchtlern) befinden, sind in der Lage, diesen zu binden und Ammonium herzustellen. Ihnen gegenüber stehen andere Bakterien, die Nitrat in atmosphärischen Stickstoff überführen.

3.3.6 Kennzeichen des Lebendigen

Wir unterteilen die Umwelt in die belebte und unbelebte Natur. In der Regel fällt es nicht schwer, Unbelebtes, wie einen Stein, Wasser oder Luft, von lebenden Systemen, wie einem

Baum, einer Katze oder einem Käfer zu unterscheiden. Das Finden eindeutiger Merkmale, nach denen sich etwas dem einen oder dem anderen zuordnen lässt, ist dagegen nicht einfach. Entsprechend finden sich auch in der Wissenschaft verschiedene Definitionen von Leben.

Im Allgemeinen werden folgende Kriterien zugrunde gelegt:
- das **Bestehen aus einer oder mehreren Zellen**
- der Besitz eines **Stoffwechsels**
- die Fähigkeit zu **Fortpflanzung** und **Vererbung**
- **Bewegung**
- **Reaktionen auf Reize** sowie
- **Wachstum und Entwicklung**

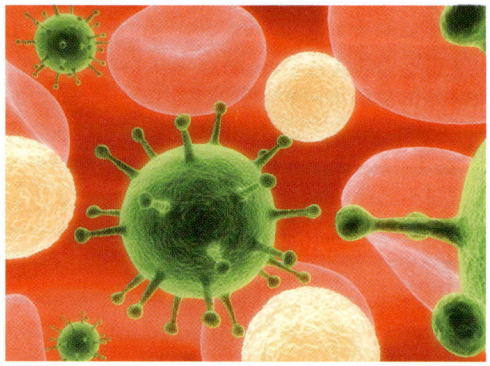

Es reicht nicht, wenn einzelne Kriterien erfüllt sind, damit sich etwas von der unbelebten Welt abgrenzen lässt. Bewegung findet sich auch bei strömendem Wasser, Wachstum lässt sich z. B. bei Kristallen beobachten. Erst das Vorhandensein aller benannten Merkmale lässt den Schluss auf einen lebenden Organismus zu. Wie schwierig die Definition ist, zeigt sich beim Versuch der Zuordnung von Viren. Gemäß der Kriterien sind sie keine Lebewesen, sondern so unbelebt wie ein Stein. Die Bezeichnung als Mikro**organismen** ist somit nicht richtig.

Virus im menschlichen Körper

Viren besitzen zwar ein eigenes Erbgut, verfügen jedoch nicht über einen eigenen Stoffwechsel und sind daher bei ihrer Vermehrung auf fremde Zellen, z. B. im Körper des Menschen, angewiesen.

Außer beim Streitfall Virus lassen sich die Kriterien sowohl bei kleinen einzelligen Bakterien als auch bei Pflanzen, Tieren und uns Menschen finden.

Die verschiedenen Lebewesen erfüllen die Kriterien auf die unterschiedlichste Art und Weise. Die Maus nimmt permanent energiereiche Nahrung auf, verdaut sie und scheidet nicht verwertbare Reste wieder aus. Dazu muss sie ihr Leben lang ein- und ausatmen, um die Nahrung in für sie nutzbare Energie umzuwandeln und einen reibungslosen Ablauf all ihrer Lebensprozesse zu sichern. Einer grünen Pflanze reichen dagegen energiearme anorganische Stoffe aus Luft und Boden sowie Sonnenlicht. Aus diesen Zutaten kann sie selbst energiereichen Zucker aufbauen und bei Bedarf wieder verbrauchen. Die Fortpflanzung kann kompliziert geschlechtlich wie bei den höher entwickelten Lebewesen oder ganz pragmatisch durch Teilung des Organismus wie bei einem Bakterium ablaufen.

Bewegung erfolgt z. B. als Kriechen, Schwimmen, Fliegen, Krabbeln oder Laufen. Menschen und Tiere haben hierfür hoch spezialisierte Muskel- und Knochengewebe. Eine Amöbe dagegen muss auch bei der Fortbewegung mit ihrer einzigen Zelle auskommen. Sie bildet kleine Scheinfüßchen aus ihrem Zellplasma und „fließt" voran. Pflanzen sind nur auf den ersten Blick reglos. Sie reagieren auf vielfältige Reize und nutzen geschickt physikalische Gesetzmäßigkeiten aus, um z. B. ihre Blätter zur Sonne hin auszurichten oder bei ansteigenden Temperaturen ihre Blütenkelche zu öffnen.

Literaturtipps

Mortimer, Charles E.: Chemie. Das Basiswissen der Chemie, 9. Auflage, übersetzt von Ulrich Müller, Stuttgart: Thieme, 2007.

Campbell, Neil A./Reece, Jane B.: Biologie, 6. Auflage, Heidelberg: Spektrum Akademischer Verlag, 2003.

Naturwissenschaften im Unterricht. Chemie, Heft 76/77: Naturwissenschaftliches Arbeiten, 4/2003.

RWE AG: Energie. Entdecke, was die Welt bewegt, Hamburg: Hoffmann und Campe, 2008.

Teichmann, Jürgen/Krapp, Thilo: Mit Einstein im Fahrstuhl. Physik genial erklärt, Würzburg: Arena, 2008.

Stäudel, Lutz/Werber, Brigitte/Freiman, Thomas: Naturwissenschaften – verstehen + anwenden, Seelze-Velber: Friedrich, 2002.

4 „Ich erforsch' die Welt, wie sie mir gefällt": Naturwissenschaftsdidaktische Überlegungen

Folgende Fragen stehen im Zentrum dieses Kapitels, das sich mit der Umsetzung naturwissenschaftlicher Bildungsprozesse in der frühen Kindheit befasst:

- Wie können naturwissenschaftliche Aktivitäten strukturiert werden, sodass sie eigene Konstruktionen der Kinder ermöglichen?
- Wie können pädagogische Fachkräfte den Forschungsprozess der Kinder begleiten?
- Wie können Kinder möglichst selbstständig forschen?
- Wie lassen sich naturwissenschaftliche Erkenntnisse veranschaulichen?

4.1 Naturwissenschaftsdidaktische Konzepte für den Elementarbereich

4.1.1 Das forschend-entwickelnde Verfahren

Das forschend-entwickelnde Lernen ist von den Autoren Heinz Schmidtkunz und Helmut Lindemann für den Bereich des Chemieunterrichts bereitgestellt worden. Die Autoren selbst übertragen dieses Verfahren auf den Sachunterricht der Grundschule und genauso lässt es sich auf die naturwissenschaftliche Arbeit im Kindergarten anwenden.

Unter dem Begriff „forschen" verstehen die Autoren einen

„Prozess [...], bei dem der Lernende mit dem ihm zugängigen Vorwissen weitgehend selbstständig mit den ihm zur Verfügung stehenden Mitteln [...] unter Einbeziehung experimenteller Phasen neue Erkenntnisse zu gewinnen sucht. **Forschen in diesem Sinne verstanden ist in allen Altersstufen möglich.**"
(Schmidtkunz/Lindemann, 1997, S. 213)

Der diesem Verfahren zugrunde liegende Gedanke ist, naturwissenschaftliches Arbeiten zum **Problemerkennungs- und Problemlöseprozess** zu gestalten. Hierbei entsteht für den Lernenden bzw. das Kind eine Problemsituation immer dann, wenn diese mit dem vorhandenen Vorwissen und den bisherigen Erfahrungen nicht ohne Weiteres erklärbar ist.

forschende Kinder

Dies führt dazu, dass das Kind angeregt wird, über die Lösung des Problems nachzudenken. Hierzu muss es auf vorhandene Wissensstrukturen zurückgreifen. In diesem Zusammenhang ist es wichtig, das Kind nicht zu überfordern, da es sonst wahrscheinlich aufgeben würde. Darin liegt eine Schwierigkeit des naturwissenschaftlichen Experimentierens im Kindergarten. Auf welche vorhandenen Wissensstrukturen kann das Kind zurückgreifen, um auf eine Lösung hin, sinnvolle Vermutungen zu formulieren, die zu einer Antwort führen? In der Praxis haben die Autoren die Erfahrung gemacht, dass Kinder häufig mit einer Fragestellung konfrontiert werden, zu welcher sie keine sinnvollen Vermutungen äußern können, da auf kein Vorwissen zurückgegriffen werden kann.

> *Beispiel: So wurden Kinder, nachdem sie erfahren hatten, dass das weiße Licht einer Taschenlampe mithilfe eines Prismas in Regenbogenfarben zerlegt werden kann, aufgefordert, Vermutungen zu der Frage zu äußern, wie die Regenbogenfarben wieder zu weißem Licht „zurückgeführt" werden können. Die Kinder konnten hier nur mit den Achseln zucken, keine Vermutungen äußern, das Ganze endete in einem Ratespielchen.*

Hier kommt der Begriff „entwickelnd" ins Spiel, der auf die Funktion der Lehrenden verweist:

„Mit ‚entwickeln' soll zum Ausdruck gebracht werden, dass dem Lehrenden die Funktion zukommt, den forschenden Lernprozess bei Schülern einzuleiten, weiterzuführen, die Erkenntnisgewinnung zu regeln und zu steuern sowie den Fortgang des Lernprozesses unter pädagogischen und organisatorischen Gesichtspunkten zu beeinflussen."
(Schmidtkunz/Lindemann, 1997, S. 213)

Den forschenden Lernprozess einzuleiten, heißt, Problemsituationen zu schaffen, die von den Kindern bewältigt werden können. Dies einzuschätzen, ist nicht immer einfach und erfordert umfassende Erfahrungen der Erzieherinnen und eine gute Kenntnis der kognitiven Fähigkeiten und des Wissensstands der Kinder. Wichtig ist zu erkennen, wann das forschend-entwickelnde Verfahren angewendet werden kann und wann sich andere Methoden besser eignen.

Bauen Experimentiereinheiten aufeinander auf, so werden die Kinder im Verlauf der Experimentierreihe zunehmend in die Lage versetzt, mithilfe schon erworbenen Wissens zu neuen Fragestellungen Vermutungen zu formulieren, welche dann experimentell überprüft werden können, um schließlich eine Antwort im Hinblick auf die Ausgangsfragestellung zu formulieren.

> *Beispiel: So können Kinder, nachdem sie erfahren haben, dass Salz aus einer Salzlösung zurückgewonnen werden kann, zu der Frage, wie denn aus einer Zuckerlösung Zucker und Wasser zurückgewonnen werden können, begründete Vermutungen äußern, dass wie im Falle der Salzlösung auch das Zucker-Wassergemisch durch Verdampfen (und wieder Auffangen) des Wassers – Erhitzen oder auf der Fensterbank stehen lassen – getrennt werden kann. Die Kinder werden im Experiment feststellen, dass der Lösungsvorschlag „Erhitzen" in diesem Fall nicht zum gewünschten Erfolg führt, da der Zucker unter Hitzeeinfluss offensichtlich seine Eigenschaften verändert und braun wird.*

Erkenntnisse aus einem vorherigen Experiment können auf weitere Experimente übertragen werden, die zu wiederum neuen Erkenntnissen führen.

Die Abfolge einer Experimentiereinheit im forschend-entwickelnden Verfahren lässt sich folgendermaßen skizzieren:

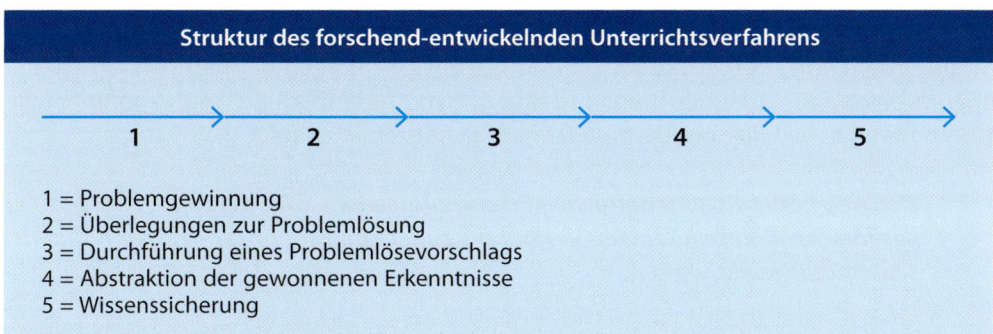

Struktur des forschend-entwickelnden Unterrichtsverfahrens

1 = Problemgewinnung
2 = Überlegungen zur Problemlösung
3 = Durchführung eines Problemlösevorschlags
4 = Abstraktion der gewonnenen Erkenntnisse
5 = Wissenssicherung

(Schmidtkunz/Lindemann, 1997, S. 215)

„Das Verfahren ist so angelegt, dass die Lernenden das Unterrichtsziel als Problem erkennen, erfassen und eine Lösung anstreben. Nach dem Lösevorgang wird ein Vergleich der Resultate Klarheit bringen, ob das Problem gelöst ist oder ob ein erneuter Löseversuch unternommen werden muss. Der didaktische Aspekt der Problemlösung fordert eine Symbolisierung (Abstraktion) und eine Wissenssicherung der gewonnenen Erkenntnisse. So wird das Unterrichtsverfahren zu einer didaktisch konzipierten Problemlöse-Strategie [...]".

(Schmidtkunz/Lindemann, 1997, S. 213, gekürzt)

Es muss geklärt werden, was beim naturwissenschaftlichen Experimentieren in der frühen Kindheit unter dem Begriff **Problem** verstanden werden kann. Häufig werden keine wirklichen Probleme untersucht, sondern Fragen formuliert, die in einen Forscher- bzw. Untersuchungsauftrag münden. Fragen wie „Löst sich mehr Salz oder Zucker in Wasser?" stellen kein Problem im eigentlichen Sinne dar, sondern lassen sich eher als **Untersuchungsaufträge** formulieren: „Findet heraus, ob sich mehr Zucker oder Salz in Wasser löst!" Wirkliche Probleme zeichnen sich dadurch aus, dass für den „Problemlöser" nicht auf Anhieb die Lösung erkennbar ist. Das ist z. B. der Fall, wenn die Kinder mit zwei Stoffen konfrontiert werden, von denen sie nicht wissen, welcher Stoff Gips und welcher Puderzucker ist (siehe S. 147). Um dies herauszufinden, müssen sie ihr Wissen über die Löslichkeit von Stoffen aktivieren und es auf dieses Problem anwenden.

Wenn innerhalb naturwissenschaftlicher Aktivitäten von Problemen oder Problemfragen die Rede ist, sind nicht nur Probleme im eigentlichen Sinn gemeint, sondern auch Kindern gestellte Fragen, die vielmehr als Forscher- bzw. Untersuchungsaufträge verstanden werden können. Bei solchen Untersuchungsaufträgen spielt häufig die Frage eine Rolle, **wie** diese Untersuchung genau durchgeführt wird: So ist bei oben genanntem Beispiel etwa zu reflektieren, dass der Versuch so durchgeführt wird, dass auch tatsächlich verglichen werden kann. Das heißt, gleiche Wassermengen zu nehmen, darauf zu achten, dass auf einem Löffel immer die gleiche Menge an Salz bzw. Zucker ist, Strichlisten zu führen usw.

Es wird deutlich, dass das hier beschriebene Verfahren ein sehr hohes Maß an Selbsttätigkeit der Lernenden fordert, aber auch eine große Verantwortlichkeit dem Lehrenden zuschreibt. Dieser muss die Lernprozesse so arrangieren, dass sie den Kindern gerecht werden, d.h. die Kinder in die Lage versetzen, möglichst eigenständig den Lernprozess zu gestalten. Dieses Verfahren entspricht hiermit dem Ansatz des pragmatischen Konstruktivismus (vgl. Kapitel 2.2).

Das forschend-entwickelnde Verfahren ist nicht nur eine Methode, die eine hohe Selbsttätigkeit der Lernenden erfordert, sondern sie entspricht auch der naturwissenschaftlichen Arbeitsweise, die über Problemstellung, Hypothesenbildung und experimentelle Überprüfung neue Erkenntnisse zu erlangen sucht (siehe Kapitel 3.1).

Der Weg naturwissenschaftlichen Erkenntnisgewinns wird durch die Anwendung des forschend-entwickelnden Verfahrens zum Organisationsprinzip für naturwissenschaftliche Aktivitäten.

Über die naturwissenschaftliche Methode des Erkenntnisgewinns hinaus stellt das Verfahren aber vielmehr ein didaktisches Konzept dar, das Antworten auf die Frage gibt, wie Lernprozesse gestaltet werden können, damit Heranwachsende optimale Möglichkeiten erhalten, Erkenntnisse zu erwerben, diese auf neue Situationen anzuwenden und mit anderen Wissensbereichen zu verknüpfen (Schaffung von Netzwerken/Schemata, vgl. Kapitel 2.1).

Beispiel für die Strukturierung einer naturwissenschaftlichen Aktivität im forschend-entwickelnden Verfahren

Struktur	Verlauf
Problemgewinnung	**Phänomen:** Öl und Wasser sind nicht miteinander mischbar. **Ausgangsfrage:** Ist Salz in Öl löslich?
Überlegungen zur Problemlösung	**Hypothese:** Salz ist in Wasser löslich. Wenn Öl und Wasser nicht mischbar sind, dann ist Salz auch nicht in Öl löslich. **Planung des Experiments:** Durch den Versuch, das Salz in Öl zu lösen, kann die Vermutung bestätigt oder widerlegt werden.
Durchführung eines Problemlösevorschlags	**Durchführung** des Experiments **Beobachtung:** Das Salz ist auch nach kräftigem Rühren noch von der Ölphase zu unterscheiden. Es hat sich am Boden abgesetzt. **Deutung:** Salz ist nicht in Öl löslich.
Abstraktion der gewonnenen Erkenntnisse	Das Salz-Öl-Gemisch wird im Teilchenmodell dargestellt. Vergleichend dazu kann ein Salz-Wasser-Gemisch im Teilchenmodell dargestellt werden.
Wissenssicherung	Kinder malen den Versuch in ihr Experimentierbuch und erklären den nicht am Experiment beteiligten Kindern, was sie erfahren haben.

Das Beispiel macht deutlich, dass das Experimentieren kein Selbstzweck ist, sondern immer eingebettet in einen Erforschungsprozess, der auf Erkenntniszuwachs abzielt.

„Experimente können zwar Antworten liefern, aber deren Bedeutung erfasst nur derjenige, der die Frage selbst – wenigstens teilweise – formuliert hat."
(Stäudel, 2003, S. 4)

4.1.2 Situationsbezogenes naturwissenschaftliches Forschen

Das forschend-entwickelnde Verfahren wird durch eine pädagogische Fachkraft vorbereitet, durchgeführt und reflektiert. Inhalte, Methoden und Ziele werden im Vorfeld überlegt und didaktisch aufbereitet. Dieses Verfahren ist dort sinnvoll, wo eine Sequenz, eine Reihe geplant wird, deren einzelne Aktivitäten in einem thematischen Zusammenhang stehen, aufeinander aufbauen und sich aus Experimenten neue Fragestellungen ergeben. Nicht immer sind Forschungsprozesse derart strukturiert. Fragestellungen zu entwickeln ist oft dann nicht sinnvoll, wenn die Kinder über zu wenig Vorwissen verfügen, um auf eine Fragestellung sinnvolle Überlegungen zu formulieren. Eine Möglichkeit, Vorwissen im Sinne von Erfahrungen zu schaffen, bietet die kindliche Auseinandersetzung mit Phänomenen außerhalb eines strukturierten Angebotes. Vorbereitete Umgebungen, wie z. B. in der Einrichtung etablierte Forscherecken oder Materialkisten, können von Kindern genutzt werden. Sie können eigenständig mit diesen Materialien forschen oder Experimente durchführen und sich so neue Phänomene erschließen, ohne dass diese in einen strukturierten Forschungsprozess, wie oben beschrieben, eingebettet sein müssen.

Der Ansatz, der hinter einem solchen Vorgehen steht, ist der **Situationsansatz**. Ohne hier die vielfältigen Auslegungen und Interpretationen, die dieser Ansatz in den letzten gut drei Jahrzehnten erfahren hat, widerzuspiegeln, soll unter dem Situationsansatz Folgendes verstanden werden:

Der Situationsansatz orientiert sich an alltäglichen Erfahrungen der Kinder und ihrer konkreten Lebenswirklichkeit. Die Eigenaktivität der Kinder steht im Vordergrund. Den Zugang des Kindes zur Welt bestimmen Themen und Situationen, mit denen es sich auseinandersetzt.

Das Interesse des Kindes bildet den Ausgangspunkt für sich ergebende Problemstellungen oder generative Themen. Das Ziel dieses Ansatzes kann dahingehend formuliert werden, auf der Basis der den Kindern eigenen Sichtweise ihnen ihre Umwelt zu erschließen und ihnen damit zu helfen, Fähigkeiten und Orientierungen auszubilden, die sie auf kommende Aufgaben vorbereiten. Dies beinhaltet sowohl die Fähigkeit zur Selbstbestimmung als auch zur Solidarität.

Folgende didaktische Elemente kennzeichnen den Situationsansatz:

- sich auf Alltagssituationen einlassen; das schließt die Bedingung ein, sich von Plänen und Tagesabläufen zu lösen

- aufmerksam sein für das, was sich in der komplexen Alltagswelt abspielt

- Ermöglichung von Primärerfahrungen

- Schaffung einer vorbereiteten Umgebung (Materialien, Arbeitsmittel, Bücher, ...), sodass die Kinder Anregungen für ihre Interessen finden

(vgl. Schäfer, 2004, S. 11)

Die Betrachtung dieser Merkmale macht auf den ersten Blick ein hohes Maß an Kompatibilität mit situationsbezogenen naturwissenschaftlichen Forschungsprozessen offensichtlich. Die Alltagswirklichkeit der Kinder ist randvoll mit Phänomenen, die hinterfragt und erforscht werden wollen: Warum können Vögel fliegen, Menschen aber nicht? Warum wird der Kuchenteig im Ofen größer? Was sind Wolken und wie kommt der Schaum in mein Badewasser? Fragen über Fragen, die sich nicht Erwachsene ausgedacht haben, sondern die nach einer Antwort verlangen, am besten durch diejenigen selbst, die sie gestellt haben: die Kinder. Diese Fragen kommen nicht aus dem Nichts, sondern sie ergeben sich genau dann, wenn ein Kind mit eben einem solchen Phänomen konfrontiert wird.

Für die Einrichtung heißt das Folgendes: Kinder bringen viele Fragen mit, die Ausgangspunkt von Forschungsprozessen werden können. Dazu können über sogenannte vorbereitete Umgebungen Impulse oder Phänomene eingebracht werden, die das Interesse von Kindern wecken. Das Forschungs- bzw. Erkenntnisinteresse bestimmt in allen Fällen den Lernprozess.

Für die pädagogische Fachkraft bedeutet das, sich gemeinsam mit den Kindern auf die Suche nach Antworten zu machen, gemeinsam mit den Kindern zu forschen und auch eigene Fragen zu formulieren, die das Denken der Kinder voranbringt. Dieses Vorgehen ermöglicht das Schaffen von Erfahrungen, die dann wiederum einen Anstoß geben können zu Fragen und Problemstellungen, die in einem strukturierten, begleiteten Prozess bearbeitet werden.

4.1.3 Projektmethode

Zur Projektmethode bestehen in der Literatur verschiedene Definitionen und ebenso unterschiedliche Schwerpunktsetzungen in Bezug auf Kriterien für die erfolgreiche Umsetzung eines Projektes mit Kindern in der Früherziehung. Hierzu sollen an dieser Stelle nur einige allgemeine Aspekte dargelegt werden. Im Kern wird betrachtet, wie sich die Projektmethode in der naturwissenschaftlichen Früherziehung einsetzen lässt und welche Besonderheiten sich in diesem Bereich bei der Planung und Umsetzung des Projektes ergeben.

Ein Projekt soll hier verstanden werden als ein durch das Erkenntnis- und Handlungsinteresse der Kinder geleiteter Bildungsprozess, bei dem sich Kinder über einen längeren Zeitraum hinweg ein übergeordnetes Thema aus unterschiedlichen Perspektiven und unter Nutzung unterschiedlicher Methoden kooperativ erschließen.

Der Schwerpunkt der Projektmethode liegt somit nicht auf dem Erwerb von Faktenwissen, sondern auf dem Prozess, sich methodische und inhaltliche Kompetenzen in einem übergeordneten Sinnzusammenhang zu erschließen.

Dies stellt alle am Projekt Beteiligten vor große Möglichkeiten und auch Anforderungen. Die Arbeit in Projekten ermöglicht nicht nur die Auseinandersetzung mit einem übergeordneten Thema über einen umfangreicheren Zeitraum hinweg. Sie verlangt entsprechend auch eine hohe Ausdauer und Motivation sowie die Bereitschaft, einen Gegenstand nicht nur oberflächlich zu erfassen. Es erfordert und fördert ein hohes Maß an Kreativität und die Bereitschaft, sich auf individuell verschiedene Zugänge und Perspektiven einzulassen, um sich so vielfältige Sinnzusammenhänge des Projektthemas zu eigen zu machen.

Die Themenfindung, die Einigung auf inhaltliche und methodische Schwerpunkte sowie die kontinuierlich notwendige Feinplanung des kooperativen Vorgehens bei der Ausgestaltung des Projektes verlangen von allen Projektteilnehmern eine hohe Partizipationsbereitschaft sowie das Akzeptieren der Regeln demokratischer Prozesse.

Zugleich ist es jedem Kind möglich, sich innerhalb des Projektes individuelle Herausforderungen selbst zu suchen und entsprechend über den Schwierigkeitsgrad der von ihm übernommenen Aufgaben und Probleme, die Herangehensweise und die Dauer ihrer Umsetzung weitgehend selbst zu entscheiden.

Die Arbeit innerhalb eines Projektes bedeutet ganzheitliches, vernetzendes Lernen. Die Kooperation der Kinder untereinander und auch der Austausch zwischen Kindern und begleitenden Pädagoginnen fördert ko-konstruktivistisches Lernen.

Die Kommunikation über ein sich stellendes Problem sowie Möglichkeiten zu seiner Lösung und auch die konstruktive Reflexion über erfolgreich eingesetzte oder auch gescheiterte Strategien erweitern den Erfahrungsschatz der Kinder an methodischen Kompetenzen und Strategien sowie die Fähigkeit, diese zu variieren und ihre Eignung im Hinblick auf verschiedene Aufgaben und Problemstellungen einzuschätzen.

Der allgemeine Ablauf eines Projekts (vgl. Fthenakis, 2009b, S. 132f.)

Themenfindung
Das Projektthema wird gemeinsam mit den Kindern festgelegt. Dabei sind die Interessen aller Projektbeteiligten, der Kinder und der Fachkräfte sowie die Möglichkeiten der Einrichtung und zugrunde liegende Bildungspläne zu berücksichtigen. Der Prozess der Themenfindung wird gemeinsam mit den Kindern reflektiert.

Planung und Vorbereitung
Die Fachkräfte entwickeln einen groben Zeitplan, wählen Aktivitäten aus und planen diese.
Unter Berücksichtigung von Inhalt, dessen logischer Struktur und möglicher Lernprozesse werden Projektziele festgelegt. Es werden zudem Gelegenheiten zur Initiierung metakognitiver Prozesse eingeplant.
Die Planung des gesamten Projektablaufs wird jedoch so flexibel gehalten, dass dieser den Kindern Raum für eigene kreative Gestaltungsideen und neu entstehende Fragen lässt.

Einstieg in das Projekt
Es werden im Rahmen eines einführenden Gespräches oder einer einführenden Aktivität die Vorerfahrungen der Kinder zum Thema ermittelt. Gemeinsam wird mit den Kindern überlegt, aus welchen Blickwinkeln heraus sich das Thema betrachten und planen lässt. Die Kinder haben die Gelegenheit, ihre individuellen Erkenntnisinteressen zu formulieren.

Hauptphase des Projektes

Die Kinder sammeln eigenständig vielfältige Informationen zum Thema und werten diese aus. Auf der Grundlage ihrer Fragestellungen werden Hypothesen aufgestellt und überprüft. Dies kann arbeitsteilig in Kleingruppen organisiert werden, denen sich die Kinder entsprechend ihrer individuellen Interessen anschließen.

Der Projektverlauf wird nach jeder Aktivität in der Gesamtgruppe diskutiert, dokumentiert und der Lernprozess reflektiert. Im Anschluss an die einzelnen Aktivitäten wird zudem diskutiert, welche Fragen noch offen sind, welche neuen Fragen sich ergeben haben und wie diese in das Projekt integriert werden können.

Abschluss des Projektes

Die Projektergebnisse werden im Rahmen einer Ausstellung oder einer gemeinsamen Aktivität anderen Kindern, den Eltern oder externen Personen präsentiert. Die Dokumentation dient zudem der gemeinsamen Reflexion des Denkens und Lernens.

Naturwissenschaftliche Projekte

Projektthemen

Ein naturwissenschaftliches Projekt ist dadurch gekennzeichnet, dass es sich schwerpunktmäßig mit naturwissenschaftlichen Inhalten, Methoden und Denkprozessen beschäftigt. Innerhalb des Projektes lassen sich auf vielfältige Weise weitere Bildungsbereiche integrieren. Andersherum lassen sich auch naturwissenschaftliche Aspekte in Projekte anderer Themengebiete integrieren. Naturwissenschaftliche Projektthemen beinhalten jedoch eine komplexe naturwissenschaftliche Problem- oder Fragestellung, deren Lösung durch die Zerlegung des Gesamtthemas in Teilaspekte und Einzelfragen erfolgt, die mithilfe von naturwissenschaftlichen Experimenten erforscht werden können. Beispiele für solche komplexen Fragestellungen sind:

- Wie funktioniert ein Fotoapparat?
- Leben Pflanzen?
- Warum kommt Wasser aus dem Wasserhahn?
- Wie baut man ein Floß?

Diese Fragestellungen bieten viele Möglichkeiten, Teilfragen zu entwickeln, Originalgegenstände zu erforschen und verschiedene Einzelphänomene und Funktionen in Experimenten nachzuweisen.

Die Sachlogik naturwissenschaftlicher Erkenntniswege

Die pädagogische Fachkraft hat im Rahmen des Projektes die Aufgabe, den Kindern auf ihrem Erkenntnisweg als Ko-Konstrukteur zur Seite zu stehen. Wie in Kapitel 2.2 dargelegt, soll Ko-Konstruktion den Erkenntnisfortschritt der Kinder durch weiterführende Fragestellungen und Impulse immer dann aktiv begleiten, wenn dies durch den bisherigen Erfahrungshorizont der Kinder eingeschränkt wird. Des Weiteren wurde im vorangegangenen Kapitel 4.1.1 erläutert, dass naturwissenschaftliches, forschendes Lernen die Auseinandersetzung mit einer naturwissenschaftlichen Problemstellung bedeutet. Zur Lösung eines solchen Problems muss das Kind auf bereits vorhandene Erfahrungen zurückgreifen können, die entweder aus seinem Alltag entspringen oder aus vorangehenden Aktivitäten zum gegebenen Thema. Komplexe naturwissenschaftliche Problemstellungen, z. B. die Frage nach der Funktionsweise eines Fotoapparats, beinhalten eine Vielzahl an Einzelproblemen und zu lösende Fragestellungen. Diese stehen untereinander in Beziehung und weisen zugleich eine – mehr oder weniger variable – sachlogische Struktur vom Einfachen zum Komplexen hin auf. Eine mögliche Strukturierung wird am Beispiel des Problems „Wie funktioniert ein Fotoapparat?" veranschaulicht:

- **Wie „schickt" ein Gegenstand sein Bild in die Kamera?**
  (Gegenstände streuen Licht in unsere Augen und in die Kamera, Ausbreitung des Lichts)

- **Wo entsteht in der Kamera das Bild?**
  (Filme und Mattscheiben „fangen" Bilder ein)

- **Warum hat die Kamera nur ein kleines Loch?**
  (Funktion einer Lochblende)

- **Wie entsteht ein scharfes Bild auf der Mattscheibe?**
  (Anordnung von Gegenstand, Lochblende, Mattscheibe)

- **Wie kann ich das Bild verändern?**
  (Größe, Kontrast, Helligkeit)

- **Was bewirkt eine Linse?**
  (Funktionsweise einer Sammellinse)

  …

Es werden innerhalb dieser möglichen Reihe also zunächst anhand verschiedener Experimente die Einzelkomponenten – das Licht, der Gegenstand, die Lochblende, die Mattscheibe – und anschließend ihre Anordnung zueinander bei der Erzeugung eines virtuellen Bildes untersucht. Daraus resultiert ein vorläufiges, einfaches Ergebnis: eine Lochkamera. Dieses Ergebnis lässt sich durch Variation der Anordnung der einzelnen Komponenten in weiteren Experimenten gezielt manipulieren und so das Verständnis für das Phänomen vertiefen. Damit ist das komplexe Problem jedoch noch nicht gelöst: Es bleibt noch immer die Frage nach der Funktion der Linse und der Fixierung des Bildes. Im Beispiel liegt ein komplexes, jedoch Schritt für Schritt lösbares Problem vor. Dies kann zweifellos nicht von den Kindern völlig allein, jedoch im Rahmen eines ko-konstruktivistisch angelegten Forschungsprozesses durch eigenständiges Denken und Handeln gelöst werden – sofern die Anordnung der einzelnen Erkenntnisschritte einer schlüssigen Struktur folgt. Die Entwicklung einer sachlogischen Struktur ist somit ein bedeutender Planungsaspekt, um den Kindern einen plausiblen Erkenntnisweg zu eröffnen, den sie möglichst selbstständig gehen können. Diese Aufgabe liegt in der Hand der pädagogischen Fachkraft.

Hierbei ergibt sich jedoch ein Konflikt zum eigentlichen Gedanken eines Projektes. Schließlich sollen die Kinder selbst ihren Erkenntnisweg gestalten und nicht einen bereits „ausgetretenen Pfad" beschreiten! Das bedeutet, auch die bei der Planung überlegte

Struktur des Erkenntnisweges sollte nicht völlig starr sein. Dies ist auch durchaus möglich, wie sich am gewählten Beispiel zeigen lässt. So werden die Kinder z. B. zunächst auf die Idee kommen, einen alten Fotoapparat genau zu untersuchen. Entsprechend ließe sich als Erstes beantworten, „wo das Bild entsteht" und über die spannende Entdeckung einer Filmrolle der Frage nachgehen, was passieren muss, damit ein solches (belichtetes!) Negativ entsteht. Es würde sich also die Auseinandersetzung mit dem Phänomen „Licht" anschließen. Alternativ ließe sich aber auch erst ein Exkurs zur Frage „Wie wird aus einem Negativ ein richtiges Foto?" einbauen. Es ergeben sich also viele Möglichkeiten, entsprechend der Erkenntnisinteressen zu variieren und dabei trotzdem einen nachvollziehbaren Weg zu beschreiten. Eine sinnvolle Abweichung von der einmal überlegten Struktur erfordert allerdings ein hohes Maß an Flexibilität von der Fachkraft. Die Vorschläge, Fragen und Lösungsansätze der Kinder müssen kontinuierlich und oft spontan im Hinblick auf ihre Umsetzbarkeit und ihre Integration in den sachlogischen Verlauf des Projektes eingeschätzt werden. Auch vermeintliche Sackgassen im Hinblick auf das Projektziel sollten hierbei Berücksichtigung finden und in ihrem Wert für naturwissenschaftliche Denkprozesse gemeinsam mit den Kindern thematisiert werden. Die hierfür erforderliche Kompetenz basiert auf einer nicht zwingend tiefen, zumindest aber **breiten Sachanalyse** des gewählten naturwissenschaftlichen Themenfeldes. Dies soll an einigen weiteren Beispielen aufgezeigt werden.

Kreativität und Interessen der Kinder flexibel aufgreifen

Bei einer ersten gemeinsamen Diskussion mit den Kindern über ein naturwissenschaftliches Thema bzw. die in ihm enthaltenen Problem- oder Fragestellungen entwickeln Kinder oftmals vielfältige Ideen, von denen allerdings einige auf den ersten Blick möglicherweise eher vom Thema wegführen, also keinen Bezug zur eigentlichen Problemstellung aufweisen. Tatsächlich lässt sich jedoch bei näherem Hinsehen häufig ein spannender Zusammenhang herstellen. Je breiter der eigene sachliche Zugang zum Projektthema, desto eher wird sich dieser entdecken lassen. Oder anders formuliert: Je breiter die dem Projekt zugrunde liegende Sachanalyse, umso kreativer kann die Fachkraft agieren.

> *Beispiel: Eine Erzieherin eröffnet ein Projekt zum Thema Wärme mit einer Gesprächsrunde mit den Kindern ihrer Experimentiergruppe. Als zusätzlicher Impuls wird ein Bild zum Thema mit einem Overheadprojektor an die Wand projiziert. Anstatt sich jedoch auf eine allgemeine Diskussion zum Thema Wärme einzulassen, sind die Kinder sofort fasziniert von dem Gerät, das eigentlich nur Hilfsmittel für den thematischen Einstieg sein sollte. Es tauchen viele neugierige Fragen auf und Beobachtungen werden formuliert. Die Erzieherin reagiert schließlich, indem sie das Bild vom Gerät nimmt und dieses schnell abschaltet, in der Hoffnung, die Kinder seien nun weniger abgelenkt.*

Eine mögliche Alternative wäre gewesen, das spontane Interesse der Kinder aufzu-
greifen, den Projektor genauer zu untersuchen und dabei festzustellen, dass dieser
eine (in der beschriebenen Situation laut hörbare) Kühlung hat, weil die brennende
Glühbirne viel Wärme erzeugt. Daran anknüpfend hätten im Gesprächsverlauf der
Zusammenhang von Licht und Wärme und weitere Wärmequellen thematisiert wer-
den können.

Zumindest überblicksartig vorhandenes Wissen über ein Themengebiet und die Kenntnis seiner grundlegenden Kausalzusammenhänge ermöglichen es, die Auswahl, Anordnung und Abläufe der Aktivitäten variabel zu gestalten und auch spontane Ereignisse gewinnbringend zu nutzen.

Herstellen von Alltagsbezügen

Eine breitere Einarbeitung in ein Sachthema führt dazu, dass zugehörige Alltagsphänomene in der Natur oder unserer technisierten Umwelt sowie ihre Relevanz für den Einzelnen und die Gesellschaft viel schneller offensichtlich werden. Sie werden bewusster wahrgenommen.

Solche Alltagsbezüge lassen sich entsprechend in Projekten nutzen, um komplexe Sinnzusammenhänge herzustellen und den Kindern an vielen Stellen die Bedeutung des Themas für ihren eigenen Alltag aufzuzeigen.

Erkennen und Zulassen von abweichenden Lösungsstrategien

Probleme haben häufig nicht nur eine, sondern mehrere Lösungen. Beschränkt sich die Vorbereitung einer Fachkraft auf die Erarbeitung einzelner Versuchvorschriften, ohne sich mit dem Sachhintergrund auseinanderzusetzen, so kann dies leicht dazu führen, dass alternative Lösungsansätze der Kinder zu schnell als „nicht richtig" oder sogar als „nicht mitdenken" eingestuft werden.

Beispiel: Ein möglicherweise auf den ersten Blick nicht sinnvoll erscheinender kindli-
cher Lösungsansatz zu dem Problem, ein Stück Knete zum Schwimmen zu bringen,
könnte z. B. sein, Salz in ein Glas Wasser zu schütten (anstatt wie von der Erzieherin
vorgesehen, die Form der Knete zu verändern). Die Überlegung ist jedoch durchdacht:
Das Kind hat in einer früheren Aktivität das Phänomen beobachtet, dass in Salzwasser
Dinge besser schwimmen als in Süßwasser. Die Strategie funktioniert zwar nicht,
basiert jedoch auf einer analogen Schlussfolgerung. Der Grund, warum die Strategie
nicht funktioniert, ließe sich im Verlauf einer Experimentierreihe zum Thema Schwim-
men und Sinken weiter vertiefen.

Bei einer so umfangreichen Problemstellung wie der eines Projektes gibt es mannigfaltige Möglichkeiten, zu Ergebnissen zu kommen. Zudem kann eine gegebene Aufgaben- oder Problemstellung völlig unterschiedlich interpretiert werden. Die Fachkraft sollte daher zwar die Rolle einer Mitforschenden einnehmen, indem sie durch Fragen und Impulse den Erkenntnisprozess begleitet, anstatt zu instruieren. Es erweist sich dabei jedoch als sinnvoll, dass sie nicht tatsächlich unwissender Mitforscher ist, um die Denkprozesse der Kinder zu verstehen, ihre Lösungsansätze als solche zu erkennen und Erkenntnisprozesse flexibel variieren zu können. Erst wenn ein Sachaspekt von der Fachkraft selbst durchdrungen wurde, ergibt sich ein Verständnis dafür, welche Komponenten notwendig sind, um diesen zu erfassen. Dies ermöglicht im Grunde erst, verschiedene Perspektiven von Lernenden einzunehmen, eine Diagnose zu stellen, welcher Aspekt ihnen fehlt, um ein Problem oder eine Aufgabe zu bewältigen und diesen im Rahmen eines ko-konstruktiven Prozesses zugänglich zu machen.

Abschluss des Projektes

Der Abschluss eines naturwissenschaftlichen Projektes stellt möglichst die Lösung des eingangs aufgeworfenen Problems und eine kreative Präsentation aller Ergebnisse der vielfältigen Forschungsprozesse dar. Wichtig ist, dass hierbei der Erkenntnisweg mit all seinen Sackgassen und Holzwegen in besonderer Weise gewürdigt und dokumentiert wird. In diesem Zusammenhang lohnen sich Mitmach-Ausstellungen, in denen die Kinder Gelegenheit haben, anderen Kindern oder ihren Eltern zu erklären, was sie herausgefunden haben. Ebenso können z. B. Elternnachmittage geplant werden, in denen ein komplexer Gegenstand, z. B. ein Fotoapparat oder ein Plattenspieler, der während des Projektes im Zentrum der Forschung stand, nachgebaut werden.

4.1.4 Freispiel

Ingrid Pramling Samuelsson und Maj Asplund Carlsson geben in ihrem Konzept einer Entwicklungspädagogik die Trennung von Lernen und Spielen explizit auf und gehen von einer Einheit des Spielens und Lernens aus: Ein Kind, das spielt, lernt (vgl. Pramling Samuelsson/Asplund Carlsson, 2007, S. 7). Dass auch naturwissenschaftliches Lernen bereits im Spiel der frühen Kindheit erfolgt, wurde bereits in Kapitel 2.2 dargestellt und im vorangegangenen Abschnitt zum Situationsansatz wurde aufgezeigt, wie sich solche Situationen aufgreifen und gemeinsam mit den Kindern das Forschen vertiefen und der Forschungsprozess thematisieren lassen.

Auch die von pädagogischen Fachkräften gezielt geplanten Aktivitäten sollten spielerisches Lernen fokussieren. Die durch Pramling Samuelsson und Asplund Carlsson vorgenommene Charakterisierung begründet dies plausibel:

„Spiel ...
- schafft Wissen durch reiches und sinnvolles Tun;
- stellt Anforderungen an die Fähigkeit, Dinge zu deuten;
- beeinflusst die kognitive Entwicklung durch Denken in Symbolen;
- bietet Erfahrungen mit Metakommunikation, Bedeutung und Kontext;
- bietet durch gemeinsames Tun die Basis für kommunikative Kompetenz;
- ist Ausdruck der individuellen Interpretation von Erlebnissen und Erfahrungen;
- reflektiert Entwicklung, beeinflusst Entwicklung, hat Entwicklung zur Folge;
- ermöglicht die Übertragung der Kultur."

(Pramling Samuelsson/Asplund Carlsson, 2007, S. 40)

Darüber hinaus gibt es immer einen Gegenstand des Spiels, es wird etwas „Bestimmtes" gespielt. Die Fokussierung auf den Gegenstand des Spiels verlangt ein zielgerichtetes

Verhalten derjenigen, die spielen. Wenn ein gemeinsames Spiel entwickelt werden soll, müssen alle Kinder zur Entwicklung des Spielthemas beitragen.

Auch für naturwissenschaftliches Arbeiten und Lernen sind Kreativität, Handeln, Deuten, Denken in Symbolen, Interaktion und Partizipation sowie Metakommunikation unverzichtbare Bestandteile. Im Hinblick auf die naturwissenschaftliche Früherziehung sollte somit „Forschen" Gegenstand eines Spiels sein.

Kinder im Spiel

Für das Freispiel lassen sich offene Angebote planen, die das Forschen im Spiel verstärken können. Solche Angebote können aus reinen Materialimpulsen bestehen, aber auch mit einem „Forschungsauftrag" verbunden sein.

Ein reiner Materialimpuls kann z. B. ein den Kindern zur Verfügung gestelltes Wasserbecken mit ausgewählten weiteren Materialien darstellen. Die Materialauswahl, die in diesem Fall der zentrale Planungsaspekt ist, erfolgt im Hinblick auf die Erweiterung spezifischer Kompetenzen und kann über einen vorgesehenen Zeitraum hinweg variiert werden. So eignen sich z. B. Gegenstände, die sich in Material, Form, Größe und Gewicht unterscheiden für erste Erfahrungen im Hinblick auf Schwimmen und Sinken. Mit Flaschen und Schüsseln unterschiedlichster Größe lassen sich Umschüttversuche durchführen und Mengen abschätzen. Die Fließrichtung des Wassers kann mithilfe von Schläuchen und Trichtern beeinflusst werden. Besonders bei einem für Kinder so faszinierenden Stoff wie Wasser lassen sich vielfältige „Forschungsprozesse" der Kinder beobachten. Diese können durch gemeinsame Gespräche zwischen der beobachtenden Fachkraft und den Kindern reflektiert werden. Hier steht also das individuelle Erkenntnisinteresse der Kinder sowie der von ihnen eigenständig entwickelte Forschungsprozess noch stärker im Vordergrund als bei der Projektarbeit. Lenkung erfolgt jedoch durch die gezielte Auswahl der bereitgestellten Materialien.

Inhalt einer Freispielkiste

Ein Beispiel für ein Freispielangebot mit zusätzlich vorgegebener Aufgabenstellung lässt sich für das Thema „Kategorisierung" darstellen.

> **Beispiel:** *In einer einleitenden Gesprächsrunde tauschten sich Kinder zunächst darüber aus, nach welchen Aspekten sich Gegenstände sortieren lassen. Anschließend wurde ihnen eine Kiste mit vielfältigen Materialien jeweils für einen bestimmten Zeitraum des Tages in der „Forscherecke" zur Verfügung gestellt. Das Besondere an der Kiste war nicht nur das stimmig ausgewählte Material, sondern waren die beigefügten Messgeräte und Sortierhilfen. Darunter befanden sich Balken- und Digitalwaage, Magnete, verschieden farbige Schlüssel und große Wasserbecken. Die im Vorfeld von den Fachkräften überlegten Kategorien, nach denen sich die Materialien sortieren lassen, waren Gewicht, Größe, Form, Farbe, Funktion, magnetische Eigenschaften und Schwimmfähigkeit. Die Kinder setzten sich ausdauernd mit den Materialien auseinander, entwickelten eigenständig alle von den Fachkräften überlegten Kategorien und sogar völlig neue, wie z. B. „Hüpffähigkeit".*

Das Freispielangebot war deshalb besonders erfolgreich, weil es den Fachkräften gelang, die Kinder in die Rolle von Forschern zu versetzen. Die Kinder spielten Forscher, entwickelten innerhalb von Kleingruppen differenzierte Rollen und organisierten ihr Forschungsprojekt hochgradig arbeitsteilig (vgl. hierzu Kapitel 4.4).

4.2 Modelle erklären die Welt

Charakterisierung von Modellen

Der Einsatz von Modellen ist aus naturwissenschaftlich-didaktischer Sicht unentbehrlich, da sie zum besseren Verständnis naturwissenschaftlicher Zusammenhänge beitragen. Das Wort Modell leitet sich ab von dem lateinischen Wort Modus, das mit Maß oder Grundmaß übersetzt werden kann. Modelle sind oft Verkleinerungen oder Vergrößerungen von Objekten (z. B. Modelleisenbahn, Modell eines Hauses, Molekülstrukturen), die auf die wesentlichen und relevanten Eigenschaften des Originals reduziert sind. In den Naturwissenschaften werden Modelle vielfach verwendet, um Einblicke in den submikroskopischen Aufbau der Materie und den dort herrschenden Wechselwirkungen zwischen den Teilchen zu gewinnen. Da der Aufbau dieser Teilchen selbst nicht mit unseren Sinnen wahrgenommen werden kann, müssen wir uns diesen mithilfe von Modellen vorstellen. Modelle sind dort notwendig, wo Originalbetrachtungen nicht möglich sind. Sie können folgendermaßen charakterisiert werden:

- Modelle geben anschaulich Zusammenhänge eines Gegenstandes wieder, der selbst eben nicht anschaulich ist (**Bedingung der Anschaulichkeit**), wie z. B. Modelle zum Atombau, zur Bindung zwischen Teilchen oder zur chemischen Reaktion.

- Modelle sind **Abbildungen** eines Originals, jedoch unvollständige Abbildungen (**Verkürzungsmerkmal**), da nur die Teile des Originals abgebildet werden, die für den aktuellen Erkenntnisprozess wesentlich sind. Damit bilden sie nur eine subjektive Auswahl von Eigenschaften des Originals ab.

- Modelle greifen **das Wesentliche** an einem Original auf. Das sind in der Regel die Eigenschaften, die für den aktuellen Erkenntnisprozess relevant sind. Der Benutzer des Modells ist also der Maßstab dafür, was in einem Modell zum Ausdruck kommen soll.

- Modelle haben eine **Vermittlungsfunktion**, indem sie das Bindeglied zwischen Subjekt und Objekt darstellen.

- Modelle enthalten Merkmale, die dem Original selbst nicht zukommen. So können etwa verschiedenfarbige Legosteine unterschiedliche Teilchen symbolisieren. Das Unterscheidungskriterium Farbe (z. B. schwarze Legosteine: Kohlenstoffatome, rote Legosteine: Sauerstoffatome) spiegelt jedoch nicht den tatsächlichen Unterschied der Teilchen wider, sondern ist nur eine Verständnishilfe. Atome besitzen keine Farbe, sondern Atome unterschiedlicher Teilchen unterscheiden sich in der Anzahl an Protonen, Neutronen und Elektronen.

Modelle lassen sich anhand folgender Kriterien klassifizieren:

Realitätsbereich	Denkmodell (ideell)	Sachmodell (materiell)
Adressaten	Forschungsmodell (Wissenschaftler)	Demonstrationsmodell (Lernende)
Dimensionalität	bildliches Modell (zweidimensional)	körperliches Modell (dreidimensional)
Eigenschaften	Funktionsmodell (Dynamik)	Strukturmodell (Statik)
Maßstab	Dilatationsmodell (vergrößernd)	Kontraktionsmodell (verkleinernd)

Beziehungen zwischen Original und Modell

Zwischen Original und Modell besteht eine Ähnlichkeit hinsichtlich Zustand und Struktur, Verhalten, Funktion oder Prozess. Diese Ähnlichkeit kann durch **Analogien oder Homologien** gegeben sein. Homologien arbeiten mit gleichen Grundqualitäten. Ein Beispiel hierfür ist das Erbsen-Senfkörner-Modell: Hier werden die kleinsten Teilchen veranschaulicht mithilfe von sichtbaren Teilchen: Erbsen und Senfkörnern. Bei Analogien werden Gemeinsamkeiten aus ganz unterschiedlichen Bereichen herausgestellt. Das ist z. B. der Fall, wenn die Energie (Aktivierungsenergie), die man benötigt, um eine Reaktion in Gang zu bringen (z. B. Entzünden einer Kerzenflamme), mit dem Erklimmen eines Berges verglichen wird.

In allen Fällen werden Erfahrungen eines bekannten Bereichs (z. B. unterschiedliche Farben im Legostein-Modell) auf einen neuen, nicht so bekannten Bereich (unterschiedliche kleinste Teilchen) übertragen.

Bedeutung der Modelle für den Bildungsbereich Naturwissenschaften

Den Modellen kommt eine **Erkenntnis-, Demonstrations- und Erklärungsfunktion** zu. Dabei ist die **addressatengerechte Modellauswahl** zu berücksichtigen. Ein und derselbe Sachverhalt kann auf ganz unterschiedlichen Abstraktionsebenen dargestellt werden. Ein Wasserteilchen kann als animistisches Wassermännchen oder etwa als Orbitalmodell verkörpert werden. Ersteres würde zwar zur Erheiterung im Oberstufenunterricht beitragen, aber aufgrund der fachlichen Komplexität des Unterrichts die Abstraktionsebene verfehlen. Das Orbitalmodell hingegen würde von Vorschulkindern eventuell als interessantes Gebilde wahrgenommen werden, eine Erkenntnis würden die Orbitalbetrachtungen jedoch nicht bringen. Im Vorschul- und Grundschulbereich muss berücksichtigt werden, dass zur Entwicklung des Denkens konkrete Anschauungen notwendig sind (vgl. Piaget). Dies hat Konsequenzen für die Entwicklung und Auswahl von Modellen durch die pädagogische Fachkraft, die sich immer folgende Fragen stellen muss: Was soll mit dem Modell erreicht werden? Wozu soll es dienen?

 Animismus: „Wasser-Männchen"

 Wasser-Teilchen im Kugel-Modell

H_2O Summenformel

 Strukturformel

Modelle zum Wassermolekül auf unterschiedlichen Abstraktionsebenen

---

Aufgaben

Analysieren Sie ein von Ihnen bereits eingesetztes Modell unter folgenden Gesichtspunkten:

1. *Wenden Sie die oben in der Tabelle genannten Kriterien auf das Modell an.*

2. *Worin bestehen Ähnlichkeiten bzw. Vergleichspunkte zwischen Original und Modell?*

3. *Welche Erkenntnis-, Demonstrations- und Erklärungsfunktion kommt dem Modell zu?*

4. *Begründen Sie, für welchen Adressatenkreis das Modell geeignet ist.*

5. *Inwiefern stellt das Modell eine unvollständige Abbildung dar?*

6. *Welche Merkmale enthält das Modell, die das Original nicht aufweist?*

4.3 Animismen als didaktisches Mittel

Zwar lässt sich das Phänomen der Oberflächenspannung beim Bau eines „Wasserberges" beobachten (vgl. Kapitel 9, Experiment 1), die zugrunde liegende Eigenschaft des Wassers, die Ausbildung von Bindungen zwischen seinen einzelnen Teilchen, jedoch nicht. Die Vorstellung davon, dass sich Wasserteilchen gegenseitig anziehen bzw. „aneinander festhalten", hilft jedoch bei der Klärung vieler weiterer Phänomene. Manchmal lohnt es sich also, den Kindern die Möglichkeit zu geben, auch Nicht-Sichtbares in ihre Vorstellungen von der Welt zu integrieren. Dies sollte zweifellos auf möglichst anschauliche Weise erfolgen. Hier helfen, wie im vorangegangenen Abschnitt erläutert, Modelle und zusätzlich animistische Darstellungen.

> *Ein Animismus meint die Belebung von etwas, das eigentlich unbelebt ist, z. B. von Blutzellen, Salz-, Wasser- oder Luftteilchen. Dabei werden diesen nicht nur die Fähigkeit zum Denken, sondern auch menschliche Charaktereigenschaften (Anthropomorphismen) zugesprochen. Es handelt sich bei Animismen also um belebte Modellvorstellungen.*

Beispiele hierfür sind z. B. belebte Teilchen wie der „lustige Waldemar Wasser", die „saure Susi Säure" oder auch Phänomene wie „Waldemar Wasser und seine Wasserteilchen-Freunde halten aneinander fest". Anthropomorphe Formulierungen kommen auch in vielen Redewendungen im Alltag zum Ausdruck wie: Das Auto „will nicht mehr" oder das Wetter „ist freundlich", „die Sonne lacht".

Die naturwissenschaftliche Didaktik stand bzw. steht animistischen Erklärungsmodellen überwiegend ablehnend gegenüber. Insbesondere wurde und wird postuliert, dass aus ihnen Fehlvorstellungen und letztlich Fehlschlüsse resultieren, gemeint sind jedoch überwiegend Fehlformulierungen.

Diese, ebenso wie mögliche Fehlvorstellungen und Fehlschlüsse, resultieren allerdings weniger aus dem Vorhandensein animistischer Vorstellungen als aus dem Fehlen der Kenntnisse über die einem Phänomen zugrunde liegenden chemischen und physikalischen Zusammenhänge. Animismen fungieren als Vermittler zwischen der naturwissenschaftlichen Welt und der sozialen Welt, insbesondere von Kindern und Jugendlichen. Diese soziale Welt ist nicht durch zwingend ablaufende Prozesse, sondern durch Handeln geprägt. So formulieren noch Oberstufenschüler: „Das Wasser **will gerne** in die Zelle der Pflanze wandern, weil dort mehr gelöste Stoffe sind als außerhalb der Zelle." Hier liegt ein Hilfskonstrukt vor, das über fehlende Kenntnisse bezüglich der chemischen und physikalischen Eigenschaften des Wassers hinweghilft. Solche Hilfskonstrukte nutzen das vorhandene Vorstellungsvermögen, um abstrakte Sachverhalte erklärbar zu machen. Will man, dass Lernende eine wissenschaftliche Sichtweise der Phänomene – und entsprechend wissenschaftlich korrekte Formulierungen – entwickeln, müssen zunächst die Lücken im vorhandenen Konstrukt gefüllt werden. Denkende Wasserteilchen lassen sich dann durch naturwissenschaftliche Gesetzmäßigkeiten ersetzen – wenn diese den Schülern verständlich nahegebracht werden. Besonders bei Kindern im Elementarbereich ist das Denken noch stark von anthropomorphen und magischen Vorstellungen geprägt. Animismen knüpfen an dieses Denken an, ermöglichen einen affektiven Zugang zu abstrakten naturwissenschaftlichen

Gegenständen und helfen so, erste naturwissenschaftliche Grundprinzipien spielerisch zu veranschaulichen. Es bieten sich vielfältige Möglichkeiten, Animismen im Rahmen naturwissenschaftlicher Aktivitäten einzusetzen.

Animismen können z. B. in Form von selbst gebastelten Handpuppen die Kinder durch eine Reihe von Experimenten begleiten. Im Rahmen einer Reihe von Experimenten zum Thema Wasser lässt sich z. B. der blaue, tropfenförmige Smiley aus Filz namens „Waldemar Wasser" als kontinuierlicher Begleiter etablieren. Durch die am Sachthema orientierte Namensgebung ist dieses den Kindern durchgängig präsent. Waldemar Wasser bietet den Kindern die Möglichkeit, eine emotionale Nähe zu eher abstrakten Sachinhalten aufzubauen. Er fungiert als Problemsteller und Impulsgeber – die Praxis zeigt, dass Kinder begeistert auf einen solchen Animismus reagieren und ihn als Kommunikationspartner schätzen. Hat der Animismus „mal wieder" zu Beginn einer Aktivität ein spannendes Problem, so helfen sie ihm begeistert bei dessen Lösung. Der animistische „Vermittler" bietet hier ein hohes Identifikationspotenzial, so wird das Problemlösen zu einem Handlungsziel der Kinder, die den Animismus dabei unterstützen möchten.

Durch die Bitte um Mithilfe des begleitenden Animismus, aber auch durch die von ihm formulierten Gefühle, z. B. „Öl eklig" zu finden und „Tinte zu mögen", werden naturwissenschaftliche Phänomene mit Emotionen verknüpft und dadurch leichter erinnert.

Modelle und Zusammenhänge lassen sich durch die Verwendung von animistischen Piktogrammen anschaulicher gestalten. Wenn sich durch lachende, sich anschubsende Luftteilchen Schallwellen bilden, so ist dies eingängiger als eine abstrakte, schematische Zeichnung derselben (vgl. S. 176).

Ebenso können die Kinder selbst in die Rolle der Animismen schlüpfen und durch Bewegungen nachstellen, wie die „grimmigen" Tensidteilchen des Spülmittels sich zwischen die einander festhaltenden Wasserteilchen drängeln und so den „Wasserberg" zerstören (vgl. Kapitel 9, Experiment 1).

Animismus als Handpuppe

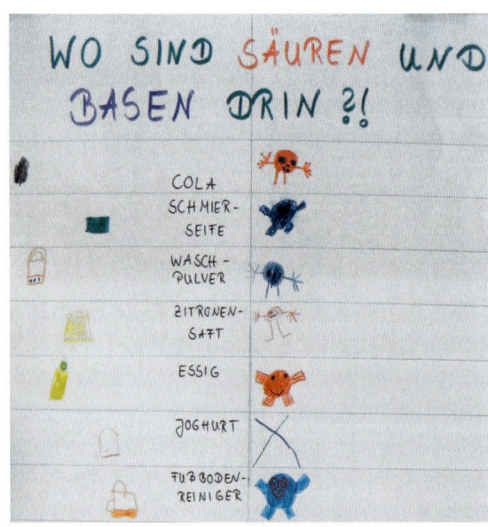

Animismen als Piktogramme

Trotz zweifellos fehlender Wissenschaftlichkeit ist die Wirkung, die Animismen als Vermittler, insbesondere zur nicht sichtbaren Welt, erzielen, ein großes Argument für den Einsatz dieses didaktischen Mittels.

Aufgabe

Finden Sie weitere Beispiele für Animismen im alltäglichen Sprachgebrauch.

4.4 Forschen im Team

„Im Spiel findet unter den Kindern ein gemeinsamer Lernprozess statt, denn Kinder erschaffen sich gegenseitig die Möglichkeit, neue Spielwelten zu betreten. Kinder können auf diese Weise in weiterentwickelte Spielthemen einsteigen und in detaillierte Rollen schlüpfen. [Der russische Psychologe Lew] Wygotski vertrat die Meinung, dass die Zusammenarbeit der Kinder das kreative Denken anregt, neue Ideen hervorbringt und Lernen in Form von Entdecken fördert."
(Pramling Samuelsson/Asplund Carlsson, 2007, S. 37, leicht verändert)

Diese von Pramling Samuelsson und Asplund Carlsson beschriebenen Effekte des Spiels, insbesondere das Eintauchen in eine Spielwelt, das Schlüpfen in eine Rolle und die kreatives Denken fördernde Kooperation, sollten auch für das Spiel „Forschen" genutzt werden. Gemeinschaftliche Rollenspiele gewinnen insbesondere ab dem vierten Lebensjahr eine große Bedeutung für Kinder. Dabei spielt die zunehmende Sprachentwicklung eine entscheidende Rolle, da vor dem Spiel und auch währenddessen mündliche Vereinbarungen, z. B. über Rollenverteilung, Gegenstand des Spiels und Regeln vereinbart werden müssen. Dies erfolgt auf metakommunikativer Ebene: Die Kinder unterhalten sich darüber, was und wie sie spielen. Sie organisieren sich dabei in Teams, in denen sich der Einzelne auf eine spezifische Rolle spezialisieren und dabei individuelle Fähigkeiten besonders gut einsetzen kann. Wie ein „naturwissenschaftliches" Rollenspiel aussehen kann, soll anhand des bereits in Kapitel 4.1.4 kurz beschriebenen Beispiels, einem Freispiel zum Thema Kategorisierung, veranschaulicht werden.

Die Kinder fanden hier im Freispiel eigenständig heraus, nach welchen Kategorien sich verschiedenste zur Verfügung gestellte Materialien sortieren lassen. Mögliche Kategorien waren Größe, Form, Farbe, Funktion, magnetische Eigenschaften und Schwimmfähigkeit; die Kinder entwickelten zusätzlich sogar noch weitere sinnvolle Kategorien.

Kooperation im „Forscherspiel"

Das Material wurde der Gesamtgruppe zur Verfügung gestellt, es bildeten sich im Verlauf der Zeit jedoch mehr oder weniger feste Kleingruppen heraus. Insbesondere eine dieser Kleingruppen arbeitete hochgradig kooperativ und arbeitsteilig. Während einige Kinder des Teams sich auf die Materialauswahl konzentrierten, waren zwei Kinder an einer Wiegestation (Balken- und Digitalwaage) damit beschäftigt, das Gewicht von Gegenständen (z. B. verschiedener Größe oder Materialien) zu bestimmen. Ein weiteres Kind skizzierte die gewogenen Gegenstände in ein Buch und notierte die von den Kindern an der Digitalwaage abgelesenen Ziffern. Das Team entwickelte das Forscherspiel über Tage hinweg weiter. Dabei erfolgte ein permanenter Austausch innerhalb des Forscherteams, z. B. über das Material, die Form und die Funktion der ausgewählten Gegenstände. Es wurden Vermutungen formuliert, welcher Gegenstand schwerer, welcher leichter ist und es wurden Ergebnisse eigenständig dokumentiert. Das Ergebnis selbst war letztlich zweitrangig, die Forschungsergebnisse sicherlich nicht präzise dokumentiert. Die Kinder haben jedoch intensiv, kreativ und kooperativ ein Forschungsprojekt verfolgt, gemeinschaftlich Problemlösestrategien entwickelt und angewendet und das Denken in Kategorien trainiert. Sie waren einander Ko-Konstrukteure.

Das, „was ein Forscher macht", war den Kindern aus gemeinsamen Gesprächen mit den Fachkräften und vorangegangenen naturwissenschaftlichen Aktivitäten bekannt – z. B. das Aufstellen von Hypothesen, deren Überprüfung mithilfe von Messgeräten und die Dokumentation in „Forscherbüchern". Bekannte „Forscherrituale" wie das Anziehen von Kitteln und der Aufenthalt im „Forscherlabor" unterstützten die Kinder dabei, in ihre Rollen einzutauchen (vgl. Kapitel 4.5). Auch bei stärker begleiteten Aktivitäten lässt sich die Begeisterung der Kinder für Rollenspiele integrieren. Dies besonders, wenn es sich um feste Forschergruppen handelt, die sich regelmäßig treffen. Eine so starke Arbeitseinteilung wie im beschriebenen Freispiel ist bei der Durchführung einzelner Experimente innerhalb einer eher begrenzten Zeit natürlich nicht sinnvoll.

Möglich ist jedoch das Einfinden in die Forscherrolle und die Kommunikation darüber, wie die Forscherarbeit organisiert wird: Wer die Kerze entzündet, wer das Wasser in den Messzylinder gießt und wer ihn dabei festhält und auf den Wasserstand achtet. Möglich ist das gemeinsame Diskutieren der Hypothesen, der Austausch unterschiedlicher Beobachtungen, Ideen, Strategien und Erfahrungshorizonten. Gemeinsam erfolgt so in einem kooperativen, kommunikativen und kreativen Prozess eine kindliche Konstruktion der Wirklichkeit. Diese entspricht zweifellos nicht gleich einer wissenschaftlichen „Wahrheit", jedoch einer vorläufigen subjektiven Einschätzung derselben, die sich durch weitere Erfahrungen erweitern lässt.

Die begleitende pädagogische Fachkraft hat innerhalb dieses Prozesses die Rolle des Ko-Konstrukteurs und unterstützt einerseits die kindliche Konstruktion von der Wirklichkeit durch Impulse, vertiefende und weiterführende Fragestellungen, andererseits achtet sie darauf, dass auch dieses „Spiel" von einer Metaebene aus betrachtet und dabei reflektiert wird (vgl. Kapitel 4.5).

4.5 Begleiten statt anleiten

Forschen, gleichgültig ob bewusst oder unbewusst, im Freispiel oder in begleiteten Aktivitäten, folgt einem immer ähnlich ablaufenden Prozess und beginnt mit der Konfrontation mit einem unbekannten Phänomen, einer Fragestellung oder einem Problem. Daraus entwickeln sich Hypothesen, die Planung und Auswahl einer geeigneten Strategie und die Überprüfung der Hypothesen.

Kinder folgen diesem Prozess auch unreflektiert im Spiel, wenn sie etwas herausfinden möchten. Um diese Erkenntnisstruktur sichtbar zu machen und die dabei ablaufenden kognitiven Prozesse, die eingesetzten Strategien und Methoden zu reflektieren, sollten die einzelnen Phasen in begleiteten Angeboten ritualisiert werden. Eine Ritualisierung bedeutet dabei nicht, die Eigentätigkeit und Kreativität der Kinder einzuschränken, sondern einen transparenten, klar strukturierten Handlungsrahmen zu entwickeln, in dem die Kinder selbstständig und kreativ agieren und zugleich sowohl implizit als auch explizit ihre kognitiven Prozesse reflektieren.

4.5.1 Übernahme der Forscherrolle

Um den Kindern die Möglichkeit zu geben, sich in die Rolle eines Forschers einzufinden, sollte gemeinsam mit ihnen vorab diskutiert werden, was einen Forscher und seine Arbeit kennzeichnet und welch große Bedeutung naturwissenschaftliche Forschung für sie selbst und für die Gesellschaft hat.

Es werden entsprechende Spielregeln festgelegt, die von allen eingehalten werden. Solche gemeinsam festgelegten Regeln und Rituale werden von den Kindern schnell übernommen und für zukünftiges „Forschen" sogar eingefordert, da sie die Rolle des Forschers besonders und bedeutend erscheinen lassen. Die Einhaltung bestimmter Regeln vereinfacht zudem die Integration des Experimentierens in den Alltag der Einrichtung.

Beispiele für solche Regeln und Rituale sind z. B. das Anziehen von „Forscherkitteln", das Anheften von „Forscher-Namensschildern" und Sicherheitsregeln, die gemeinsam vereinbart werden, wie das Zusammenbinden langer Haare oder das Tragen einer Schutzbrille, wenn z. B. mit Essigsäure gearbeitet wird (vgl. Kapitel 13). Ein sinnvolles Ritual ist auch, dass erst mit dem Experimentieren begonnen wird, wenn das gesamte „Forscherteam" im „Labor", der „Experimentierecke" oder am „Forschertisch" versammelt ist und die Sicherheitsregeln wiederholt wurden. Da das gemeinsame Forschen auf Kommunikation beruht, sind hierbei allge-

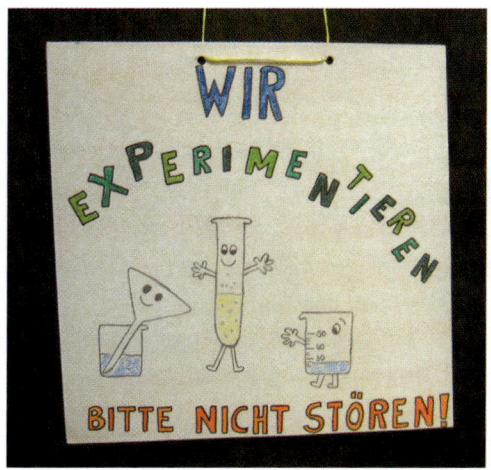

„Bitte nicht stören"

meine Gesprächsregeln unverzichtbar. Ebenso sollten der sorgfältige Umgang mit verwendeten Geräten und Stoffen sowie das Reinigen und Aufräumen der verwendeten Materialien den Kindern – wie einem richtigen Forscher – zu einer Selbstverständlichkeit werden. Solche Regeln und Rituale werden von den Kindern, sofern sie gemeinsam mit ihnen entwickelt und reflektiert wurden, in der Praxis gut angenommen. Es ließ sich vielfach beobachten, wie sie sich gegenseitig an die Vereinbarungen erinnern. Dem „Labor", auch wenn es nur eine Ecke im Gruppenraum ist, und auch dem „Labormaterial" wird eine hohe Bedeutung und Wertschätzung entgegengebracht, sie werden als etwas Besonderes betrachtet und entsprechend wird vorsichtig und sparsam mit ihnen umgegangen. Die Wirkung, die dies auch auf die Integration der Naturwissenschaften in den Alltag der Einrichtung hat, ist kaum zu überschätzen. Eine Fachkraft, die vor und während des Experimentierens vorwiegend damit beschäftigt ist, dass kein Material zu Bruch geht, nach dem Experimentieren viel Zeit zum Aufräumen verwendet und in ihrer Freizeit Unmengen „vermatschter" Verbrauchsmaterialien nachkauft, verliert schnell die Lust an der naturwissenschaftlichen Früherziehung. Es ist offensichtlich, wie viel einfacher es ist, mit Kindern zu experimentieren, wenn von ihnen einige Grundregeln eingehalten werden.

Dies lässt sich zusätzlich verstärken, indem die Kinder „Forscherpässe" oder „Forscherurkunden" für die Einhaltung der „Laborregeln" ausgestellt bekommen. Der Erwerb eines „Forscherpasses" kann auch die Erlaubnis beinhalten, allein bzw. in Kleingruppen die Forscherecke ohne Anleitung zu nutzen, um mit ungefährlichen Materialien eigenständig zu forschen.

4.5.2 Den Forschungsprozess ritualisieren und sichtbar machen

Metakognitive Gespräche führen

Der Begriff **Metakognition** wurde von John H. Flavell geprägt und bezieht sich auf das Wissen und die Kontrolle über die eigene Kognition und die dieser zugrunde liegenden Prinzipien wie Gedanken, Einstellungen und Meinungen. Auf das Lernen bezogen fragt Metakognition danach, **wie** man etwas versteht, **wie** man sich erinnert und **wie** man zu einer Lösung kommt (vgl. Pramling Samuelsson/Asplund Carlsson 2007, S. 73 ff.).

Welche Bedeutung hat Metakognition für den Lernprozess? Die gemeinsame Kommunikation nicht nur über den Lerngegenstand selbst, sondern auch über die eigenen Denkprozesse bei der Auseinandersetzung mit diesem führt dazu, dass das Denken sichtbarer gemacht wird und stärker in den Bereich der bewussten Wahrnehmung rückt.

Es steht hierbei nicht Wissen über einen Gegenstand im Vordergrund, sondern die Perspektive, die man ihm gegenüber einnimmt, die Strategien, die sich zur Lösung eines Problems entwickeln lassen mit entsprechenden Voraussagen über das Ergebnis und der Kompetenz, den eigenen Lösungsweg zu koordinieren und zu kontrollieren. Durch die bewusstere Wahrnehmung eigener Verstehens- und Planungsprozesse lassen sich diese effektiver auf neue Aufgaben- und Problemstellungen übertragen und auch eigenständig modifizieren bzw. korrigieren. Erst durch die Formulierung der individuellen Denkprozesse kann es außerdem zum Austausch derselben und entsprechend zum Austausch verschiedener

Perspektiven, Hypothesen, Strategien sowie ihrer kritischen Reflexion kommen. Die Kinder erfahren also in metakognitiven Gesprächen, wie die anderen Kinder das Problem betrachten, welche Voraussagen sie zu einem Problem entwickeln und mit welchen Strategien sie an dieses herangehen möchten und erweitern dadurch ihre eigenen kognitiven Kompetenzen. Für die pädagogische Fachkraft ergibt sich in den Gesprächen über das Denken in besonderer Weise die Möglichkeit, die verschiedenen Perspektiven und Herangehensweisen der Kinder zu verstehen, zuzulassen und ko-konstruktivistisch zu unterstützen.

In der folgenden Beschreibung der einzelnen Phasen im Hinblick auf Ritualisierungsmomente werden Möglichkeiten metakognitiver Kommunikation aufgezeigt.

Wiederholung von bereits erworbenen „Forschungsergebnissen"

Forschen Kinder in einer festen Gruppe über mehrere Aktivitäten hinweg an einem bestimmten, sachlogisch strukturierten Thema oder innerhalb eines Projektes, sollten zu Beginn einer jeden Aktivität vorangegangene Erkenntnisse sowie auch der ihnen zugrunde liegende Problemlösungsprozess kurz wiederholt werden. Die Kinder haben so die Möglichkeit, sich die Erlebnisse und Erfahrungen erneut in Erinnerung zu rufen und zu aktivieren. Dies ist besonders im Hinblick auf eine sich anschließende neue Problemstellung sinnvoll. Die Kinder berichteten in der Praxis vielfach begeistert von ihren Erfahrungen, allerdings dürfen solche Wiederholungen sich nicht zu Wissensabfragen entwickeln, bei denen den Kindern schnell deutlich wird, dass eine bestimmte Erwartungshaltung der begleitenden Fachkraft besteht, die es zu erfüllen gilt. Zeigt sich in dem Gespräch, dass die Kinder mit bestimmten Gegenständen Schwierigkeiten haben, lassen diese sich durch Wiederholung oder Variation der vorangegangenen Experimente erneut aufgreifen. Die Wiederholungen sollten daher an Materialien und Visualisierungen der vorangegangenen Aktivitäten gebunden sein. Vor allem jüngere Kinder oder auch Kinder mit Sprachschwierigkeiten können anhand der Materialien zeigen, was sie gemacht haben. Geeignete Hilfen für Wiederholungen sind auch von den Kindern selbst angefertigte Bilder, gebastelte Modelle oder Labortagebücher. Material und bildliche Impulse ermöglichen den Kindern einen einfacheren Zugriff auf durchgeführte Handlungen. Die Fachkraft kann dies unterstützen durch offen formulierte Fragen wie z. B. „Was habt ihr mit dem Becherglas gemacht?" Ebenso lassen sich Denkprozesse wieder in Erinnerung rufen: „Warum habt ihr gedacht, dass ...?", „Warum habt ihr das so gemacht?", „Was war anders, als ihr gedacht habt?", „Welches Problem ist neu entstanden?"

Problemstellungen

Der Einstieg in eine Aktivität hat besondere Bedeutung für die Motivation der Kinder beim Forschen. Nur wenn eine ihnen gestellte Aufgabe oder ein Problem interessant und bedeutsam für sie ist, werden sie sich aktiv auf den Forschungsprozess einlassen. Sinn, Relevanz und Bedeutung lassen sich auf unterschiedliche Weise schaffen.

Besonders geeignet sind für Kinder bekannte, spannende Alltagsphänomene, zu denen sie bereits selbstständig Fragen entwickeln.

Diese lassen sich auch durch ein Demonstrationsexperiment veranschaulichen. Zudem können naturwissenschaftliche Phänomene in Geschichten eingebettet werden, die alltäglicher oder fiktiver Natur sind. Das Geschichtenerzählen ist für die Kinder verbunden mit Spannung und schafft zugleich eine vertraute Atmosphäre. Die Geschichten besitzen letztlich ein offenes Ende, da sie zu einem Problem hinführen. Die Fortsetzung übernehmen die Kinder durch die Lösung des Problems. Je anschaulicher und emotionaler der Einstieg gestaltet wird, desto größer ist das Handlungsinteresse der Kinder bei der Problemlösung. Auch hier sind ritualisierende Momente ein gutes Mittel, die Aufmerksamkeit der Kinder zu gewinnen.

Warum wirft das Männchen zwei Schatten?

Beispiele: Ein begleitender Animismus wie etwa „Luzius Luft" kann immer neue unglaubliche Behauptungen über seine Eigenschaften und Fähigkeiten aufstellen, er kann sich dabei auch in ein Streitgespräch mit „Waldemar Wasser" begeben, wer von ihnen beiden der Stärkere sei.
Ein geheimnisvoller Detektiv oder ein schusseliger Professor können Briefe an die Kinder schreiben, in denen sie um Mithilfe bei der Lösung eines Kriminalfalls oder eines Forschungsprojektes bitten.

Auch die Fachkräfte können solche Problemstellungen aufwerfen und den Forschergeist der Kinder wecken, indem Sie sie als Forscherteam, als Problemlöser ansprechen und so den Effekt der Rollenübernahme im Forscherspiel verstärken. Dem Forschen wird so eine stärkere Bedeutung beigemessen, die Kinder haben einen emotionalen Zugang zu Thema und Problemstellung und das Lernen wird zu einem spielerischen Lernerlebnis.

In Kapitel 4.1 wurde bereits auf den besonderen Stellenwert einer geeigneten Frage- bzw. Problemstellung hingewiesen. Ihre Eignung für eine naturwissenschaftliche Aktivität hängt davon ab, ob sie für die Kinder lösbar, d.h. angemessen in Bezug auf die Vorerfahrungen der Kinder ist, ob sie verständlich formuliert ist und ob sie interessant für die Kinder ist. Sind diese Kriterien erfüllt, können die Kinder den Forschungsprozess weitgehend eigenständig in die Hand nehmen. Eigenständiges Forschen bedeutet dann nicht, ein Experiment ausschließlich nach Anleitung durchzuführen. Dabei ist es gleichgültig, ob die Anleitung verbal erfolgt oder die Kinder durch Versuchsvorschriften in schriftlicher oder bildlicher Form instruiert werden. In diesem Fall wird den Kindern zwar auf anschauliche Weise ein naturwissenschaftliches Phänomen präsentiert, sie haben auch die Möglichkeit, Arbeitsweisen wie z.B. das Pipettieren zu üben und Kausalzusammenhänge zu erkennen, sie haben diese jedoch nicht selbstständig erforscht. Die kognitive Leistung während der Durchführung des Experiments liegt bei dieser Vorgehensweise in erster Linie in der Entschlüsselung und richtigen Umsetzung einer Vorschrift. Die Präsentation eines Phänomens ist für die Fachkraft leichter zu planen, fordert jedoch wenig eigenständiges Forschen von den Kindern (vgl. hierzu Kapitel 4.1).

Vermutungsbildung

Nachdem die Aufgaben- oder Problemstellung den Kindern transparent ist, werden Vermutungen zu ihrem Hintergrund bzw. ihrer Lösung formuliert. Je stärker diese Phase ritualisiert und damit auch eingeübt ist, desto mehr lassen sich die Kinder nun auf den Prozess des Denkens ein. In dieser Phase sollte auch verstärkt Metakognition und damit der Austausch der Kinder über ihre Gedanken initiiert werden. Gezielte Fragen unterstützen dies: „Was vermutest du?", „Warum denkst du, dass das so ist?", „Ist das immer so ...?", „Wie könnten wir herausfinden, dass ...?"

In dieser Phase sollte ausreichend Zeit eingeplant werden, um möglichst viele Ideen zu sammeln und alle Kinder am Prozess zu beteiligen. Dadurch, dass von den Kindern formulierte Vermutungen auf einem Plakat oder einer Tafel möglichst in bildlicher Darstellung festgehalten werden, wird ihnen Bedeutung zugemessen. Darüber hinaus können sie während der gesamten Aktivität wieder aufgegriffen und neu diskutiert werden. Bei ausreichend Platz lässt sich eine „Hypothesenwand" einrichten, an der in jeder Aktivität die verschiedenen Vermutungen bildlich dargestellt werden. Diese lassen sich je nach gewähltem Experiment durch die Fachkraft vorstrukturieren, z. B. indem Tabellen angelegt werden, welche die Kinder nutzen, um Stoffe mithilfe von Piktogrammen in Kategorien wie „magnetisch" oder „nicht magnetisch" einzuteilen. Ebenso kann ein skizziertes Wasserbecken dazu dienen, die Voraussagen der Kinder über die Schwimmfähigkeit verschiedener Materialien festzuhalten, indem sie entsprechende Piktogramme auf den Grund, in die Mitte oder auf die Oberfläche des Wassers kleben.

Gelingt es, den Kindern den Wert ihrer Überlegungen zu vermitteln, erhöht sich auch ihr Selbstvertrauen, diese zu formulieren und sogar gemeinsam mit anderen Kindern kritisch zu diskutieren. Bestenfalls werden die Kinder dies sogar selbst einfordern, wie ein sechsjähriger Junge, der auf die Aufforderung, seine Vermutungen zu einem Phänomen mitzuteilen, erklärte, er brauche noch einen Moment, er sei „noch nicht mit Denken fertig".

In der Diskussion mit den Kindern über den geeigneten Lösungsweg lassen sich verschiedene Strategien, insbesondere auch aus vorangegangenen Aktivitäten, miteinander vergleichen und verallgemeinern: „Warum denkt ihr, dass das funktioniert?", „Wo habt ihr das schon einmal beobachtet?", „Wie könnte man außerdem vorgehen?"

Die Kinder erfahren zunehmend, dass durch die Veränderung einer Variablen das gesamte Ergebnis des Experiments beeinflusst wird, dass sich Effekte häufig durch die Verstärkung einzelner Variablen, z. B. der Konzentration eines Stoffes oder der eingesetzten Energie, erhöhen.

Durchführung des Experiments und Beobachtung

Der Durchführung des Experiments geht eine genaue Feinplanung voraus. Es muss geklärt werden, welche Strategie letztlich eingesetzt wird und welches Kind bei der Umsetzung welche Aufgabe übernimmt. Der grundsätzliche Ablauf sollte vor Beginn allen Kindern transparent sein, um Handlungssicherheit und somit Eigenständigkeit zu gewährleisten. Je nach Komplexität der Aufgabe und den Vorerfahrungen der Kinder kann die Durchführung des Experiments durch Visualisierungen unterstützt werden. Zudem hängt die

Eigenständigkeit natürlich auch von zu beachtenden Sicherheitsaspekten ab (vgl. Kapitel 5.3 Sicherheit). Während des Experimentierens kann die Fachkraft die Aufmerksamkeit durch Impulse auf Besonderheiten richten und auch zum Austausch der Beobachtungen auffordern. Dabei sollte jedes Kind die Möglichkeit haben, seinen Beitrag zu leisten.

Überprüfung der Vermutungen und Reflexion des Forschungsprozesses

Nach der Durchführung des Experiments wird der gesamte Forschungsprozess noch einmal reflektiert. Die Fragen der Fachkraft lenken dabei die Aufmerksamkeit zurück auf die Ausgangssituation: „Was wollten wir herausfinden?", „Welches Rätsel wollten wir lösen?", „Was wusstet ihr schon?", „Was hattet ihr ursprünglich vermutet?", „Warum habt ihr das vermutet?" Anschließend wird die Planung und die Vorgehensweise betrachtet: „Wie seid ihr vorgegangen, um die Frage zu beantworten?", „Welche Möglichkeiten gab es außerdem?", „Warum habt ihr gedacht, dass das funktioniert?"

Das Ergebnis wird mit den eingangs aufgestellten Vermutungen verglichen und diese dadurch bestätigt oder verworfen. Dabei stehen nicht Faktenwissen oder das „richtig" und „falsch" im Vordergrund, sondern die Kreativität der Kinder beim Problemlösen und Forschen und der Erwerb metakognitiver Kompetenzen, also den eigenen kognitiven Prozess zu reflektieren („Wie habe ich das Problem gelöst?") und bereits erworbene Problemlösestrategien gezielt einzusetzen („Wie habe ich das bei einem ähnlichen Problem gemacht?"). Dadurch dass durch Metakognition Strategien bewusst gemacht werden, sind diese für das Kind bei neuen Problemstellungen einfacher zu aktivieren. Je mehr Strategien das Kind zur Lösung eines Problems aktivieren kann, desto eher ist es in der Lage zu Selbstregulation und -korrektur. Eine gescheiterte Problemlösung führt dann seltener zu Frustration, sondern zur Modifikation des Vorgehens, zur Auswahl einer anderen dem Kind bekannten Strategie oder zur Verknüpfung verschiedener Lösungsansätze.

Insbesondere wenn Kinder innerhalb einer sachlogischen Reihe zu einem Thema oder in einem komplexen naturwissenschaftlichen Projekt experimentieren, erfolgt anschließend ein Ausblick auf folgende Aktivitäten: „Was haben wir heute herausgefunden?", „Welche Fragen in Bezug auf das Problem sind noch nicht gelöst?", „Welche neuen Fragen haben sich ergeben?" Anhand eines Beispiels aus der Praxis lässt sich dies konkretisieren.

Beispiel: Die Kinder erforschten hier, woher das Wasser aus dem Wasserhahn kommt. Von Experiment zu Experiment ergaben sich neue Fragen und Phänomene: „Wie kann man Wasser in eine bestimmte Richtung bewegen?", „Wie bringt man Wasser dazu,

Woher kommt das Wasser aus dem Wasserhahn?

nach oben zu fließen?", „Gibt es in der Nähe der Kindertagesstätte hohe (Wasser-) Türme?" Die Kinder reflektierten somit sowohl zu Beginn als auch am Ende eines Experiments, was und wie sie etwas herausgefunden hatten und vor welchem neuen Problem sie nun standen, bis schließlich am Ende des Projektes stolz die Frage nach dem Wasser aus dem Wasserhahn erklärt werden konnte.

Der Forschungsprozess und seine Ergebnisse werden im Anschluss an das Experiment dokumentiert, um sie zu sichern und in weiteren Experimentierreihen darauf zurückgreifen zu können. Möglichkeiten hierzu werden im folgenden Kapitel 4.6 dargestellt.

Aufgaben

1. *Finden Sie Beispiele für metakommunikative und metakognitive Gespräche aus Ihrem Alltag, aus Unterrichts- und Seminarsituationen.*

2. *Formulieren Sie konkrete metakognitive Impulse für eine von Ihnen bereits geplante Aktivität.*

3. *Zeigen Sie weitere Möglichkeiten auf, Kinder in die Rolle von Forschenden zu versetzen.*

4.6   Sicherung und Dokumentation von Erkenntnissen

Um die in einer Aktivität gewonnenen Erfahrungen stärker im Gedächtnis der Kinder zu verankern, sollten diese auf unterschiedliche Weise vertieft und gesichert werden. Hierfür bestehen verschiedene Möglichkeiten, die im Folgenden dargestellt werden. Gemeinsam ist allen Varianten, dass auch bei diesen Handlungen die Aktivität der Kinder im Vordergrund steht. So eignet sich ein von der Fachkraft mit Versuchsvorschriften bestücktes Experimentierbuch als Information für die Eltern, es ersetzt jedoch nicht die gemeinsame Sicherung und Dokumentation mit den Kindern. Insbesondere Dokumentationen sollten möglichst anschaulich gestaltet werden, um den Kindern im Rahmen umfangreicherer Projekte die Möglichkeit zu geben, immer wieder auf bereits erworbene Erfahrungen und Erkenntnisse zurückzugreifen.

Anwendungsaufgaben

Anwendungsaufgaben stellen Variationen eines bereits gelösten Problems dar. Das bedeutet, dass Kindern durch Anwendungsaufgaben die Möglichkeit gegeben wird, ihr bereits vorhandenes Wissen einzusetzen und zu üben, im besten Falle also etwas zu tun, was sie bereits können. Für die Fachkraft zeigt sich bei Anwendungsaufgaben, ob die Kinder ein Phänomen oder eine Strategie tatsächlich erfasst haben.

Visualisierungen

Visualisierungen können sich auf verschiedene Aspekte des Experimentierens beziehen. Es lassen sich sowohl Vermutungen als auch Strategien und Ergebnisse darstellen. Insbesondere die Darstellungen von Strategien und Ergebnissen sollten im Verlauf eines Projektes oder einer Experimentierreihe zu einem bestimmten Thema einen dauerhaften Platz in der Experimentierecke erhalten, sodass den Kindern dadurch stets der Gesamtprozess präsent ist.

Tabelle für Kategorisierungen

Visualisierungen von Vermutungen werden dagegen für gewöhnlich nur für eine Aktivität benötigt. Sie geben den Kindern Raum, ihre Ideen und Vermutungen zu veranschaulichen und besitzen zugleich auffordernden Charakter. Wie oben beschrieben, lassen sich solche Hypothesen-Wände auch durch die Fachkraft vorstrukturieren. Insbesondere bei wiederholt eingesetzten Methoden wie z. B. Kategorisierungen, können diese mithilfe von selbstklebenden Piktogrammen auch so gestaltet werden, dass sie immer wieder eingesetzt werden können.

Vorstrukturiertes Plakat

Tabellen helfen Kindern, Gegenständen bestimmte Eigenschaften wie löslich/nicht löslich, sauer/basisch oder schwimmt/sinkt zuzuordnen.

Unvollständige Skizzen eines Versuchsaufbaus lassen sich durch ein vermutetes und schließlich experimentell nachgewiesenes Ergebnis ergänzen.

> *Beispiel: Zum Thema „Säuren und Laugen" gestalteten Fachkräfte in der Praxis ein Plakat. Auf diesem waren in zwei Reihen mehrere leere Gläser dargestellt. Unter den Gläsern befand sich jeweils ein Piktogramm eines Rotkohls sowie ein weiteres, das eine bestimmte Lauge oder Säure symbolisierte. Die Kinder visualisierten in der oberen Reihe ihre Vermutungen bezüglich der Farbgebung in den Gläsern mithilfe von blauen, roten und grünen Farbstiften. In die untere Reihe wurden nach der Durchführung des Experiments die tatsächlichen Einfärbungen eingetragen (vgl. hierzu auch Kapitel 13.1., S. 312).*

Visualisierungen von bereits durchgeführten Problemlösestrategien, eingesetzten Methoden, Geräten und Materialien helfen bei der Lösung neuer Probleme.

Experimentiertagebücher und „Hausaufgaben"

Selbst gemalte Experimentierbücher, die kontinuierlich nach dem Experimentieren erweitert werden, besitzen gegenüber gemeinschaftlich entwickelten Plakaten den Vorteil, dass sie individuell durch die Kinder gestaltet werden können. Darüber hinaus können die Kinder diese mit nach Hause nehmen, ihrer Familie präsentieren und die Experimente gemeinsam mit den Eltern wiederholen. Die Fachkräfte können auch Versuchsvorschriften für Anwendungsexperimente ergänzen, die dann freiwillige Hausaufgaben darstellen. Besonders Vorschulkinder mit älteren Geschwistern sind oft stolz, wie ihre Geschwister etwas gelernt und Hausaufgaben aufbekommen zu haben.

Bewegung und Musik

Viele naturwissenschaftliche Themen, die sich modellhaft darstellen lassen, können auch in Bewegungsspiele umgesetzt werden. Die Kinder werden dabei selbst zu Wasser- oder Luftteilchen und können ablaufende Prozesse nachstellen.

> *Beispiel: Das Darstellen der unterschiedlichen Teilchendichte des Wassers bei verschiedenen Aggregatzuständen. Bei kühlem (flüssigem) Wasser rücken die Kinder ganz nah aneinander; je wärmer das Wasser wird, desto mehr dürfen die Kinder sich bewegen und dabei auseinanderdriften.*

Musik, Rhythmisierung und Reime helfen auf spielerische Weise, sich an im Experiment gewonnene Erfahrungen zu erinnern. So können Wassertropfen-Reime, Rotkohl-Gedichte und Wärme-Lieder hierfür sehr effektive didaktische Mittel sein und darüber hinaus Spaß machen (vgl. Kapitel 6).

Präsentationen

Bei umfangreichen Experimentierreihen und Projekten sollen die Kinder Gelegenheit bekommen, ihre Arbeit anderen Kindern, ihren Eltern oder auch externen Gästen zu präsentieren. Eine Möglichkeit hierfür sind Präsenz-Ausstellungen in der Einrichtung, die über einige Tage oder Wochen einen zentralen Platz im Gebäude bekommen. Für solch eine Ausstellung eignen sich in erster Linie die Visualisierungen von Projektschritten und -ergebnissen sowie Fotos, mit denen das Forschen der Kinder während des Projektes festgehalten wurde. Aber auch einige Experimente oder deren Ergebnisse, z. B. selbst gezüchtete Kristalle oder ein selbst gebauter Plattenspieler, lassen sich in die Ausstellung integrieren. Besonders spannend sind Mitmach-Ausstellungen, zu denen die Kinder Gäste einladen, die sie durch „ihre" Experimentierausstellung führen und ihnen dabei die verschiedenen Experimente vorstellen.

Aufgabe

Tauschen Sie sich mit Kollegen aus Seminar und Praxis über Beispiele und Möglichkeiten für Visualisierungen bereits durchgeführter Aktivitäten aus.

Literaturtipps

Schmidtkunz, Heinz/Lindemann, Helmut: Das forschend-entwickelnde Unterrichtsverfahren, in: Konkrete Fachdidaktik Chemie, hrsg. von Peter Pfeifer, 2. Auflage, München: Oldenbourg Schulbuchverlag, 1997, S. 213–222.

Gisbert, Kristin: Lernen lernen. Lernmethodische Kompetenzen von Kindern in Tageseinrichtungen fördern, Weinheim: Beltz, 2004.

Pramling Samuelsson, Ingrid/Asplund Carlsson, Maj: Spielend lernen. Stärkung lernmethodischer Kompetenzen, Troisdorf: Bildungsverlag Eins, 2007.

Lück, Gisela: Handbuch der naturwissenschaftlichen Bildung. Theorie und Praxis für die Arbeit in Kindertageseinrichtungen, 6. Auflage, Freiburg: Herder 2007.

5 Kreative Forschungsräume schaffen

5.1 Räumlichkeiten

Die Gründe für die Einrichtung eines „Labors" in der Einrichtung liegen auf der Hand. Das naturwissenschaftliche Experimentieren bekommt für die Kinder einen besonderen Stellenwert, da sie zum Experimentieren aus dem Kindergartenalltag herauskommen und in eine neue Atmosphäre eintreten. Dies liefert – verknüpft mit der Sicherheitsausrüstung Schutzkittel und Schutzbrille – ein hohes Maß an Motivation, die Sinne sind für das nun Folgende sensibilisiert. In sicherheitstechnischer Hinsicht ist es viel leichter, für einen abgegrenzten Raum besondere Regeln einzufordern, als eine Ecke eines Raumes für einen gewissen Zeitraum für das Experimentieren zu benutzen und ein bestimmtes Verhalten einzufordern, das wenige Minuten später wieder aufgehoben wird. Das Labor bietet eine praktikable Möglichkeit, alle Materialien und Gerätschaften aufzubewahren, die während des Experimentierens schnell hervorgeholt werden können. Gerade wenn Kinder Ideen haben, die sie experimentell umsetzen wollen, die Erzieherinnen jedoch nicht das geeignete Material dafür bereitgestellt haben, können die Kinder kurzerhand die fehlenden Gerätschaften besorgen.

Folgende Hinweise helfen bei der Einrichtung eines Labors, das ein hohes Maß an Selbstständigkeit aufseiten der Kinder ermöglicht:

- Die Einrichtung sollte nur wesentliches Mobiliar enthalten: Tisch, Stühle, Regale, Rollcontainer. Nicht für das naturwissenschaftliche Arbeiten benötigte Materialien reduzieren das Platzangebot und können die Aufmerksamkeit der Kinder in falsche Richtungen lenken.

- Tafel oder Flipchart eignen sich zum Skizzieren, Zeichnen und Aufschreiben der Ideen der Kinder, zum Sammeln von Beobachtungen oder Erklären von Versuchsergebnissen. Indem die Aufzeichnungen auch noch in den nächsten Experimentiereinheiten präsent sind und die Kinder darauf zurückgreifen können, wird ein Beitrag zum nachhaltigen Lernen geliefert.

- Damit die Kinder alle (ungefährlichen) Materialien selbst besorgen können, bieten sich Rollcontainer oder niedrige Regale an. Dinge, die nicht regelmäßig benötigt oder nur von der Erzieherin erreichbar sein sollten, können in oberen Regalfächern platziert werden.

- Um die Eigenständigkeit der Kinder zu erhöhen, sollten sie sich im Forscherlabor auskennen. Hierzu gehört, das Material übersichtlich und strukturiert anzuordnen. Eine Einteilung kann z. B. nach Glasgeräten, Messinstrumenten, Geräten zum Einfüllen (Spatel, Pipette) und Verbrauchsmaterialien erfolgen.

- Verbrauchsmaterialien können in einheitlichen Plastikgefäßen aufbewahrt werden. Die Beschriftung der Boxen und Gefäße kann für Kinder, die noch nicht lesen können, über Piktogramme oder Bilder erfolgen.

- Um der Erzieherin ein effektives Vorgehen zu ermöglichen, ist das Zusammenstellen benötigter Materialien nach Themengebieten in Boxen sinnvoll. Soll z. B. das Thema Säuren durchgeführt werden, muss nur die Box „Säuren" aus dem Regal genommen und nicht aufwendig jeder einzelne Gegenstand zusammengetragen werden.

- Die Kinder sollten die vorhandenen Materialien regelmäßig selbstständig sichten, bei Bedarf auswählen und zum Experimentiertisch bringen können. Kompetenzen bezüglich naturwissenschaftlicher Arbeitstechniken (z.B. Messen, Wiegen, Filtrieren, ...) sind eng verknüpft mit der Kenntnis der hierfür benötigten Materialien (z.B. Messbecher, Waage, Filter). Je geläufiger den Kindern die Materialien sind, desto kreativer werden sie diese bei der Planung und Durchführung von Experimenten berücksichtigen. Trotzdem sollte die Erzieherin den Überblick behalten und einschätzen können, wann sie eine Materialauswahl vorgibt. (Sollen beispielsweise verschiedene Wassermengen miteinander verglichen werden, ist es wichtig, gleich große Behältnisse zu wählen, um überhaupt vergleichen zu können und vermeidbare Fehlschlüsse auszuschließen. Ein prominentes Beispiel ist der von Piaget bei Kindern gezeigte Fehlschluss, identische Flüssigkeitsmengen in zwei Gläsern unterschiedlich einzuschätzen, weil das eine Glas schmal und hoch und das andere breit und tief ist.) Eigenständiges Forschen wird also letztlich nur durch eine unterstützende Begleitung ermöglicht, welche die kognitiven Voraussetzungen der Kinder zum Maßstab des erzieherischen Handelns macht.

- Platz an der Wand ist nützlich für das Aufhängen von Bildern, Sicherheitsregeln oder Versuchsdeutungen.

- Ein festgelegter Platz für die Experimentierbücher der Kinder, für Schutzbrille und Kittel bietet Orientierung.

- Stifte, Blätter und Scheren für die Sicherung von Versuchsergebnissen sollten nicht fehlen.

- Naturwissenschaftliche Literatur kann im Labor aufbewahrt werden. Es kann beispielsweise ein „Recherchebereich" eingerichtet werden, in welchem Bücher, Experimentiervorschriften und Computer stehen und der von den Kindern selbstständig genutzt wird.

rollendes Forscherlabor

Beispiel Forscherecke

Es ist den Autorinnen bewusst, dass nicht jede Einrichtung über die Möglichkeit verfügt, einen naturwissenschaftlichen Raum bereitzustellen. Den oben beschriebenen Hinweisen liegen ideale Bedingungen zugrunde, die längst nicht in jeder Einrichtung vorzufinden sind. Steht kein Laborraum zur Verfügung, können Rollcontainer angeschafft werden, die alle notwendigen Geräte enthalten, sodass diese beliebig dort eingesetzt werden können, wo sie gerade benötigt werden.

5.2 Material

Die folgende Liste stellt einen Vorschlag für die Ausstattung eines Forscherlabors dar. Es wird davon ausgegangen, dass in Gruppen von vier bis sechs Kindern gearbeitet wird und dass die Kinder mindestens in Zweiergruppen arbeiten können. Die Erfahrungen der Autorinnen in den verschiedenen Kindertagesstätten lassen erkennen, dass mit diesem Materialpool alle in diesem Buch angebotenen Themenbereiche umgesetzt und darüber hinaus viele weitere Experimentier-Reihen dargestellt werden können.

Materialliste

Artikel	Menge
Aquarium (großes Wasserbehältnis)	4
Balkenwaage	1
Bechergläser 100	10
Bechergläser 250	10
Bechergläser 400	10
Deckgläschen	
Drehorgel klein	
Eimer	2
Einmachgläser	4
Filterstativ	2
Flaschen, Gläser und Gefäße unterschiedlicher Größe (Hart- und Weichplastik, verschließbar)	
Gummistopfen RG 16 mm	10
Indikatorpapier	2
Kabel mit Krokodilklemmen	
Konservendosen	
Kunststoffbehältnisse	20
Lineal	4
Linsen (verschiedene Sammellinsen)	

Artikel	Menge
Löffel	6
Lupen	6
Messer	2
Messzylinder 100 ml	2
Messzylinder 50 ml	2
Mikroskop	2
Mörser mit Pistill	2
Objektträger	10
Petrischalen	10
Pinzetten	4
Pipetten	50
Pipettenhütchen	20
Plastikschläuche, durchsichtig	
Präpariernadeln	3
Reagenzglasbürsten	2
Reagenzgläser, 16 mm	50
Reagenzglashalter aus Holz	6
Reagenzglasständer	4
Rührstab	6
Schallplatten, alt	
Schutzbrille	10
Siebe verschiedener Größe	6

Artikel	Menge
Spatellöffel	10
Spiegel (quadratisch)	3
Springseil	1
Spritzflaschen	4
Stimmgabel	1
Stoppuhr	2
Taschenlampe, stark	2

Artikel	Menge
Tiegelzange	2
Tischtennisbälle	4
Trichter	4
Uhrgläser	10
Verbrennungslöffel	4
Waage	1

Verbrauchsmaterialien

Alufolie
Backpulver
Bindfaden
Blockbatterie (4,5 Volt)
Büroklammern
Erbsen
Erde
Essig
Essigessenz
Fahrradglühlämpchen mit Fassung
Filterpapier
Gips
Heftzwecke
Holzspieße
Kaffeepulver
Kiefernzapfen
Knete
Lebensmittelfarbe (Pulver)
Luftballons
Luftpolsterfolie
Mehl

Metallbüroklammern
Musterbeutelklammern
Öl
Paketband
Pappen und Papier verschiedener Stärken
Puderzucker
Salz
Samen (Kresse, Bohnen, Erbsen)
Sand
Senfkörner
Soda
Spülmittel
Streichhölzer
Strohhalme
Teelichte
Tinte
Waschmittel
Zitronensaft
Zitronensäure, kristallin
Zucker

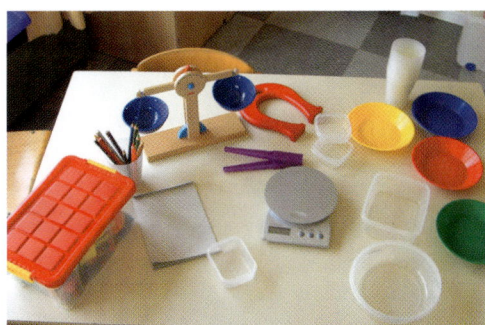
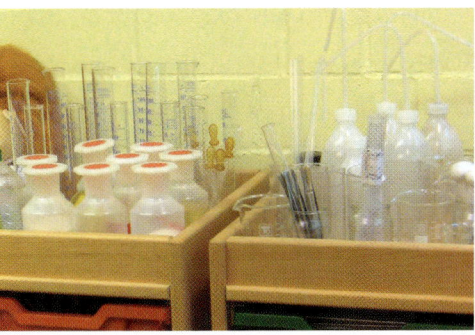

Materialien

5.3 Sicherheit

Naturwissenschaftliches Arbeiten kommt ohne die Einhaltung besonderer Sicherheitsvorkehrungen nicht aus. Regeln müssen mit den Kindern vereinbart und von Beginn an von der pädagogischen Fachkraft eingefordert werden. Es wird zwar in Kindergarten und Grundschule nur mit Alltagsstoffen gearbeitet. Jedoch ist gerade dort ein Bewusstsein dafür unerlässlich, dass auch von den sogenannten Alltagsstoffen Gefahren ausgehen können. Das Verantwortungsbewusstsein der Kinder hier einzufordern, ist für die Einhaltung eines hohen Grades an Sicherheit förderlich. Darüber hinaus ermöglicht es den Kindern aber auch eine Vorbereitung auf ein selbstbestimmtes Lernen, in dem anerkannte und angewendete Grundsätze den möglichst selbstgesteuerten Lernprozess voranbringen.

Gehen von einem geplanten Experiment besondere Gefahrenquellen aus, wie z. B. der Umgang mit Feuer oder aggressiven Stoffen, z. B. Essigessenz, so ist zu prüfen, ob die Kinder in der Lage sind, die vorhandenen Gefahren einzuschätzen.

Die hier dargelegten Sicherheitsvorkehrungen müssen individuell auf jede Einrichtung abgestimmt und unter Berücksichtigung der dort bestehenden allgemeinen Grundsätze (z. B. Regelung des Umgangs mit Teelichtern) entwickelt werden.

Folgende Sicherheitsvorkehrungen sollten beim naturwissenschaftlichen Experimentieren eingehalten werden:

- Es werden Schutzbrillen getragen, damit keine Stoffe in die Augen gelangen können. Zusätzlich besteht die Möglichkeit, einen Laborkittel zu tragen, um die Kleidung vor Spritzern u. Ä. zu schützen. Im Laborraum wird weder gegessen noch getrunken.

- Lange Haare werden zusammengebunden, damit sie nicht ständig aus dem Gesicht gekämmt werden müssen oder beim Einsatz von Teelichtern Feuer fangen können.

- Wird mit Feuer gearbeitet, so steht ein Eimer mit Wasser bereit.

- Es dürfen keine Stoffe probiert werden. Ist es der Fall, dass Kinder Lebensmittel probieren sollen, um z. B. verschiedene Geschmacksrichtungen zu beschreiben, bietet es sich an, das Labor oder die Laborecke zu verlassen und beispielsweise in die Küche zu gehen, um dort mit normalem Geschirr und keinesfalls aus Bechergläsern oder Reagenzgläsern Geschmacksproben zu nehmen.

- Herumtoben oder -schreien ist während des Experimentierens nicht erlaubt.

- Nach jedem Experiment räumen alle gemeinsam auf. Materialien werden an den ursprünglichen Ort zurückgestellt.

- Nach jedem Experiment sind die Hände zu waschen.

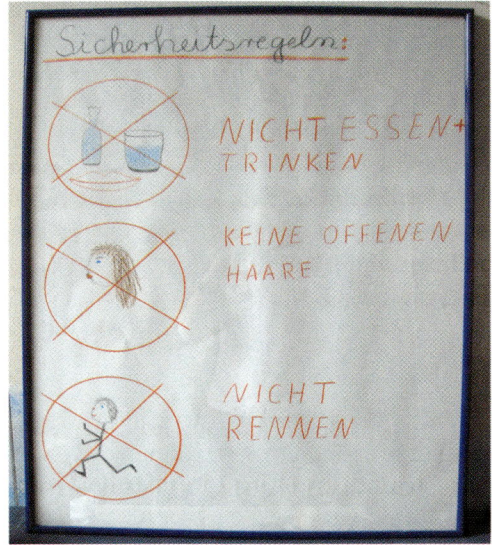 

Sicherheitsregeln

Werden diese Regeln gemeinsam mit den Kindern aufgestellt und begründet, so ist die Wahrscheinlichkeit groß, dass alle sich daran halten und im Fall einer Nicht-Beachtung sich gegenseitig an die Einhaltung erinnern. Das Symbolisieren der Regeln anhand von Piktogrammen und deren anschließendes Aufhängen im Raum dient als Erinnerungshilfe und sorgt für Präsenz.

5.4 Integration in den Kita-Alltag

Auf welche Weise naturwissenschaftliches Forschen in den Kindergartenalltag integriert werden kann, hängt natürlich stark von der Einrichtung ab. Welche Schwerpunkte werden verfolgt? Auf welche personellen Ressourcen kann zurückgegriffen werden? Welche finanziellen Möglichkeiten sind gegeben? Welche Räumlichkeiten stehen zur Verfügung? Wie ist die Zusammenarbeit mit Eltern organisiert?

Die folgende Darstellung stellt einen Ideenpool dar, der bei der Konzeption und Organisation der Umsetzung des Bildungsbereichs Naturwissenschaften helfen kann.

Personelle Ressourcen

Falls möglich sollten in jeder Einrichtung mindestens zwei Fachkräfte hauptverantwortlich den Bildungsbereich Naturwissenschaften vertreten und betreuen. Diese benötigen Zeit, naturwissenschaftliche Angebote zu planen, durchzuführen und zu reflektieren. Diese Zeit zur Verfügung zu stellen ist gerade bei den Bedingungen, unter denen pädagogische Fachkräfte in Kindertagesstätten arbeiten, sehr schwierig. Träger von Kindertagesstätten und Leitungskräfte, für welche die Auseinandersetzung mit naturwissenschaftlichen Fragestellungen einen wichtigen Bildungsbereich darstellen, werden ihren

Mitarbeitern eher Freiräume und Entlastungen für diese Arbeit anbieten und sie darüber hinaus zu Schulungen, Weiter- und Fortbildungen schicken. Es ist hilfreich, nicht auf einmal eine Fülle an naturwissenschaftlichen Themen zu behandeln, sondern sich auf einen Themenbereich zu konzentrieren und diesen gut auszuarbeiten. Dieses „geschnürte Paket" kann dann immer wieder eingesetzt werden, sodass für das folgende Jahr eine Basis besteht, auf die zurückgegriffen werden und von der aus ein neues Themenfeld bearbeitet werden kann. Der Austausch zwischen Einrichtungen ist hilfreich: Arbeiten fünf Einrichtungen etwa zu je einem Themenfeld und tauschen dieses aus, so ist jede Einrichtung letztlich im Besitz fünf ausgearbeiteter Bausteine.

Jahresthemen

Absprachen in den Teams erleichtern die tägliche Arbeit. Das Einbringen der Naturwissenschaften in von der Einrichtung gewählte Jahresthemen kann in Teamsitzungen diskutiert und inhaltlich bestimmt werden. Leitend kann hier der Gedanke sein, die Naturwissenschaften nicht als zusätzlich zu bearbeitendes Feld anzusehen, sondern die Frage zu beantworten, wie die Naturwissenschaften in vorhandene Strukturen eingebracht werden können und wie das gewählte Jahresthema, etwa durch naturwissenschaftliche Inhalte, bereichert werden kann.

Wöchentliche naturwissenschaftliche Aktivitäten für die Maxikinder

Die Organisation in Vierer- bis Sechsergruppen ist eine sinnvolle Größe, bei der die Erzieherin allen Kindern genügend Aufmerksamkeit entgegenbringen und alle Kinder einbinden kann. Ergebnisse dieser Aktivitäten können im Stuhlkreis allen Kindern dargestellt werden. Experimentiersequenzen, die aus aufeinander aufbauenden Einheiten bestehen, fördern das Lernen in Zusammenhängen.

Freispielkisten/-ecken für alle Kinder der Einrichtung

Je nach Interesse können Kinder selbstständig, ohne explizite Begleitung durch eine Fachkraft forschen. Hier sollte eine maximale Anzahl an Kindern festgelegt werden, die zur selben Zeit das Freispielangebot nutzen. Diese Angebote bieten den Kindern Möglichkeiten, sich naturwissenschaftlichen Phänomenen zu nähern, die dann, wenn sie Maxikinder sind, strukturiert und unter konkreten Fragestellungen aufgegriffen werden können. Außerdem erhalten die Maxikinder die Chance, Phänomene, die sie in einer angeleiteten Aktivität erfahren haben, je nach individuellem Interesse zu vertiefen.

Freispielecke

Väter-/Müttertage

Diese bieten eine sehr gute Möglichkeit, die Eltern in die Arbeit der Einrichtung mit einzubinden. Sie haben vielfältige Funktionen: Die Eltern werden darüber informiert, was in der Einrichtung thematisch behandelt wird. Sie bekommen Anregungen, wie sie naturwissenschaftliche Themen zu Hause aufgreifen, wiederholen und weiterentwickeln können. Die Kinder erhalten – z. B. am Ende einer Themenreihe – die Möglichkeit, ihr Wissen den Eltern zu „präsentieren". Selbstbewusst führen sie die Eltern durch verschiedene Experimente und erläutern, welche Erkenntnisse aus ihnen gewonnen werden können. Ergebnisse, die von Kindern erstellt wurden, werden wertgeschätzt genauso wie die vielfältigen Erkenntnisse, welche die Kinder im Laufe des Forschungsprozesses erworben haben. Darüber hinaus schafft das gemeinsame Experimentieren und Konstruieren Erfahrungen, die Eltern und Kinder teilen können.

Literaturtipps

Schlag, Bernd: Naturwissenschaftliche Forschecken im Kindergarten einrichten und nutzen, Berlin: Cornelsen Scriptor, 2008.

Eitel, Andreas: Natur-Wissen schaffen, Band 1: Dokumentation des Forschkönige-Wettbewerbs, Troisdorf: Bildungsverlag Eins, 2009.

6 Schnittmengen zwischen Naturwissenschaften und anderen Bildungsbereichen

Wenn ganzheitliche Bildung auch bedeutet, verschiedene Bildungsbereiche miteinander zu verknüpfen, welchen Beitrag kann der naturwissenschaftliche Bildungsbereich dazu leisten?[1]

Aufgabe

Tragen Sie in Gruppen zusammen, inwiefern Naturwissenschaften mit folgenden Bildungsbereichen verknüpft werden können: Sprache, Bewegung, Gestalten (Kunst, Musik) und Ethik. Überlegen Sie jeweils konkrete Projektbeispiele, in denen bildungsübergreifend gearbeitet werden könnte und formulieren Sie Kompetenzen, die dadurch gefördert werden.

6.1 Naturwissenschaften und Kommunikation/Sprache

Dass der Bildungsbereich Naturwissenschaften sehr eng mit Sprachförderung verbunden ist, liegt auf der Hand. Das Verbalisieren des Denkens und des eigenen Tuns ist ein wesentlicher Aspekt der Metakognition und während des gesamten Prozesses präsent.

Sprachanlässe während des naturwissenschaftlichen Forschungsprozesses

- Erstaunen oder Fragen formulieren
- Materialien beschreiben
- Vermutungen äußern
- den Versuchsaufbau beschreiben
- eigene Ideen und Vorgehensweisen anderen beschreiben und erklären
- Beobachtungen formulieren
- Erklärungen anderen mitteilen
- die eigene Meinung mit Argumenten anderen gegenüber vertreten
- Skizzen und Bilder beschreiben
- anderen Kindern erklären, was heute im Labor gemacht wurde

Hierbei erfolgt Begriffsbildung auf verschiedenste Weise, d. h. die Kinder entwickeln kognitive Schemata, um die sie explizit wissen und die sie benennen und erklären können. Ob das Kind Begriffe für sein kognitives Schema zur Verfügung hat, kann dadurch überprüft werden, indem es einen Vorgang oder ein Geschehen beschreibt oder Gegenstände benennt. Begriffsbildung erfolgt dabei auf vielfältige Weise:

---

[1] *Bildungsbereiche werden in den Bildungsplänen für den Elementarbereich je nach Bundesland unterschiedlich formuliert. Die hier verwendeten Kategorien lassen sich aber ohne Schwierigkeiten den unterschiedlichen Bildungsbereichen verschiedener Bildungspläne zuordnen.*

Begriffsbildung

- Benennen von **Geräten und Materialien**: Reagenzglas, Pipette, Messbecher

- Beschreibung der **Eigenschaften von Stoffen**: Farbe, Form, Oberflächenbeschaffenheit, Geräusche, ...

- Finden und Benennen von **Kategorien**: z. B. Stoffe, die im Wasser schwimmen, und Stoffe, die sinken; in Wasser lösliche Stoffe und in Wasser unlösliche Stoffe

- Beschreibung von **Funktionen**: Wozu wird eine Pipette, wozu ein Spatel, wozu ein Reagenzglas gebraucht?

- Formulieren von **Wenn-dann-Beziehungen**: Wenn ich Wasser erhitze, dann verdampft es

Der pädagogischen Fachkraft kommt hier eine wichtige Funktion zu. Zunächst einmal wird durch ihre Sprache die rezeptive Sprache des Kindes, also das Sprachverständnis gefördert. Dies ist eine wichtige Voraussetzung für die expressive Sprache, für das Verwenden von Sprache.

Für die Förderung von Sprache müssen Kinder zum Verbalisieren angeregt werden. Hierzu gehört, in ganzen Sätzen zu sprechen und die Kinder nicht als Stichwortgeber zu „missbrauchen". Die genaue Reflexion von Impulsen ist notwendig (vgl. Kapitel 4.5).

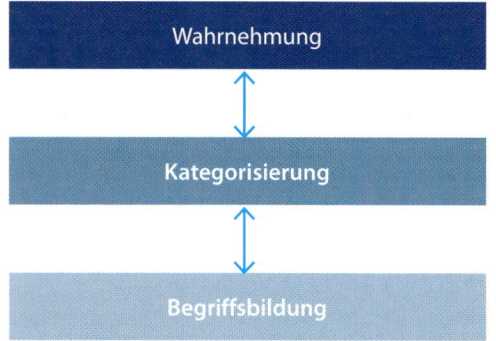

Eine zentrale Bedeutung kommt dem Kategorisieren zu. Voraussetzung zur Bildung von Kategorien ist die Wahrnehmung. Indem Kinder verschiedene Materialien beispielsweise mit einem Magneten testen, nehmen sie wahr, dass einige Materialien von einem Magneten angezogen werden, andere wiederum nicht. Bevor diese Kategorien explizit formuliert und Gegenstände dort eingeordnet werden, haben nicht verbalisierte Denkprozesse stattgefunden, die mit einer Repräsentation im Gedächtnis einhergehen. Der Weg „wahrnehmen – kategorisieren – Begriffe bilden" ist jedoch keine Einbahnstraße. Anhand von Begriffen werden neue Kategorien gefunden und bestehende Kategorien haben Einfluss auf die Wahrnehmung. Wurde beispielsweise eine neue Kategorie gefunden, wie z. B. „Tiere, die fliegen können, schwimmen oder an Land leben", so ist es gut möglich, dass die Wahrnehmung genau auf diese Kategorie fokussiert und versucht wird, die Welt genau aus dieser Perspektive zu ordnen.

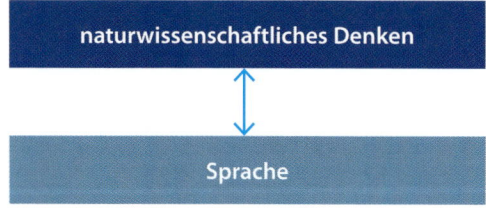

Es wird deutlich, dass naturwissenschaftliche Aktivitäten nicht nur die Sprache fördern, sondern umgekehrt die Sprache, indem sie die Entwicklung des Denkens vorantreibt, auch das wissenschaftliche Denken in seiner Entwicklung beeinflusst.

Wählen Sie eine von Ihnen bereits geplante Aktivität aus und bearbeiten Sie diese unter folgenden Fragestellungen:

1. *Markieren Sie die Stellen im Verlauf, an denen Sprache und Kommunikation eine Rolle spielen.*

2. *Welche Begriffe werden neu gelernt oder angewendet?*

3. *Formulieren Sie geeignete Impulse zur Förderung von Sprache. Überprüfen Sie, ob sich die Impulse eignen, indem Sie mögliche Äußerungen der Kinder vorwegnehmen.*

Es hängt maßgeblich von dem Alter der Kinder ab, auf welcher Ebene Sprache gefördert wird. Bei Zwei-/Dreijährigen wird das Benennen von Gegenständen und das Finden von Eigenschaften im Zentrum stehen. Ein quantitativer Zuwachs an Begriffen dominiert hier. Naturwissenschaftliche Bildung hat hier den Auftrag, Erfahrungen zu ermöglichen, die vor allem ein implizites Lernen fördern. Je älter das Kind ist, desto mehr steht das explizite Lernen und damit auch das explizite Formulieren von Gegebenheiten, Vorgängen und Abläufen im Vordergrund. Es können zunehmend komplexe Sätze formuliert werden, die unter den Aspekten Grammatik und Satzbau korrigiert und weiterentwickelt werden.

Mit dem Alter verändert sich das begriffliche Wissen in qualitativer Weise. Während ein Baum etwa zunächst als Bestandteil des Waldes, eventuell zur Kategorie der Pflanzen zugeordnet wird, so wird das Wissen und damit auch die Beschreibung im Laufe der Zeit differenzierter. Der Baum ist Lebensraum für viele Tiere, aus dem Holz des Baumes lässt sich Papier herstellen, die Blätter der Bäume produzieren Sauerstoff. Es werden für Worte und Beschreibungen zunehmend weitere Differenzierungen gefunden.

6.2 Naturwissenschaften und Bewegung

Motorik und Bewegung spielen innerhalb des naturwissenschaftlichen Forschens eine herausragende Rolle. Motorische Fähigkeiten werden für viele naturwissenschaftliche Arbeitsweisen benötigt und entsprechend geschult.

Beispiele für die Schulung motorischer Fähigkeiten beim Experimentieren:
- eine Flüssigkeit oder einen Feststoff in ein Becherglas füllen
- Flüssigkeiten abmessen, gleiche Mengen abfüllen
- pipettieren
- mit einem Spatel einen Feststoff in ein Reagenzglas füllen
- mit der Spritzflasche Wasser einfüllen
- etwas wiegen
- ein Gleichgewicht auf einer Waage austarieren
- Luft unter Wasser von einem Glas in ein anderes umschütten
- einen Luftballon aufpusten

- einen Löffel über ein Teelicht halten
- ein Teelicht anzünden
- schneiden
- malen

Gerade das Koordinieren verschiedener Bewegungsabläufe stellt eine große Herausforderung dar.

Etwa mit einer Hand das Reagenzglas zu halten und mit der anderen den Spatel in das Reagenzglas einzuführen ist nicht einfach und muss geübt werden. Es ist sinnvoll, Bewegungsabläufe in Schritte einzuteilen, zu üben und erst dann in einen gesamten Ablauf zu integrieren.

> *Beispiel: Das Einfüllen eines Stoffes in ein Reagenzglas kann in folgende Teilschritte zerlegt werden:*
> - *Salz mit dem Spatel einem Behältnis entnehmen*
> - *Spatel zum Reagenzglas führen*
> - *Reagenzglas schräg halten*
> - *Feststoff in das Reagenzglas einfüllen*

Motorische Fähigkeiten können nur ausgebildet werden, wenn man sie einübt. Kinder sollten also möglichst viel selbstständig tun können. Selbst komplexe motorische Abläufe können gut bewältigt werden, wenn sie entsprechend geübt werden.

Über die Schulung motorischer Fähigkeiten hinaus ermöglicht das Experimentieren ein hohes Maß an Bewegung und Aktion. So lassen sich bei einem Experiment beobachtete Phänomene anschaulich mithilfe von Bewegungsspielen erklären. Kinder können selbst, wie schon erwähnt wurde, zu Modellen werden und als kleinste Teilchen durch den Raum flitzen, um z. B. den Übergang vom flüssigen in den gasförmigen Aggregatzustand zu verdeutlichen. Besonders eignet sich das Thema Luft und Wind für Bewegungsspiele.

Projekt

Energie und Bewegung
Planen Sie ein Projekt zum Thema Energie und Bewegung.
Das Projekt kann dem Gebiet der Physik zugeordnet werden. Das Verhältnis von Kraft, Energie und Bewegung soll im Vordergrund stehen.
Folgende Fragen können für die Planung Anregungen liefern:

1. *Wie funktioniert Fortbewegung im Wasser, auf der Erde und in der Luft?*
2. *Wie bewegt der Mensch sich fort?*
3. *Was wird benötigt, um etwas in Bewegung zu bringen?*
4. *Wie kann der Mensch Dinge, die er aufgrund ihres Gewichts nicht heben kann, dennoch fortbewegen?*
5. *Was ist Kraft?*
6. *Wo können wir in der Natur Kräfte beobachten (Wind, Sonne, Wasser)?*
7. *Woher bekommt der Körper die Kraft, die Energie, sich zu bewegen?*

6.3 Naturwissenschaften und Gestalten (Kunst, Musik)

Schnittmengen zwischen Naturwissenschaften und gestalterischen Bereichen sind vielfältig. Oft finden sich gestalterische Elemente innerhalb naturwissenschaftlicher Aktivitäten, etwa wenn nach der Durchführung eines Experiments der Versuchsaufbau oder formulierte Beobachtungen mithilfe von Bildern und Zeichnungen von den Kindern dargestellt werden. Umgekehrt lassen sich bei gestalterischen Aktivitäten naturwissenschaftliche Aspekte integrieren, wenn es etwa darum geht, das Material, mit dem gemalt, gebastelt oder konstruiert wird, zu beschreiben und zu kategorisieren.

Auch kann die Umsetzung eines Forschungsauftrags, etwa einen Plattenspieler zu konstruieren oder eine Wippe zu bauen, selbst zum gestalterischen Element werden. Neben notwendigen funktionalen Elementen könnten ästhetische Aspekte integriert werden.

Mögliche Inhalte für ein Projekt: Farben

Ein Projekt, das explizit die Bereiche Kunst und Naturwissenschaften miteinander verbindet, kann zum Thema Farben, Farben mischen, Farben trennen durchgeführt werden.

Aus naturwissenschaftlicher Sicht würde es inhaltlich dem Bereich **Stoffe – Stoffgemische – Trennverfahren** (vgl. Kapitel 7) zugeordnet werden. Die Chromatografie als Trennverfahren, um Schwarz in Einzelfarben aufzutrennen, kann eingeführt werden und schon kennengelernte Trennverfahren entsprechend ergänzen. Darüber hinaus lassen sich Bezüge zum Thema Säuren herstellen (vgl. Kapitel 13).

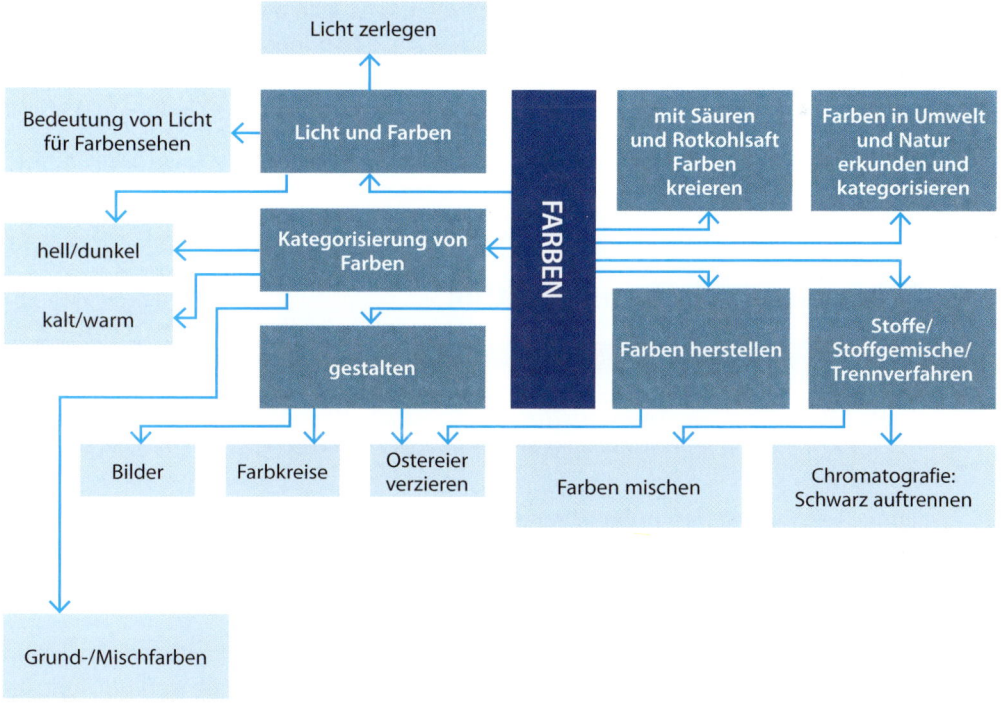

Mindmap Projekt Farben

Kategorisierungen in kalte Farbtöne/warme Farbtöne, Grundfarben/Mischfarben oder dunkle/helle Farben können vorgenommen werden.

Farben in Umwelt und Natur: Es können vorherrschende Farben für verschiedene Umgebungen erkundet werden: Wald/Natur, Straße/Verkehr, Kinderzimmer, Meer/Strand, Krankenhaus etc. Hieraus kann abgeleitet werden, für welche Bereiche bestimmte Farben spezifisch bzw. kennzeichnend sind (z. B. Wald: Braun, Grün, Ocker) und für welche nicht (z. B. Kinderzimmer: Die Farben hängen jeweils von der Lieblingsfarbe des Kindes ab). Welche Farben können wir hauptsächlich bei Obst und Gemüse betrachten? Warum sind Obst und Gemüse häufig grün?

Pflanzliche Farben können hergestellt werden. Hierzu lassen sich Früchte, Blätter, Gewürze oder auch Erde verwenden. Früchte können gepresst, Blätter (kleingeschnitten) oder Gewürze mit etwas Wasser aufgekocht und dann filtriert werden. Die Farblösungen lassen sich mit Mehl andicken.

Natur – Musik – Kunst – Bewegung

Die Verknüpfung von Naturwissenschaften und Musik ist in hervorragender Weise durch das Themenfeld Schall gegeben (vgl. Kapitel 8). Die Entstehung von Tönen oder der Bau von Musikinstrumenten berührt den einen wie den anderen Bereich, genauso wie z. B. das Anlegen eines Klangpfades.

Kreativität, Fantasie und Ausdrucksvermögen können angeregt werden, wenn die Kinder Musikinstrumenten oder Tönen einzelne Farben zuordnen oder zu Musik Bewegungsabläufe oder einen Tanz entwickeln. Auch wenn es wichtig ist, sich die betroffenen Bildungsbereiche bewusst zu machen, ist eine Trennung in diese Bildungsbereiche hier aufgrund der vielen Überschneidungen vielleicht gar nicht mehr sinnvoll. Besser kann hier gesprochen werden von der Schulung verschiedener Kompetenzen durch das Themenfeld Musik und Töne.

6.4 Naturwissenschaften und Ethik

> **Aufgabe**
>
> *Lesen Sie den Text „Semmelweis erforscht das Kindbettfieber" auf Seite 48 f.*
> *Diskutieren Sie, ob das Vorgehen von Semmelweis aus Ihrer Sicht ethisch gerechtfertigt ist.*
> *Entwickeln Sie Kriterien, anhand derer naturwissenschaftliche Forschung bewertet werden kann.*

Die Naturwissenschaften selbst bieten keine Werte und Normen an, die das Leben in und mit der Natur und der Welt regeln (vgl. S. 52 f.). Trotzdem ist eine enge Verknüpfung zu den Fragen gegeben, die das Zusammenleben der Menschen untereinander als auch den

Umgang der Menschen mit der Natur betreffen. Letzteres ist Thema der Umweltbildung und konkreter des Umweltschutzes. Sollen Kinder mit diesen Problemlagen bereits im Vorschulalter konfrontiert werden?

„Ich halte es [...] für unzulässig, Kinder im Vorschulalter (aber auch noch im Grundschulalter) mit Verantwortung für gesellschaftliche Probleme wie Umweltschutz oder Energiemangel zu beladen. Das erinnert fatal an das Muster, dass wir unseren Kindern als Aufgaben aufbürden, was wir selbst nicht zur Genüge lösen können. Das tun wir zwar schon dadurch, dass wir ihnen die Folgen, Fehler und Versäumnisse unseres eigenen Handelns hinterlassen. Aber wir sollten ihnen nicht noch zusätzlich das Gefühl vermitteln, dass sie auch noch mitverantwortlich für das sind, was wir selbst nicht lösen können."
(Schäfer, 2004, S. 14, gekürzt)

Diese Verantwortung sollen und können wir den Kindern definitiv nicht aufbürden. Trotzdem ist die Lebenswirklichkeit – wenn nicht die aktuelle, dann wenigstens die zukünftige – davon gekennzeichnet, sich mit Fragen über den respektvollen Umgang mit der Natur auseinanderzusetzen. Frei von der Zuschiebung einer Verantwortung gehört zu einer Vorbereitung auf das Leben in unserer Gesellschaft auch das Leben mit und in der Natur. Und dass hier bestimmte Spielregeln notwendig sind, ohne die das Zusammenleben zwischen Mensch und Natur nicht funktioniert, gilt analog zum Zusammenleben der Menschen untereinander, zum Gestalten von sozialen Beziehungen, die ohne Spielregeln ebenfalls nicht auskommen. Ist es nicht sinnvoll, ganz natürlich und logisch, einen respektvollen Umgang mit der Natur anzubahnen, der hoffentlich nicht von den Fehlern gekennzeichnet ist, die wir gemacht haben? Liegt es nicht in unserer Verantwortung, Kindern – natürlich in altersangemessener Weise – etwas vorzuleben und mit Kindern zu erleben, wie Menschen Natur achten und nicht vernichten können?

Natürlich kann in Kindergarten und Schule nicht das Für und Wider von Stammzellenforschung oder Gentomaten diskutiert werden. Diese Themengebiete gehören in das fächerübergreifende Arbeiten der Sekundarstufen.

Anhand praktischer Erfahrungen kann jedoch Wertschätzung gegenüber der Natur angebahnt werden und ganz praktische Möglichkeiten können gefunden werden, die Natur zu schützen.[1]

Wertschätzung gegenüber der Natur kann durch folgende Erkenntnisse und Erfahrungen angebahnt werden:

- Die Erkenntnis, dass nicht nur Tiere, sondern auch Pflanzen der belebten Natur zugeordnet werden, kann ein erhöhtes Gefühl, diese schützen und bewahren zu wollen, hervorrufen

- das Wissen um die wertvolle Eigenschaft der Pflanzen, aus Kohlenstoffdioxid Sauerstoff zu produzieren

---

[1] *Anregungen zu Experimenten zum Thema Nachhaltigkeit bietet das Haus der kleinen Forscher: www.haus-der-kleinen-forscher.de/de/forschen/praxisideen-experimente/nachhaltigkeit/[28.10.2013].*

- die Wahrnehmung des vielfältigen Lebens in Gewässern

- das Wissen um Herkunft unserer Nahrungsmittel und des Wassers aus der Natur

- die Erfahrung, wie schwierig es ist, aus Schmutzwasser Trinkwasser zu gewinnen

- das Beobachten von jahreszeitabhängigen Vorgängen in der Natur (Wachstum von Pflanzen, Hervorbringen neuen Lebens)

Aus solchen konkreten Erfahrungen lassen sich Verhaltensregeln aufstellen, die alle gemeinsam mittragen:

- keine Pflanzen aus der Erde ausreißen
- keine Verschwendung von Materialien und Lebensmitteln
- sparsamer Umgang mit Wasser
- keinen Müll achtlos hinterlassen
- so wenig Müll wie möglich verursachen
- Mülltrennung praktizieren

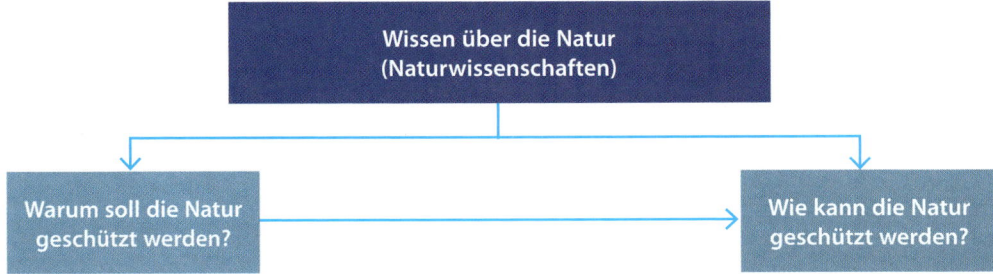

Welchen Sinn, welche Bedeutung unserer Natur zukommt, kann ich erst erfassen, wenn ich um Zusammenhänge in der Natur weiß. Und erst wenn sich mir diese Bedeutung erschließt, werde ich sensibel für die Bewahrung derselben. Um diese zu schützen, benötige ich wiederum Wissen, wie ich das tun kann. Aus der Einsicht, dass gehandelt werden muss, folgt nicht automatisch das Handeln selbst. Schon früh umweltbewusstes Handeln zur Selbstverständlichkeit werden zu lassen, kann dazu beitragen, ein Umweltbewusstsein in ein Umwelthandeln zu überführen (vgl. Österreicher, 2011).

Erste Grundlagen können durch verschiedene Projekte bereits im Vorschulbereich angebahnt werden. Ein hoher Stellenwert kommt der ganz konkreten Naturerfahrung zu, dem Erleben von und das Leben in der Natur. Hier Erfahrungsräume zu schaffen, ist in einer technisierten und von Reizüberflutungen geprägten Umwelt wichtiger denn je.

Projekt

Mülltrennung

Dieses Thema kann dem Bereich Stoffe/Stofftrennung zugeordnet werden. Eigenschaften von Abfallstoffen können bestimmt und auf dieser Basis Kategorisierungen vorgenommen werden.

Folgende Fragen können den Projekteinstieg begleiten:

Bagger mit Hausmüll

- *Was ist Müll?*

- *Welcher Müll/wie viel Müll fällt bei euch zu Hause in einer Woche an?*

- *Was passiert mit dem Müll, nachdem er von der Müllabfuhr abgeholt wurde?*

Sie können die Kinder bitten, zwei, drei Abfälle von zu Hause mitzubringen. Es wird sich ein kleiner Müllberg bilden, der erahnen lässt, wie groß der Müllberg sein muss, der von allen Menschen produziert wird. Das Problem ist formuliert: Der Müll nimmt zu viel Platz ein! Wohin mit dem Müll? Wie können wir die Müllberge schrumpfen lassen?

Verschiedene Schritte können nun folgen:

- *Sortierung des Mülls: Die Kinder können den Auftrag erhalten, eine künstliche Abfalltonne (Eimer mit z. B. Papierschnipseln, Kunststoffresten von Verpackungen, Nägeln, Glas, Obstabfällen) zu sortieren*

- *Welcher Abfall kann vermieden werden?*

- *Welche Stoffe lassen sich wiederverwerten (z. B. Glas, Papier).?*

- *Was passiert mit dem übrigen Müll?*

Ein Besuch in einer Abfallsortieranlage und einer Müllverbrennungsanlage ist denkbar, ebenso eine Exkursion zu Anlagen, in denen Abfall wiederverwertet, recycelt wird (z. B. CD-Recycling, Glasaufbereitung).

Mülldeponie

Blechdosen-Sortieranlage

Trinkwasseraufbereitung

Ebenso wie jeden Tag Abfall im Haushalt anfällt, entsteht auch eine Menge Abwasser. Dieses muss gereinigt werden, um es wieder genießbar zu machen. Informieren Sie sich über Trinkwasseraufbereitung in Deutschland und entwickeln Sie auf dieser Basis ein Projekt, das Kindern diese Thematik erfahrbar macht. Entwickeln Sie hierzu geeignete Forschungsaufträge, die experimentell bearbeitet werden können.

Literaturtipps

Illner, Regine: Naturwissenschaft und Sprache. Erarbeitung eines Konzeptes zur Verknüpfung des Bildungsbereichs Naturwissenschaften mit der sprachlichen Förderung in Kindertagesstätten, Deutsches Jugendinstitut, abzurufen unter: www.dji.de/bibs/384_Expertise_Naturwissenschaften_Illner.pdf [28.10.2013].

Liebertz, Charmaine: Das Schatzbuch ganzheitlichen Lernens. Grundlagen, Methoden und Spiele für eine zukunftsweisende Erziehung, München: Don Bosco, 2003.

Österreicher, Herbert: Natur- und Umweltpädagogik für sozialpädagogische Berufe, Troisdorf: Bildungsverlag Eins, 2005.

7 Die Welt besteht aus Stoffen

7.1 Stoffe und ihre Eigenschaften

Der Mensch ist von vielen Gegenständen umgeben. Er trinkt aus einer Tasse morgens den Kaffee, liest die Zeitung, sitzt am Tisch, verlässt durch die Haustür das Haus und fährt mit dem Auto ins Büro, wo er auf einem Stuhl am Computer arbeitet. Dieser sehr kleine Ausschnitt macht deutlich, mit wie vielen Dingen der Mensch täglich zu tun hat. Diese Gegenstände prägen unsere Lebenswirklichkeit und wir ordnen sie in der Regel nach Funktionalität oder ästhetischen Gesichtspunkten, weniger danach, woraus sie bestehen. Gerade das ist jedoch

Derselbe Gegenstand – bestehend aus unterschiedlichen Stoffen.

ein wesentlicher Gegenstandsbereich der Naturwissenschaften. Sie interessieren sich nicht in erster Linie für die Gegenstände, sondern für die Stoffe, aus denen die Gegenstände gemacht sind. Die Tasse besteht aus Porzellan, die Zeitung aus Papier, die Haustür vielleicht aus Holz, Glas und Kunststoff.

> *Die Materialien, aus denen die Gegenstände bestehen, werden in den Naturwissenschaften als Stoffe bezeichnet. Aus einem Stoff können verschiedene Gegenstände hergestellt werden.*

So wird Glas beispielsweise zu Flaschen, Fensterscheiben oder Kerzenhaltern verarbeitet. Aus Eisen lassen sich z. B. Schrauben, Scharniere und Drähte herstellen. Joghurtbecher, Kabel, CD-Hüllen und Telefongehäuse bestehen aus Kunststoffen. Dieser Zugang zur stofflichen Welt, der nicht nach den Gegenständen fragt, muss völlig neu entwickelt werden, da der Mensch in seiner Wahrnehmung zunächst auf Gegenstände und Dinge fokussiert ist, deren Nutzen im Vordergrund steht. Für die Begriffsbildung und Entwicklung des stofflichen Denkens bei Kindern im Elementar- und Grundschulbereich bedeutet das, sie ausgehend von bekannten Gegenständen zu der Frage hinzuführen, woraus diese Gegenstände bestehen. Auf diese Weise kann ein Verständnis angebahnt werden für den

Sachverhalt, dass ein und derselbe Stoff viele verschiedene Erscheinungsformen haben kann (d. h., aus einem Stoff können verschiedene Gegenstände hergestellt werden), dass aber auch derselbe Gegenstand aus unterschiedlichen Stoffen bestehen kann. Die Bildung von Kategorien wie Gegenstand – Stoff kann hier erfolgen.

Die Naturwissenschaften, und hier besonders die Chemie, fragen nach der Beschaffenheit, nach den Eigenschaften von Stoffen. Welche Eigenschaften zeichnen

Verschiedene Gegenstände bestehend aus einem Stoff.

einen Stoff aus, sodass er sich anhand dieser Eigenschaften von anderen Stoffen unterscheiden lässt? So, wie jeder Mensch seinen eigenen Charakter, seine eigene Persönlichkeit hat, die ihn unverwechselbar macht, so hat auch jeder Stoff bestimmte Eigenschaften, die ihn zu dem Stoff machen, der er ist.

Aufgaben

1. Suchen Sie nach Gegenständen im Haus und überlegen Sie, aus welchen Stoffen diese bestehen.

2. Ordnen Sie unterschiedliche Gegenstände, bestehend aus dem gleichen Stoff, zusammen.

3. Beschreiben Sie Eigenschaften verschiedener Stoffe und finden Sie Kategorien für diese Eigenschaften (z. B. Zucker schmeckt süß → Eigenschaft Geschmack).

4. Stellen Sie Gegenstände und Stoffe zusammen, die sich eignen könnten, um dieses Thema im Elementar- bzw. Grundschulbereich aufzugreifen.

Wie kann man die Eigenschaften von Stoffen bestimmen? Hierfür setzt der Mensch seine Sinne ein. Wie viele Sinne der Mensch hat, darüber findet man unterschiedliche Angaben. Klassischerweise werden fünf Sinne unterschieden, die auch wesentlich zur Bestimmung von Stoffeigenschaften sind:

- Sehen   →   visuelle Wahrnehmung
- Hören   →   auditive Wahrnehmung
- Riechen   →   olfaktorische Wahrnehmung
- Schmecken   →   gustatorische Wahrnehmung
- Tasten   →   haptische Wahrnehmung

Darüber hinaus werden physiologisch noch weitere Sinne des Menschen wie Gleichgewichtssinn, Temperatur-, Körper- und Schmerzempfinden unterschieden (vgl. Kühne/Lutz, 2008). Diese sind jedoch zum Begreifen der Welt der Stoffe nicht notwendig.

Viele Charakteristika eines Stoffes sind sofort mit unseren Sinnen beschreibbar:

Eigenschaft eines Stoffes	Eingesetzter Sinn
Farbe: weiß, schwarz, gelb, farblos	Sehen
Glanz: glänzend matt, ...	Sehen
Oberflächenbeschaffenheit: glatt, rau, porös, weich, hart, ...	Tasten
Klang: dumpf, hohl, klirrend, ...	Hören
Geruch: blumenduftartig, ätherisch, beißend, faul, ...	Riechen
Geschmack: süß, sauer, salzig, bitter, umami (fleischig, würzig)	Schmecken

Planen Sie ein Projekt zum Thema „Stoffe erkennen mithilfe verschiedener Sinne".
Überlegen Sie, welche Stoffe sich eignen, um diese ausschließlich mit Augen, Ohren,
Zunge, Nase oder Händen zu erkennen. Halten Sie Augenbinden bereit, um den
Sehsinn „auszuschalten".

Vorschlag für verschiedene Stoffe:

a   *Sehen: Zucker, Kakaopulver, Erde, Reiskörner, Maiskörner*

b   *Hören: Eisen (Schraube), Plastik (Joghurtbecher), Gummi (Flummi), Wolle, Glas*
    (Murmel)

c   *Schmecken: Zucker, Chicorée, Zitronensaft, Salz (Vorsicht: nur wenige Salzkörn-*
    chen probieren!)

d   *Riechen: Essig, Eukalyptus, Lavendel, Vanille*

e   *Tasten: Kugeln aus Holz, Metall, Styropor, Glas, Plastik (hier ist es wichtig, den*
    gleichen Gegenstand zu verwenden, um die Aufmerksamkeit auf den Stoff und
    nicht auf den Gegenstand zu lenken)

Folgende Fragen und Impulse können helfen, den Lernprozess bei Kindern zu beglei-
ten:

* *Beschreibe, was du siehst, hörst, schmeckst …*

* *Woran hast du erkannt, welcher Stoff das ist?*

* *Warum ist es so schwierig, am Klang herauszufinden, um welchen Stoff es sich*
  handelt?

* *Wie wäre es leichter, herauszufinden, was für ein Stoff das ist?*

* *Auf welche Weise (mit welchem Sinnesorgan) war es am einfachsten, Stoffe zu*
  erkennen?

Mithilfe dieser fünf Sinne lassen sich viele Stoffe voneinander unterscheiden, z. B. Eisen von Glas, Zucker von Kerzenwachs, Wasser von Orangensaft.

Was aber, wenn sich zwei Stoffe so ähnlich sind, dass man sie auf Anhieb kaum voneinander unterscheiden kann? Zum Beispiel sehen sich Puderzucker und Gips so ähnlich, dass sie allein durch ihr Aussehen nicht voneinander unterschieden werden können. Man könnte sie schmecken, jedoch ist Gips ungesund für den Menschen, sodass diese Möglichkeit ausscheidet. Auch riechen, tasten und hören helfen hier nicht weiter.

Puderzucker und Gips: Welcher Stoff ist welcher?

In vielen Fällen sind **Hilfsmittel und Messgeräte** nötig, um weitere Eigenschaften zu bestimmen, die mit den fünf Sinnen auf Anhieb nicht wahrgenommen werden können.

Eigenschaft eines Stoffes	Eingesetztes Hilfsmittel bzw. Messgerät
Löslichkeit in Wasser	Wasser
Siedetemperatur	Thermometer
Schmelztemperatur	Thermometer
Dichte	Waage, Volumen
Magnetismus	Magnet
elektrische Leitfähigkeit	Leitfähigkeitsprüfer
Härte	Fingernagel, Glasscherbe, Stahlnagel

7.2 Löslichkeit von Stoffen in Wasser

Ein Stoff ist entweder gut, schlecht oder nicht in Wasser löslich. Der Stoff, der gelöst wird, wird als **gelöster Stoff** bezeichnet, während der Stoff, in welchem ein Stoff gelöst wird, das **Lösungsmittel** ist. Ist ein Stoff in Wasser löslich, so klart nach dem Lösen des Stoffes die Lösung wieder auf und es ist nicht mehr zu sehen, dass nun ein Stoff in Wasser gelöst ist. Dies kann z. B. beim Lösen von Zucker oder Salz in Wasser beobachtet werden. Andere Stoffe, wie z. B. Mehl oder Sand, sind nicht in Wasser löslich. Hier kann nach dem Mischen dieser Stoffe mit Wasser noch deutlich die Mehl- bzw. Sandschicht von der Wasserschicht unterschieden werden. Die Löslichkeit von Puderzucker bzw. Gips in Wasser kann man ausnutzen, um herauszufinden, welcher Stoff welcher ist: Puderzucker ist in Wasser löslich, Gips dagegen nicht, sodass hier schnell eine Identifizierung möglich wird.

Salz-Wasser-Gemisch und Mehl-Wasser-Gemisch: Es ist nicht zu erkennen, dass Salz in Wasser gelöst ist, aber man kann deutlich Mehl und Wasser voneinander unterscheiden.

Ob ein Stoff in Wasser löslich ist oder nicht, hängt mit der Struktur der kleinsten Teilchen, aus denen jeder Stoff besteht, zusammen. Wasser besteht aus Molekülen. In jedem Wassermolekül sind ein Sauerstoffatom und zwei Wasserstoffatome über Elektronenpaarbindungen miteinander

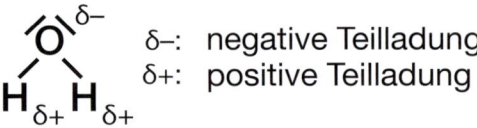

δ−: negative Teilladung
δ+: positive Teilladung

Strukturformel eines Wassermoleküls

verbunden. Wassermoleküle haben Teilladungen, am Sauerstoffatom befindet sich eine negative Teilladung, an den Wasserstoffatomen eine positive Teilladung. Das ist damit zu erklären, dass in dem Wassermolekül das Sauerstoffatom das gemeinsame Elektronenpaar stärker zu sich zieht als das Wasserstoffatom. Man spricht hier von **polaren Bindungen**. Man nennt solche Moleküle Dipole, weil sie einen positiven und einen negativen Pol haben. Wasser selbst kann nur solche Stoffe lösen, die auch solche Teilladungen oder – im Falle von Ionen – ganze Ladungen besitzen. Alle Stoffe, die aus Teilchen bestehen, die keine Ladungen aufweisen, die also **unpolare Bindungen** besitzen, sind nicht in Wasser löslich.

Es gilt der Grundsatz: Gleiches löst Gleiches. Polare Stoffe sind in polaren Stoffen löslich, unpolare Stoffe lösen sich in unpolaren Stoffen, aber unpolare Stoffe sind nicht in polaren Stoffen löslich.

Was passiert eigentlich genau beim Lösen eines Stoffes in Wasser? Gibt man Kochsalz (Natriumchlorid) in Wasser, so greifen die Wassermoleküle das Salzkristallgitter an und lösen einzelne Natrium- und Chlorid-Ionen aus dem Gitterverband heraus. Das kostet viel Energie, denn die Ionen im Salzkristall ziehen sich aufgrund der entgegengesetzten Ladungen sehr stark an. Andererseits wird aber auch Energie frei, wenn die Wassermoleküle sich um die einzelnen Ionen anordnen, da eine Anziehung zwischen den Ionen und den Dipolmolekülen des Wassers vorhanden ist. Nach und nach werden alle Ionen aus dem Kristall herausgelöst, sodass sie gleichmäßig im Wasser verteilt sind. Weil die Ionen so klein sind, dass man sie nicht einmal mit einem Mikroskop sehen könnte, erscheint die Lösung klar.

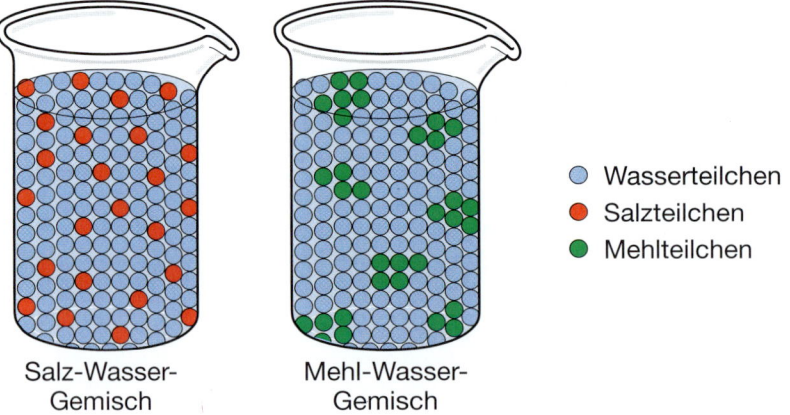

Salz-Wasser-Gemisch

Mehl-Wasser-Gemisch

○ Wasserteilchen
● Salzteilchen
● Mehlteilchen

Salzlösung und Mehl-Wasser-Gemisch im Teilchenmodell

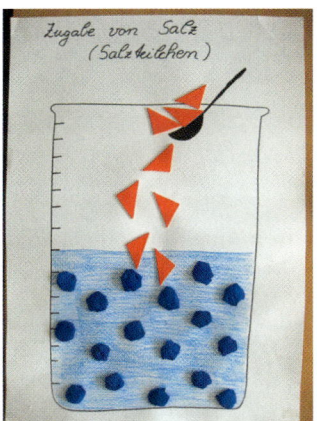

Löslichkeitsvorgang von Salz in Wasser

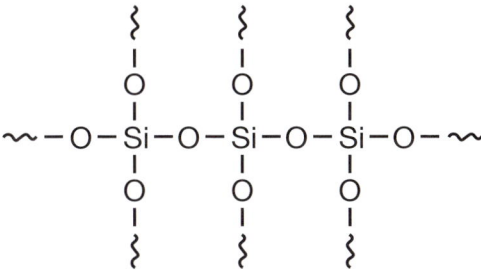

Strukturformel von Siliziumdioxid (Sand). Wasser kann nicht in dieses dreidimensionale Netzwerk eindringen und dieses zerstören

Manche Stoffe sind nicht in Wasser löslich, nicht, weil sie unpolare Bindungen enthalten, sondern weil sie aus so großen dreidimensionalen Netzwerken bestehen, dass die Elektronenpaarbindungen innerhalb der Moleküle gebrochen werden müssten, um diesen Stoff zu zerteilen. Das ist z. B. bei Sand der Fall.

Die Löslichkeit eines Stoffes in Wasser ist abhängig von der Temperatur. Die Löslichkeit vieler Stoffe steigt mit der Temperatur an. So sind z. B. bei 20 °C 197 g Saccharose (Zucker) in 100 ml Wasser löslich, bei 60 °C ist die lösliche Menge schon deutlich höher, nämlich 287 g. Das hängt damit zusammen, dass zum Lösen eines Stoffes in Wasser oft Energie benötigt wird, um die Anziehungskräfte zwischen den Teilchen zu überwinden. Durch eine Temperaturerhöhung wird dem System Energie in Form von Wärme zugeführt, die dafür genutzt werden kann, eine größere Anzahl an Teilchen in Wasser zu lösen. Da nicht alle Löseprozesse Energie benötigen, sondern zum Teil Energie liefern, steigt die Löslichkeit nicht generell mit einer Temperaturerhöhung an. Bei manchen Stoffen verhält es sich genau umgekehrt: Je höher die Temperatur, desto niedriger die Löslichkeit. Dies ist z. B. bei Gips der Fall. Gips ist kaum in Wasser löslich, bei 20 °C lassen sich nur knapp 0,2 g in 99,8 g Wasser lösen. Bei einer Temperatur von 80 °C sind es nur noch 0,1 g in 99,9 g Wasser.

1. *Überprüfen Sie die Löslichkeit von folgenden Stoffen in Wasser, indem Sie jeweils die gleiche Menge eines Stoffes (z. B. einen Teelöffel) in 50 ml Wasser lösen: Essig, Öl, Mehl, Kaffee, Salz, Zucker, Farbstoffpulver, Gips. Beschreiben Sie genau die entstehenden Stoffgemische.*

2. *Stellen Sie begründete Vermutungen an, ob die Stoffe, die in Wasser löslich sind, auch in Öl löslich sind. Überprüfen Sie Ihre Vermutung.*

3. *Ordnen Sie die Stoffe nach ihrer Wasserlöslichkeit und erklären Sie, soweit möglich, die Löslichkeitseigenschaften mithilfe der Molekülstruktur der zu lösenden Stoffe.*

4. *Überlegen Sie, wie kindgerechte Erklärungen zum Phänomen der Löslichkeit aussehen könnten.*

7.3 Vorschlag zur Umsetzung des Themas Wasserlöslichkeit von Stoffen in Kita und Grundschule

Anhand dieser Experimentierreihe kann sehr gut in das naturwissenschaftliche Experimentieren eingeführt werden. Inhaltlich stehen zunächst die Stoffe Wasser, Salz und Zucker im Vordergrund, später werden weitere Stoffe auf ihre Löslichkeit in Wasser getestet. Es spielen in den Experimenten ausschließlich Stoffe eine Rolle, welche die Kinder aus ihrem Alltag kennen. Die hier vorgeschlagene Reihe ist kein starres Konzept, sondern um Ideen und Vorschläge der Kinder zu ergänzen und an die jeweilige Situation anzupassen. Trotzdem bietet sie einen roten Faden und macht deutlich, wie der Aufbau einer Experimentierreihe aussehen könnte, der geprägt ist von einer logischen Struktur, in der die Kinder gewonnene Erkenntnisse aufeinander aufbauen und miteinander vernetzen können. Der Aufhänger dieser Einheit ist das Salz-Wasser-Gemisch. Verschiedene Aspekte der Löslichkeit von Feststoffen (z. B. Salz) in Wasser können hier experimentell erfahren werden. Das Erstaunen der Kinder, wo das Salz nun hin ist, nachdem es einmal in Wasser gelöst wurde, führt zu vielen Fragestellungen und Anknüpfungsmöglichkeiten für weitere Experimente. Dem Forschergeist der Kinder sind keine Grenzen gesetzt, wenn es darum geht, herauszufinden, wie denn nun das Salz wieder zurückgewonnen werden kann und – wenn das Salz nun endlich wieder da ist – das durch Verdampfen abhanden gekommene Wasser wieder „eingefangen" werden kann. (vgl. unten die Experimente 2 und 3). Die Kinder können hier selbst im Modell zu Wasserteilchen werden, die als Flüssigkeit relativ eng zusammenhocken, im gasförmigen Zustand weiter auseinandergeraten und bei der Rückgewinnung wieder enger zusammentreten.

Dass verschiedene Stoffe sich unterschiedlich gut in Wasser lösen und die Löslichkeit abhängig ist von der Temperatur des Wassers, eröffnet den Kindern erste Möglichkeiten des vergleichenden Beobachtens, einer wichtigen Methode innerhalb des naturwissenschaftlichen Arbeitens. **Vergleiche sind nur dann sinnvoll, wenn man gleiche Versuchs-**

bedingungen hergestellt, d. h. beispielsweise mit gleichen Mengen und Größen arbeitet. Dies wird den Kindern in besonderer Weise in den Experimenten 4 bis 6 bewusst. Den Kindern sind im Elementarbereich zwar nicht unbedingt Größen wie Volumina oder Gramm bekannt und auch der entsprechende Zahlenraum wird nicht beherrscht. Trotzdem ist vergleichendes Arbeiten sehr gut möglich. Etwa durch mit Strichen beschriftete Behältnisse oder von Kindern zu erstellende Strichlisten, wenn es gerade darum geht, herauszufinden, wie viele Löffel Zucker denn in Wasser löslich sind. In der Grundschule kann dann zunehmend auch mit Größen und Zahlen gearbeitet werden.

Der Prozess des Mischens zweier Stoffe kann in den Experimenten 8 und 9 nochmals näher unter die Lupe genommen werden. Wie kommt es, dass sich ein Stoff in einem anderen gleichmäßig verteilt? Die Annahme, dass jeder Stoff aus kleinsten Teilchen besteht und diese Teilchen eine Eigenbewegung haben, liefert eine Erklärung. Beim Teeaufbrühen kann dies anschaulich gemacht werden. Es ist zu beobachten, wie sich die Farbstoffteilchen des Tees allmählich im Wasser verteilen, bis das gesamte Wasser eine braune Farbe angenommen hat. Das Teilchenmodell, das davon ausgeht, dass jeder Stoff aus kleinsten Teilchen besteht, welche mit dem Auge und auch mit dem Mikroskop nicht sichtbar sind, und dass diese Teilchen eine Eigenbewegung haben, kann hier eingeführt werden. Die Schwierigkeit, das Teilchenmodell im Kindergarten einzuführen, liegt darin, dass diesem Annahmen zugrunde liegen, die von den Kindern bestimmte Abstraktionsprozesse erfordern. Die Kinder können keine Wasserteilchen sehen und sie sehen auch nicht, wie sich einzelne Teeteilchen bewegen und es somit zu einer Durchmischung kommt. Aus diesem Grund muss hier mit Modellen gearbeitet werden, die Kindern eine konkrete Anschauung ermöglichen. Modellhaft können Wasserteilchen z. B. als Erbsen dargestellt werden. Will man den Lösungsprozess von Salzteilchen in Wasser darstellen, so gibt man Senfkörner in das mit Erbsen gefüllte Glas (vgl. Experiment 10). Auf diese Weise lässt sich der beobachtete Prozess veranschaulichen. Das Kind sieht zwar nicht, dass sich die Salzteilchen in die Lücken der Wasserteilchen setzen, aber es kann sich diesen Prozess vorstellen, indem es den Senfkörner-Erbsen-Vergleich heranzieht. Es bietet sich ebenso an, die Kinder selbst zu Modellen werden zu lassen, indem sie als Salzteilchen und Wasserteilchen den Mischungsprozess darstellen. Die Entscheidung, entweder mit der Vorstellung von kleinsten Teilchen zu arbeiten und damit eine Erklärungsebene anzubieten oder lediglich im phänomenologischen Bereich der Wenn-dann-Beziehungen zu arbeiten (z. B. wenn man Salz in Wasser gibt und umrührt, kann man es nicht mehr sehen), hängt von den Voraussetzungen der Kinder ab und muss von der pädagogischen Fachkraft im Einzelfall entschieden werden. Die Erfahrungen der Autorinnen in Kindertageseinrichtungen zeigen, dass Kinder ab einem Alter von fünf bis sechs Jahren, die regelmäßig experimentieren, souverän mit dem Teilchenmodell umgehen und dieses auf verschiedene Phänomene anwenden können.

Begeistert sind die Kinder, wenn sie mithilfe schon erworbenen Wissens ein Problem selbstständig lösen können. Nachdem die Kinder in Experiment 11 herausgefunden haben, welche Stoffe sich in Wasser lösen und welche nicht, können sie dieses Wissen dazu benutzen, zwei unbekannte Stoffe zu identifizieren, indem sie diese auf Wasserlöslichkeit überprüfen (Experiment 12).

Experiment 1: Lösen von Salz in Wasser

Material:
Salz, Wasser, Becherglas mit Markierung bei 80 ml Volumen, Löffel

Durchführung:
- Füllen Sie 80 ml Wasser in ein Becherglas.
- Geben Sie einen Esslöffel Salz hinzu und rühren Sie um.

Beobachtung:
Nach der Zugabe von Salz trübt sich das Wasser. Etwas Salz sammelt sich auf dem Boden. Durch das Rühren „verschwinden" immer mehr Salzkristalle, bis zum Schluss das Wasser wieder klar ist.

Löslichkeitsvorgang von Salz in Wasser I

Löslichkeitsvorgang von Salz in Wasser II

Deutung:
Salzkristalle bestehen aus kleinsten, mit dem Auge nicht sichtbaren Teilchen. Beim Lösen dieser Kristalle in Wasser werden die Salzkristalle in diese kleinsten Teilchen zerteilt, indem sich die Wasserteilchen zwischen die Salzteilchen setzen. Sind alle Salzkristalle zu kleinsten Teilchen abgebaut, sagt man: Das Salz ist vollständig in Wasser gelöst. Das Salz ist nicht mehr sichtbar, weil diese kleinsten Salzteilchen so klein sind, dass das Auge diese nicht mehr erkennen kann.

Aufgabe

Überlegen Sie, welche Funktion das Experiment im Forschungsprozess der Kinder haben kann.

Wie geht es weiter? Thematischer Zusammenhang
Am Anfang dieser Reihe steht ein Phänomen, das die Kinder zu einer Problemfrage veranlasst. Nachdem sie ihre Beobachtungen formuliert haben, könnten mögliche Fragen sein:

- Wo ist das Salz hin?
- Ist das Salz weg?
- Warum kann man das Salz nicht mehr sehen?
- Schmeckt das Wasser jetzt salzig?

- Wie kriegen wir das Salz da wieder raus?
- Warum ist der Wasserstand im Glas jetzt höher?

Je nach Äußerungen der Kinder ist das Aufgreifen verschiedener Fragen denkbar. Die Erfahrung zeigt, dass der Weg häufig über die Frage „Ist das Salz jetzt weg?" verläuft. Die Vermutung, dass das Salz da noch irgendwie drin sein müsste, führt zu der Frage, wie das denn überprüft werden könnte. Auf welche Weise kann man das Salz also wieder sichtbar machen oder: Wie bekommt man das Salz aus dem Wasserglas wieder heraus? Der Ideenreichtum der Kinder ist hier unbegrenzt. Vom Sieben über Abschütten bis zum Verdunstenlassen (vgl. Experiment 2) können alle Vorschläge ausprobiert werden. Wichtig ist, nicht nur das Experiment durchzuführen, welches zum Erfolg führt, sondern alle Ideen der Kinder – soweit möglich – umzusetzen. Die Kinder bringen die Kreativität mit, auf welche die Erwachsenen flexibel reagieren müssen. In diesem Sinne sind auch die Deutungen bzw. Erklärungen zu den Experimenten variabel und je nach Situation aufzugreifen. Nachdem die Kinder Salz in Wasser gelöst haben, hat es wenig Sinn, ihnen die Erklärung mit auf den Weg zu geben. Auch ist nicht zu erwarten, dass irgendein Kind eine solche Erklärung vornimmt. Ist aber das Salz aus dem Salzwasser in Experiment 2 zurückgewonnen worden, kann man auf das vorherige Experiment zurückkommen und fragen, warum man das Salz nicht mehr sehen kann, nachdem es in Wasser gelöst wurde. Kinder werden hier oft feststellen, dass die Salzteilchen so klein sind, dass man sie nicht mehr sehen kann.

Es können sich nun verschiedene Experimente zum Lösen von Salz und auch Zucker in Wasser anschließen. Es kann untersucht werden, wie viel Salz sich löst (vgl. Experiment 4), ob sich mehr Zucker oder Salz in Wasser löst (vgl. Experiment 4), welchen Einfluss die Temperatur auf die Löslichkeit von Zucker und Salz hat (vgl. Experiment 5) und es kann Kandis hergestellt werden, indem Zucker aus einer Zuckerlösung wieder zurückgewonnen wird (vgl. Experiment 7).

Experiment 2: Rückgewinnung von Salz aus Wasser

Material:
Salzwasser (aus Experiment 1), Löffel, Teelicht

Durchführung:
- Geben Sie etwas Salzwasser auf einen Löffel.
- Halten Sie den Löffel über ein brennendes Teelicht.

Beobachtung:
Es bilden sich Bläschen in dem Salzwasser. Nach und nach wird die Flüssigkeit weniger. Am Ende ist nur noch ein weißer Stoff auf dem Löffel vorhanden, es ist kein Wasser mehr zu sehen.

Rückgewinnung von Salz aus einer Salzlösung

Deutung:

Wasser verdampft bei einer Temperatur von 100 °C, d.h., es ist dann nicht mehr flüssig, sondern gasförmig. Im gasförmigen Zustand haben Wasserteilchen einen größeren Abstand zueinander als im flüssigen Zustand. Die Temperatur der Kerzenflamme hat so viel Energie, die Wasserteilchen voneinander zu trennen. Sie hat jedoch nicht genügend Kraft, die Salzteilchen voneinander zu trennen. Deshalb bleibt das Salz als Feststoff auf dem Löffel zurück.

Hinweis zur Deutung:

Ob die Deutung auf diese Weise gegeben werden kann, hängt davon ab, ob das Teilchenmodell den Kindern schon geläufig ist. Ist es das nicht, kann die Deutung rein phänomenologisch gegeben werden, d.h. darauf reduziert werden, dass das Wasser verdunstet, das Salz jedoch nicht.

Wie geht es weiter? Thematischer Zusammenhang

Im Anschluss an dieses Experiment kann die Frage aufgeworfen werden, wo denn das Wasser nun hin ist, nachdem das Salz aus der Salzlösung zurückgewonnen wurde. Vermutungen der Kinder darüber, ob das Wasser ganz weg oder nur in der Luft verteilt ist, können zu der Überlegung führen, wie das Wasser wieder aufgefangen werden kann, wenn es gar nicht wirklich verschwunden ist. Diese Überlegungen führen zu Experiment 3.

Experiment 3: Kann aus der Salzlösung verdampftes Wasser wieder gewonnen werden?

Material:

Salzwasser (aus Experiment 1), 2 Löffel, Teelicht

Durchführung:

- Erhitzen Sie auf einem Löffel etwas Salzwasser.
- Halten Sie über den Löffel mit der Salzlösung einen zweiten Löffel.

Beobachtung:

An dem Löffel setzen sich Wassertröpfchen ab.

Deutung:

Wasser, das erhitzt wird, geht in den gasförmigen Zustand über. An dem Löffel kondensiert das Wasser, d.h., es geht vom gasförmigen in den flüssigen Zustand über. Auf diese Weise kann es wieder aufgefangen werden.

Wie geht es weiter? Thematischer Zusammenhang

Nachdem nun der Lösungsvorgang von Salz in Wasser und der Wiedergewinnungsprozess des Wassers experimentell untersucht wurden, kann die Löslichkeit eines weiteren Stoffes, nämlich Zucker, in Wasser unter die Lupe genommen werden. Hier bieten sich Vergleichsversuche zwischen Salz und Zucker an, sodass die Kinder gleichzeitig eine wichtige Methode des naturwissenschaftlichen Arbeitens kennenlernen.

Experiment 4: Lässt sich in Wasser mehr Zucker oder mehr Salz lösen?

Material:
2 gleich große Gläser, Zucker, Salz, Löffel

Durchführung:
- Füllen Sie beide Gläser mit 50 ml Wasser.
- Geben Sie in eines der Gläser einen Teelöffel Salz, in das andere einen Teelöffel Zucker (achten Sie darauf, jeweils dieselbe Menge zu verwenden) und rühren um, bis alles gelöst ist.
- Wiederholen Sie dies und machen Sie für jeden hinzugegebenen Teelöffel Salz bzw. Zucker einen Strich.
- Geben Sie in jedes Glas so viel Salz bzw. Zucker, bis sich nichts mehr löst und vergleichen Sie die Strichliste.

Beobachtung:
In der gleichen Menge Wasser lässt sich deutlich mehr Zucker als Salz lösen.

Deutung:
Einige Stoffe lösen sich besser in Wasser als andere, man sagt: „Manche Stoffe haben eine höhere Löslichkeit in Wasser als andere." Dies hängt damit zusammen, wie gut die Wasserteilchen sich zwischen die anderen Teilchen (in diesem Fall Zucker und Salz) schieben können. Je stärker sich die Teilchen eines Stoffes anziehen, desto schwieriger lässt sich der Stoff in Wasser lösen. Vereinfacht gesagt: Die Salzteilchen

Mengen an Salz bzw. Zucker, die in 100 g Lösung bei 20 °C löslich sind

ziehen sich in diesem Fall stärker an als die Zuckerteilchen, sodass sie schlechter voneinander getrennt werden können, und deshalb lässt sich weniger Salz als Zucker in Wasser lösen. Eine Lösung, die keinen weiteren Stoff, also in diesem Fall Zucker bzw. Salz, lösen kann, heißt **gesättigt**.

Aufgaben

Planen Sie für dieses Experiment eine Aktivität nach dem forschend-entwickelnden Verfahren (vgl. Kapitel 4.1.1). Setzen Sie sich hierzu besonders mit dem Einstieg in die Aktivität auseinander:

1. *Entwickeln Sie eine geeignete Problemstellung, die das Problem zu einem Problem der Kinder macht.*
2. *Auf welche Weise erreichen Sie eine hohe Motivation bei den Kindern?*
3. *Durch welche Mittel ermöglichen Sie den Kindern, in die Forscherrolle zu schlüpfen?*
4. *Wie erreichen Sie eine möglichst hohe Eigentätigkeit der Kinder?*

Wie geht es weiter? Thematischer Zusammenhang

Gibt es eine Möglichkeit, noch mehr Zucker in Wasser zu lösen? Diese Frage führt zu Experiment 5.

Experiment 5: Löst sich mehr Zucker in kaltem oder heißem Wasser?

Material:
2 gleich große Gläser, Zucker, Löffel

Durchführung:
- Füllen Sie eines der Gläser mit kaltem, das andere mit heißem Wasser. Geben Sie einen Teelöffel in das heiße Wasser und rühren Sie um, bis sich der Zucker gelöst hat.
- Wiederholen Sie dies so lange, bis sich kein Zucker mehr löst und notieren Sie, wie viele Teelöffel Zucker sich insgesamt lösen.
- Wiederholen Sie diesen Versuch mit kaltem Wasser.

Beobachtung:
In heißem Wasser lässt sich eine größere Menge Zucker lösen als in kaltem Wasser.

Deutung:
Wenn Zuckerkristalle in Wasser gegeben werden, greifen die Wasserteilchen die Zuckerkristalle an und lösen nach und nach die Zuckermoleküle heraus, bis alle Zuckerteilchen von Wasser umgeben sind. Um einen Stoff (in diesem Fall Zucker) in Wasser zu lösen, ist Energie notwendig. Wärme ist Energie, sodass in dem Becherglas mit heißem Wasser mehr Energie zur Verfügung steht, um den Zucker zu lösen als in dem Becherglas mit kaltem Wasser. Die Lösung heißt *gesättigt*, wenn kein weiterer Zucker mehr gelöst werden kann.

Wie geht es weiter? Thematischer Zusammenhang

Dass man mehr Zucker in heißem als in kaltem Wasser lösen kann, heißt das auch, dass sich in heißem Wasser der Zucker schneller löst? Eine Antwort auf diese Frage liefert Experiment 6.

Experiment 6: Löst sich Zucker schneller in warmem oder in kaltem Wasser?

Material:
2 gleich große Gläser, Zucker, Löffel, eine große Uhr

Durchführung:
Füllen Sie eines der Gläser mit kaltem und das andere mit heißem Wasser.
Schütten Sie gleichzeitig je einen Löffel Zucker in jedes Glas, rühren Sie um und beobachten Sie, in welchem Glas sich der Zucker schneller löst.

Beobachtung:
In dem Glas mit heißem Wasser löst sich der Zucker schneller.

Deutung:
Im warmen Wasser bewegen sich die einzelnen Wassermoleküle schneller und deshalb können sie sich schneller zwischen die Zuckermoleküle schieben und diese voneinander lösen (vgl. Experiment 5).

1. Überlegen Sie, inwiefern in den letzten Experimenten mathematische Fähigkeiten geschult werden.

2. Notieren Sie weitere Varianten zum Thema Löslichkeit in Abhängigkeit von der Temperatur.

Wie geht es weiter? Thematischer Zusammenhang

Die Erklärung, dass Wassermoleküle in heißem Wasser eine höhere Eigenbewegung haben und somit ein Feststoff sich schneller in heißem als in kaltem Wasser löst, ist für die Kinder sehr abstrakt. Vermutlich wird keines der Kinder diese Erklärung formulieren. Um diesen Sachverhalt zu veranschaulichen, kann sehr gut der Teebeutelversuch (vgl. Experiment 8) durchgeführt werden.

Kann man eigentlich ebenso wie aus Salzwasser Salz, aus Zuckerwasser Zucker zurückgewinnen? Führt man Experiment 2 mit Zuckerwasser durch, so erhält man karamellisierten Zucker, der Zucker zersetzt sich durch die Hitze. Es können also offenbar nicht alle Stoffe auf die gleiche Weise aus einer Lösung zurückgewonnen werden. Eine interessante Weise, Zucker zurückzugewinnen bietet das folgende Experiment.

Experiment 7: Wie lässt sich Kandis herstellen?

Sicherheit:

Hier wird mit heißem Wasser experimentiert! Beim Experimentieren mit Kindern ist hier besondere Vorsicht geboten!

Material:

ein Glas, brauner Zucker, Stift, Faden

Durchführung:

*   Lösen Sie in einem Glas mit 90 °C heißem Wasser (250 ml) 650 g braunen Zucker.
*   Lassen Sie die Lösung einige Minuten abkühlen und hängen Sie einen Faden befestigt an einem Stift so in das Glas, dass der Faden die Glaswand nicht berührt. Alternativ können Sie Holzstäbchen verwenden.
*   Warten Sie einige Tage ab. Bewegen Sie das Gefäß nicht.

Beobachtung:

Nach einigen Tagen bilden sich an an dem Faden, am Boden und an der Oberfläche Zuckerkristalle, die immer größer werden.

Deutung:

Dadurch dass das Wasser verdunstet, die Zuckermenge aber gleich bleibt, entsteht eine übersättigte Lösung. Der Zucker kristallisiert aus.

Wie geht es weiter? Thematischer Zusammenhang

Mit Kandis wird der Tee gesüßt – aber was passiert eigentlich genau beim Teeaufgießen, und warum wird der Tee heiß getrunken?

Experiment 8: Warum wird Tee eigentlich heiß getrunken?

Sicherheit:
Hier wird mit heißem Wasser experimentiert! Beim Experimentieren mit Kindern ist hier besondere Vorsicht geboten!

Material:
2 Bechergläser, 1 Teebeutel, Wasserkocher, Wasser

Durchführung:
- Kochen Sie in einem Wasserkocher Wasser auf.
- Füllen Sie in ein Becherglas kaltes, in das andere heißes Wasser.
- Geben Sie gleichzeitig in beide Behältnisse einen Teebeutel.

Beobachtung:
Es bilden sich braune Schlieren, die sich zunehmend im ganzen Glas verteilen, sodass das Wasser allmählich braun wird. Dieser Prozess verläuft in dem Becherglas mit heißem Wasser sehr viel schneller als in dem Becherglas mit kaltem Wasser.

Tee aufgießen – im kalten (links) und heißen Wasser (rechts)

Deutung:
Die Farb- und Aromateilchen des Tees lösen sich in Wasser ebenso, wie Salz oder auch Zucker sich in Wasser lösen. Jedes Teilchen hat eine Eigenbewegung, so auch die Wasserteilchen. Je höher die Temperatur, desto größer ist diese Bewegung und somit auch das Prallen der Wasserteilchen gegen die Aroma- und Farbstoffteilchen des Tees, die sich somit schneller lösen.

Aufgaben

Planen Sie für dieses Experiment eine Aktivität nach dem forschend-entwickelnden Verfahren. Setzen Sie sich besonders damit auseinander, welche Vermutungen die Kinder formulieren könnten:

1. *Begründen Sie, ob die Frage „Warum wird der Tee heiß getrunken?" so gestellt ist, dass die Kinder sinnvolle Vermutungen anstellen können. Formulieren Sie eine eigene Fragestellung, die eine sinnvolle Vermutungsbildung möglich macht.*

2. *Welche Voraussetzungen müssen gegeben sein, damit die Kinder ihre Vermutungen begründen können?*

3. *Notieren Sie zu Ihrer formulierten Frage mögliche Vermutungen, welche die Kinder äußern könnten.*

Wie geht es weiter? Thematischer Zusammenhang

Dieses Experiment greift gewonnene Erkenntnisse aus den Experimenten 5 und 6 auf, sodass die Kinder evtl. schon begründete Vermutungen darüber anstellen können, warum der Tee – neben der Tatsache, dass er dann besser schmeckt – heiß getrunken wird. Es bietet sich an, an dieser Stelle das Modell vom Aufbau der Stoffe aus kleinsten Teilchen einzuführen.

Die Deutung dieses Experiments kann sehr gut durch die Kinder selbst veranschaulicht werden: Sie können zu kalten (langsamen) und heißen (schnellen) Wasserteilchen werden, die sich mit anderen Kindern, welche die Farbstoffteilchen des Tees darstellen, durchmischen.

Das Thema Eigenbewegung der Teilchen kann mithilfe des folgenden Experiments vertieft werden.

Experiment 9: Durchmischen zweier Flüssigkeiten

Vorbemerkung:
Dieser Versuch erfordert etwas Geschick, damit kein Wasser aus der randvoll gefüllten Flasche verschüttet wird.

Material:
2 Flaschen mit engem Hals (0,5 l Trinkflaschen), Pappstreifen, Tee, Wasser, Rührstab

Durchführung:
- Füllen Sie eine der beiden Flaschen randvoll mit vorher aufgebrühtem Tee.
- Füllen Sie in die zweite Flasche Leitungswasser.
- Legen Sie auf die mit Wasser gefüllte Flasche ein Stück Pappe, stülpen Sie sie kopfüber auf die andere mit Tee gefüllte Flasche und ziehen Sie vorsichtig den Pappstreifen heraus.

Beobachtung:
Braune Schlieren steigen von der unteren Flasche in die obere Flasche, sodass das zunächst klare Leitungswasser allmählich die Farbe des Tees annimmt. Nach einiger Zeit ist die Färbung in beiden Flaschen gleich.

Durchmischung zweier Flüssigkeiten

Deutung:

Aufgrund der Eigenbewegung der Teilchen in Flüssigkeiten vermischen sich beide Flüssigkeiten ineinander (Brownsche Molekularbewegung). Deutlich wird dies an den braunen Schlieren, die sich in die obere Flasche ziehen: Die Farbstoffteilchen des Tees (ebenso wie die Wasser- und Aromateilchen) verteilen sich gleichmäßig auf den gesamten zur Verfügung stehenden Raum (beide Flaschen). Diesen Vorgang nennt man **Diffusion**, d. h., alle Teilchen verteilen sich so in einem Raum, dass die Konzentration überall gleich ist. In Flasche eins sind also genauso viele Farbstoffteilchen wie in Flasche zwei.

Wie geht es weiter? Thematischer Zusammenhang

Nachdem das Teilchenmodell in den vorhergehenden Experimenten schon benutzt wurde, um verschiedene Phänomene zu erklären, kann nun mit seiner Hilfe der Lösungsprozess von Salz in Wasser noch einmal genauer betrachtet werden.

Experiment 10: der Lösungsprozess von Salz noch einmal genauer betrachtet

Material:

2 Reagenzgläser, 1 Reagenzglasstopfen, 1 Löffel, Salz, Wasser, Stift

Durchführung:

- Füllen Sie etwa zu einem Drittel Wasser in ein Reagenzglas und markieren Sie die Füllhöhe mit einem Strich.
- Füllen Sie in ein zweites Reagenzglas ca. daumenhoch Kochsalz und markieren Sie ebenfalls die Füllhöhe.
- Überlegen Sie, wie hoch der Wasserspiegel steigt, wenn Sie das Salz zum Wasser geben und markieren Sie die von Ihnen erwartete Füllhöhe.
- Geben Sie nun das Salz zum Wasser und schütteln Sie kräftig.

Beobachtung:

Nach der Zugabe von Salz zum Wasser steigt die Füllhöhe an, aber nicht so hoch wie erwartet.

Deutung:

Wie ist diese Beobachtung zu erklären? Hier hilft folgender Modellversuch weiter.

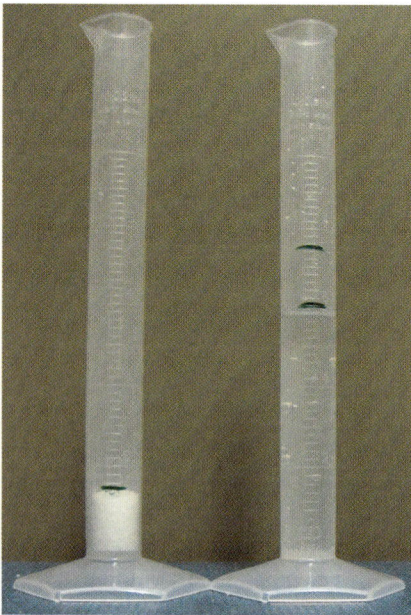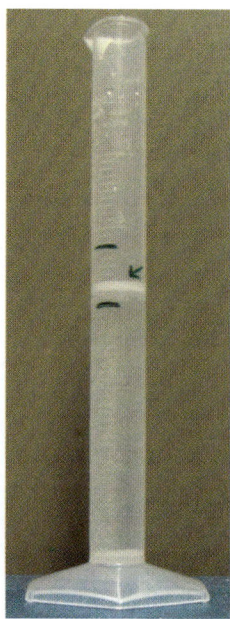

Modellversuch zu Experiment 10: Erbsen und Senfkörner

Durchführung:
Füllen Sie 30 ml Senfkörner in den einen und 70 ml Erbsen in einen anderen Messzylinder. Geben Sie beides in ein Becherglas, mischen Sie Senfkörner und Erbsen und füllen Sie das Gemisch zurück in einen Messzylinder.

Beobachtung:
Das Erbsen-Senfkörner-Gemisch ergibt nicht wie erwartet 100 ml, sondern nur ca. 90 ml.

Deutung:
Warum dies so ist, lässt sich an diesem Modellversuch gut erklären: Die kleinen Senfkörner setzen sich in die Lücken der Erbsen, sodass das Volumen insgesamt abnimmt. Mit diesem Modellversuch kann das Experiment 10 erklärt werden: So, wie sich die Senfkörner in die Lücken der Erbsen setzen, so setzen sich die Salzteilchen in die Lücken der Wasserteilchen. Weil die Teilchen jedoch so klein sind, können wir diese nicht sehen.

Erbsen/Senfkörner-Modell

Was wir aber sehen können, ist, dass das Volumen insgesamt geringer ist als erwartet. Anhand dieses Modellversuchs kann auch besprochen werden, dass jeder Stoff aus kleinsten Teilchen besteht. Diese sind wie die Erbsen und Senfkörner unterschiedlich groß. Diese Erkenntnis kann z. B. angewendet werden beim Thema „Stoffe trennen durch sieben". Hier macht man sich die unterschiedliche Größe von Kristallen zunutze.

Aufgabe

Planen Sie für das Experiment zehn eine Aktivität nach dem forschend-entwickelnden Verfahren (vgl. Kapitel 4.1.1). Setzen Sie sich besonders damit auseinander, welche geeigneten Impulse Sie den Kindern geben könnten:

Formulieren Sie für jede der fünf Phasen geeignete Impulse, welche die Kinder zum Verbalisieren ihres Denkens und Tuns auffordern und somit Reflexionsprozesse einleiten.

Wie geht es weiter? Thematischer Zusammenhang

Bislang wurde die Löslichkeit von Salz und Zucker in Wasser untersucht. Wie sieht es mit anderen Stoffen aus? Welche weiteren Stoffe lassen sich in Wasser lösen? Gibt es auch Stoffe, die nicht in Wasser löslich sind? Hierzu können die Kinder Vorschläge machen, welche Stoffe sie in Wasser lösen möchten. Die Vorgehensweise beschreibt das folgende Experiment.

Experiment 11: Welche Stoffe lassen sich in Wasser lösen? (Herstellung von Stoffgemischen)

Material:

8 Bechergläser (50 ml), Löffel, Wasser, verschiedene Feststoffe wie z. B. Kaffee, Gips, Zitronensäurepulver (zum Entkalken), Sand, Erde, Mehl, Zucker, Salz

Durchführung:
- Geben Sie in jedes der Bechergläser einen Löffel des Feststoffes.
- Füllen Sie bis zur 50-ml-Markierung Wasser ein und rühren Sie um.

Beobachtung:

Salz, Zitronensäure und Zucker ergeben in Wasser nach gutem Umrühren eine klare Flüssigkeit. Bei allen anderen Feststoffen bleibt ein fester Rückstand im Wasser, die Stoffe lösen sich nicht.

Deutung:

Stoffe kann man danach einteilen, ob sie in Wasser löslich sind oder nicht. Im Falle von nicht löslichen Stoffen lassen die entstehenden Stoffgemische die Einzelkomponenten erkennen, während man in den anderen Fällen nach dem Lösungsprozess nicht mehr erkennen kann, woraus das entstandene Stoffgemisch besteht.

Stoff	Löslichkeit in Wasser
Kaffee	☹
Salz	☺
Gips	☹
Zitronensäurepulver	☺
Mehl	☹
Erde	☹
Zucker	☺
Sand	☹

Wie geht es weiter? Thematischer Zusammenhang

Die Erkenntnis, dass es Stoffe gibt, die sich in Wasser lösen und andere, die nicht in Wasser löslich sind, kann benutzt werden, um unbekannte Stoffe, die sehr ähnlich aussehen, identifizieren zu können. Dies zeigt folgendes Experiment 12. Gips und Puderzucker, die mit dem bloßen Auge kaum zu unterscheiden sind, sollen identifiziert werden. Den Kindern werden hierzu zwei unbeschriftete Behältnisse gegeben, mit dem Hinweis, dass vergessen wurde zu notieren, in welchem Behältnis Puderzucker und in welchem sich Gips befindet. Es steht die Frage im Raum, wie herausgefunden werden kann, welcher Stoff welcher ist. Da die Kinder schon kennengelernt haben, dass sich Salz in Wasser löst, Gips jedoch nicht, können Sie neben anderen Vorschlägen, wie etwa die Stoffe mit der Lupe anzusehen oder die Stoffe zu erhitzen, auch den Vorschlag äußern, beide Stoffe in Wasser zu lösen.

Experiment 12: zwei unbekannte Stoffe identifizieren

Material:
2 unbeschriftete Behältnisse mit Gips bzw. Puderzucker, Teelöffel, 2 Bechergläser

Durchführung:
* Füllen Sie in ein Becherglas einen Teelöffel des einen unbekannten Stoffes, in das zweite einen Teelöffel des zweiten Stoffes.
* Füllen Sie beide Bechergläser zur Hälfte mit Wasser und rühren Sie um.

Beobachtung:
Nach dem Umrühren befindet sich in einem Becherglas eine klare Lösung. In dem zweiten ist ein milchig-trübes Gemisch zu erkennen. Es hat sich am Boden ein weißer Feststoff gesammelt.

Deutung:
Gips ist in Wasser unlöslich, Puderzucker ist löslich, sodass nun eindeutig die unbekannten Stoffe zugeordnet werden können.

Ein Stoff löst sich in Wasser, der andere nicht.

Aufgaben

1. *Welche Funktion hat das Experiment im Ablauf der Experimentierreihe?*

2. *Überlegen Sie weitere Anwendungs-/Vertiefungsexperimente zum Thema Löslichkeit von Stoffen in Wasser.*

7.4 Schmelztemperatur, Dichte und Co.

Schmelz- und Siedetemperatur

Zwei weitere wichtige Eigenschaften, die für jeden Stoff charakteristisch sind, sind die Siede- und Schmelztemperatur.

Schmelztemperatur = Temperatur, bei welcher ein Stoff nach Zufuhr von Wärme vom festen in den flüssigen Aggregatzustand übergeht.

Siedetemperatur = Temperatur, bei welcher ein Stoff nach Zufuhr von Wärme vom flüssigen in den gasförmigen Aggregatzustand übergeht.

Die Schmelztemperatur von Wasser liegt bei 0 °C, die Siedetemperatur bei 100 °C. Kein anderer Stoff besitzt diese Schmelz- und Siedetemperaturen, sodass Wasser eindeutig anhand dieser Daten identifiziert werden kann. Alle Stoffe, die bei Raumtemperatur fest sind, haben eine Schmelztemperatur, die über der Raumtemperatur liegt. Alle Stoffe, die bei Raumtemperatur gasförmig sind, haben eine Siedetemperatur, die unter der Raumtemperatur liegt. Bei welchen Temperaturen Stoffe ihre Aggregatzustände ändern, hängt maßgeblich davon ab, wie groß die Anziehungskräfte zwischen den Teilchen sind. Je größer diese sind, desto mehr Energie in Form von Wärme ist notwendig, um diese Anziehungskräfte zu überwinden und einen Stoff zu schmelzen bzw. in den gasförmigen Zustand zu überführen.

Beispiele für die Schmelz- und Siedetemperatur einiger Stoffe

Stoff	Schmelztemperatur in °C	Siedetemperatur in °C
Wasser	0	100
Ethanol (Alkohol)	−114	78
Kochsalz	800	1265
Stearinsäure (Kerzenwachs)	69	370
Sauerstoff	−218	−183

Erhitzt man einen flüssigen Stoff, steigt die Temperatur der Flüssigkeit so lange, bis sich im Inneren der Flüssigkeit Gasblasen bilden und die Flüssigkeit zu sieden beginnt. Die Temperatur, die man am Thermometer dann ablesen kann, ist die Siedetemperatur. Sie verändert sich über den gesamten Vorgang des Siedens nicht. Es lassen sich nicht für alle Stoffe Schmelz- und Siedetemperaturen angeben, weil sich manche Stoffe unter Wärmezufuhr zersetzen. Beispiele hierfür sind Zucker oder Stärke.

1. Bestimmen Sie die Schmelztemperatur von Kerzenwachs. Geben Sie hierzu ein Becherglas mit Wasser auf eine Kochplatte und halten Sie ein mit Kerzenwachsraspeln gefülltes Reagenzglas, in das ein Thermometer getaucht wird, in das Becherglas. Erhitzen Sie das Wasser so lange, bis das Kerzenwachs geschmolzen ist. Notieren Sie hierzu alle 30 Sekunden die Temperatur des Wachses.

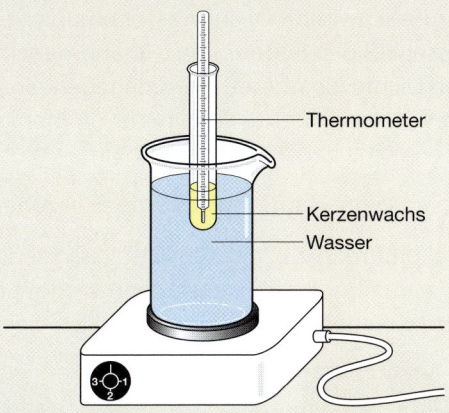

Thermometer

Kerzenwachs
Wasser

2. Beschreiben Sie Ihre Beobachtungen und tragen Sie Ihre gemessenen Ergebnisse in ein Temperatur-Zeit-Diagramm ein.

Versuchsanordnung zur Messung der Schmelztemperatur von Kerzenwachs

3. Bestimmen Sie die Siedetemperatur von Wasser, indem Sie Wasser auf einer Kochplatte zum Sieden bringen. Verfahren Sie genauso wie bei der Bestimmung der Schmelztemperatur des Kerzenwachses.

Je nach Aggregatzustand eines Stoffes sind die Teilchen unterschiedlich angeordnet. Im festen Aggregatzustand sind diese sehr eng aneinander angeordnet, sie sind nicht frei beweglich, sondern schwingen nur auf ihrem Platz. Gibt man nun mehr Energie in Form von Wärme in das System, erhöht sich die Eigenbewegung der Teilchen, der Abstand wird ein wenig größer und die Teilchen können aneinander vorbeigleiten. Bei weiterer Wärmezufuhr wird die Eigenbewegung der Teilchen so groß, dass sie sich schließlich aus dem Teilchenverband lösen und sich ungeordnet und frei im Raum bewegen (vgl. Kapitel 3.3.1, S. 62).

Projekt

Führen Sie Kinder im Vorschulbereich mithilfe des Stoffes Wasser an das Thema Aggregatzustände heran. Setzen Sie sich hierzu mit folgenden Planungsaspekten auseinander:

1. Bestimmen Sie die Begrifflichkeiten, welche die Kinder in diesem Projekt neu lernen sollen.

2. Wählen Sie eine Abfolge naturwissenschaftlicher Aktivitäten, um die Kinder an das Thema Aggregatzustände heranzuführen.

3. Formulieren Sie für jede der Aktivitäten zu erweiternde Kompetenzen.

4. Wie können neu gewonnene Erkenntnisse mithilfe von Modellen oder Animismen veranschaulicht werden?

Dichte

Warum schwimmt Öl auf Wasser und nicht Wasser auf Öl? Warum sinkt ein Eisennagel im Wasser auf den Boden? Diese Phänomene haben mit der Dichte zu tun. Öl hat eine geringere Dichte als Wasser, Eisen dagegen eine höhere Dichte. In der Dichte wird die Masse eines Stoffes in Bezug zu seinem Volumen gemessen. Die Masse eines Gegenstandes gibt an, wie schwer dieser ist, das Volumen gibt den Raum an, den dieser Körper einnimmt.

Dichte = Masse eines Stoffes bezogen auf ein Volumen von 1 cm³.

Bestimmt man z. B. das Gewicht verschiedener Stoffe, die alle dasselbe Volumen haben, z. B. einen Kubikzentimeter, dann wird man feststellen, dass alle Stoffe, obwohl sie dasselbe Volumen haben, unterschiedlich viel wiegen.

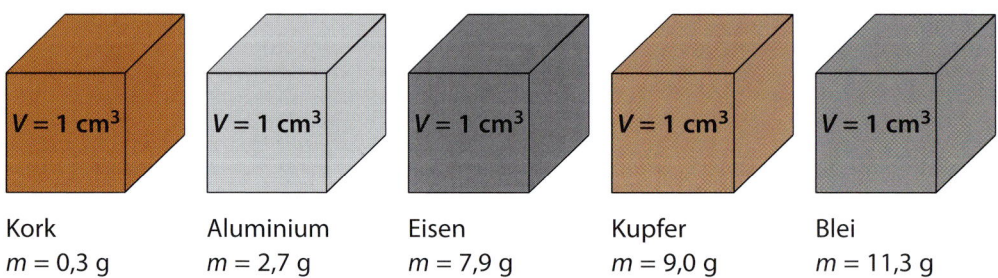

Kork	Aluminium	Eisen	Kupfer	Blei
m = 0,3 g	m = 2,7 g	m = 7,9 g	m = 9,0 g	m = 11,3 g

Verschiedene Stoffe desselben Volumens haben eine unterschiedliche Masse

Stoff	Dichte
Gold	19,32 g/cm³
Kupfer	8,96 g/cm³
Eisen	7,86 g/cm³
Kochsalz	2,16 g/cm³
Wasser	1,00 g/cm³
Öl	0,8-0,9 g/cm³
Kork	0,25 g/cm³
Sauerstoff	0,00143 g/cm³
Luft	0,00129 g/cm³

Sehr vereinfacht kann man sagen: Je dichter die Teilchen in einem Stoff sind, desto höher ist die Dichte, je weniger dicht die Teilchen sind, desto geringer ist die Dichte. Feststoffe haben also generell eine höhere Dichte als Flüssigkeiten und Flüssigkeiten haben eine höhere Dichte als Gase. Die Dichte hängt von der Temperatur ab. Mit steigender Temperatur nimmt das Volumen eines Stoffes in der Regel zu, die Masse aber bleibt gleich. Dadurch verringert sich die Dichte. Ebenso hat der Druck einen Einfluss auf die Dichte. Übt man auf einen Stoff einen hohen Druck aus, so verringert sich das Volumen. Das kann man z. B. vergleichen mit Schaumstoff, den man eng zusammenpressen und somit das Volumen verringern kann. Die Masse verändert sich nicht, sodass die Dichte zunimmt.

Aufgaben

1. *Bestimmen Sie die Dichte verschiedener Gegenstände wie z. B. einer Glasmurmel, einer Münze oder eines Eisennagels. Wiegen Sie hierzu die Gegenstände und bestimmen Sie das Volumen, indem Sie den Gegenstand in einen mit Wasser gefüll-*

ten Messzylinder tauchen und die Volumenzunahme notieren. Indem Sie die Masse in Gramm durch das Volumen in Zentimetern teilen, erhalten Sie die Dichte dieser Stoffe. Vergleichen Sie die gefundenen Werte mit Literaturwerten.

2. Lösen Sie 20 g Salz in 100 ml Wasser. Messen Sie nun 100 ml dieser Salzlösung ab, wiegen diese und bestimmen Sie die Dichte. Vergleichen Sie diese mit der Dichte von reinem Wasser, indem Sie auch hier die Masse von 100 ml Wasser bestimmen. Deuten Sie das Versuchsergebnis.

Projekt

Planen Sie ein Projekt zum Thema Schwimmen und Sinken für Kinder im Alter von acht bis zehn Jahren. Informieren Sie sich über den Dichtebegriff bei Kindern dieses Alters und konzipieren Sie von dort aus einen geeigneten Ablauf des Projektes. Bedenken Sie folgende Aspekte:

1. Welche Schwierigkeiten haben Heranwachsende mit dem Dichtebegriff? Welche typischen Fehlvorstellungen herrschen vor?

2. Welche Experimente eignen sich, um Kindern den Dichtebegriff näherzubringen?

3. Wie gewährleisten Sie ein ausgewogenes Verhältnis von Konstruktion und Instruktion (vgl. Kapitel 2.2, S. 33)?

4. Wie kann zum Ende des Projektes überprüft werden, ob die Kinder ihre Erkenntnisse zu dieser Thematik erweitert haben?

Wenn Sie mit Kindern zum Thema Dichte arbeiten, bietet es sich an, konkrete Aufgaben zu formulieren, die gelöst werden müssen, z. B.:
- Verformt eine Knetkugel so, dass sie im Wasser schwimmt.
- Wie kann Gunda Gummibärchen trockenen Fußes von einem Ufer des Sees zum anderen gelangen?

Außerdem kann gut mit kognitiven Konflikten gearbeitet werden. Beispielsweise werden den Kindern zwei gleich große Kugeln aus Knete präsentiert. Eine der Kugeln haben Sie im Vorfeld ohne Wissen der Kinder präpariert, indem Sie diese z. B. mit Styropor gefüllt haben. Gibt man beide Kugeln in Wasser, so sinkt nur die reine Knetkugel nach unten, die andere Kugel schwimmt im Wasser. Diese Beobachtung widerspricht der Erwartung der Kinder, sodass sie untersuchen werden, warum sich beide Kugeln, obwohl sie gleich groß sind, im Wasser unterschiedlich verhalten. Die Kinder können Vermutungen anstellen und diese überprüfen, indem sie das Innenleben der Kugeln untersuchen.

Magnetismus

Stoffe lassen sich hinsichtlich magnetischer Eigenschaften kategorisieren. In der Regel werden Metalle wie Eisen oder Nickel von einem Magneten angezogen, alle anderen Stoffe zeigen keine magnetischen Eigenschaften. Es gibt verschiedene Formen von Magneten wie z. B. Stabmagnete, Hufeisenmagnete oder Scheibenmagnete.

3. Überprüfen Sie die magnetischen Eigenschaften verschiedener Stoffe, z. B. Holz, Papier, Eisen, Glas, Kupfer, Aluminium, indem Sie einen Magneten an diese halten. Ordnen Sie die Stoffe entsprechend zu.

4. Untersuchen Sie, ob sich die Kraftwirkung eines Magneten durch Materialien wie Papier, Pappe oder Holz abschwächen lässt.

5. Nähern Sie zwei Stabmagnete aus unterschiedlichen Positionen einander an. Welche Gesetzmäßigkeiten lassen sich formulieren?

6. Informieren Sie sich mithilfe geeigneter Literatur über die Ursache von magnetischen Eigenschaften.

Projekt

Planen Sie für den Vorschulbereich eine Aktivität zum Thema „Magnetische Eigenschaften von Stoffen". Setzen Sie sich hierzu mit folgenden Aspekten auseinander:

1. Wie können Sie die Kinder motivierend und ansprechend (Animismen, Geschichten, Phänomene) in dieses Thema einführen?

2. Auf welche Weise erreichen Sie eine hohe Forscheraktivität auf Kinderseite?

3. Wie können Sie die Kinder zum Austausch ihrer Vermutungen untereinander anregen?

4. Welche Kompetenzen möchten Sie fördern/weiterentwickeln?

5. Wie lassen sich die gewonnenen Erkenntnisse dokumentieren?

Elektrische Leitfähigkeit

Stoffe können danach unterteilt werden, ob sie den elektrischen Strom leiten oder nicht.

Elektrischer Strom = Bewegung von Ladungsträgern wie Ionen oder Elektronen.

Metalle leiten den elektrischen Strom, weil in ihnen Elektronen frei beweglich sind. Lösungen oder Gase, die Ionen enthalten, leiten den elektrischen Strom auch. Die Stromleitung ist hier nicht wie bei den Metallen an die Bewegung von Elektronen gebunden, sondern an die Bewegung der geladenen Teilchen, die bei der Stromleitung einer stofflichen Veränderung unterworfen sind (zum Thema Strom und Elektrizität vgl. Kapitel 14).

Härte

Die Härte eines Stoffes kann über das Ritzen bestimmt werden. Eingeordnet wird diese in die von Friedrich Mohs (1773–1839) aufgestellte Härteskala. Diese Härteskala basiert auf der Härte von Mineralien, die entsprechenden Härtegraden zugeordnet werden. Die Anordnung der Mineralien in der Skala erfolgt danach, welches Mineral welches ritzt und welches Mineral von welchem geritzt wird. Insgesamt existieren zehn Härtegrade.

Mohs'sche Härteskala

Härtegrad	Testmineral	Test
1	Talk	
2	Gips	Fingernagel ritzt bis Härte 2.
3	Kalkspat (Calcit)	Kupfermünze ritzt bis Härte 3.
4	Flussspat (Fluorit)	
5	Apatit	Spitze eines Taschenmessers ritzt bis Härte 6.
6	Feldspat (Orthoklas)	Mineralien ab Härte 6 ritzen Fensterglas.
7	Quarz	
8	Topas	ab Härte 8 wird Glas geschnitten.
9	Korund	
10	Diamant	

Kalkspat   Apatit   Topas

7.5 Stoffgemische herstellen und trennen

Stoffe kann man dahingehend unterteilen, ob sie Reinstoffe oder Stoffgemische sind (vgl. Kapitel 3.3.2). Reinstoffe sind all diejenigen Stoffe, die nur aus einer Teilchensorte bestehen. So besteht beispielsweise Kochsalz nur aus Natriumchlorid, Wasser nur aus Wassermolekülen und Sauerstoff nur aus Sauerstoffmolekülen. Stoffgemische enthalten mindestens zwei Reinstoffe. Eine Kochsalzlösung besteht aus den Reinstoffen Wasser und Kochsalz, Luft ist ein Gasgemisch, das aus den Reinstoffen Stickstoff, Sauerstoff, Kohlenstoffdioxid und einigen Edelgasen besteht. Tinte ist ein Gemisch aus Wasser und Farbstoff. Stoffgemische lassen sich zum einen unterteilen nach den Aggregatzuständen der Reinstoffe, aus denen das Stoffgemisch besteht. Zum anderen stellt das Aussehen des Stoffgemisches ein Unterscheidungskriterium dar: Stoffgemische, bei denen die Reinstoffe mit bloßem Auge, mit einer Lupe oder mit dem Mikroskop nebeneinander erkennbar sind, werden als **heterogen**[1] bezeichnet.

Stoffgemische, bei denen die Reinstoffe nicht einmal unter dem Mikroskop zu erkennen sind, heißen **homogen**[2]. Sie sehen einheitlich aus.

---

[1] griech. heteros: verschieden, anders
[2] griech. homos: gleich, ähnlich

Stoffgemische lassen sich folgendermaßen einteilen:

Stoffgemische	Heterogene Stoffgemische		Homogene Stoffgemische	
Aggregatzustände der Reinstoffe	Bezeichnung	Beispiele	Bezeichnung	Beispiele
fest/fest	Gemenge	Zucker/Mehl	Legierung	Messing (Zink/Kupfer)
flüssig/fest	Aufschlämmung	Wasser/Mehl	Lösung	Salz/Zucker
gasförmig/fest	Rauch	Luft/Staubpartikel	–	
flüssig/flüssig	Emulsion	Öl/Wasser	Lösung	Wasser/Alkohol
flüssig/gasförmig	Schaum, Nebel	Wasser/Luft	–	
gasförmig/gasförmig	–		Gasgemisch	Luft (Stickstoff, Sauerstoff, ...)

Ein Aspekt, mit dem sich die Naturwissenschaften beschäftigen, ist die Frage danach, wie Stoffgemische wieder in einzelne Reinstoffe getrennt werden können. Zur Stofftrennung nutzt man die im letzten Kapitel besprochenen unterschiedlichen Eigenschaften der verschiedenen Stoffe aus.

Aufgaben

1. *Überlegen Sie, wie Sie die im letzten Kapitel (Experiment 11, S. 146) hergestellten Stoffgemische wieder trennen können.*

2. *Führen Sie Ihre Vorschläge durch und notieren Sie, welches Trennverfahren erfolgreich war. Welche Eigenschaften werden jeweils zur Trennung ausgenutzt?*

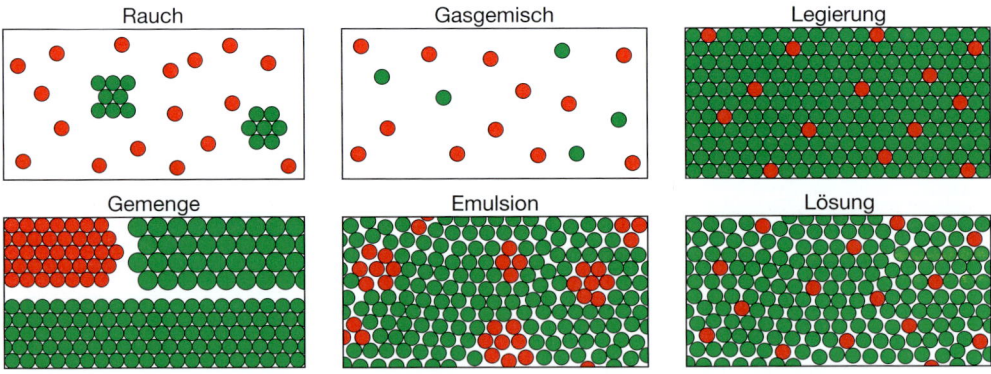

einige Stoffgemische im Teilchenmodell (vgl. obige Tabelle)

Folgende Trennverfahren können zur Trennung von Stoffgemischen herangezogen werden.

Sedimentieren und Dekantieren

Eine Aufschlämmung aus Mehl und Wasser oder Sand und Wasser klärt sich mit der Zeit. Da die **Dichte** der Feststoffe höher ist als die des Wassers, setzen sich die festen Stoffe am Boden ab. Diesen Vorgang nennt man **Sedimentieren** (Absetzen). Die Stoffe, die sich am Boden ansammeln, werden Bodensatz oder Sediment genannt. Das klare Wasser, das über dem Bodensatz steht, kann vorsichtig abgegossen werden. Der Bodensatz bleibt im Gefäß zurück. Das Trennen von festen und flüssigen Stoffen durch Abgießen nennt man **Dekantieren**[1]. Beim Sedimentieren und dem anschließenden Dekantieren werden die einzelnen Stoffe nur grob getrennt.

Aufschlämmung aus Mehl und Wasser oder Sand

Ein Beispiel für die Anwendung eines solchen Trennverfahrens ist das Absetzen von Klärschlamm in einer Abwasserkläranlage. Die unterschiedliche Dichte von Stoffen wird auch von den Goldwäschern genutzt. Durch die höhere Dichte des Goldes lassen sich aus goldhaltigem Sand durch Ausschwemmen des Sandes kleinste Goldkörner gewinnen.

Filtrieren

Eine Trennung fester, unlöslicher Stoffe von Flüssigkeiten kann über das Filtrieren erfolgen. Beim Filtrieren wird das Stoffgemisch auf einen Filter gegeben, der feine Poren hat. Durch diese Poren kann die Flüssigkeit ablaufen. Der feste Stoff, der **Filterrückstand**, wird aufgrund seiner Partikelgröße vom Filter zurückgehalten. Die durchgelaufene Flüssigkeit bezeichnet man als **Filtrat**. Der im Filterrückstand zurückbleibende Feststoff kann getrocknet werden. Bei sehr feinkörnigen festen Stoffen muss ein entsprechender Filter mit kleinen Poren verwendet werden.

Dieses Trennverfahren findet in den verschiedensten Bereichen Anwendung wie z.B. beim Kaffeekochen oder der Abwasserreinigung. Durch Filter können auch Feststoffteilchen und Flüssigkeitstropfen aus der Luft entfernt werden wie z.B. im Luftfilter von Kraftfahrzeugen.

Extrahieren

Beim **Extrahieren**[2] werden durch geeignete Lösemittel Stoffe aus Stoffgemischen herausgelöst. Bei diesem Trennverfahren wird die unterschiedliche Löslichkeit der Reinstoffe im Stoffgemisch genutzt. Durch Filtrieren kann die Lösung mit dem gelösten Stoff von dem

---

[1] *lat. decantare: abklären, abgießen*
[2] *lat. extrahere: herausziehen*

nicht im Lösungsmittel löslichen Stoff getrennt werden. Jedoch muss dazu die Porengröße geringer sein als der im Wasser unlösliche Feststoff. Das Lösemittel wird als **Extraktionsmittel** bezeichnet, die Lösung mit den herausgelösten Stoffen als **Extrakt**. Durch Eindampfen kann nun auch der im Lösungsmittel gelöste Feststoff gewonnen werden. Zum Beispiel kann ein Mehl-Salz-Gemisch auf diese Weise getrennt werden. Das Gemisch wird in Wasser gegeben. Das Salz löst sich im Wasser, das Mehl jedoch nicht. Das Salz-Mehl-Wasser-Gemisch wird nun filtriert, das Mehl bleibt im Filter zurück, während als Filtrat die Salzlösung erhalten wird. Das Salz kann nun durch Eindampfen zurückgewonnen werden. Ein weiteres Beispiel für eine Extraktion ist das Kaffeekochen.

Destillieren

Homogene Stoffgemische aus zwei Flüssigkeiten oder einer Flüssigkeit und einem Feststoff lassen sich mithilfe der Destillation[1] trennen.

Bei der Destillation wird das Stoffgemisch erhitzt, bis die Siedetemperatur des niedriger siedenden Stoffes erreicht ist. Bei einer Kochsalzlösung beispielsweise verdampft Wasser bei 100 °C, geht also vom flüssigen in den gasförmigen Zustand über. Die Schmelztemperatur von Kochsalz liegt bei

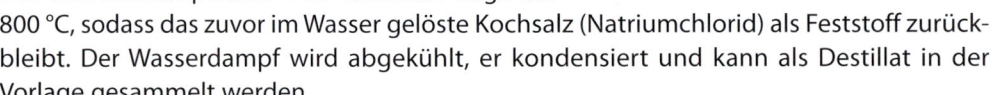

800 °C, sodass das zuvor im Wasser gelöste Kochsalz (Natriumchlorid) als Feststoff zurückbleibt. Der Wasserdampf wird abgekühlt, er kondensiert und kann als Destillat in der Vorlage gesammelt werden.

Durch Destillation lassen sich Stoffgemische nur trennen, wenn die Siedetemperaturen der Stoffe weit auseinander liegen.

Aus vergorenen Obstsäften lässt sich auf diese Weise Alkohol destillieren.

Eindampfen

Das Eindampfen ist eine Möglichkeit, einen Feststoff aus einer Lösung zurückzugewinnen. Ausgenutzt wird hier der im Gegensatz zur Flüssigkeit sehr hohe Schmelz- bzw. Siedepunkt des Feststoffes. Die Flüssigkeit verdampft durch Erhitzen der

---

[1] lat. destillare: herabträufeln

Lösung und der Feststoff bleibt zurück. Bei diesem Verfahren geht es also um die Gewinnung des Feststoffes, während bei der Destillation die niedriger siedende Flüssigkeit gewonnen wird. Erhitzt man die Lösung nicht, sondern lässt sie einfach nur stehen, so würde nach einiger Zeit lediglich das Salz zurückbleiben, die Flüssigkeit verdunstet. Das Eindampfen ist also ein beschleunigtes Verfahren des Verdunstens.

Dieses Trennverfahren spielt bei der Gewinnung von Meersalz eine Rolle.

Chromatografieren

Mit dem Trennverfahren der Chromatografie lassen sich kleinste Mengen ähnlicher Stoffe trennen. Dazu gibt man einen kleinen Tropfen eines Stoffgemischs auf ein saugfähiges Papier und taucht dieses in ein Lösungsmittel. Das Stoffgemisch wird durch ein Lösungsmittel aufgetrennt, indem das Lösungsmittel die einzelnen Bestandteile unterschiedlich weit mitnimmt. Die ausgenutzte Eigenschaft ist hier die unterschiedliche Löslichkeit von Stoffen in einem Lösungsmittel. Die Auftrennung  hängt nicht nur von der Löslichkeit der Stoffe in dem Lösungsmittel ab, sondern auch davon, wie stark das Papier den Reinstoff absorbiert, wie sehr also Papier und Reinstoff sich anziehen. Dieses Verfahren macht man sich beim Auftrennen von Filzstiftfarben auf Filterpapier zunutze. Die Farbe Schwarz besteht aus vielen Farben. Auf der Abbildung ist gut zu erkennen, dass der blaue Farbstoff auf dem Filterpapier am weitesten wandert. Der blaue Farbstoff ist damit gut im Lösungsmittel Wasser löslich und wird weniger stark vom Filterpapier angezogen.

7.6 Vorschlag für das Projekt „Trennverfahren" in Kita und Grundschule

Nachdem die Kinder schon einige Stoffe auf ihre Löslichkeit in Wasser untersucht und dabei verschiedene Stoffgemische hergestellt haben (vgl. Experiment 11), können sie nun nach Lösungen suchen, wie die selbst hergestellten Gemische wieder getrennt werden können. Erste Erkenntnisse, welche Prinzipien den Trennverfahren zugrunde liegen, können gesammelt werden, z. B. warum eine Salzlösung nicht mithilfe eines Filters getrennt werden kann, ein Mehl/Wasser-Gemisch aber doch. Die in Experiment 11 hergestellten Stoffgemische können in der folgenden Einheit wieder getrennt werden. Im Vordergrund sollte hier stehen, dass die Kinder ihre eigenen Vorschläge selbst ausprobieren und um die in diesem Buch aufgeführten Trennungsversuche ergänzen können.

Experiment 13: Trennen eines Mehl-Wasser-Gemischs (dekantieren/filtrieren)

Material:
Mehl, Becherglas (250 ml), Wasser, zwei Bechergläser (150 ml), Trichter, Filterpapier, Stativ

Vorbereitung:
Geben Sie in ein Becherglas drei Esslöffel Mehl und füllen Sie dieses mit Wasser auf. Rühren Sie anschließend gut um.

Durchführung I:
Trennen Sie das Gemisch durch vorsichtiges Abgießen des Wassers in ein Becherglas.

Beobachtung I:
Das Wasser lässt sich abschütten, während das Mehl unten im Becherglas bleibt.

Deutung:
Mehl hat eine höhere Dichte als Wasser und setzt sich daher nach einiger Zeit am Becherglasboden ab. Das Wasser kann somit abgegossen werden. Die ausgenutzte Stoffeigenschaft ist hier die unterschiedliche Dichte.

Durchführung II:
- Falten Sie das Filterpapier doppelt und geben Sie es in den Trichter.
- Filtrieren Sie die Aufschlämmung.

Beobachtung II:
Das Mehl bleibt oben im Filterpapier zurück, während das Wasser durch den Filter läuft.

Deutung:
Man kann sich den Filter wie ein Sieb mit vielen winzig kleinen Löchern vorstellen. Die Wasserteilchen sind so klein, dass sie durch diese Filterpapierlöcher passen. Die Mehlkörnchen sind jedoch größer als die Löcher im Filter, sodass das Mehl oben im Filter bleibt und das Gemisch auf diese Weise getrennt werden kann. Die ausgenutzte Eigenschaft ist hier die unterschiedliche Teilchengröße.

Experiment 14: Trennung eines Öl-Wasser-Gemischs (dekantieren)

Material:
Öl/Wasser-Gemisch, Becherglas

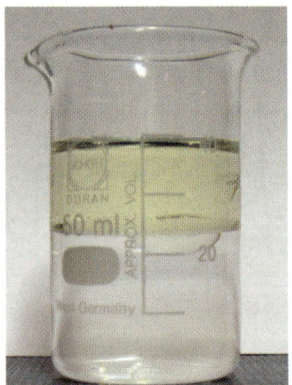 

Durchführung:
- Gießen Sie vorsichtig die Ölschicht in ein anderes Becherglas ab.
- Verbleibende Ölreste auf der Wasserschicht können mit der Pipette aufgenommen werden.

Beobachtung:
Die Ölschicht befindet sich über der Wasserschicht. Nachdem das Öl abgegossen wurde, ist nur noch das Wasser mit Resten von Öl in dem Becherglas.

Deutung: siehe Experiment 13

Experiment 15: Trennung einer Tintenlösung (destillieren)

Vorsicht:
Dieser Versuch sollte von Erwachsenen durchgeführt werden! Es muss eine Schutzbrille getragen werden.

Material:
Tintenlösung, Kochplatte, Reagenzglas, Stopfen mit Ableitungsrohr, Stativ und Klemme, Holzklammer (Reagenzglashalter)

Durchführung:
- Füllen Sie die Tintenlösung in den Erlenmeyerkolben.
- Bauen Sie die Versuchsapparatur auf.
- Erhitzen Sie die Farbstofflösung im Erlenmeyerkolben und fangen Sie die entstehende Flüssigkeit, wie in der Abbildung dargestellt, mit einem Reagenzglas auf.

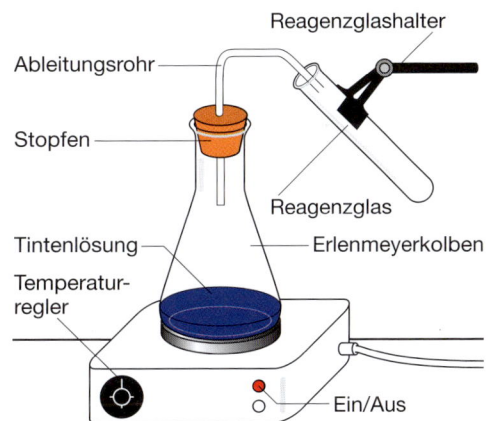

Beobachtung:
Allmählich sammelt sich Wasser in dem Reagenzglas. Das Volumen der Tintenlösung nimmt immer weiter ab, bis nur noch der Tintenfarbstoff im Becherglas vorhanden ist.

Deutung:
Wasser geht bei 100 °C in den gasförmigen Zustand über. Man sagt, Wasser siedet bei 100 °C. Erreicht die Tintenlösung eine Temperatur von 100 °C, verdampft das Wasser. Der Wasserdampf geht oben im Röhrchen aufgrund der Abkühlung wieder in den flüssigen Zustand über, sodass sich das Wasser im Reagenzglas sammelt. Der Tintenstoff bleibt als Feststoff im Erlenmeyerkolben zurück. Das liegt daran, dass die Schmelztemperatur des Farbstoffes sehr viel höher liegt als 100 °C und dieser somit seinen Aggregatzustand nicht ändert. Die ausgenutzte Stoffeigenschaft ist hier also die unterschiedliche Siedetemperatur.

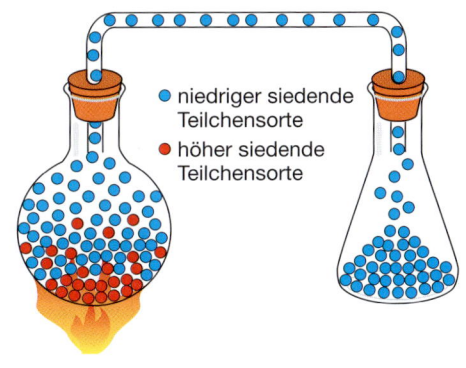

Destillation im Teilchenmodell

Experiment 16: Trennung einer Salzlösung – mal anders

Material:
Salzlösung, Becherglas, saugfähiges Papier (z. B. Toilettenpapier)

Durchführung:
- Falten Sie ca. 30 cm Toilettenpapier längs auf die Hälfte und halten Sie das eine Ende in ca. 50 ml Salzlösung.
- Lassen Sie den Aufbau über Nacht stehen.

Beobachtung:
Am nächsten Morgen befindet sich nur noch Salz im Becherglas.

Deutung:
Das Wasser ist im Gegensatz zum Salz durch das Papier aufgesaugt worden und schließlich verdunstet. Durch das Papier wurde der Verdunstungsprozess beschleunigt.

> **Aufgabe**
>
> *Ein Beispiel für Chromatografie ist das Auftrennen von Filzstiftfarben in ihre einzelnen Farbbestandteile. Trennen Sie verschiedene Farben von Stiften verschiedener Hersteller mithilfe von Filterpapier und Wasser als Laufmittel auf. Können die Farben, die sich nicht mit Wasser auftrennen lassen, mit anderen Lösungsmitteln, wie z. B. Öl, getrennt werden?*

Experiment 17: Trennung von Kaffee in seine Bestandteile (extrahieren)

Material:
Kaffee, Wasser, Löffel, zwei Bechergläser, Trichter, Filterpapier, Rührstab

Durchführung:
- Geben Sie einen Löffel des Kaffees in ein Becherglas.
- Füllen Sie das Becherglas mit Wasser auf und rühren Sie um.
- Filtrieren Sie nun den Inhalt des Becherglases.

Beobachtung:
Im Wasser lösen sich nur die Farb- und Aromastoffe und das Koffein. Es bleibt ein fester Rückstand von Kaffee in der Lösung (Kaffeesatz). Beim Filtrieren bleibt dieser Kaffeerückstand im Filter, während das Wasser mit den Farb- und Aromastoffen und dem Koffein durch den Filter läuft.

Deutung:
Das Lösen des Kaffees ist der erste Teil des Extraktionsprozesses. Hier lösen sich manche Stoffe im Wasser, andere Stoffe jedoch nicht. Dieses Gemisch kann nun filtriert werden (zweiter Teil des Extraktionsprozesses), wobei die großen Kaffeesatzteilchen im Filter zurückbleiben und die kleinen Wasser-, Farb-, Aroma- und Koffeinteilchen durch die Poren des Filters gelangen. Beim Kaffeekochen macht man sich also die unterschiedliche Löslichkeit der Stoffe und die Teilchengröße zunutze.

7.7 Basis allen Lebens: Die Luft

7.7.1 Die Atmosphäre der Erde

Bei der Luft handelt es sich um einen Stoff, den viele auf den ersten Blick gar nicht der Stoffwelt zuordnen, weil er nicht sichtbar ist. Dass das so ist, liegt an der Tatsache, dass die Luft ein Gasgemisch ist, das zu knapp vier Fünfteln aus Stickstoff und zu gut einem Fünftel aus Sauerstoff besteht. Genau diese Zusammensetzung ist der Grund dafür, dass sich das Leben auf diesem Planeten so entwickeln konnte, wie es sich entwickelt hat. Nicht immer war die Zusammensetzung der Atmosphäre so, wie sie heute ist.

Zu Beginn ihrer Entwicklung, vor ca. 4,6 Milliarden Jahren, bestand die Uratmosphäre aus Methan, Ammoniak, Wasserstoff, Wasser, Kohlenstoffdioxid und Schwefeldioxid. Dass sich in der Atmosphäre vor rund 2,6 Milliarden Jahren Sauerstoff bilden konnte, lag an der Entstehung von bestimmten Bakterien. Diese produzierten in den Ozeanen Sauerstoff, der teilweise in die Atmosphäre abgegeben wurde. Durch die Entwicklung von Landpflanzen vor etwa 500 Millionen Jahren und der damit verbundenen Fotosynthese kam es zu einer Erhöhung des Sauerstoffanteils in der Luft. Außerdem erhöhte sich, hauptsächlich durch den Zerfall von Ammoniak (NH_3), die Konzentration von Stickstoff (N_2) in der Atmosphäre. Eine Sauerstoffkonzentration von rund 21 Prozent wurde erstmals vor 350 Millionen Jahren erreicht, und nach einigen Schwankungen ist dieser Wert seit ca. 25 Millionen Jahren stabil.

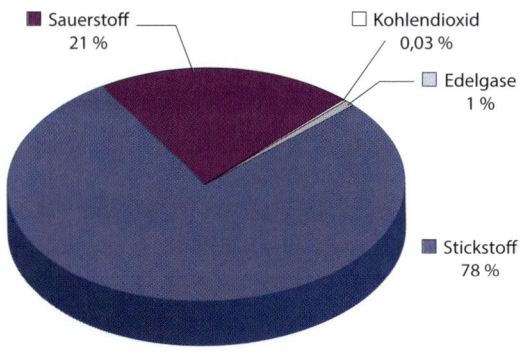

Zusammensetzung der Luft

Die Luft besteht also nicht aus reinem, für den Menschen lebensnotwendigen Sauerstoff und das ist auch gut so. Sauerstoff ist zwar selbst nicht brennbar, aber er unterhält die Verbrennung, sodass in reinem Sauerstoff eine viel zu hohe Brandgefahr bestehen würde. Der in der Luft zu einem sehr hohen Anteil enthaltene reaktionsträge Stickstoff sorgt dafür, dass wir hier nicht auf einem explosiven Pulverfass sitzen. Die Luft ist ein Stoffgemisch und besteht aus verschiedenen Reinstoffen, die unterschiedliche Eigenschaften besitzen.

	Stickstoff	Sauerstoff	Kohlenstoffdioxid
Farbe	farblos	farblos	farblos
Aggregatzustand	gasförmig	gasförmig	gasförmig
Schmelztemperatur	−210 °C	−218 °C	−57 °C (5,6 bar)
Siedetemperatur	−196 °C	−183 °C	−79 °C
Dichte (0 °C)	1,17 g/l	1,33 g/l	1,98 g/l

Dass Luft ein Stoffgemisch ist, das sich aus verschiedenen Reinstoffen zusammensetzt, ist erst seit dem 18. Jahrhundert bekannt. Der französische Chemiker Antoine Laurent Lavoisier (1743–1796) fand heraus, dass in der Luft sowohl Stoffe enthalten sind, die den Verbrennungsprozess unterhalten als auch Stoffe, welche die Verbrennung nicht fördern. Er folgerte daraus, dass Luft aus mindestens zwei Komponenten bestehen müsse.

Im vorangegangenen Kapitel ging es u. a. um die Identifizierung von Stoffen anhand ihrer Eigenschaften.

Die Bestandteile der Luft sind gasförmig, sodass diese nicht mit unseren Sinnen wahrgenommen werden können. Wie kann man dann z. B. nachweisen, dass in der Luft Sauerstoff enthalten ist? Beim Nachweis von Sauerstoff in der Luft nutzt man aus, dass Sauerstoff den Verbrennungsprozess unterhält. Taucht man beispielsweise einen glimmenden Holzspan in ein mit Sauerstoff gefülltes Behältnis, so flammt der Holzspan hell auf. Wäre das Behältnis mit Kohlenstoffdioxid oder Stickstoff gefüllt, würde der Holzspan erlischen.

Bei Verbrennungsprozessen entsteht u. a. Kohlenstoffdioxid. Dieses kann man nach-

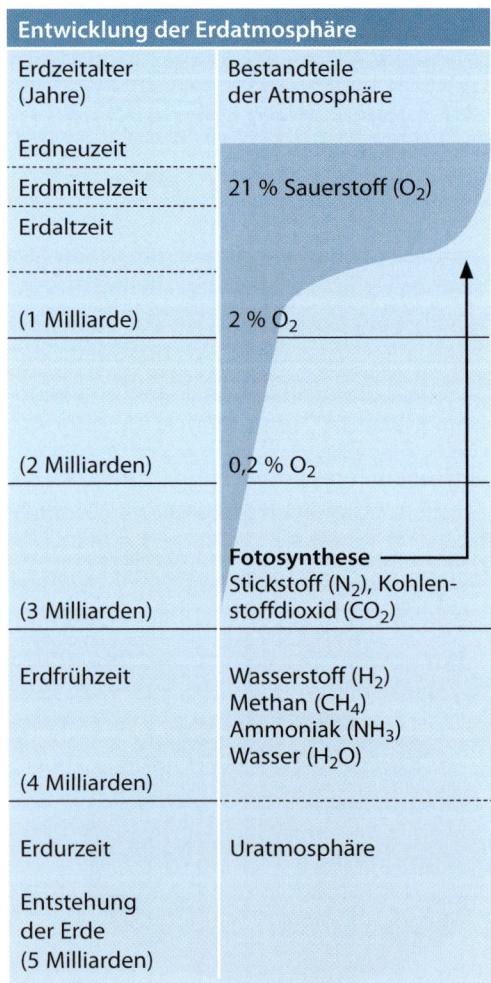

Entwicklung der Erdatmosphäre (Bergstedt, 2002, S. 7)

weisen, indem man es in ein mit Kalkwasser gefülltes Gefäß leitet. Kalkwasser ist eine gesättigte Lösung von Calciumhydroxid in Wasser. Leitet man CO_2 in Kalkwasser ein, läuft folgende chemische Reaktion ab:

$$CO_2 + Ca(OH)_2 \rightarrow CaCO_3 + H_2O$$

Kohlenstoffdioxid reagiert mit Calciumhydroxid zu Calciumcarbonat und Wasser. Calciumcarbonat ist ein in Wasser nicht löslicher Stoff, sodass dieser als weißer Niederschlag ausfällt und die Lösung sich trübt.

Aufgaben

1. *Stellen Sie Kalkwasser her, indem Sie Calciumhydroxid in warmem Wasser lösen, bis sich nichts mehr lösen lässt. Der Bodensatz kann abfiltriert werden (bitte tragen Sie bei diesem Experiment eine Schutzbrille. Calciumhydroxid ist reizend und darf nicht mit den Augen in Kontakt kommen).*

2. *Weisen Sie in Ihrer Atemluft Kohlenstoffdioxid nach, indem Sie mit einem Strohhalm wiederholt Luft in ein mit Kalkwasser gefülltes Glas leiten.*

7.7.2 Kindern Luft erfahrbar machen

Will man in der Kindertagesstätte oder in der Grundschule naturwissenschaftliche Aktivitäten zum Thema Luft durchführen, muss berücksichtigt werden, dass die Grundvoraussetzung allen Experimentierens zu diesem Thema in der Erkenntnis liegt, dass Luft ein Stoff ist wie jeder andere auch. Dieses ist für Kinder zunächst nicht selbstverständlich, da man die Luft nicht sehen kann. Nicht ohne Grund fanden Wissenschaftler erst relativ spät heraus, dass die Luft ein Gasgemisch und kein Reinstoff ist.

Einfache Experimente machen Luft als einen Stoff, der Raum einnimmt, erfahrbar. Von dieser Erkenntnis aus können weitere Phänomene zum Thema Luft behandelt werden, die für Kinder dann nicht mehr in das Reich der Zauberei und Magie fallen, sondern erklärt werden können mithilfe der Vorstellung, dass Luft wie jeder andere Stoff auch aus kleinsten Teilchen besteht. An dieser Stelle ist eine Unterscheidung zwischen Luft und Sauerstoff als Bestandteil der Luft nicht relevant. Eine Unterscheidung kann vorgenommen werden, wenn es um den Verbrennungsprozess geht. Ob man in den folgenden Experimenten rein phänomenologisch arbeitet oder die Kinder mithilfe des Teilchenmodells Erklärungen formulieren können, hängt von dem Erkenntnisstand und den Vorerfahrungen der Kinder ab. Wird das Thema beispielsweise in der Kindertagesstätte rein phänomenologisch betrachtet, kann in der Grundschule auf diesem Wissen aufgebaut und es können Erklärungen mithilfe des Teilchenmodells gefunden werden. Darüber hinaus muss entschieden werden, ob eine didaktische Reduktion vorgenommen wird, welche die Luft als einen einheitlichen Stoff ansieht, oder ob einzelne Bestandteile der Luft, wie etwa Sauerstoff und Kohlenstoffdioxid, konkretisiert werden.

Luft als Animismus

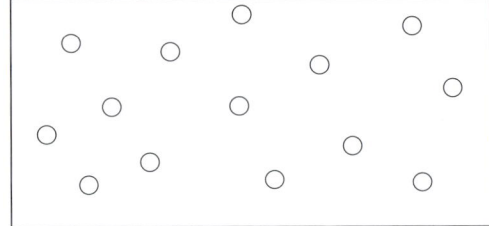

Luft im Teilchenmodell

Experiment 18: Luft wiegen

Material:

2 Luftballons gleichen Gewichts, Balkenwaage, Digitalwaage

Durchführung:

- Befestigen Sie an den beiden Seiten einer Balkenwaage zwei gleich schwere, nicht aufgeblasene Ballons. Justieren Sie bei Bedarf die Waage.
- Nehmen Sie nun einen der Ballons, blasen ihn auf und hängen Sie ihn wieder an die Balkenwaage.

Beobachtung:

Hängen zwei gleich schwere Ballons an einer Balkenwaage, so schlägt die Balkenwaage zu keiner Seite aus, die Waage ist im Gleichgewicht. Wird ein aufgeblasener Ballon an die Waage gehängt, während sich an der anderen Seite ein unaufgeblasener Ballon befindet, so schlägt die Seite mit dem aufgeblasenen Ballon nach unten aus.

Deutung:

Die Beobachtung lässt sich dahingehend deuten, dass der aufgeblasene Ballon mehr wiegt als der nicht aufgeblasene Ballon. Das liegt an der Luft, welche die Masse des Ballons erhöht: Luft selbst hat – obschon man sie nicht sehen kann – eine Masse. Ein Liter Luft wiegt ein wenig mehr als ein Gramm. Nun kann man den berechtigten Einwand hervorbringen, dass man Luft „in der Luft"

Luft hat ein Gewicht

nicht wiegen kann (genauso wenig, wie man Wasser im Wasser wiegen könnte), die Waage also eigentlich nicht ausschlagen dürfte. Dass sie es trotzdem tut, liegt daran, dass im Ballon die Luft komprimiert ist. Die Luftteilchen befinden sich im Ballon in einem geringeren Abstand zueinander als die Luftteilchen in der Umgebungsluft. Aus diesem Grund kann ein Gewicht des aufgeblasenen Ballons festgestellt werden.

Alternativ kann hier auch mit einer Digitalwaage gearbeitet werden.

Wenn Luft ein Stoff ist, den man wiegen kann, dann könnte man überlegen, wie man diesen unsichtbaren Stoff sichtbar machen kann. Wie können wir also die Luft aus dem Luftballon so einfangen, dass wir sie sehen können?

Experiment 19: Luft mit den Sinnen wahrnehmen

Material:
Luftballon, Glas, Glasschüssel, Wasser (evtl. mit Lebensmittelfarbe eingefärbt), Plastikflasche ohne Boden (mit Teppichmesser abgetrennt)

Durchführung:
a. • Füllen Sie eine Glasschüssel mit Wasser. Wenn das Wasser gefärbt ist, legen Sie noch ein weißes Blatt Papier unter die Glasschüssel.
   • Blasen Sie einen Luftballon auf, ohne ihn zuzubinden.
   • Tauchen Sie ein Glas mit Wasser gefüllt mit der Öffnung nach unten in die Glasschüssel.
   • Halten Sie nun die Öffnung des Luftballons unter Wasser und füllen Sie die Luft aus dem Luftballon in das mit Wasser gefüllte Glas.

b. • Halten Sie die geschlossene Plastikflasche mit dem Boden nach unten unter Wasser.
   • Halten Sie ein mit Wasser gefülltes Glas umgedreht über die Öffnung der Plastikflasche und öffnen Sie diese.

c. • Stülpen Sie ein mit Luft gefülltes Glas mit dem Glasboden nach oben in das mit Wasser gefüllte Behältnis, sodass die Luft in dem Glas eingeschlossen ist.
   • Tauchen Sie ein zweites Glas unter Wasser, füllen Sie es mit Wasser und halten Sie es mit der Öffnung schräg über das mit Luft gefüllte Glas.
   • Schütten Sie nun Luft aus einem Glas in das andere, indem Sie das Glas mit der Luft schräg unter das mit Wasser gefüllte Glas halten.

Beobachtung:
a. Das Glas unter Wasser wird mit der Luft aus dem Luftballon gefüllt. Das Wasser entweicht aus dem Glas. Wenn Sie das Wasser eingefärbt und ein weißes Papier unter die Schüssel gelegt haben, können Sie – wenn Sie von oben auf die Schüssel sehen – dort, wo das mit Luft gefüllte Glas ist, eine Aufhellung des Farbtons beobachten.
b. Solange die Plastikflasche verschlossen ist, kann kein Wasser hineindringen. Sobald Sie jedoch die Plastikflasche öffnen, steigen Luftblasen auf, die Flasche füllt sich mit Wasser und das Glas mit Luft.
c. Während Sie das Glas senkrecht nach unten unter Wasser halten, bleibt die Luft im Glas gefangen. Halten Sie stattdessen das Glas schräg unter die Öffnung eines mit Wasser gefüllten Glases, steigen Luftblasen hoch, das untere Glas füllt sich mit Wasser und das obere mit Luft.

Deutung:
Die Luft verdrängt das Wasser aus dem Wasserglas. Da Luft leichter als Wasser ist, d. h. eine geringere Dichte als Wasser hat, steigt sie nach oben und das Wasser wird aus dem Glas hinausgedrängt. Nun ist die Luft in dem Glas, das von Wasser umhüllt ist, eingeschlossen. Da Luft keine Farbe hat, erscheint an der Stelle des Glases das eingefärbte Wasser heller. Durch die Wasserumgebung ist die Luft sichtbar geworden.

7.7.3 Wie der Sauerstoff verbraucht wird: Verbrennungsprozesse

Haben Sie schon einmal das Entzünden einer Kerze genauer unter sucht? Was wird dafür benötigt, warum brennt die Kerze nach dem Entzünden weiter und wieso erlischt sie, wenn man sie auspustet oder Wasser darauf schüttet?

brennende Kerze

Zunächst einmal ist eine Startenergie notwendig, um eine Kerze zum Brennen zu bringen. Dies ist in der Regel Wärmeenergie, die diejenige Temperatur erzeugt, bei der sich ein brennbarer Stoff entzündet. Diese Temperatur nennt man **Entzündungstemperatur**. Mit der Flamme eines Zündholzes wird beispielsweise der Docht entzündet. Dieser verbrennt aber nicht, sodass sich die Frage ergibt, was denn der **Brennstoff** für das Unterhalten der Flamme ist. Beim Feuer im Kamin oder im Ofen ist ganz klar das Holz der Brennstoff, also derjenige Stoff, der verbrennt. Bei der Kerze ist es das Kerzenwachs. Wenn Sie nun aber ganz genau hinschauen, werden Sie feststellen, dass das Kerzenwachs gar nicht mit der Flamme in Berührung kommt. Tatsächlich wird durch die Kapillarwirkung flüssiges Kerzenwachs (Schmelzpunkt ca. 60 °C) zur Flamme transportiert, wo es schließlich verbrennt. Der Verbrennungsprozess ist eine chemische Reaktion (vgl. Kapitel 3.3.3), bei welcher der Brennstoff, in diesem Fall Wachs, mit Sauerstoff zu Kohlenstoffdioxid und Wasser reagiert. Aufgrund der hohen Temperaturen liegt das entstehende Wasser im gasförmigen Aggregatzustand vor.

$$C_xH_y + (x+y/4)O_2 \rightarrow xCO_2 + y/2\ H_2O$$

Hiermit ist die dritte Bedingung genannt, die den Verbrennungsprozess unterhält: eine **ausreichende Sauerstoffzufuhr**. Fällt die Sauerstoffkonzentration unter 16 Prozent, so erlischt die Kerzenflamme.

Brennstoff, eine ausreichende Sauerstoffzufuhr und das Erhitzen des Brennstoffes auf die Entzündungstemperatur sind also die Voraussetzungen für eine Verbrennung.

> *Verbrennungen sind chemische Reaktionen, bei welchen Wärme abgegeben und Licht ausgesendet wird.*

Nachdem die Kinder in ersten Experimenten erfahren haben, dass Luft ein Stoff ist, der sich überall um uns herum befindet, auch wenn wir ihn nicht sehen, kann die Aufmerksamkeit auf die Frage gelenkt werden, warum Luft ein so besonderer Stoff ist, den Menschen, Tiere und Pflanzen zum Leben benötigen. Beispielhaft werden hier Experimente zur Verbrennung vorgestellt, welche die Funktion haben, Kinder dafür zu sensibilisieren, dass Luft einen Stoff enthält, der eine besondere Rolle spielt: den Sauerstoff. Von hier aus sind viele weitere Aktivitäten denkbar, die den Sachverhalt Luft und Leben in den Mittelpunkt rücken.

Experiment 20: Kann eine Kerze unter Wasser brennen?

Material:
feuerfeste Unterlage, Teelicht, Streichhölzer, Glas, große Schüssel mit Wasser

Durchführung:
- Entzünden Sie das Teelicht und lassen Sie es auf der Wasseroberfläche schwimmen.
- Stülpen Sie ein Glas über das Teelicht und drücken Sie das Glas bis auf den Boden der Glasschüssel.

brennendes Teelicht unter Wasser

Experiment 21: Welche Kerze brennt am längsten?

Material:
feuerfeste Unterlage, 4 Teelichter, Streichhölzer, Gläser verschiedener Größe

Durchführung:
- Vergleichen Sie die Brenndauer eines Teelichts unter unterschiedlich großen Gläsern.
- Wählen Sie ein Glas mit großem Durchmesser und vergleichen Sie die Brenndauer, wenn Sie ein, zwei, drei oder vier Teelichter gleichzeitig unter der Glasglocke brennen lassen.

Abhängigkeit der Brenndauer des Teelichts von der Größe des Glases

Experiment 22: Verbraucht die Kerze die gesamte Luft?

Material:
feuerfeste Unterlage, Teelicht, Streichhölzer, Glas mit Schraubdeckel, Schüssel mit Wasser

Durchführung:
- Stellen Sie ein Teelicht in das Glas, entzünden Sie das Teelicht und verschließen Sie das Glas mit dem Deckel. Warten Sie, bis die Flamme erloschen ist.
- Halten Sie nun das Glas unter Wasser und öffnen Sie den Deckel.

Beobachtung:
Wird das Glas mit dem erloschenen Teelicht unter Wasser gehalten und dort geöffnet, sieht man Luftblasen nach oben entweichen.

Deutung:
Die Kerze verbraucht nicht die gesamte Luft beim Verbrennungsprozess. Die Blasen unter Wasser zeigen an, dass immer noch Luft im Glas enthalten ist. (Nicht nur die übrig gebliebene Luft ist im Glas vorhanden, sondern auch das entstandene Kohlenstoffdioxid und Wasser.)

Diese Experimente ermöglichen die Erkenntnis, dass die Kerzenflamme die Luft zum Existieren benötigt. Durch das Experiment „Verbraucht die Kerze die gesamte Luft?" wird deutlich, dass die Kerzenflamme nicht die komplett vorhandene Luft braucht, sondern nur einen Teil. Hier kann der Sauerstoff als ein Bestandteil der Luft eingeführt werden. Die Erklärung in Bezug auf dieses Experiment ist sehr reduktionistisch, da es letztlich keinen Aufschluss darüber zulässt, ob die gesamte Luft verbraucht wird oder nicht. Schließlich könnte die Beobachtung, dass Luftblasen aus dem Glas ausströmen, auch bedeuten, dass diese das entstandene Kohlenstoffdioxid und das Wasser aus dem Verbrennungsprozess sind. Diese Zusammenhänge würden natürlich dem Verstehensprozess der Kinder nicht gerecht werden, sodass eine didaktische Reduktion notwendig und sinnvoll ist.

Dieses Beispiel zeigt, wie wichtig es ist, Sachhintergründe zu Themenkomplexen zu kennen, um dann zu entscheiden, welche didaktischen Reduktionen in Einrichtung und Schule vorgenommen werden sollten.

Aufgaben

1. Stellen Sie die Bedeutung von Modellen und Animismen im Bereich des Themenkomplexes Luft heraus.

2. Entwickeln Sie kindgerechte Modelle und Animismen zu den zuvor beschriebenen Experimenten.

3. Wenden Sie die im Kapitel 4.2 genannten Kriterien auf die von Ihnen entwickelten Modelle und Animismen an.

4. Ordnen Sie die von Ihnen erstellten unterschiedlichen Modelle und Animismen nach dem Grad ihrer Abstraktheit.

Veranschaulichung des Verbrennungsprozesses mithilfe von Gummibärchen:

Eine Möglichkeit hier mit Veranschaulichungen zu arbeiten, sind Gummibärchen, die nach Farben sortiert werden. Gefragt, welche Farbe die Lieblingsfarbe der Kinder sei, werden sie aufgefordert, alle Bärchen mit der entsprechenden Lieblingsfarbe auszusortieren. In gleicher Weise wie jedes Kind seine Lieblingsfarbe aussortiert hat, so sortiert die Kerzenflamme ebenfalls die Luftteilchen nach denjenigen, die sie zum Brennen benötigt (Sauerstoffteilchen) und denjenigen, die sie nicht benötigt (Stickstoffteilchen, Kohlenstoffdioxidteilchen). Diese bleiben quasi in der Luft übrig, während die Sauerstoffteilchen nicht mehr da sind (genauso, wie die Gummibärchen mit der Lieblingsfarbe, nachdem sie im Bauch der Kinder gelandet sind).

Das Entstehen von Feuer war ein lebenswichtiger Prozess für die Entwicklung der Menschheit. Feuer spendet Wärme und schützt so vor dem Erfrieren, es macht aus Eis trinkbares Wasser, Nahrung kann zubereitet werden und Geräte wie z. B. Messer konnten geschmiedet werden.

Feuer kann jedoch auch zerstörerisch sein und jegliche Lebensgrundlage vernichten. Waldbrände, die mutwillig oder aus Unachtsamkeit hervorgerufen wurden, zerstören den Lebensraum von Tieren und Pflanzen. Es werden wertvolle Sauerstoff produzierende Pflanzen vernichtet und gleichzeitig riesige Mengen an schädlichem Kohlenstoffdioxid in die Atmosphäre entlassen (zu den Folgen einer Erhöhung der CO_2-Konzentration in der Atmosphäre siehe Kapitel 13.2, S. 322). Wertvolles Wasser wird dafür verbraucht, die Flammen einzudämmen. Doch bei Hitze und Wind ist der Mensch fast machtlos gegen die Zerstörungskraft des Feuers. Solche Ereignisse rufen in das Bewusstsein, wie leicht der Mensch,

Waldbrand in Spanien

mit verheerenden Folgen, in die Natur eingreifen kann. Und sie machen deutlich, wie wichtig der Schutz derselben ist.

Viele weitere Experimente zum Thema Luft sind denkbar. Die Bedeutung der Luft für Mensch und Pflanze wird an anderer Stelle behandelt (vgl. Kapitel 10 und 11).

Projekt

Sie führen wöchentlich naturwissenschaftliche Aktivitäten in Ihrer Einrichtung in einem dafür bestimmten Laborraum mit den Maxikindern durch. Darüber hinaus bieten Sie im Freispiel für alle Kinder Ihrer Gruppe Möglichkeiten zum Forschen und Experimentieren an. Sie haben nun die alten Maxikinder verabschiedet, ab August kommen die neuen. Die neuen Maxikinder haben zwar im Freispiel schon eigenständig Erfahrungen sammeln können, sie haben aber noch nicht angeleitet experimentiert.

Sie möchten als naturwissenschaftliches Halbjahresthema das Thema Luft behandeln. Entwickeln Sie hierzu, unter Zuhilfenahme entsprechender Literatur, aufeinander aufbauende Experimentiereinheiten und formulieren Sie kognitive Kompetenzerweiterungen. Machen Sie deutlich, inwiefern die Experimentiereinheiten/zu erweiternde Kompetenzen logisch miteinander vernetzt sind.

Berücksichtigen Sie, dass die Kinder noch nicht angeleitet experimentiert haben und nennen Sie die Voraussetzungen, die erfüllt sein müssen, damit die Kinder möglichst schnell eigenständig forschen können.

8 Bewegte Luft: Von schwingenden Teilchen und schallenden Tönen

Schall ist eines der vielen physikalischen Phänomene, die uns tagtäglich begleiten und so selbstverständlich erscheinen, dass wir uns nur selten Gedanken über sie machen. Sprichwörtlich sagen wir, etwas sei „Schall und Rauch", wenn wir es als bedeutungslos bewerten. Das Wissenschaftsgebiet, das sich mit der Lehre von Schall beschäftigt, ist die **Akustik**[1], ein Teilgebiet der Mechanik. Sie erforscht in erster Linie die für unsere Ohren hörbaren Schallereignisse, ihre Wahrnehmung und ihre physikalischen Hintergründe. Doch was ist Schall?

Schallereignis

Wir nehmen ihn vor allem mit unserem Gehörsinn als Töne oder Geräusche wahr. Er entsteht durch **Schallereignisse**, wie z. B. das Anschlagen einer Gitarrensaite, ein auf den Boden fallender Topfdeckel, das Klingeln eines alten Weckers oder das Flügelschlagen eines Insektes.

Unsere Sprache hat vielfältige Wörter zur differenzierten Beschreibung der verschiedensten Töne und Geräusche ausgebildet. Der Wecker klingelt, das Küchengeschirr klappert, das Auto brummt, die Sonate klingt – laut, leise, hoch oder tief. Es fällt uns in der Regel nicht schwer, ein Geräusch oder einen Ton seiner Quelle, z. B. einem brummenden Rasenmäher oder einem Klavier, zuzuordnen. Auch menschliche Stimmen haben einen hohen individuellen Wiedererkennungswert. Töne und Geräusche und entsprechend der Schall sind also vielfältig und charakteristisch für ihre Quelle. Sie beeinflussen unser Befinden, indem sie stören, erschrecken oder auch beruhigen und sogar Glücksgefühle und Erinnerungen in uns auslösen. Das komplexe Kommunikationssystem unserer gesprochenen Sprache basiert auf Schall. Musik, physikalisch gesehen ebenfalls eine Aneinanderreihung von Schallereignissen, ist ein wichtiger Teil menschlicher Kultur und wird seit Jahrtausenden mündlich und in Form von Notenschriften überliefert.

Darüber hinaus ist der Schall, seine elektronische Umwandlung, Speicherung und Weiterleitung, eine Grundlage unserer modernen Informationsgesellschaft. Musik und Sprache können mittels Tonträgern, Radio, Telefon, Fernsehen und Internet in kürzester Zeit über den gesamten Globus verbreitet, immer wieder abgespielt und unbegrenzt archiviert werden. Für die meisten von uns ist dies inzwischen eine Alltäglichkeit, die nicht mehr hinterfragt wird. Zu abstrakt und undurchsichtig erscheint der technische Hintergrund. Gleichgültig ob Fernseher, Computer oder Handy – wir haben uns zunehmend zu Nutzern entwickelt, begeistern uns für den technischen Fortschritt, haben uns jedoch leider oft damit abgefunden, ihn nicht mehr zu verstehen.

In einer spielerischen Auseinandersetzung mit dem Thema Schall lässt sich vor allem die kindliche Begeisterung für Musik, Töne und Geräusche aufgreifen und zugleich deren physikalische Grundlage, der Schall, sicht- und greifbar machen. Während im vorangegangenen Kapitel Stoffe und ihre Eigenschaften im Vordergrund standen, wird hier mit dem Phänomen Schall eine besondere Form von Energie charakterisiert, die im Alltag kaum als eine solche erkannt wird. Im Zusammenhang mit den Experimenten zum Thema Schall lässt sich an vielen Stellen sehr gut veranschaulichen, dass einer Wirkung stets eine Ursache zugrunde liegt. Zugleich werden der bereits im vorangegangenen Kapitel thematisierte Stoffbegriff sowie das Teilchenkonzept aufgegriffen und weiter vertieft.

---

[1] *griech. akouein: hören*

1. Führen Sie ein Brainstorming durch und notieren Sie stichwortartig Ihre Assoziationen zum Thema Schall.

2. Clustern Sie die von Ihnen gefundenen Stichpunkte und finden Sie Oberbegriffe.

3. Markieren Sie Aspekte, die besonders für Kinder alltagsnah und interessant sind.

4. Überlegen Sie sich eine grobe sachlogische Reihenfolge der von Ihnen gefundenen Themen im Hinblick auf ein Projekt zum Thema Schall mit Kindern und begründen Sie diese.

8.1 Töne und Geräusche charakterisieren

Im folgenden Abschnitt soll es um die Charakterisierung von Tönen und Geräuschen gehen. Was ist eigentlich ein Ton? Was ist ein Geräusch? Wie entstehen verschiedene Töne und Geräusche? Wie lassen sie sich beschreiben?

Experiment 1: Töne und Geräusche suchen

Material:
kleine Holzstäbe (z. B. Bleistifte)

Durchführung:
Wandern Sie durch Ihre Umgebung und suchen Sie dabei möglichst viele verschiedene Töne und Geräusche. Den Holzstab können Sie hierbei zum Anschlagen von Gegenständen nutzen.

Folgende Fragen und Impulse helfen bei der Verbalisierung der **Beobachtungen**:
- Was für Töne und Geräusche haben Sie gefunden?
- Wie haben Sie die Töne und Geräusche erzeugt?
- Beschreiben Sie die gefundenen Töne und Geräusche mit möglichst vielen Wörtern.
- Was ist für Sie ein Ton, was ein Geräusch?
- Was ist immer gleich bei der Entstehung von Tönen und Geräuschen?
- Wie kann man Töne voneinander unterscheiden?
- Wie kann man einen Ton beschreiben?

Geräusche suchen

Töne beschreiben

Das Experiment „Töne und Geräusche suchen" ermöglicht einen ersten, offenen Zugang zum Thema Schall. Die gefundenen Töne und Geräusche lassen sich auf vielfältige Weise erzeugen und beschreiben. Sie sind z. B. schrill, dumpf, kratzend, raschelnd oder knisternd. Besonders Kinder nutzen für die Beschreibung von Tönen und Geräuschen häufig Vergleiche. Etwas hört sich an „wie eine Klingel" oder „wie raschelndes Papier". Töne werden als laut oder leise, hoch oder tief wahrgenommen, wobei die Unterscheidung von hohen und tiefen Tönen ein wenig Übung benötigt. Oft werden die Begriffe „hoch" und „tief" dabei umgangssprachlich durch „hell" und „dunkel" ersetzt. Töne lassen sich außerdem emotional bewerten, sie können z. B. schön oder unheimlich klingen, Geräusche werden zumeist eher als unangenehm, unharmonisch und störend empfunden.

Experiment 2: Tonerzeugung mit der Stimmgabel

Material: Stimmgabel

Durchführung:
- Schlagen Sie die Stimmgabel an einem harten Gegenstand an und beobachten Sie genau.
- Berühren Sie die Stimmgabel vorsichtig mit einem Finger.

vibrierende Stimmgabel

1. Beschreiben Sie Ihre Beobachtungen und leiten Sie eine Schlussfolgerung ab.

2. Begründen Sie, warum sich eine Stimmgabel besonders gut für die Beobachtung der Entstehung von Tönen eignet.

Schwingungen erzeugen Töne

Einem von unseren Ohren wahrgenommenen Ton oder Geräusch aus unserer Umwelt geht immer ein **Schallereignis** voraus. Bei einem solchen Schallereignis wird ein Gegenstand (der **Schallerreger**) zum **Schwingen** bzw. zum **Vibrieren** gebracht.

Schwingungen sind sich fortlaufend wiederholende Hin- und Herbewegungen, eine einzelne Schwingung besteht entsprechend aus einem einmaligen „Hin und Her". Als **Vibrationen** werden – vereinfachend – besonders schnelle Schwingungen bezeichnet. Schwingungen von Stoffen können auf unterschiedlichste Art und Weise ausgelöst werden. Eine Glocke wird ebenso wie das Fell einer Trommel durch Anschlagen in Schwingungen versetzt, beim angelassenen Rasenmäher vibriert das ganze Gerät infolge seines rotierenden Motors, unsere Stimmbänder werden dagegen durch die aus unseren Lungen strömende Luft zum Schwingen gebracht. Ebenso können flüssige und gasförmige Stoffe durch Schwingungen Töne und Geräusche erzeugen, wie das „plätschernde Wasser" oder der „heulende Wind".

Auch in den oben beschriebenen Experimenten liegen jedem gefundenen Geräusch Schwingungen bzw. Vibrationen zugrunde, vereinfacht: Es muss etwas in Bewegung sein.

Die Schwingungen lassen sich nicht nur hören, sondern oft auch sehen und fühlen. Hält man beim Sprechen oder Singen seine Finger an den Kehlkopf, spürt man deutlich sein Vibrieren. Ebenso spürt man den vorbeidonnernden Lkw auf der Straße oder den dröhnenden Bass bei einem Rockkonzert. Gut beobachten lassen sich die Schwingungen der Saiten einer Gitarre, des Metalls einer angeschlagenen Stimmgabel oder der Lautsprechermembran eines Radios.

Schallwellen

Wird ein Schallerreger zum Schwingen gebracht, so wird diese Bewegung auf die Teilchen der Luft in seiner unmittelbaren Umgebung übertragen. Die Luftteilchen werden mit jeder Schwingung (z. B. des Zinkens einer Stimmgabel) zusammengeschoben und wieder auseinandergezogen. Die nun ebenfalls in Schwingungen versetzten Luftteilchen drängen ihrerseits benachbarte Luftteilchen zusammen, die wiederum weitere Teilchen beeinflussen. Durch das regelmäßige Zusammendrücken und Auseinanderziehen ihrer Teilchen entstehen in der Luft Dichte- und entsprechend Druckunterschiede, die sich vom Schallerreger ausgehend wellenartig in alle Richtungen ausbreiten. Man spricht von **Schallwellen**. Die Bewegungsenergie des Schallereignisses (**Schallenergie**) wird auf die Luftteilchen übertragen und wellenartig in alle Richtungen transportiert.

Die alltägliche Vorstellung von Wellen bezieht sich auf Wasserwellen und ist in Bezug auf Schallwellen leicht missverständlich, da eine Auf- und Abbewegung suggeriert wird. Bei Schall handelt es sich jedoch um **Längswellen** (Longitudinalwellen). Die einzelnen Teilchen der Luft schwingen dabei parallel zur Ausbreitungsrichtung des Schalls vor und zurück und verdichten bzw. verdünnen die Luft so wellenartig. Veranschaulichen lässt sich dies durch den Vergleich mit einer Welle im Fußballstadion. Die Welle im Stadion wird erzeugt, indem Sitznachbarn einer Reihe nacheinander aufstehen und sich wieder setzen. Während sich die Welle so entlang der Reihe nach rechts oder links fortpflanzt, erfolgt die eigentliche Bewegung jeder einzelnen Person quer zur Ausbreitungsrichtung nach oben und nach unten. Solche Wellen bezeichnet man als **Querwellen** (Transversalwellen). Durch Querwellen breitet sich z. B. das Licht aus. Würde man im Stadion eine Längswelle wie die einer Schallwelle nachstellen wollen, so müssten die Sitznachbarn, anstatt aufzustehen, hin und her schaukeln. (vgl. Experimente 9 und 10).

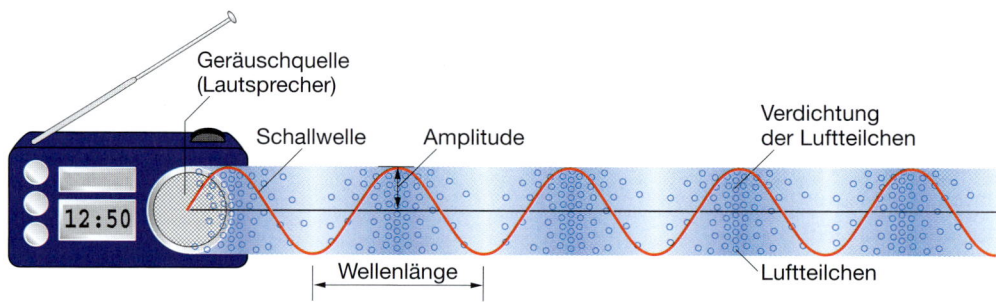

Schallwelle

Gelangen Schallwellen in unsere Ohren, so nehmen wir das Schallereignis als Töne oder Geräusche wahr. Schallwellen können sich auch in festen und flüssigen Stoffen ausbreiten, nicht aber im Vakuum. Bei der Fortleitung von Schall in Feststoffen können zusätzlich zu den Längswellen auch Querwellen auftreten.

Aufgaben

1. *Begründen Sie unter Verwendung des Teilchenmodells, warum man im Vakuum nicht hören kann.*

2. *Erläutern Sie, warum man auch unter Wasser hören kann und überlegen Sie, unter Berücksichtigung des Teilchenkonzeptes, wie sich die Ausbreitung von Schallwellen im Wasser von denen in der Luft unterscheidet.*

Experiment 3: verschiedene Töne erzeugen

Material:
lange, dünne Holzstäbe (z. B. Schaschlikspieße), evtl. Schraubklemmen

Durchführung:
- Legen Sie einen Holzstab auf eine Tischkante, sodass ein Teil des Stabes über die Kante hinausragt.
- Halten Sie mit einer Hand das eine Ende des Stabes auf der Tischkante gut fest und zupfen Sie mit der anderen Hand an seinem überstehenden Ende. Hören Sie dabei gut hin.
- Verkürzen und verlängern Sie das über die Tischkante ragende Ende des Stabes und wiederholen Sie jeweils das Experiment.
- Zupfen Sie anschließend unterschiedlich kräftig an dem Holzstab.

Tipp: Der Versuch ist einfacher durchzuführen, wenn die Holzstäbe mit einer Schraubklemme am Tisch befestigt werden.

Aufgaben

1. Beschreiben Sie Ihre Beobachtungen und leiten Sie Schlussfolgerungen ab.

2. Formulieren Sie geeignete Frage- bzw. Problemstellungen zum Experiment.

3. Überlegen Sie sich einen kreativen Einstieg in eine Aktivität zum Thema.

Frequenz und Intensität

Dadurch, dass im Experiment „Verschiedene Töne erzeugen" nur eine einzige Schallquelle, der Holzstab, untersucht wird, können zwei zentrale Aspekte, mit denen sich Töne charakterisieren lassen, genauer erforscht werden: die **Tonhöhe** und die Lautstärke bzw. die **Intensität**.

Zupft man an dem freien Ende des Holzstabes, versetzt man ihn mit der eingesetzten Muskelkraft in Schwingungen. Diese sind so schnell, dass man sie mit bloßem Auge kaum verfolgen kann. Mithilfe einer **Schreibstimmgabel**, bei der ein Zinken mit einer kleinen Schreibspitze versehen ist, lassen sich Schwingungen sichtbar machen. Hierfür wird die Schreibstimmgabel zügig über eine rußgeschwärzte Glasplatte gezogen. Die Schreibspitze hinterlässt auf der Platte ein wellenförmiges Muster, das den Ausschlägen der Gabel bei jeder Schwingung entspricht.

Schreibstimmgabel

Man kann die zeitliche Dauer einer einzelnen Schwingung des Holzstabes verändern, indem man das über die Tischkante ragende Ende des Stabes verkürzt oder verlängert. Ein langer Stab benötigt für eine einzelne Schwingung mehr Zeit als ein kurzer. Das bedeutet zugleich, dass der kürzere Stab in einer bestimmten Zeit deutlich häufiger schwingt als der längere – er schwingt mit einer höheren **Frequenz**[1]. Der Begriff Frequenz bezeichnet allgemein die Anzahl von Ereignissen, die innerhalb eines bestimmten Zeitraumes stattfinden. Der Begriff bezieht sich in der Akustik auf die durch die Schwingungen ausgelösten Schallwellen. Als Frequenz wird die Anzahl der Schallwellen bezeichnet, die ein Schallerreger pro Sekunde auslöst. Gemessen wird die Frequenz in der Einheit **Hertz (Hz)**. Die Maßeinheit, die nach dem Physiker Heinrich Hertz benannt wurde, wird auch z.B. für Funk- und Lichtwellen verwendet. In der schematischen Darstellung von Schallwellen erkennt man, dass der Abstand zwischen zwei Wellen bei hohen Frequenzen deutlich geringer ist als bei niedrigen Frequenzen.

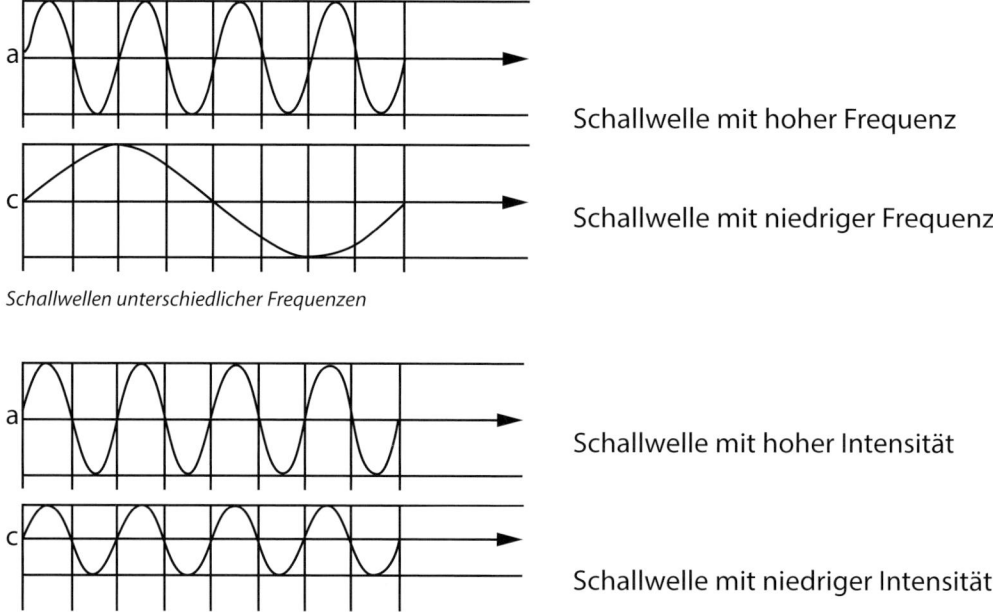

Schallwelle mit hoher Frequenz

Schallwelle mit niedriger Frequenz

Schallwellen unterschiedlicher Frequenzen

Schallwelle mit hoher Intensität

Schallwelle mit niedriger Intensität

Schallwellen unterschiedlicher Intensitäten

Von der Frequenz hängt die Höhe eines Tones ab. Der langsam schwingende lange Holzstab hat Schallwellen mit einer niedrigen Frequenz ausgelöst. Es erreichen entsprechend relativ wenige Schallwellen in einer bestimmten Zeit unsere Ohren. Niedrige Frequenzen werden vom Ohr als tiefe Töne wahrgenommen. Der kürzere, schneller schwingende Stab hat dagegen höhere Frequenzen und entsprechend einen höheren Ton erzeugt.

Jeder Ton hat seine eigene Frequenz. Schlägt man die Taste des eingestrichenen C in der Mitte der Tastatur eines Klaviers an, schwingt die zugehörige Saite mit einer Frequenz von 261 Hertz. Sie schwingt also 261 Mal pro Sekunde und erzeugt entsprechend viele Schall-

---

[1] lat. Frequenz: Häufigkeit

wellen. Der Kammerton, auf den mithilfe einer Stimmgabel die Instrumente eines Orchesters eingestimmt werden können, hat nach internationaler Vereinbarung eine Frequenz von 440 Hertz, was dem Ton a entspricht.

Das menschliche Ohr kann Frequenzen zwischen ca. 20 Hz (untere Hörgrenze) und 20.000 Hz (20 kHz, obere Hörgrenze) wahrnehmen, wobei die Werte von Mensch zu Mensch variieren. Ältere Menschen werden vor allem für hohe Töne mit entsprechend hohen Frequenzen unempfindlicher. Schwingungen und Wellen unterhalb der menschlichen Hörgrenze werden als Infraschall und oberhalb als Ultraschall bezeichnet. Das bedeutet also, dass wir nur einen Ausschnitt aller uns umgebenden Schallereignisse wahrnehmen. Die Ortungsrufe einer Fledermaus, deren Frequenzen im Bereich des Ultraschalls liegen, entgehen dem menschlichen Ohr.

Entsprechend hängt die **Lautstärke**, die Stärke mit der man Töne und Geräusche wahrnimmt, auch von der Tonhöhe ab. Der zweite wesentliche Aspekt, der die wahrgenommene Lautstärke beeinflusst, ist die Intensität eines Tons oder eines Geräusches. Die **Intensität** bezieht sich auf die Energiemenge, die in einem Schallereignis enthalten ist und die durch die Schallwellen transportiert wird. Bei einer hohen Intensität sind die Schwingungen des Schallerregers und entsprechend auch die Bewegungen der beeinflussten Luftteilchen stärker. Im Experiment 3 ließ sich die Intensität und entsprechend die wahrgenommene Lautstärke durch die eingesetzte Muskelkraft erhöhen. Wurde mit viel Kraft an dem Holzstab gezupft, wurde dieser in starke Schwingungen versetzt und der erzeugte Ton lauter, bei schwächeren Schwingungen ist der Ton leiser. Führt man das Experiment mit einer Schreibstimmgabel durch, lässt sich eine größere Auslenkung der Gabel nach stärkerem Anschlag erkennen.

Wie oben erläutert, führen die Schwingungen des Schallerregers zu Schwankungen des Luftdrucks. Diese als **Schalldruck** bezeichneten Schwankungen können mit einem Mikrofon gemessen werden. Mithilfe dieses Wertes lässt sich die Intensität einer Schallwelle bestimmen. Die für die Intensität verwendete Maßeinheit ist **Dezibel (dB)** und wurde nach dem Erfinder des Telefons, Alexander Graham Bell, benannt. Bei der grafischen Darstellung einer Schallwelle lässt sich die Intensität an der Höhe der Amplitude erkennen (vgl. Abb. S. 176 und S. 178).

Experiment 4: Ein Ton kommt selten allein

Material:
lange, dünne Holzstäbe (z. B. Schaschlikspieße), Stricknadeln (alternativ: Lineale, Blattfedern), evtl. Schraubklemmen

Durchführung:
* Erzeugen Sie mit der Stricknadel in gleicher Weise Töne wie zuvor in Experiment 3 mit dem Holzstab.
* Versuchen Sie, mit der Stricknadel genau denselben Ton zu erzeugen wie mit dem Holzstab.

Klangfarbe

Neben Tonhöhe und Lautstärke spielt die **Klangfarbe** eine wichtige Rolle bei der Charakterisierung von Schallereignissen. Spielt man einen Ton mit gleicher Höhe und Intensität jeweils auf einem Klavier und einer Geige, so haben die erzeugten Töne dieselbe Frequenz und Amplitude, sie hören sich dennoch unterschiedlich an. Sie lassen sich ohne Schwierigkeiten nur durch Hören ihrem Instrument zuordnen. Im Gegensatz zu einer Stimmgabel, die den Ton, auf den sie geeicht ist, nahezu rein wiedergibt, erzeugen Geige und Klavier zusätzlich Schwingungen höherer Frequenzen. Diese zusätzlichen Schwingungen bestimmen die Klangfarbe eines Tones. Aus streng physikalischer Sicht müsste man bei den erzeugten Tönen daher von Klängen sprechen, da nicht nur eine Schwingung vorliegt, wie bei einem physikalisch „reinen" Ton gefordert, sondern mehrere. Entsprechend spricht man auch bei Akkorden von Klängen. Im Gegensatz zu Tönen handelt es sich auch bei Geräuschen in der Regel um komplexe Schallereignisse mit unregelmäßigen, nicht miteinander harmonierenden Schwingungen. Unter einem Knall versteht man ein nur kurz dauerndes, dafür jedoch heftiges Schallereignis.

Ein reiner Ton entsteht durch regelmäßige Schwingung einer bestimmten Frequenz.
Ein Klang setzt sich aus Tönen verschiedener Frequenzen zusammen.
Ein Geräusch entsteht durch mehrere unregelmäßige Schwingungen.
Ein Knall wird durch ein kurzes Schallereignis mit hoher Intensität verursacht.

8.2 Vorschlag zur Umsetzung des Themas Schall mit Kindern in Kita und Grundschule

Das Thema Schall knüpft an viele bereits vorhandene Alltagserfahrungen der Kinder an und bietet zahlreiche Möglichkeiten, bildungsbereichsübergreifend zu arbeiten. Im Vordergrund stand in Kapitel 8.1 zunächst die Unterscheidung von Tonhöhen, Tonlautstärken und Klangfarben durch Hören und das Erzeugen verschiedener Töne durch Ausprobieren und Variieren von Materialien. Zentral war hier die Feststellung, dass Töne und Geräusche aus Bewegung resultieren und dass bestimmte Schwingungen von Materialien bestimmte Tonhöhen erzeugen. Es lässt sich herausfinden, dass kurze Klangstäbe, straff gespannte Bänder und straff gespannte Membranen höhere Töne erzeugen. Verlängert man dagegen die Stäbe und lockert Bänder und Membranen, entstehen tiefere Töne. Hier ergeben sich verschiedenste Möglichkeiten, Forschungsaufträge zu stellen, bis hin zum eigenständigen Entwickeln kreativer Musikinstrumente (vgl. Kapitel 8.2.3).

Die in Kapitel 8.1 beobachteten Phänomene werden in Kapitel 8.2.1 aufgegriffen und die Frage verfolgt, ob sich der Prozess auch umkehren lässt: Können Töne wieder Bewegungen erzeugen? Haben die Kinder bereits zum Thema Luft experimentiert und das Teilchenmodell kennengelernt, lassen sich die Erklärungen mithilfe des Wasserwellen- und Tischtennisballmodells vertiefen (vgl. Kapitel 8.2.2). Die Kapitel 8.2.4, 8.2.5 und 8.2.6 stellen spannende Vertiefungen zu den Themen Resonanz, Ausbreitung des Schalls und Schallreflexion dar. Das Kapitel 8.2.7 wiederholt durch die Untersuchung von Abspielgeräten für Musik auf interessante Weise die zentrale Erkenntnis aus Kapitel 8.1, dass etwas auf eine bestimmte Weise schwingen muss, damit ein bestimmter Ton entsteht. Die Walze einer Drehorgel und die Schallplatte speichern Töne und Musik durch ihre besondere Oberflächenstruktur, mit der sie kleine Klangstäbe bzw. die Nadel des Plattenspielers in unterschiedliche Schwingungen versetzen. Vertiefende Erklärungen im Hinblick auf Frequenz und Intensität sind Aspekte des Unterrichts in der Sekundarstufe I, die sich hier durch vielfältige Beobachtungen und das Herstellen und Übertragen erster Wenn-dann-Beziehungen vorbereiten lassen.

8.2.1 Mit Schallwellen Schwingungen erzeugen

Für die Ausbreitung von Schallwellen sind zwar Stoffe, bestehend aus Atomen und Molekülen, notwendig, es handelt sich beim Schall selbst jedoch um eine Energieform. Was kann diese Energie bewirken? Wenn Töne und Geräusche entstehen, sowie etwas in Bewegung ist, können dann auch entstandene Töne und Geräusche etwas in Bewegung versetzen?

Experiment 5: Sandkörner tanzen lassen

Material:
Toilettenpapierrolle, großer Luftballon, Gummiring, Senfkörner (alternativ ungekochter Reis oder Salz), Schere, Stieltopf oder Schüssel aus Metall, Kochlöffel

Durchführung:

- Spannen Sie einen aufgeschnittenen Luftballon über die Toilettenpapierrolle und befestigen Sie ihn mit einem Gummiring.
- Streuen Sie auf die gespannte Gummihaut einige Senf-, Reis- oder Salzkörner.
- Halten Sie nun den Stieltopf mit seiner Öffnung dicht über die Gummihaut und schlagen Sie mit dem Kochlöffel auf die Rückseite des Topfes.
- Beobachten Sie dabei die Senfkörner.
- Anstatt den Kochtopf zu verwenden, können Sie auch in der Nähe der Gummihaut laut und am besten in hoher

tanzende Senfkörner

Tonlage schreien. Achten Sie dabei darauf, nicht mit Ihrem Atem die Senfkörner von der Gummihaut zu pusten.

Aufgaben

1. *Erläutern Sie den Unterschied zwischen z. B. durch Pusten erzeugten Wind und Schallwellen.*

2. *Finden Sie Alltagsbeispiele für das im Experiment zu beobachtende Phänomen.*

3. *Leiten Sie aus Ihren Beobachtungen eine verallgemeinernde Schlussfolgerung ab.*

4. *Prüfen Sie die Eignung des Experiments in Bezug auf eine methodische Umsetzung nach dem forschend-entwickelnden Verfahren (vlg. Kapitel 4.1.1, S. 77).*

Experiment 6: Tamburin

Material:
2 Tamburine, ein Schlegel, eine Styroporkugel, zwei Stative, Bindfaden

Durchführung:

- Hängen Sie die beiden Tamburine mit Bindfäden an den Stativen auf und richten Sie diese so aus, dass ihre Unterseiten einander zugewandt sind (oben und unten fixieren).
- Hängen Sie vor eines der Tamburine die Styroporkugel. Die Kugel sollte das Fell des Tamburins leicht berühren.
- Nun schlagen Sie mit dem Schlegel kräftig gegen das andere Tamburin.

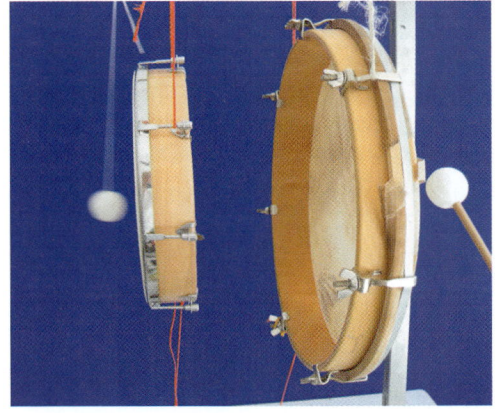

Versuchsaufbau Tamburin

Experiment 7: Schallwellen in der Papprolle

Material:

längliche Papprolle (z. B. von Haushalts- oder Toilettenpapierrollen), 2 Luftballons, Schraube oder Schraubenmutter, Bindfaden, Klebeband, Schere, Bleistift, evtl. Stativ

Durchführung:

- Schneiden Sie die Luftballons am Hals auf und spannen Sie die Gummihäute über die beiden Öffnungen der Toilettenpapierrolle.
- Hängen Sie vor eine Gummihaut mit Bindfaden und Klebestreifen eine kleine Schraube.
- Halten Sie die Papprolle waagerecht oder spannen Sie sie in ein Stativ ein, die Schraube sollte dabei auf der Gummihaut locker aufliegen.
- Tippen Sie nun leicht mit einem Bleistift auf die gegenüberliegende Gummihaut.

Aufgaben

1. *Was wird sich beobachten lassen, wenn in Experiment 6 zusätzlich eine brennende Kerze zwischen die Tamburine gestellt wird?*

2. *Begründen Sie, warum sich Experiment 7 als Anwendungsexperiment eignet.*

Mit Tönen Schwingungen erzeugen

Die Experimente 5 bis 7 veranschaulichen, dass der Prozess „Schwingungen erzeugen Töne" umkehrbar ist: Schallwellen können wiederum Schwingungen hervorrufen. In Experiment 5 werden durch das Schlagen auf den Stieltopf bzw. durch lautes Schreien Schallwellen hoher Intensität erzeugt, die die Gummihaut und mit ihr die Senfkörner zum Vibrieren bringen. Statt der tanzenden Senfkörner kann auch eine Kerze verwendet werden, alternativ zum Stieltopf eine große Konga. Schafft man es, Schallwellen mit ausreichend hoher Intensität zu erzeugen, erlischt die Kerze. Die Kerzenflamme wird durch die Schallwellen ebenfalls in Vibrationen versetzt und bewegt sich. Sind die Vibrationen stark genug, wird die Kerzenflamme (bzw. das brennende gasförmige Wachs) durch den Schalldruck vom Docht „geschubst" und erlischt. Die Experimente 6 und 7 sind Variationen des Experiments 5. In Experiment 6 wird ein Tamburin durch einen kräftigen Schlag mit dem Schlegel zur Vibration und damit zum Klingen gebracht. Die dabei entstehenden Schwingungen der Luft versetzen wiederum das zweite Tamburin in Vibrationen und bringen die Styroporkugel, die auf dem Tamburin locker aufliegt, zum Ausschlagen. Die Vibrationen der Luft zwischen den zwei Tamburinen können sogar mit den Händen gespürt werden. Das Experiment 7 erklärt sich in gleicher Weise. Der Vorteil dieses Experiments liegt vor allem darin, dass die Materialien leicht zu beschaffen sind und die Kinder ihre eigene „Schallröhre" mit nach Hause nehmen können.

Schallwellen hören

Das menschliche Ohr gliedert sich in drei funktionale Abschnitte. Das **Außenohr**, bestehend aus der Ohrmuschel und dem Gehörgang, fängt die Schallwellen ein und leitet sie weiter zum **Mittelohr**. Hier treffen die Schallwellen auf das Trommelfell, einer dünnen

Membran aus Bindegewebe. Das Trommelfell wird, ähnlich wie das Fell des zweiten Tamburins in Experiment 6, in Schwingungen versetzt. Diese Schwingungen übertragen sich auf die drei Gehörknöchelchen des Mittelohrs, Hammer, Amboss und Steigbügel. Diese kleinen Knochen übertragen die Schallwellen verlustarm bis zum ovalen Fenster des **Innenohres**. Das Innenohr ist mit Flüssigkeit gefüllt und enthält die knöcherne Schnecke. In ihr finden sich Sinneszellen, die durch die Druckschwankungen bei einem eingehenden Reiz angeregt werden und die Hörinformation über Nervenfasern an das Gehirn weiterleiten.

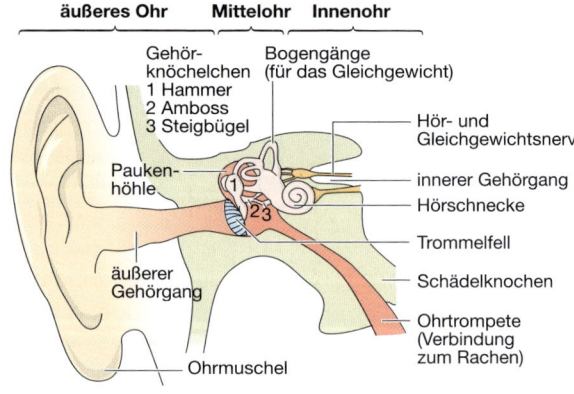

Experiment 8: Richtungshören

Material:
Gummischlauch (Baumarkt, ca. 1,5 m), Stift oder Lineal

Durchführung:
- Legen Sie den Schlauch hinter eine Versuchsperson und bitten Sie diese, sich jeweils ein Ende des Schlauches an je ein Ohr zu halten.
- Klopfen Sie nun leicht mit dem Stift auf eine beliebige Stelle des Schlauches.
- Die Versuchsperson versucht zu hören, ob die Klopfstelle rechts oder links der Schlauchmitte liegt.

Aufgabe

Variieren Sie das Experiment 8: Versuchen Sie mit nur einem Ohr, das Klopfen zuzuordnen, indem Sie ein Ohr verschließen.

Richtungshören

Entsteht unerwartet links von uns ein heftiger Knall, drehen wir uns spontan in die richtige Richtung – auch wenn wir die Schallquelle noch gar nicht entdeckt haben. Verantwortlich für unsere Fähigkeit zum Richtungshören ist die Tatsache, dass wir zwei Ohren besitzen. Der links von uns entstandene Schall erreicht unser linkes Ohr Bruchteile einer Sekunde schneller als unser rechtes Ohr. Das menschliche Gehirn ist aufgrund dieses winzigen Zeitunterschiedes in der Lage, zu berechnen, aus welcher Richtung der Ton ausgesendet wurde. Darüber hinaus wird das linke Ohr den Schall intensiver wahrnehmen, da der Kopf das von links eingehende Signal „abschattet". Weitere Informationen liefern zudem Resonanzen des Außenohres (vgl. Experiment 12). Im Experiment 8 breiten sich die durch das Klopfen erzeugten Druckwellen durch den Schlauch zu beiden Ohren hin aus. Sofern nicht genau in der Mitte des Schlauches geklopft wird, ist der eine Weg länger als der andere, sodass das Geräusch mit einem geringen Zeitunterschied zu den Ohren gelangt.

8.2.2 Schallwellen im Modell

Experiment 9: Wasserwellen

Material:
kleiner Stein, Becken mit Wasser, kleines Stück Kork

Durchführung:
Legen Sie das kleine Korkstück auf die Wasseroberfläche und lassen Sie anschließend den kleinen Stein in die Mitte des Beckens fallen.

Beobachtung:
Von der Mitte des Beckens wandern kreisförmige Wellen zum Rand des Beckens. Das Korkstück bewegt sich durch die Wellen nur ein wenig auf und ab. Es folgt der Welle nicht.

Wasserwellen

Experiment 10: Schwingungen im Tischtennisball-Modell

Material:
viele Tischtennisbälle, ein Stock, mehrere ca. 30 cm lange Bindfäden, Klebeband

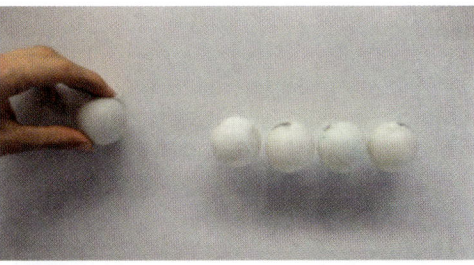

Durchführung:
- Basteln Sie aus den Tischtennisbällen und Bindfäden gleich lange Pendel und binden Sie diese dicht nebeneinander an den Stock.
- Lassen Sie das erste Pendel in der Reihe schwingen, sodass es genau auf das neben ihm hängende Pendel trifft.

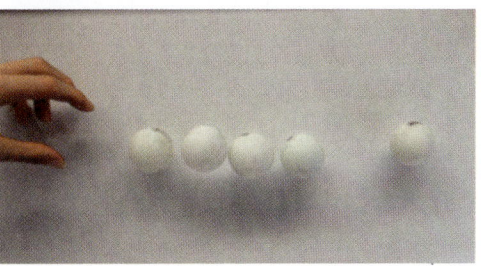

Beobachtung:
Das erste schwingende Pendel versetzt die gesamte Pendelreihe in Schwingung. Die Kraft des Aufpralls wandert von Ball zu Ball aber erst der letzte Ball zeigt einen Ausschlag.

Aufgaben

1. Erläutern Sie, welche Sachhintergründe durch die beiden Modelle veranschaulicht werden.

2. Zeigen Sie die Grenzen der Modelle auf: An welchen Stellen entsprechen die Modelle nicht der Wirklichkeit?

3. Überlegen Sie ein Bewegungsspiel, das modellhaft die Ausbreitung von Schallwellen nachstellt.

8.2.3 Musikinstrumente

Musikinstrumente lassen sich zum Beispiel nach der Art ihrer Verwendung und ebenso nach der Art der Tonerzeugung voneinander unterscheiden. Betrachtet man als Kriterium die Art der Verwendung durch den Musiker, unterscheidet man Blas-, Streich-, Zupf-, Schlag- und Tasteninstrumente voneinander. Kategorisiert man nach der Art der Tonerzeugung, so gibt es hier jedoch einige Überschneidungen. Bei Schlaginstrumenten sind es in der Regel Membranen bzw. Felle oder auch Stäbe aus Holz oder Metall, die zum Schwingen gebracht werden. Sowohl Zupf- und Streichinstrumente als auch Tasteninstrumente wie das Klavier erzeugen Töne durch schwingende Saiten. Die Orgel, wie das Klavier ein Tasteninstrument, ist dagegen ein Luftklinger. Wie bei Blasinstrumenten werden bei der Orgel Luftsäulen zum Schwingen gebracht.

Experiment 11: ein einfaches Saiteninstrument

Material:
stabiler Schuhkarton mit Deckel, 2 dicke, 2 mittelstarke, 2 dünne Gummibänder, 2 dünne Bleistifte, Schere, Kleber, Musterbeutelklammern

Durchführung:

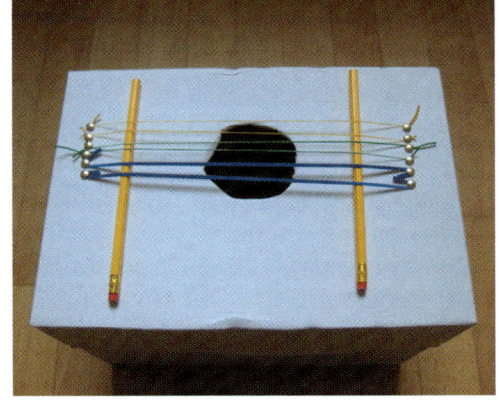

- Kleben Sie zwei Bleistifte mit ca. 20 cm Abstand voneinander parallel zu den Kopfseiten auf den Schuhkartondeckel.
- Spannen Sie Gummibänder mithilfe der Klammern über die Bleistifte.
- Jeweils ein Gummiband einer Dicke sollte straffer gespannt werden als das andere.
- Zupfen Sie an den Saiten und beschreiben Sie Ihre Beobachtungen.
- Schneiden Sie nun ein Loch unterhalb der Saiten in den Deckel des Schuhkartons – ähnlich wie bei einer Gitarre.
- Setzen Sie den Deckel auf den zugehörigen Kasten und prüfen Sie, wie sich der Klang der Saiten hierdurch verändert.

Beobachtungen:
- Die Gummisaiten vibrieren.
- Dicke Saiten erzeugen tiefere Töne als dünne Saiten.
- Straff gespannte Saiten erzeugen höhere Töne als schwach gespannte Saiten.
- Durch den Einsatz des Schuhkartons sind die Töne lauter und deutlicher.

Saiteninstrumente

Das einfache Saiteninstrument wiederholt Sachaspekte, die bereits in vorangegangenen Kapiteln thematisiert worden sind. Die Gummisaiten schwingen durch das Zupfen stark hin und her, mit dem Auge lassen sich die einzelnen Schwingungen kaum erkennen. Die durch die Schwingungen erzeugten Schallwellen lassen sich als leise Töne wahrnehmen. Kürzere und dünnere Saiten schwingen schneller als längere und dickere und erzeugen entsprechend höhere Töne.

Viele Instrumente nutzen Metall-, Darm- oder Kunststoffsaiten verschiedener Stärken zur Tonerzeugung. Bei der Gitarre werden die Saiten durch Niederdrücken mit den Fingern der linken Hand verkürzt.

Der Schuhkarton fungiert im oben aufgeführten Experiment als Resonanzkörper. Resonanzkörper aus Holz oder Metall sind Bestandteile vieler Musikinstrumente. Ihre Aufgabe ist es, den zum Schwingen gebrachten Teil des Instruments durch Mitschwingen zu verstärken. Wird z. B. die Saite einer Gitarre angeschlagen, so schwingt ihr Korpus aus Holz und die in ihm enthaltene Luft mit, wodurch sich die Intensität der erzeugten Schallwellen verstärkt. In Kapitel 8.2.4 wird das Phänomen Resonanz weiter vertieft.

Aufgabe

Entwickeln sie eigenständig Bauanleitungen für verschiedene Saiteninstrumente. Tipp: Wenn stabiles Holz und Metallschrauben verwendet werden, können auch alte Gitarrensaiten eingesetzt werden.

Schlag- und Blasinstrumente

Beim Xylofon, das wie das Glockenspiel und das Vibrafon zu den Stabspielen gehört, werden verschieden lange Stäbe aus Hartholz durch Anschlagen zum Schwingen gebracht. Beim Metallofon werden statt der Holzstäbe Metallstäbe eingesetzt. Für die Tonhöhe ist die Länge der schwingenden Stäbe entscheidend. Bei Pauken und Trommeln werden Töne durch Schläge auf gespannte Felle erzeugt. Dabei wird vor allem auch die unter den Fellen befindliche Luft in Schwingungen versetzt.

Die Tonerzeugung bei Blasinstrumenten basiert auf der Schwingung von Luftsäulen im Instrument. Die Tonhöhe lässt sich z. B. bei einer Blockflöte durch das Zuhalten der Löcher am Flötenkörper verändern. Durch das

Zuhalten verändert sich die Höhe der Luftsäule und entsprechend die Frequenz der Schwingungen. Bei Blechblasinstrumenten wird die Tonhöhe durch die Lippenspannung verändert. Zusätzlich besitzt aber auch z. B. die Trompete Ventile oder Klappen, mit denen die Tonhöhe verändert werden kann.

Vorschläge für selbst gebastelte Musikinstrumente

Wassermusik: Füllen Sie mehrere gleiche Gläser unterschiedlich hoch mit Wasser. Schlagen Sie mit einem Löffel oder mit einem Stab gegen die Wände der Gläser. Bei dünnwandigen Gläsern, z. B. Weingläsern, können Sie auch Schwingungen erzeugen, indem Sie mit einem feuchten Finger am Rand des Glases entlangfahren. Die Finger dürfen dabei nicht fettig sein. Hinweis: Je voller das Glas, desto tiefer ist der Ton.

Panflöte: Schneiden Sie Trinkhalme mit einer Schere in unterschiedliche Längen (jeweils 1 cm Längenunterschied). Kleben Sie die Trinkhalme nebeneinander auf einen Pappstreifen und verschließen Sie die unteren Öffnungen mit kleinen Knetkügelchen. Blasen sie gleichmäßig in die oberen Öffnungen. Hinweis: Je kürzer der Trinkhalm, desto höher ist der Ton.

Xylofon: Kleben Sie unterschiedlich lange, dicke Buntstifte nebeneinander auf eine Holz- oder Pappleiste. Schlagen Sie die Buntstifte mit einem dünnen Buntstift an. Hinweis: Je kürzer der Buntstift, desto höher ist der Ton.

Trommeln: Bespannen Sie leere Keksdosen oder Blumentöpfe mit Membranen aus aufgeschnittenen Luftballons oder Baumwolltüchern. Hinweis: Je straffer die Membran gespannt ist, desto höher ist der Ton.

Flaschenmusik: Füllen Sie gleiche Flaschen unterschiedlich hoch mit Wasser und blasen Sie vorsichtig hinein. Hinweis: Je voller die Flasche, desto höher ist der Ton. Wenn Sie die Flasche anschlagen, ist es dagegen umgekehrt.

Klangröhren: Schneiden Sie Plastikröhren mit einem Durchmesser von ca. 2 cm (Baumarkt) gerade in verschiedene Längen. Halten Sie die Röhre mit einer Hand fest und schlagen Sie mit der Handinnenfläche der anderen Hand auf die obere Öffnung der Röhre.

Aufgaben

1. Ordnen Sie die Vorschläge für die selbst gebastelten Musikinstrumente den verschiedenen Kategorien zu (Art der Verwendung und Art der Tonerzeugung).

2. Begründen Sie die sich jeweils ergebenden Zusammenhänge zwischen Füllhöhe, Länge, Spannung und Tonhöhe.

3. Versuchen Sie, Tonleitern herzustellen.
   Tipp: Auf der Website des „Haus der kleinen Forscher" (vgl. www.haus-der-kleinen-forscher.de [31.10.2013]) findet sich eine ausführliche Anleitung zur richtigen Abstimmung der Klangröhren sowie Vorschläge für das gemeinsame Spielen von Liedern mit den Röhren in Großgruppen.

4. Orden Sie jedem Ton Ihrer Tonleiter mithilfe von Klebepunkten eine Farbe zu (bei der Wasser- und Flaschenmusik eignet sich auch Lebensmittelfarbe zum Färben des Wassers). Notieren Sie einfache Kinderlieder mithilfe der Farben auf Papier. Testen Sie Ihre „Notenschrift", indem Sie diese von einer Versuchsperson nachspielen lassen.

5. Informieren Sie sich darüber, wie in Notenschriften Tonlänge und Tonintensität ausgedrückt werden.

Projekt

Planen Sie ein Projekt für Kinder im Vorschulbereich zum Thema Musikinstrumente. Setzen Sie sich besonders mit folgenden Planungsaspekten auseinander:

1. Welche Erfahrungen haben die Kinder evtl. bereits zu dem Thema gemacht?

2. Legen Sie Ziele fest, die Sie mit dem Projekt verfolgen möchten. Achten Sie dabei auf die Integration verschiedener Kompetenz- und Bildungsbereiche.

3. Überlegen Sie mögliche Aktivitäten.

4. Planen Sie einen Einstieg in das Projekt. Wie verwirklichen Sie eine möglichst große Partizipation der Kinder bei der Gestaltung des Projektes?

5. Durch welche Problemfragen und Impulse können innerhalb des Projektes eigenständige Forschungsprozesse der Kinder initiiert werden?

6. Wie lassen sich innerhalb des Projektes kognitive Prozesse gemeinsam mit den Kindern reflektieren?

8.2.4 Eigenresonanz

In Kapitel 8.2.3 wurde am Beispiel eines einfachen Saiteninstruments bereits die Funktion von Resonanzkörpern bei Musikinstrumenten erforscht. Bei einer richtigen Gitarre lässt sich die Resonanz des Holzkorpus sogar spüren. Die folgenden Experimente zeigen, dass Körper auf bestimmte Frequenzen besonders intensiv reagieren.

Experiment 12 : die vibrierende Dose

Material:
2 verschiedene, leere Konservendosen, ein dünner Schlauch, grobes Salz (alternativ Reiskörner), großer Luftballon, Schere, Schraubenzieher, breites Klebeband

Durchführung:
* Stechen Sie mit dem Schraubenzieher vorsichtig ein Loch in die Dose und verbreitern Sie es so, dass der Schlauch hineingeschoben werden kann.

- Blasen Sie den Luftballon einmal prall auf, lassen Sie die Luft wieder entweichen und schneiden Sie ihn kurz hinter der Öffnung auf.
- Spannen Sie die Gummihaut des Luftballons über die Öffnung der Dose und streuen Sie einige Salzkörner darauf.
- Summen Sie nun langsam, aber deutlich eine Tonleiter über den Schlauch in die Dose und beobachten Sie dabei die Körner auf der Gummihaut.
- Führen Sie das Experiment mit einer anderen Dose durch.

Beobachtung:
Bei einem bestimmten Ton beginnen die Körner wild zu tanzen. Die Tonhöhe ist bei verschiedenen Dosen unterschiedlich.

Resonanzdose

Eigenresonanz und Resonanzkatastrophen

Resonanz lässt sich gut bei der Verwendung einer Stimmgabel beobachten. Schlägt man diese an, ist der erzeugte Ton zunächst relativ leise. Stellt man sie jedoch auf einen Resonanzkörper, z.B. auf eine Tischplatte oder auf die eigenen Schädelknochen, so wird der Ton durch die zum Mitschwingen angeregten Festkörper sehr viel stärker. Stimmgabeln selbst sind allerdings schwer zum Mitschwingen zu bewegen.

Das Mitschwingen ergibt sich nur bei bestimmten Frequenzen, die zu den sogenannten Eigenfrequenzen eines Resonanzkörpers gehören. Stimmgabeln sind so konstruiert, dass sie sich lediglich durch diejenigen Schwingungen der Frequenz anregen lassen, auf die sie selbst geeicht sind. Werden zwei Stimmgabeln gleicher Frequenz nebeneinander gestellt, aber nur eine angeschlagen, schwingt auch die zweite Gabel mit. Dämpft man die Schwingungen der angeschlagenen Stimmgabel, ist daher weiterhin der Ton der zum Mitschwingen angeregten zweiten Stimmgabel zu hören. Verändert man deren Frequenz geringfügig, z.B. indem man auf eine der Zinken eine kleine Knetkugel aufsteckt, lässt sich keine Resonanz mehr beobachten. Die Resonanzkörper von Instrumenten sind in der Regel Hohlkörper und besitzen eine ganz bestimmte Form und Größe. Es ist die Kunst eines Instrumentenbauers, einen Resonanzkörper zu formen, dessen Spektrum an Eigenfrequenzen den Tonumfang seines Instruments abdeckt. Aus der Funktion ihrer Resonanzkörper erklären sich auch die Größenunterschiede von Instrumenten wie z.B. von Geige und Kontrabass. Je größer ein Hohlkörper, desto tiefer sind seine Eigenfrequenzen. Auf bestimmte Frequenzen sprechen schwingungsfähige Körper besonders intensiv an. Geschieht dies bei Bauwerken, kann es zu sogenannten Resonanzkatastrophen kommen. Die Bauwerke geraten in so heftige Schwingungen, dass sie zerstört werden. Aus diesem Grund dürfen größere Gruppen nicht im Gleichschritt über Brücken marschieren. Entspricht die Frequenz des Gleichschrittes der Eigenfrequenz der Brücke, können starke Schwingungen auftreten, die zum Einsturz der Brücke führen.

Experiment 13: mitsingendes Glas

Material:
2 gleiche, dünnwandige Gläser (z. B. Weingläser), Bleistift, Wasser

Durchführung:
- Stellen Sie die Gläser dicht nebeneinander und testen Sie durch Anschlagen, ob sie dabei die gleiche Tonhöhe erzeugen. Wenn dem nicht so ist, lässt sich die Tonhöhe durch Einfüllen von Wasser angleichen.
- Schlagen Sie eines der Gläser an und stoppen Sie die Vibrationen kurz darauf mit den Fingern.

Beobachtung:
Wird das eine Glas in Schwingung versetzt, sodass ein Ton entsteht, so beginnt auch das andere Glas zu vibrieren. Der erzeugte Ton lässt sich durch das mitschwingende Glas noch leise hören.

Aufgaben

1. *Begründen Sie, warum die Gläser auf die gleiche Tonhöhe eingestimmt sein müssen.*

2. *Überlegen Sie sich eine fantasievolle Geschichte als Einstieg zum Thema Resonanz.*

8.2.5 Schall in Feststoffen und Flüssigkeiten

Breitet sich der Schall auch in festen und flüssigen Stoffen aus? Und wenn ja, leiten diese ihn genauso gut wie die Luft?

Experiment 14: lauschen wie ein Indianer

Material:
tickende Uhr, Tisch (möglichst Hartholz- oder Metalltischplatte), bunter Spielstein

Durchführung:
- Legen Sie die tickende Uhr an das Kopfende des Tisches und entfernen Sie sich so weit von der Uhr, bis Sie das Ticken nicht mehr hören.
- Markieren Sie die Entfernung, indem Sie den Spielstein an entsprechender Stelle auf den Tisch platzieren.
- Legen Sie nun ein Ohr ein Stück hinter den Spielstein auf den Tisch und verschließen Sie das andere Ohr mit einer Hand.

Beobachtung:
Das Ticken der Uhr lässt sich mit dem Ohr auf dem Tisch wieder wahrnehmen.

Variation:
Der Versuch lässt sich auch sehr gut im Freien an abgesägten Baumstämmen durchführen. Das Ticken der Uhr kann hier durch Klopfzeichen einer zweiten Person ersetzt werden.

Experiment 15: Die Unterwasser-Uhr

Material:
großes Wasserbecken, tickende Uhr, Marmeladenglas mit Deckel, Sand

Durchführung:
- Füllen Sie das Marmeladenglas zu ca. einem Drittel mit Sand und legen Sie die Uhr darauf.
- Verschließen Sie das Glas nun gut mit seinem Deckel und stellen Sie es an einer Seite auf den Grund des Wasserbeckens.
- Prüfen Sie, ob und wenn ja, wie laut das Ticken der Uhr noch zu hören ist.
- Legen Sie nun ein Ohr an die Seiten des Wasserbeckens und lauschen Sie nach dem Ticken der Uhr.

Unterwasser-Uhr

Beobachtung:
Das Ticken der Uhr ist durch das Wasser lauter wahrnehmbar als durch die Luft.

Schallwellen in flüssigen und festen Stoffen

Schall breitet sich sowohl in gasförmigen als auch in flüssigen und festen Stoffen aus. Die Schallgeschwindigkeit in flüssigen und festen Stoffen ist dabei sogar deutlich höher, die Energieverluste geringer als in gasförmigen Stoffen wie z. B. der Luft. Dies liegt an der höheren Teilchendichte flüssiger und fester Stoffe gegenüber gasförmigen Stoffen. Der Abstand zwischen den Schall leitenden Teilchen ist geringer und wie bei enger aufgestellten Dominosteinen werden die Schwingungen deutlich schneller übertragen.

> *Beispiel: Dieses Phänomen nutzten auch die Indianer Nordamerikas, indem sie ihr Ohr auf den harten Boden der Steppe pressten, um nach dem Getrappel einer entfernten Büffelherde zu horchen.*

Wie gut sich Schall in festen Gegenständen ausbreitet, lässt sich auch in mehrstöckigen Häusern beobachten. Klopft man im Keller an die Leitungsrohre, leiten diese die Schwingungen weiter, sodass das Geräusch auch noch in den oberen Stockwerken hörbar ist. Allerdings ist die Schallleitung sehr stark abhängig vom verwendeten Material. Schall wird gut in harten Gegenständen wie z. B. Stein, Glas oder Metall übertragen. Weiche, elastische oder poröse Materialien wie Schaumstoff, Kautschuk oder Kork wirken dagegen dämmend. Entsprechend ist die Ausbreitungsgeschwindigkeit in diesen Materialien sogar langsamer als in der Luft.

Experiment 16: Bechertelefon

Material:
2 leere Joghurtbecher (alternativ Konservendosen, ohne scharfe Ränder), eine Stopfnadel, eine mehrere Meter lange Schnur, 2 Büroklammern

Durchführung:
- Stechen Sie mit der Stopfnadel ein Loch mittig in die Böden der Becher und ziehen Sie durch jedes Loch ein Ende der Schnur von außen in den Becher.
- Die Enden der Schnur werden nun mit einer Büroklammer verknotet, sodass diese nicht mehr aus den Bechern herausrutschen können.
- Sie und eine weitere Person nehmen nun jeweils einen Becher in die Hand und gehen so weit auseinander, dass die Schnur zwischen den Bechern straff gespannt ist.
- Nun spricht eine Person in ihren Becher, während die andere in ihren hineinhorcht.

Beobachtung:
Die hörende Person versteht die sprechende laut und deutlich.

Deutung:
Der durch das Sprechen erzeugte Schall versetzt den Boden des Bechers in Schwingungen und wandert über die stramm gehaltene Schnur zum anderen Ende des Bechertelefons. Der zweite Becher vibriert nun ebenfalls und gibt die Schwingungen

Becher-Telefon

wieder an die Luft ab, sodass die hörende Person diese mit ihrem Ohr wahrnehmen kann. Da die Schallwellen gut durch feste Stoffe geleitet und durch die Becher verstärkt werden, ist die sprechende Person mit Bechertelefon besser zu verstehen als ohne.

8.2.6 Schallreflexion und Lärmschutz

Ruft man in der freien Natur Richtung Fels oder Waldrand ein lautes „Hallo", so grüßt die Natur scheinbar zurück. Es entstehen Echos. In großen leeren Räumen hallt es stark. Verlegt man Teppiche, hängt Vorhänge auf und stellt Möbel hinein, verschwindet das Phänomen wieder. Man kann die Akustik eines Raumes also mit einfachen Mitteln beeinflussen. Welche Materialien eignen sich hierfür besonders gut?

Aufgaben

1. *Suchen Sie einen großen leeren Raum oder eine geeignete Fläche in der Natur auf und versuchen Sie, Echos zu erzeugen.*

2. *Testen Sie, wie weit Sie sich einer Wand annähern bzw. sich von ihr entfernen müssen, um ein klares Echo zu hören.*

Experiment 17: Schallwellen reflektieren

Material:
großes Glas, größerer Spiegel, weiche Unterlage (Stoff-, Teppichrest), laut tickende Uhr

Durchführung:
- Legen Sie eine weiche Unterlage in ein hohes Glas und platzieren Sie darauf eine tickende Uhr.
- Entfernen Sie sich so weit vom Glas, bis Sie die Uhr nicht mehr hören.
- Bitten Sie nun eine zweite Person, den Spiegel in verschiedenen Winkeln über das Glas zu halten.

Beobachtung:
Wird die glatte Fläche des Spiegels in einem bestimmten Winkel gehalten, so ist das Ticken der Uhr wieder zu hören.

Schallreflexion

Reflexion von Schallwellen

Schall breitet sich, wie auch Licht, ausgehend von seiner Quelle geradlinig aus. Ebenso wie Licht werden Schallwellen reflektiert (vgl. Kapitel 12). Im Experiment wird der Schall der leise tickenden Uhr zunächst durch die Wände des hohen Glases so reflektiert, dass er sich vorwiegend nach oben hin ausbreitet. Nach unten hin wird der Schall durch die weiche Unterlage gedämpft, sodass sich auch kein Schall z. B. über einen Tisch ausbreiten kann. Wird nun eine glatte Fläche in einem bestimmten Winkel über das Glas gehalten, wird der nach oben ausgerichtete Schall in die Richtung des Hörers reflektiert. Verwendet man einen Spiegel, stellt man fest, dass man die Uhr am besten hört, wenn man sie auch sieht. Dann entspricht der Winkel, in dem der Schall auf den Spiegel trifft, dem Winkel, in dem er reflektiert wird. Schall verhält sich hier nach den gleichen Gesetzen wie Licht.

Wir kennen Schallreflexion vor allem als Echo, das entsteht, wenn wir gegen einen Felswand, eine Mauer oder in Richtung Waldrand rufen. Dabei reflektieren unterschiedliche Materialien den Schall verschieden gut. Während glatte Materialien das Echo größtenteils reflektieren, werden die Schallwellen von rauen Oberflächen stärker absorbiert. Damit ein reines Echo entsteht, muss der Schallweg mindestens 34 Meter betragen – wir müssen also mindestens einen Abstand von 17 Metern zur reflektierenden Wand haben. Nähern wir uns an, so überlagert sich das Echo mit dem gerufenen Wort. Man hört einen störenden Nachhall. Schallereignisse können sich vor allem in großen Konzerthallen negativ auswirken. Überlagert sich eine reflektierte Schallwelle, z. B. des gehaltenen Tones einer Violine mit den direkt ankommenden Schallwellen, können sich die am Ohr des Hörers eintreffenden Druckwellen wechselseitig beeinflussen, die Frequenzen stark abschwächen oder aber verstärken. Entsprechend beeinträchtigen zu starke Schallreflexionen die Musik. Man versucht daher, in Konzertsälen die Schallreflexionen durch Vorhänge oder eine entsprechende Gestaltung der Wände zu begrenzen.

Beim Echolot wird der Schall dagegen ausgenutzt. Der Schall wird durch Meerwasser Richtung Meeresboden ausgesendet und anhand der Dauer, welche die vom Meeresgrund reflektierten Schallwellen zurück an die Oberfläche benötigen, errechnet, wie tief das Wasser und wie eben der Meeresboden ist. Auch Fischschwärme können auf diese Weise aufgespürt werden.

Bei einem trichterförmigen Megafon nutzt man die Reflexion des Schalls zur Bündelung und Verstärkung des Schalls. Die nach außen gerichteten Schallwellen werden hierbei durch die Wände des Megafons abgelenkt und in die gewünschte Richtung gesendet. Ebenso lassen sich Schallwellen mithilfe eines umgekehrten Trichters einfangen. Dieser Effekt wird durch unsere Ohrmuscheln ausgenutzt und lässt sich durch ein Hörrohr zusätzlich verstärken.

Experiment 18: Wecker-Stethoskop

Material:
tickender Wecker, Gummischlauch (ca. 2 m), 2 Trichter, Schere, Klebeband

Durchführung:
- Befestigen Sie die Trichter mit Klebeband an beiden Enden des Schlauches.
- In einem der Trichter wird zusätzlich der Wecker befestigt.
- Legen Sie den Trichter ohne Wecker an ein Ohr und entfernen Sie sich so weit wie möglich vom anderen Ende des Schlauches mit dem Wecker.

Beobachtung:
Das Ticken des Weckers ist über das „Stethoskop" deutlich zu hören.

Erklärung:
Der Trichter bündelt durch Reflexion an seinen Wänden zumindest einen Teil der vom Wecker ausgehenden Schallwellen und leitet sie über den Schlauch direkt an das Ohr. Die Schallwellen werden also nicht so stark zerstreut und sind dadurch intensiver, wenn sie am Ohr angelangen.

Experiment 19: Musik im Eimer

Material:
ein Rekorder mit Mikrofon, ein Eimer

Durchführung:
- Nehmen Sie mithilfe des Rekorders ein von Ihnen gesungenes Lied auf.
- Stülpen Sie sich einen großen Eimer über den Kopf und wiederholen Sie den Versuch.
- Vergleichen Sie anschließend das Ergebnis Ihrer Aufnahmen.

Beobachtung:
Die Aufnahme des im Eimer aufgezeichneten Liedes ist besser, die Stimme wirkt voller.

Erklärung:
Der Eimer wirkte wie ein Resonanzkörper, zudem wurden die Schallwellen an den Wänden des Eimers reflektiert. Die Stimmer wirkte daher bei der zweiten Aufzeichnung voller bzw. intensiver.

1. Überlegen Sie verschiedene Orte in Ihrer Umgebung, an denen sich Echos erzeugen lassen.

2. Entwickeln Sie Möglichkeiten, die Schallreflexion didaktisch zu reduzieren und zu veranschaulichen.

Lärm ist eine Gefahr für die Gesundheit

Insbesondere in Städten ist Lärm ein ständiger Begleiter des Menschen geworden. Baustellen, stark befahrene Straßen und dröhnende Maschinen am Arbeitsplatz beeinträchtigen Gesundheit und Lebensqualität in gravierender Weise. Auch wenn Lärm gar nicht als solcher empfunden wird, kann er gefährlich werden. Laute Musik aus dem MP3-Player, in Diskotheken oder bei Konzerten mit wummernden Bässen, die einem nicht nur sprichwörtlich „durch Mark und Bein" gehen, setzen Endorphine frei, die uns ein Hochgefühl vermitteln. Dadurch wird die Belastung des Ohres kaum noch registriert.

Unsere Ohren können Geräusche ab ungefähr vier Dezibel wahrnehmen (Hörschwelle). Sehr leise Geräusche, z. B. raschelnde Blätter, haben eine Lautstärke von ca. zehn Dezibel, wir flüstern mit ungefähr 30 Dezibel und unterhalten uns mit 55 Dezibel.

Eine Erhöhung der Intensität um jeweils zehn Dezibel empfinden wir bereits als eine Verdopplung der Lautstärke. Ein permanent erhöhter Geräuschpegel über 60 Dezibel bedeutet für Menschen Stress, der die Gesundheit dauerhaft beeinträchtigen kann. Bei ca. 130 Dezibel, verursacht z. B. durch einen Düsenjäger, ist die Schmerzgrenze erreicht. Übersteigt der Lärm eine Intensität von 150 Dezibel, kann dies irreparable Schäden verursachen.

Dauerhafte Überlastung des Gehörsinns durch Lärm kann zur Ausprägung eines Tinnitus („Ohrenklingeln") und zur Schädigung der feinen Sinneshärchen im Innenohr und damit zu einer Beeinträchtigung des Hörvermögens führen. Lärm wirkt außerdem als Stressor, der zur Ausschüttung der Stresshormone Adrenalin und Cortisol führt. Dauerhaft erhöhte Konzentrationen dieser Hormone führen z. B. zu Schlaf- und Konzentrationsstörungen, zur Schwächung des Immunsystems und zu Herz-Kreislauf-Erkrankungen.

Um die Lärmbelastung zu mindern, kommen insbesondere schalldämmende Materialien zum Einsatz. An Verkehrswegen und Industrieanlagen werden nach Möglichkeit bepflanzte Lärmschutzwände errichtet, auf Autobahnen Tempolimits eingeführt. Bei Gebäuden sollten Räume mit schalldämmenden Wand- und Bodenbelägen eingerichtet werden. Rohre lassen sich durch dämmende Materialien umkleiden, sodass Fließgeräusche vermieden werden. Ebenso werden Estriche „schwimmend" auf Trittschalldämmplatten betoniert und stehen nicht in Kontakt mit den Wänden.

Experiment 20: Schallschutz für Sandkörner

Material:
aus Experiment 5: Toilettenpapierrolle, großer Luftballon, Gummiring, Sandkörner, Schere, Stieltopf oder Schüssel aus Metall, Kochlöffel
Zusätzlich: Alufolie, ein Stück dünner Teppich, Tuch

Durchführung:
Führen Sie Experiment 5 erneut durch, halten Sie jedoch zwischen die Luftballonmembran und die Schallquelle abwechselnd die Alufolie, das Stück Teppich und das Tuch.

Beobachtung:
Bringt man verschiedene Gegenstände zwischen die Schallquelle und die Luftballonmembran, lässt sich die Membran unterschiedlich stark zum Schwingen bringen.
Das Stück Teppich und das Tuch dämmen den Schall deutlich stärker als die Alufolie.

Aufgaben

1. *Versuchen Sie den Schall einer auf dem Tisch liegenden, laut tickenden Uhr zu dämmen. Was müssen Sie dabei beachten?*

2. *Überlegen Sie weitere alltägliche Beispiele für Lärm und Lärmschutz.*

3. *Warum ist eine Auseinandersetzung mit dem Thema Lärm besonders für Kinder und Jugendliche wichtig? Legen Sie Grobziele fest, die Sie mit einem Projekt oder einer Reihe zum Thema Lärm und Lärmschutz verfolgen möchten.*

8.2.7 Abspielgeräte für Musik

Schall und Musik lassen sich mithilfe von Schallplatte, CD, MP3 und noch einigen weiteren Medien „konservieren". Aber wie lassen sich die Schallwellen einfangen?

Experiment 21: Drehorgel

Material:
kleine Drehorgel (besonders im Weihnachtsgeschäft gut erhältlich)

Durchführung:
- Spielen Sie die Drehorgel und überlegen Sie, auf welche Weise die Töne erzeugt werden könnten.
- Nehmen Sie sie anschließend aus der Schmuckschachtel und untersuchen Sie, wodurch hohe und tiefe, schnell und langsam aufeinanderfolgende Töne erzeugt werden, die beim Abspielen der Drehorgel gemeinsam eine Melodie ergeben.

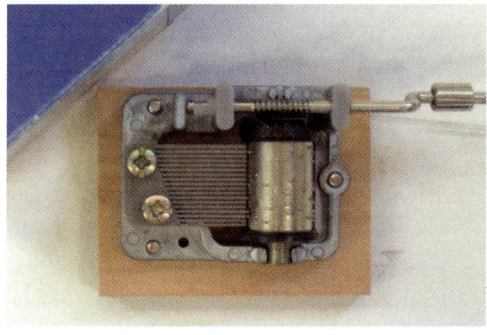

Drehorgel

Beobachtung/Erklärung:

Ähnlich wie in Experiment 3 werden die hohen und tiefen Töne durch unterschiedlich lange Klangstäbe in der Drehorgel erzeugt. Die Klangstäbe werden wiederum durch kleine Noppen auf der Walze im Inneren der Drehorgel angeschlagen, wodurch sie vibrieren und für uns hörbare Töne erzeugen. Müssen Töne in einer Melodie schnell aufeinanderfolgen, so sind die Noppen auf der Walze dicht hintereinander gesetzt, bei langsameren Tonfolgen ist der Abstand zwischen den Noppen entsprechend größer.

Aufzeichnung von Musik

Moderne Aufzeichnungen von Schall erfolgen elektronisch. Mithilfe eines Mikrofons, das ähnlich wie das Trommelfell unserer Ohren eine schwingungsfähige Membran besitzt, werden die Schwingungen des Schalls eingefangen und in Schwankungen elektrischen Stroms umgewandelt. Diese können an einen Lautsprecher geleitet werden, bei dem der Prozess wieder umgekehrt wird. Die Stromschwankungen bringen eine Membran zum Schwingen, die ihrerseits wieder Schallwellen in der Luft erzeugt.

Mithilfe der Stromschwankungen lässt sich Schall jedoch auch speichern. Bei der Herstellung von Schallplatten werden die mit dem Mikrofon erzeugten Stromschwankungen auf eine Nadel übertragen, die spiralförmige Rillen auf ein Speichermedium überträgt. Beim Abspielen einer Schallplatte erfolgt wieder die Umkehrung des Prozesses. Die Nadel des Plattenspielers fährt entlang der Rille und wird durch sie in Schwingungen versetzt. Diese Schwingungen werden elektronisch mit einem Lautstärker verstärkt und wieder hörbar gemacht. Aber auch ohne einen elektronischen Lautstärker kann die auf die Platte gepresste Musik wieder hörbar gemacht werden, wie der folgende Versuch zeigt.

Experiment 22: Plattenspieler

Material:
alte Schallplatte (am besten funktionieren Volksmusik und Schlager), Holzplatte (weiches Holz, ca. 50 x 30 cm), 2 Schrauben (2 und 4 cm lang), flache Unterlegscheibe mit Loch in der Mitte (Baumarkt), stabile Pappe, Pinnwandnadel, Klebeband, Plastikbecher, Heftzwecke, Hammer, Schraubenzieher

Bauanleitung für den Plattenspieler:
1. Bohren Sie ein Loch in die Mitte der Holzplatte, sodass sich die Schraube später leichter hineindrehen lässt.
2. Legen Sie nun über das Loch die flache Metallscheibe, darauf die Platte und befestigen Sie beides mit der Schraube (2 cm) auf der Holzplatte. Die Schallplatte muss sich noch frei drehen können.
3. Schneiden Sie aus der Pappe einen ca. 3 cm breiten und 10 bis 15 cm langen Streifen.
4. Stechen Sie die Pinnwandnadel von innen durch den Plastikbecher und durch das eine Ende des Pappstreifens. Der Kopf der Pinnwandnadel wird zusätzlich mit einem Klebestreifen im Boden des Plastikbechers befestigt, sodass die Nadel nicht so schnell herausrutschen kann.

5. Durch das freie Ende des Pappstreifens wird nun die zweite Schraube (4 cm) gedreht. Mit etwas Abstand zur Platte wird die Schraube in das Holzbrett geschraubt (ca. 3 cm sollten noch aus dem Brett herausragen), sodass die Pinnwandnadel auf die Schallplatte gesetzt werden kann.
6. In die Mitte der Platte wird nun mit Klebeband eine Heftzwecke mit dem Kopf nach unten geklebt, sodass sich mit ihrer Hilfe die Platte gleichmäßig drehen lässt.

Durchführung:
Setzen Sie die Pinnwandnadel mittig auf die Schallplatte und drehen Sie diese mithilfe der Heftzwecke möglichst gleichmäßig.

Beobachtung:
Die auf der Platte gespeicherte Musik wird hörbar, bei Gesangsstücken sind sogar Wörter und Sätze verständlich.

Erklärung:
Durch das Drehen der Schallplatte fährt die Pinnwandnadel dünne, gewellte Rillen auf der Platte entlang. Das Wellenmuster der Rillen versetzt die Nadel in bestimmte Schwingungen. Es werden entsprechend der auf der Platte gespeicherten Melodie hohe und tiefe Töne erzeugt. Tiefere Rillen ergeben lautere Töne, engere Wellen in den Rillen erzeugen höhere Töne (schnellere Vibrationen). Der Plastikbecher hat die Funktion eines Verstärkers, da die von der Pinnwandnadel erzeugten Vibrationen allein zu schwach wären, man würde die abgespielte Melodie nicht wahrnehmen. Durch den Trichter werden die Schallwellen gebündelt und in eine Richtung ausgesendet.

Tipp: Wenn Sie noch einen alten, funktionsfähigen Plattenspieler besitzen, reicht es auch, den Tonarm aus Pappe herzustellen und mit der Nadel auf die sich drehende Platte zu setzen. Die Schwierigkeit bei dem selbst hergestellten Plattenspieler liegt vor allem darin, die Platte gleichmäßig zu drehen.

Aufgabe

Welche Phänomene aus zuvor beschriebenen Experimenten lassen sich bei der Drehorgel, welche beim Plattenspieler wieder beobachten?

9 Vermittler zwischen belebter und unbelebter Welt: Wasser und Leben

Wasser ist der Ursprung allen Lebens. Dieser Satz erweist seine Richtigkeit nicht nur aus der Tatsache, dass menschliches Leben im Wasser heranwächst oder dass ohne Wasser weder Menschen noch Tiere oder Pflanzen leben könnten. Er deutet ebenso darauf hin, dass der Ursprung allen Lebens auf unserer Erde im Wasser zu finden ist, lange bevor die Sauerstoffproduktion vor ca. 2,6 Milliarden Jahren in Gang kam. Es gilt als gesichert, dass die Entwicklung höheren Lebens ohne Sauerstoff nicht möglich gewesen wäre. Für die Sauerstoffproduktion jedoch waren in Wasser lebende Cyanobakterien verantwortlich. Warum ist es gerade das Wasser, das eine so wichtige Rolle für die Entstehung, Entwicklung und Aufrechterhaltung von Leben darstellt? Was hat Wasser, das andere Stoffe nicht haben? Um dieser Frage nachzugehen, ist ein Blick auf die Eigenschaften von Wasser notwendig. Dieses Kapitel ist relativ kurz. Das liegt daran, dass das Thema Wasser in diesem Lehrbuch auch an anderer Stelle thematisiert wird: Wasser als Lösungsmittel für Stoffe ist z.B. Gegenstand der Kapitel 7.2 und 7.3. Die Bedeutung des Wassers für das Leben auf der Erde wird in den Kapiteln 10 (Lebewesen Mensch) und 11 (Lebewesen Pflanze) aufgegriffen.

In diesem Kapitel sollen in strukturierter Weise die Eigenschaften des Wassers behandelt und der Frage nachgegangen werden, welche Stationen das Wasser auf der Erde durchläuft. Die Rede ist hier vom Wasserkreislauf.

9.1 Der Stoff, aus dem das Leben ist

- Wie sieht Wasser aus?
- Wie fühlt es sich an?
- Kann man Wasser hören?

- Wie riecht und schmeckt Wasser?
- Wo kommt Wasser vor?
- Welche Tiere leben im Wasser?

Aufgaben

Überlegen Sie, auf welche Weise Sie Kinder an das Thema Wasser heranführen können. Im Vordergrund soll die Erfahrbarkeit von Wasser mit allen Sinnen stehen. Machen Sie deutlich, inwiefern gerade hier schon mit zwei- bis dreijährigen Kindern gearbeitet werden kann. Diskutieren Sie, inwieweit das Tun der Zwei- bis Dreijährigen dem Experimentieren zugeordnet werden kann (zur Eingrenzung des Begriffs Experimentieren vgl. Kapitel 3.1).

Führen Sie folgende Versuche durch, notieren Sie Ihre Beobachtungen und versuchen Sie, diese zu deuten.

1. *Geben Sie zu einem Viertel zerstoßenes Eis in ein Becherglas und messen Sie die Temperatur. Erhitzen Sie das Eis nun und messen Sie alle dreißig Sekunden die Temperatur, bis das Wasser siedet (Nehmen Sie nach Beginn des Siedens noch drei weitere Temperaturwerte auf). Zeichnen Sie ein Zeit-Temperatur-Diagramm.*

2. *Reiben Sie einen Kunststoffstab oder einen aufgeblasenen Luftballon an einem Stück Wolle und halten Sie diesen dann an einen dünnen Wasserstrahl.*

3. Füllen Sie ein Becherglas zur Hälfte mit Wasser, markieren Sie die Füllhöhe und stellen Sie es in ein Gefrierfach, bis das Wasser zu Eis geworden ist.

4. Lassen Sie Wasser, Olivenöl und Honig aus einem Gefäß fließen.

Die Struktur des Wassermoleküls und Schmelz- und Siedetemperatur

Dass Wasser bei Raumtemperatur flüssig ist, ist eine zentrale Voraussetzung für die Bedeutung des Wassers auf der Erde. Wasser besitzt eine Schmelztemperatur von 0 °C und eine Siedetemperatur von 100 °C (zu den Aggregatzuständen des Wassers vgl. auch Kapitel 7.4). Warum ist Wasser bei

Aufbau eines Wassermoleküls

Raumtemperatur nicht fest wie z. B. Salze, Holz oder Plastik oder gasförmig wie Sauerstoff oder Wasserstoff? Die Antwort ergibt sich aus dem Aufbau der Teilchen, aus denen Wasser besteht. Wasser besteht aus Wassermolekülen, in welchen ein Sauerstoffatom mit zwei Wasserstoffatomen über Elektronenpaarbindungen verbunden ist.

Ob ein Stoff bei Raumtemperatur gasförmig, flüssig oder fest ist, hängt davon ab, wie hoch die Anziehungskräfte zwischen den Teilchen sind. Im Fall von Wasser sind die Wechselwirkungen zwischen den Teilchen mittelstark.

Das liegt daran, dass jedes Wassermolekül sich wie ein kleiner Magnet mit einem positiven Pol und einem negativen Pol verhält, sodass sich die Wassermoleküle untereinander aufgrund der entgegengesetzten Teilladungen anziehen. Beim Sauerstoffatom befindet sich der Schwerpunkt der negativen Ladung, während sich der positive Ladungsschwerpunkt weiter in Richtung der Wasserstoffatome befindet. Das liegt daran, dass das Sauerstoffatom eine größere Fähigkeit hat, das negativ geladene Elektronenpaar zu sich zu ziehen als das Wasser-

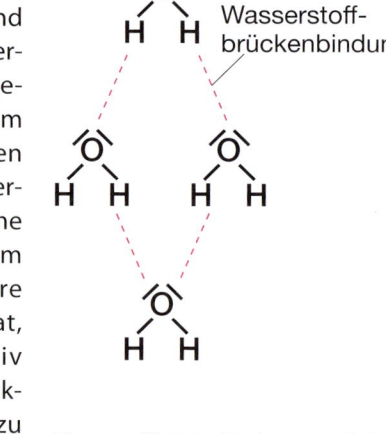

Wasserstoffbrückenbindungen zwischen Wassermolekülen

stoffatom. Das gemeinsame Elektronenpaar zwischen Sauerstoff- und Wasserstoffatom befindet sich also nicht gleichmäßig zwischen diesen beiden Atomen, sondern ist stärker Richtung Sauerstoffatom orientiert. Dies kann man sich wie beim Tauziehen vorstellen: Die stärkere Seite besitzt einen größeren Teil des Seils als die schwächere Seite. Moleküle, deren positiver und negativer Ladungsschwerpunkt nicht zusammenfallen, nennt man **Dipolmoleküle**.

durch Kunststoffgegenstand abgelenkter Wasserstrahl

Die aus den unterschiedlichen Ladungsschwerpunkten resultierenden Anziehungskräfte zwischen den Molekülen nennt man Wasserstoffbrückenbindungen. Dass es im Molekül diese unterschiedlichen Ladungsschwerpunkte gibt, zeigt Aufgabe zwei (vgl. S. 201). Durch das Reiben des Stabes an der Wolle lädt sich dieser elektrostatisch auf, sodass der Wasserstrahl sich durch den aufgeladenen Stab ablenken lässt.

Aufgabe

Anhand des Wassers lassen sich die drei Aggregatzustände fest, flüssig und gasförmig gut verdeutlichen. Schmelzen Sie hierzu einen Eiswürfel und verdampfen das entstandene Wasser. Entwickeln Sie dann ein Vorgehen, aus dem verdampften Wasser wieder Eis herzustellen.

Stellen Sie die Aggregatzustände im Teilchenmodell dar.

Beantworten Sie anschließend anhand eines Experiments die Frage, wie man die Farbe aus einem gefärbten Eiswürfel heraus bekommt.

Dichteanomalie des Wassers

Wenn Wasser den Aggregatzustand von flüssig nach fest ändert, passiert Erstaunliches. Normalerweise unterscheiden sich die Aggregatzustände von fest über flüssig bis gasförmig darin, dass sie mit einem zunehmenden Abstand zwischen den Teilchen einhergehen (vgl. Kapitel 3.3.1 Stoff-Teilchen-Konzept). Ein Feststoff hat eine höhere Dichte (die Teilchen sind dichter gepackt) als die entsprechende Flüssigkeit. Wechselt jedoch Wasser seinen Aggregatzustand von flüssig nach fest, nimmt der Abstand zwischen den Teilchen nicht ab, sondern zu, d.h. im festen Zustand sind die Wassermoleküle weiter voneinander entfernt als im flüssigen Zustand. Eis hat eine geringere Dichte als Wasser. Dies erklärt, dass Eis auf Wasser schwimmt und nicht zu Boden sinkt. Das eben beschriebene Phänomen nennt man **Dichteanomalie** des Wassers. Sie trägt dazu bei, dass Gewässer im Winter nicht zufrieren und Leben im Wasser aufrechterhalten werden kann. Die Dichteanomalie ist somit ein weiterer Grund für die Bedeutung des Wassers bei der Entstehung und Aufrechterhaltung von Leben.

Viskosität

Nun kann man zu Recht fragen, warum es nun gerade das Wasser und keine andere Flüssigkeit ist, welche die Grundlage für das Leben bildet. Erkenntnisse aus Aufgabe vier, S. 202, helfen hier weiter. Wasser ist eine Flüssigkeit mit einer recht geringen **Viskosität** (Zähflüssigkeit). Stellen Sie sich vor, unser Herz müsste Olivenöl und nicht Wasser durch unseren Körper pumpen. Auch wenn dies gerade noch vorstellbar wäre, ist doch einsehbar, wie viel Kraft dies kosten und wie viel länger es dauern würde. Die geringe Viskosität ist also ein weiterer Grund für die Besonderheit des Wassers.

Die Oberflächenspannung des Wassers

Der Dipolcharakter des Wassers ist auch der Grund für eine weitere besondere Eigenschaft des Wassers, die **Oberflächenspannung.** Wasserläufer können auf dem Wasser laufen, nicht etwa, weil sie so leicht sind, sondern weil sich die Oberfläche des Wassers wie eine Haut verhält. Bei genauer Betrachtung kann man erkennen, dass die Oberfläche des Wassers an den Kontaktstellen zwischen Wasserläufer und Oberfläche „eingedellt" ist. Die zwischen den Wassermolekülen bestehenden starken Anziehungskräfte (Wasserstoffbrückenbindungen) sorgen dafür, dass sich Wasser wie eine elastische Haut verhält, sodass sogar Gegenstände wie Heftzecken oder Büroklammern auf ihr aufliegen können.

Wasserläufer

Die Oberflächenspannung des Wassers kann in einer Reihe von Experimenten anschaulich nachgewiesen werden:

Experiment 1: aus Wasser Berge bauen ... und sie wieder zerstören

Material:
Glas oder Petrischale, Wasser, Spülmittellösung (Spülmittel mit Wasser zu gleichen Anteilen gemischt), Pipette

Durchführung:
- Füllen Sie das Glas randvoll mit Wasser.
- Tropfen Sie solange mit der Pipette Wasser hinzu, bis ein Wasserberg entsteht.
- Geben Sie anschließend zwei bis drei Tropfen Spülmittellösung hinzu.

Experiment 2: Modell eines Wasserläufers

Material:
Alufolie, Schüssel mit Wasser, Spülmittellösung

Durchführung:
- Basteln Sie aus Alufolie einen Wasserläufer und setzen Sie ihn auf die Wasseroberfläche.
- Geben Sie ein paar Tropfen Spülmittellösung hinzu.

Experiment 3: Zimtbilder

Material:
Schüssel mit Wasser, Zimt, Spülmittellösung

Durchführung:
- Streuen Sie etwas Zimt auf die Wasseroberfläche.
- Geben Sie etwas Spülmittellösung hinzu.

Die Oberflächenspannung des Wassers kann mithilfe von Tensiden zerstört werden. Tenside haben einen charakteristischen Molekülaufbau. Sie besitzen einen langen hydrophoben (wasserabweisenden) Schwanz und einen kleinen hydrophilen (wasseranziehenden) Kopf (vgl. Abbildung).

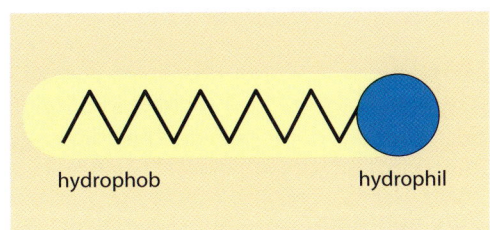

Füllt man ein Becherglas randvoll mit Wasser und gibt mit einer Pipette Wasser hinzu, so entsteht ein Wasserberg über dem Becherglas, das Wasser läuft nicht über. Das liegt daran, dass zwischen den Wasserteilchen hohe Anziehungskräfte wirksam sind (Wasserstoffbrückenbindungen). Diese sind verantwortlich für die Oberflächenspannung des Wassers. Diese Anziehungskräfte werden zerstört, sobald sich Tensidteilchen zwischen die Wasserteilchen setzen, sodass diese sich nicht mehr anziehen können. Die Oberflächenspannung wird herabgesetzt, das Wasser läuft über. Diese Eigenschaft macht man

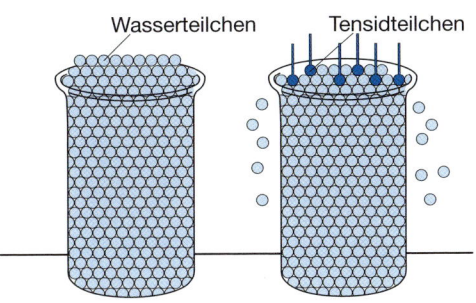

Tenside zerstören den Wasserberg

sich beim Waschen von Haut, Haaren und Kleidung zunutze. Wasser alleine kann Kleidung etc. nicht benetzen und dementsprechend keinen Schmutz entfernen. Tenside sorgen dafür, dass das Wasser sich an der Kleidung etc. anlagern und den durch Tenside abgelösten Schmutz wegspülen kann. Damit der Schmutz tatsächlich von Kleidung, Geschirr, Haaren usw. abgetragen werden kann, muss dieser zerteilt (dispergiert) werden. Hydrophober Schmutz löst sich nicht in Wasser; hier übernehmen die Tenside die Aufgabe, den Schmutz zu zerteilen, sodass dieser dann mit Wasser weggespült werden kann.

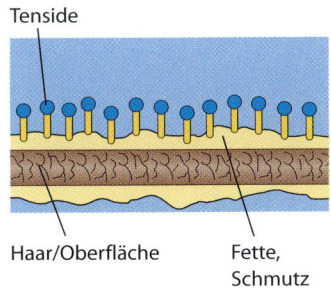
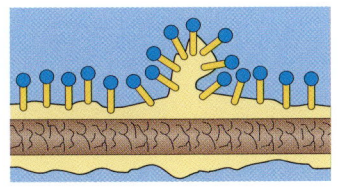
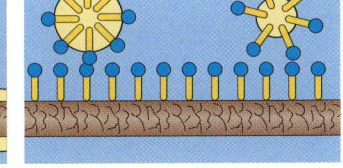

Dispergierwirkung von Tensiden

Experiment 4: Modellversuch zur Dispergierwirkung von Tensiden

Material:
2 Bechergläser, Stativ, 2 Trichter, Messzylinder, Wasser, Kohlepulver, Tensidlösung, Rührstab, Löffel

Durchführung:
- Füllen Sie in zwei Bechergläser jeweils 100 ml Wasser und geben einen halben Löffel Kohlepulver hinzu.
- Geben Sie in eines der Bechergläser 10 ml Tensidlösung.
- Filtrieren Sie beide Gemische.

Wasser allein kann die Kohle nicht durch den Filter transportieren

Alle bisher beschriebenen Eigenschaften machen Wasser zu einem besonderen Stoff, der Leben ermöglicht. Der Mensch besteht je nach Geschlecht, Alter und physischer Konstitution aus ca. 65 Prozent Wasser. Dem Wasser kommen hier verschiedene Funktionen zu:

Lösungs- und Transportmittel: Viele Stoffwechselprozesse verlaufen nur in wässriger Lösung. Wasser transportiert lebensnotwendige Stoffe zu den Zellen. Stoffwechselendprodukte wie z. B. Harnsäure werden hauptsächlich über die Nieren abgeführt, beim Transport von Sauerstoff über die roten Blutzellen ist Wasser beteiligt.

Wärmeregulierung: Wasser sorgt über die Schweißbildung (der Mensch besitzt ca. zwei Millionen Schweißdrüsen) dafür, dass auch bei großer Hitze oder körperlichen Anstrengungen die Körperkerntemperatur zwischen 36 und 37 °C konstant bleibt.

Da Wasser im Körper nicht gespeichert werden kann, muss es täglich aufgenommen werden. Die aufgenommene Menge sollte dabei ungefähr der Menge an Wasser entsprechen, die wir täglich verlieren.

Tägliche Wasserabgabe	Menge	Tägliche Wasseraufnahme	Menge
Atmung	0,5 Liter	**Flüssigkeit**	1,5 – 2,0 Liter
Transpiration	0,5 – 1,0 Liter	**Nahrung**	1,0 Liter
Urin	1,5 – 2,5 Liter	**im Stoffwechsel gebildetes Wasser**	0,5 Liter

Aufgabe

Informieren Sie sich über Nahrungsmittel, die einen hohen Anteil an Wasser aufweisen. Ermitteln Sie den Wassergehalt von Kartoffeln, indem Sie eine Kartoffel wiegen, zerkleinern und dann im Backofen bei 100 °C trocknen lassen. Entspricht der von Ihnen experimentell gefundene Wert der Angabe in der Literatur?

Sinkt unser Wasserhaushalt rapide ab, kann es zu lebensbedrohlichen Situationen kommen. Damit dies nicht passiert, hat die Natur etwas Schlaues eingerichtet: unser Durstzentrum im Gehirn. Dieses wird in der Regel immer dann aktiviert, wenn ein Wasserdefizit von ca. 0,5 Prozent unseres Körpergewichts erreicht wird. Dann ist es höchste Zeit, Wasser zu uns zu nehmen. Aber Vorsicht: Wasser ist nicht gleich Wasser!

Experiment 5: nicht sichtbar, aber trotzdem vorhanden – unterschiedliche Arten von Wasser

Material:
Leitungswasser, destilliertes Wasser, Mineralwasser, Löffel, Teelicht

Durchführung:
Geben Sie jeweils die gleiche Menge destilliertes Wasser, Leitungswasser und Mineralwasser auf einen Löffel und lassen Sie das Wasser verdampfen.

Mineralwasser enthält wichtige Mineralstoffe und Spurenelemente. Dies sind Ionen, die mit der Nahrung zugeführt werden müssen, da sie vom Körper nicht selbst hergestellt werden können. Folgende Ionen sind im Mineralwasser (Unterschiede je nach Mineralwassersorte) enthalten: Na^+ (Natrium-Ionen), Cl^- (Chlorid-Ionen), K^+ (Kalium-Ionen), Ca^{2+} (Calcium-Ionen), PO_4^{3-} (Phosphat-Ionen), Mg^{2+} (Magnesium-Ionen), Fe^{2+} (Eisen-Ionen), Zn^{2+} (Zink-Ionen), I^- (Iodid-Ionen). Durch das Trinken von Mineralwasser nehmen wir also nicht nur Flüssigkeit, sondern auch diese anderen, für unseren Körper wichtigen Stoffe zu uns. Calcium (Ca^{2+}) und Phosphat (PO_4^{3-}) werden etwa bei der Bildung von Knochen benötigt. Darüber hinaus enthält die menschliche DNS Phosphat. Magnesium (Mg^{2+}) ist ein wichtiger Bestandteil von Enzymen des Energiestoffwechsels. Das Spurenelement Eisen ist zentraler Bestandteil des Blutfarbstoffs Hämoglobin. Wird dem Körper zu wenig Eisen zugeführt, kann es zu einer Anämie kommen. Mineralwasser ist nicht die einzige Quelle für Mineralstoffe. Normalerweise werden dem Körper alle wichtigen Mineralstoffe und Spurenelemente über die Nahrung zugeführt.

Auch Leitungswasser ist kein Reinstoff (zum Begriff Reinstoff vgl. Kapitel 3.3.2), sondern enthält viele gelöste Stoffe, Mineralstoffe. Enthält Wasser besonders viele Calcium- oder Magnesium-Ionen spricht man von hartem Wasser. Dieses ist die Ursache dafür, dass Öffnungen von Wasserhähnen verkrusten oder Kaffeemaschine und Wasserkocher verkalken (zur Beseitigung von Kalkrückständen vgl. Kapitel 13).

Destilliertes Wasser enthält keine gelösten Stoffe, ist also ein Reinstoff. Es wird durch Destillation (vgl. Kapitel 7.5) von Leitungswasser oder vorgereinigtem Wasser gewonnen. Im Unterschied zum destillierten Wasser gibt es das demineralisierte Wasser, bei welchem durch Ionenaustausch Mineralstoffe aus dem Wasser entfernt wurden. Für das Experimentieren ist destilliertes Wasser unbedingt notwendig, damit im Wasser gelöste Stoffe das Versuchsergebnis nicht verfälschen.

Ist es egal, ob der Mensch Mineralwasser oder destilliertes Wasser zu sich nimmt? Aufgrund von Osmose (vgl. Kapitel 11.3.7) könnte man meinen, dass das destillierte Wasser Zellen zum Platzen bringt und es damit äußerst gesundheitsschädlich für den Menschen ist.

Tatsächlich ist dies nicht der Fall, da unsere Zellen mit dem destillierten Wasser gar nicht in Berührung kommen. Vorher wird das Wasser nämlich schon mit Mineralstoffen aus dem Körper angereichert. Dies ist auch der Grund, warum der Langzeitkonsum von destilliertem Wasser nicht sinnvoll ist. Eine dauerhafte Aufnahme kann zu einer Verarmung des Körpers an Mineralstoffen führen.

Ein Maß dafür, ob im Wasser viele gelöste Stoffe enthalten sind oder nicht, stellt die Schaumbildung dar.

Experiment 6: hartes oder weiches Wasser?

Material:
Spülmittel, Leitungswasser, destilliertes Wasser, Mineralwasser, Regenwasser, Reagenzgläser, Reagenzglasständer, Stopfen

Durchführung:
- Füllen Sie die Reagenzgläser etwa zu einem Drittel mit jeweils einer Wassersorte (auf gleiche Füllhöhe achten) und fügen Sie zwei Tropfen Spülmittel hinzu.
- Verschließen Sie die Reagenzgläser mit einem Stopfen, schütteln Sie diese kräftig und vergleichen Sie die Schaumbildung.

> ### Aufgabe
>
> *Integrieren Sie ein Freispielangebot zum Thema Wasser in Ihrer Gruppe. Dieses Angebot soll für Kinder ab zwei Jahren geeignet sein. Stellen Sie geeignete Materialien zusammen und notieren Sie, welche grundlegenden Erfahrungen die Kinder machen können. Überlegen Sie, welche naturwissenschaftlichen Grundgesetze hier implizit entdeckt bzw. angewendet werden können.*

9.2 Der Wasserkreislauf

Riesige Wasservorräte bestimmen das Bild unserer Erde. Ungefähr drei Viertel der Erdoberfläche sind mit Wasser bedeckt. Hiervon entfällt der meiste Teil auf salzhaltiges Meerwasser, nur 2,4 Prozent der Wasservorräte der Erde sind Süßwasser. Hiervon entfallen 0,6 Prozent auf das Wasser der Flüsse, Seen und das Grundwasser, 1,8 Prozent auf das Eis der Pole und Gletscher.

Durch die Sonneneinstrahlung ist das Wasser einem ständigen Kreislauf unterworfen (Stoffkreisläufe vgl. Kapitel 3.3). Es kommt in allen drei Aggregatzuständen – fest, flüssig und gasförmig – vor. Die Änderungen der Aggregatzustände sind wesentlicher Bestandteil dieses Kreislaufes.

Um Wasser vom flüssigen in den gasförmigen Zustand zu überführen, ist Energie (vgl. Kapitel 3.3.4, S. 70) notwendig, die dafür sorgt, dass die Anziehungskräfte der Wasserteilchen überwunden werden, sodass sie einen größeren Abstand zueinander einnehmen. Diese Energie stellt die Sonne bereit. Sie ist quasi der Motor des Wasserkreislaufs. Sie sorgt

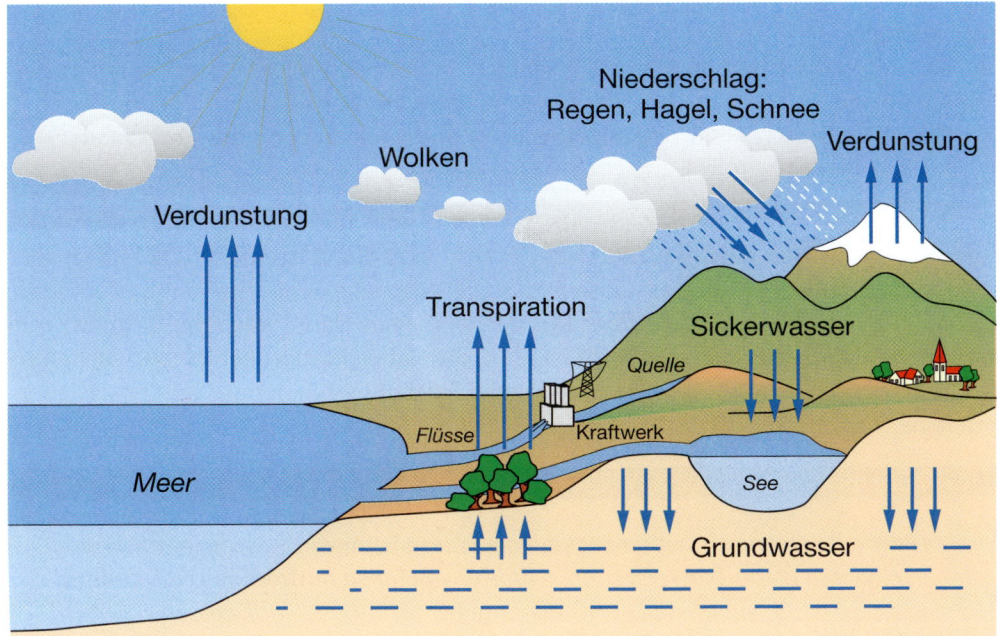

natürlicher Wasserkreislauf

dafür, dass das Wasser der Meere, Seen und des Bodens verdunstet, also in den gasförmigen Zustand übergehen kann. Durch die Sonneneinstrahlung wird eine große Wärmemenge im Meer gespeichert. Ein Teil dieser Wärmeenergie wird in Form von Wärme an die Atmosphäre abgegeben, gut 60 Prozent der Wärme gibt das Meer jedoch in Form der Verdunstung wieder ab. Wasser zu verdunsten, erfordert einen beträchtlichen Energieaufwand. Diese Energie wird in der Atmosphäre wieder frei (durch Erwärmung der Luft), wenn das Wasser kondensiert.

Verdunstung spielt nicht nur bei Meeren und Gewässern eine Rolle, sondern auch bei der Transpiration der Pflanzen. In kühleren Luftschichten kondensiert der Wasserdampf, es bilden sich Wolken. Bei der Kondensation wird in Umkehrung zur Verdunstung Energie frei. Über Regen und Schnee gelangt das Wasser wieder auf die Erde. Auf dem Weg zur Erde verdunstet ein Teil wieder, ein weiterer Teil gelangt in den Boden, wo es die Pflanzen aufnehmen oder es in das Grundwasser gelangt.

Experiment 7: Modell der Wasserverdunstung und -kondesation

Material:
2 gleich große Bechergläser, eine Petrischale, Waage, Wasser

Durchführung:
- Füllen Sie zwei Bechergläser mit jeweils derselben Menge an Wasser und stülpen Sie auf eines der Bechergläser eine umgedrehte Petrischale.
- Notieren Sie für beide Bechergläser das Gewicht.
- Stellen Sie beide Gläser auf eine Fensterbank und wiegen Sie die Gläser samt Inhalt nach ein, zwei, drei ... Tagen.

Beobachtung:

Das Glas mit Petrischale beschlägt nach einiger Zeit. Es bilden sich Wassertropfen an der Petrischale und an der Glaswand. Das Gewicht verändert sich nicht.
Im offenen Becherglas nimmt die Wassermenge und entsprechend das Gewicht ab.

Deutung:

Im offenen Glas verdunstet das Wasser, geht also vom flüssigen in den gasförmigen Zustand über. Im geschlossenen Becherglas verdunstet das Wasser auch. Da es aber verschlossen ist, kondensiert es an Glaswand und Petrischale, geht also vom gasförmigen wieder in den flüssigen Zustand über. Das passiert genau dann, wenn die Gasphase mit gasförmigen Wasserteilchen gesättigt ist, d. h., die Konzentration der Wasserteilchen in der Gasphase so hoch ist, dass sie sich wieder zu Teilchenverbänden zusammenschließen und feine Tröpfchen bilden.

Aufgaben

Die größte Menge an Wasser liegt auf der Erde in Form von Salzwasser vor. Würde der Mensch dieses Wasser trinken, würde er von innen austrocknen (vgl. Osmose, Kapitel 11.3.7). In vielen Ländern der Erde herrscht große Trinkwasserknappheit, aber die Menschen haben Zugang zu Meerwasser. Entwerfen Sie eine Möglichkeit, aus Meerwasser Trinkwasser zu gewinnen, indem Sie

1. *theoretisch beschreiben und erklären, wie das Trinkwasser gewonnen werden kann und*

2. *einen Versuchsaufbau mit geeigneten Geräten und Materialien entwickeln.*

Innerhalb des Wasserkreislaufs nimmt der Mensch eine bedeutende Stellung ein, indem er dem Kreislauf Wasser entzieht. Der größte Teil des vom Menschen benötigten Wassers wird dem Kreislauf wieder zugeführt. Das ist zum einen Trinkwasser, zum anderen Brauchwasser, das in Industrie, Energie- und Landwirtschaft benötigt wird.

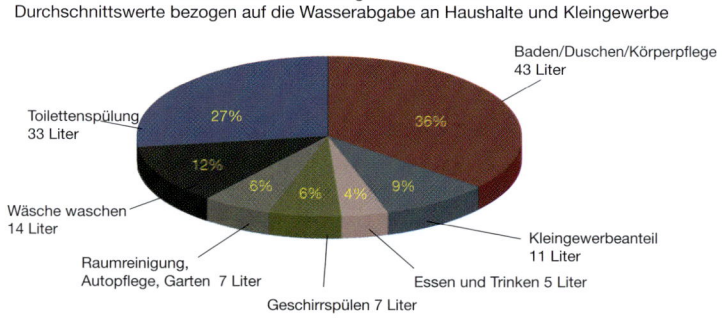

Trinkwasserverwendung im Haushalt 2012
Durchschnittswerte bezogen auf die Wasserabgabe an Haushalte und Kleingewerbe

Baden/Duschen/Körperpflege 43 Liter — 36%
Toilettenspülung 33 Liter — 27%
Wäsche waschen 14 Liter — 12%
Raumreinigung, Autopflege, Garten 7 Liter — 6%
Geschirrspülen 7 Liter — 6%
Essen und Trinken 5 Liter — 4%
Kleingewerbeanteil 11 Liter — 9%

Quelle: BDEW Bundesverband der Energie- und Wasserwirtschaft e. V., www.bdew.de

„Für die Herstellung von 1 t Papier werden etwa 400 000 Liter Wasser gebraucht, für 1 t Stahl etwa 200 000 Liter, für 1 kg Plastik 500 Liter. Wasser ist notwendig für die Energiewirtschaft, hier wird die Hauptmenge als Kühlwasser eingesetzt, es wird nicht verunreinigt. Zwei Drittel allen Flusswassers werden mindestens einmal durch Kühl- und Produktionsanlagen geleitet."
(Bergstedt, 2001, S. 52)

Der Pro-Kopf-Wasserverbrauch ist in den letzten Jahrzehnten kontinuierlich zurückgegangen. Es ist jedoch nicht nur der Leitungswasserverbrauch, der ins Gewicht fällt, sondern vielmehr das Wasser, welches verbraucht wird, um Konsumgüter und Lebensmittel herzustellen. Dieses Wasser nennt man **virtuelles Wasser**.

Abwasser muss gereinigt werden, damit es wieder dem Wasserkreislauf zugeführt werden kann.

Produkt	Virtuelles Wasser in Liter
eine Tasse Kaffee (aus 7 g Röstkaffee)	140
1 l Milch	1000
200 g Kartoffelchips	185
200 ml Apfelsaft	190
1 kg ungeschälter Reis	2300
500 Blatt Papier	5000
1 kg Jeans	11000
1 kg Rindfleisch	15000
1 Auto	bis 400000

(vgl. Vereinigung Deutscher Gewässerschutz e. V., 2004, www.virtuelles-wasser.de [01.11.2013])

Experiment 8: Reinigung von Schmutzwasser

Material:
Bechergläser, Wasser, Erde, Plastikschnipsel, Waschmittel, Essigreiniger, Öl, selbst gewählte Geräte zur Reinigung des Schmutzwassers

Durchführung:
* Stellen Sie aus folgenden Stoffen „Abwasser" her: Wasser, Erde, Plastikschnipsel, Waschmittel, Essigreiniger, Öl.
* Entwickeln Sie Möglichkeiten, dieses Abwasser zu säubern.

Aufgaben

1. *Analysieren Sie die von Ihnen gefundenen Möglichkeiten, das Schmutzwasser zu säubern. Gehen Sie hierzu auf folgende Fragen ein: Welche Eigenschaften der Schmutzpartikel werden jeweils zur Entfernung aus dem Wasser ausgenutzt? Welche Bestandteile lassen sich mit Ihren Methoden nicht aus dem Abwasser entfernen? Warum nicht?*

2. *Bilden Sie Expertengruppen zu folgenden Themen:*
   * *Funktionsweise von Klärwerken*
   * *Trinkwasseraufbereitung*
   * *Selbstreinigung der Gewässer*
   * *Globale Trinkwasserknappheit*

Die Reinigung von Abwasser ist aufwendig und teuer. Umso wichtiger ist es, Verunreinigungen zu vermeiden. Das gilt besonders für solche Schadstoffe, die biologisch nicht abbaubar sind, wie z. B. Schwermetalle. Gelangen diese in die Nahrungskette, ergeben sich zum Teil schwerwiegende gesundheitliche Folgen für Mensch und Tier.

Das Thema Reinigung von verschmutztem Trinkwasser lässt sich als Projekt im Vorschul- und Grundschulbereich durchführen. Der Einsatz von Sieben, Sand, Watte und Filter verdeutlicht hierbei die mechanische Stufe der Reinigung und lässt deutlich werden, wie schwierig es ist, die im Wasser gelösten Stoffe, wie Waschmittel oder Essig, zu entfernen.

Verunreinigtes Wasser und Tiersterben gehen meist einher.

Projekt

Setzen Sie das Thema Wasserkreislauf projektartig im Kindergarten bzw. in der Grundschule um. Folgende Fragen und Anregungen können Ihnen dabei helfen:

1. *Entwicklung einer Geschichte vom Wassertropfen, der um die Erde reist.*

2. *Wie entstehen Wolken?*

3. *Wozu brauchen wir Wasser? Welche Menge an Wasser brauchen wir?*

4. *Woher kommt unser Trinkwasser?*

5. *Wie kommt das Wasser in die Wohnung?*

6. *Wie bekommt man schmutziges Wasser wieder sauber?*

Tipp: Besuchen Sie mit der Gruppe eine Kläranlage.

10 Lebewesen Mensch

Lebt der Stoffbär?

Der Vergleich mit der unbelebten Nachbildung eines Lebewesens initiiert eine vertiefte Diskussion mit den Kindern darüber, was Lebewesen – also auch sie selbst – eigentlich ausmacht. Kinder entwickeln hierzu vielfältige Vermutungen, wie z. B. dass etwas atmen muss, Laute machen und sich bewegen kann. Diese sich in einer ersten Gesprächsrunde ergebenden Vermutungen lassen sich aufgreifen, diskutieren und vielfach auch überprüfen und beobachten. Im Folgenden werden Möglichkeiten aufgezeigt, gemeinsam mit den Kindern den eigenen Körper, seine Fähigkeiten und Funktionen zu erforschen und die eigene Wahrnehmung für im Körper ablaufende Prozesse zu sensibilisieren. Es sollen Anregungen für kindgerechte Experimente gegeben werden, die sich thematisch insbesondere im Hinblick auf die Gesundheitserziehung weiter entfalten lassen.

In Kapitel 10.1 stehen die Sinne des Menschen im Zentrum. In diesem Zusammenhang lässt sich der Begriff der Wahrnehmung, insbesondere die Subjektivität und die Veränderbarkeit der eigenen Wahrnehmung, erforschen und reflektieren. Hierbei kann diskutiert werden, dass jeder Mensch einen anderen Blick auf seine Umwelt hat und diese oftmals ganz anders wahrnimmt und empfindet als man selbst. Darüber hinaus wird am Beispiel Reflexe untersucht, dass viele unserer Reaktionen unbewusst bzw. unkontrolliert erfolgen.

Im Mittelpunkt der Kapitel 10.2 bis 10.4 steht die Funktionalität des menschlichen Körpers. Hier kann unter dem Aspekt „Bewegung" auch ein erster Zugang zu dem Phänomen geschaffen werden, dass der Körper Arbeit verrichtet und hierfür Energie benötigt.

Im Vordergrund stehen jedoch Untersuchungsaufträge, die mit einfachen Messungen verbunden sind: Wie bewegen wir uns? Wie arbeiten unsere Muskeln? Wie funktionieren unsere Gelenke? Wie gelangt die Luft in unseren Körper? Wie oft und wie viel atmen wir in einer Minute? etc. Die Kinder können aufgrund bereits gesammelter Beobachtungen und Erfahrungen vielfach selbstständig Strategien im Hinblick auf die Fragestellungen entwickeln und diese umsetzen.

10.1   Mit allen Sinnen

Der Mensch nimmt seine Umwelt auf vielfältige Weise wahr. Wandern wir an einem sonnigen Frühlingstag durch einen Park, sehen wir grünes Gras, blauen Himmel und Blüten in vielen Farben. Wir hören Vögel in den Bäumen, spüren die Wärme der Sonne auf der Haut, knirschenden Kies unter unseren Füßen und riechen den Duft der ersten blühenden

Pflanzen. Unbewusst registriert unser Gehirn jeden Schritt, den wir gehen und sorgt dafür, dass wir im Gleichgewicht bleiben. Das Zusammenspiel all dieser Eindrücke führt bestenfalls zu einem guten Gefühl, zu Wohlbefinden. Die Fähigkeit, Reize aus der Umwelt oder auch aus dem Körperinneren wahrzunehmen, wird als Sensibilität bezeichnet.

Ein **Reiz** stellt dabei ein physikalisches oder chemisches Ereignis dar, das in einem für ihn sensiblen Rezeptor zur Ausbildung einer **Erregung** führt. Die **Rezeptoren** für solche Reize sind die hoch spezialisierten **Sinneszellen** unseres Körpers, die zumeist in komplexen **Sinnesorganen** zusammengefasst sind. Äußere Einflüsse wie Licht, Riech- oder Geschmacksstoffe, Druck- oder Temperaturänderungen lösen in den Sinneszellen biochemische und physikalische Reaktionen aus. Die eingehenden Reize werden in elektrische Impulse verschlüsselt und über die peripheren Nervenbahnen des Körpers an das zentrale Nervensystem, bestehend aus Rückenmark und Gehirn, gesendet. Die Nervenzellen unseres Gehirns interpretieren die eingehenden Impulse, bewerten, wählen aus und vernetzen sie mit bereits vorhandenen Informationen. Erst im Gehirn erfolgt das, was wir als **Wahrnehmung** bezeichnen: das bewusste Empfinden eines Sinneseindrucks.

Klassisch werden fünf **Sinne** unterschieden: Sehen (visuelle Wahrnehmung), Hören (auditive Wahrnehmung), Riechen (olfaktorische Wahrnehmung), Schmecken (gustatorische Wahrnehmung) und Tasten (haptische Wahrnehmung). Ergänzen lassen sich der Temperatursinn, Schmerzempfinden, der Gleichgewichtssinn (vestibuläre Wahrnehmung) und die Körperempfindung (propriozeptive Wahrnehmung). Bei Tieren finden sich zusätzliche Sinnesleistungen wie z. B. die Fähigkeit zur Wahrnehmung von Magnetfeldern.

Sinneszellen erfassen die Umwelt auf unterschiedlichste Weise.

Sehen

Die Sinneszellen unserer Augen sind **Fotorezeptoren**. Sie liegen auf der zur inneren Augenhaut gehörenden Netzhaut (Retina) und werden in Stäbchen und Zapfen unterschieden. Die Zapfen liegen in besonders großer Zahl im Zentrum der Netzhaut am Ort des schärfsten Sehens, dem gelben Fleck. Sie sind sensibel für Farben, das Erfassen scharfer Umrisse und vor allem für das Sehen bei guten Lichtverhältnissen verantwortlich. Die Stäbchen finden sich vor allem in den Randbereichen der Netzhaut, registrieren besonders gut Helligkeitsstufen und eignen sich somit hervorragend für das Sehen bei Dämmerlicht. Beeinträchtigungen der Farbwahrnehmung (z. B. Rot-Grün-Sehschwäche) oder sogar Farbenblindheit resultieren aus in der Regel erblich bedingten Funktionsstörungen der Zapfen. Bei der Nachtblindheit, bei schlechter bis fehlender Sehleistung in der Dunkelheit, sind die Stäbchen defekt.

Fällt Licht auf die Sehzellen, führt dies in ihnen zum Zerfall von Sehpigmenten, was in der Zelle zum Ablauf einer biochemischen Kaskade führt, die letztlich zur Umwandlung des Lichtreizes in Nervensignale beiträgt. Fällt plötzlich zu viel Licht auf unsere Netzhaut, so zerfallen viele Sehpigmente auf einmal und die Lichtempfindlichkeit sinkt – wir sind für einen Moment geblendet. Das Auge kann den Lichteinfall mithilfe von Muskeln regulieren, welche die Pupille wie die Blende eines Fotoapparates je nach Helligkeit verengen und erweitern können. Die Steuerung der Pupillenweite erfolgt als unbewusster Reflex, der die Netzhaut vor zu intensiver Lichteinstrahlung schützt (vgl. Kapitel 12.2.5).

Riechen und Schmecken

Riech- und Geschmacksstoffe werden durch **Chemorezeptoren** in der Riech- und Mundschleimhaut erfasst. Wenn wir einen Geruch wahrnehmen, haben sich zuvor Riechstoffe in der Schleimhaut unserer Nase gelöst und an passende Rezeptoren von Riechsinneszellen gelagert. Dadurch wird eine Kaskade chemischer und physikalischer Prozesse ausgelöst, die zur Verschlüsselung der Geruchsinformation in elektrische Nervenimpulse führt. Ein empfundener Duft setzt sich aus verschiedenen Duftklassen wie z. B. blumig, minzig, ätherisch oder stechend zusammen. Menschen können bis zu zehn Duftklassen voneinander unterscheiden. Ähnlich funktionieren die Sinneszellen unserer Zunge, die hier gelöste Stoffe erfassen. Auch Geschmacksempfindungen lassen sich auf wenige Grundqualitäten zurückführen: süß, salzig, bitter, sauer und umami (fleischig, würzig). Um Geschmack und Gerüche wahrzunehmen, muss eine bestimmte Menge des Reiz auslösenden Stoffes vorhanden sein (Wahrnehmungsschwelle); eine eindeutige Zuordnung des Stoffes gelingt erst bei höheren Konzentrationen (Erkennungsschwelle).

Hören und Tasten

Die Sinneszellen der Haut, die für die haptische Wahrnehmung verantwortlich sind, aber auch die des Innenohres, des Hör- und des Gleichgewichtsorgans, sind **Mechanorezeptoren**. Sie werden durch mechanische Reize angeregt und wandeln diese in Nervenerregungen um. In der Haut, unserem größten Sinnesorgan, liegen zahlreiche solcher Sinnesrezeptoren, die sich auf bestimmte Reizarten spezialisiert haben. Sie reagieren überwiegend auf Druck, aber auch auf Dehnungs- und Vibrationsreize. Freie Nervenendigungen lösen Empfindungen für Temperatur und Schmerz aus. Die Rezeptoren sind unterschiedlich zahlreich auf der Körperoberfläche verteilt. So findet sich beispielsweise eine deutlich höhere Zahl in der Haut unserer Hände als in der Haut des Rückens.

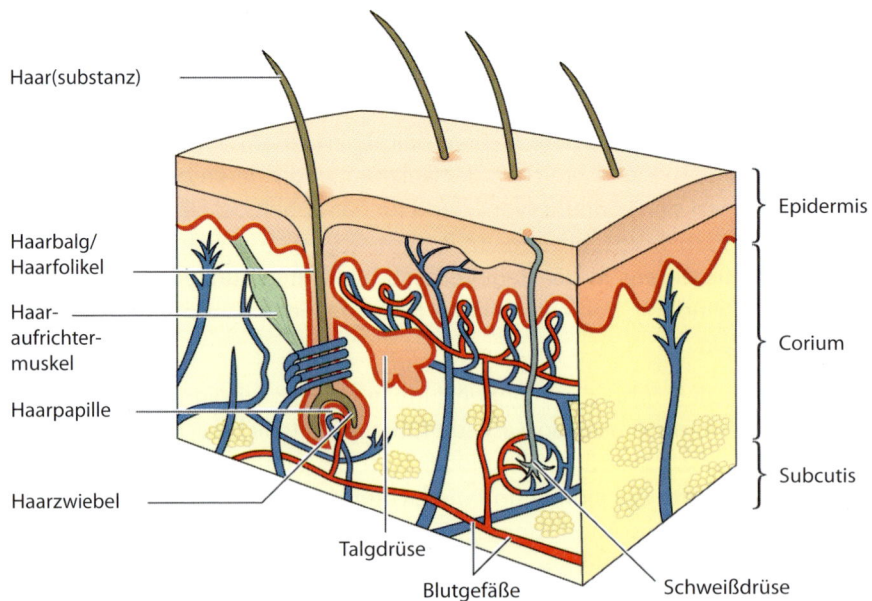

Haar(substanz)

Haarbalg/
Haarfolikel

Haar-
aufrichter-
muskel

Haarpapille

Haarzwiebel

Talgdrüse

Blutgefäße

Schweißdrüse

Epidermis

Corium

Subcutis

Im Innenohr liegen gleich zwei wichtige Sinneszellen: die des Gehörs und die des Gleichgewichtsorgans. Die als Schallwellen unser Trommelfell in Schwingung versetzenden Hörreize werden über kleine Knöchelchen des Mittelohrs an das Innenohr weitergeleitet. Hier wird Flüssigkeit in einem komplizierten knöchernen System in Schwingung versetzt, wodurch feine Härchen an Sinneszellen verbogen werden. Dieser mechanische Reiz bewirkt in den Sinneszellen die Auslösung eines Nervenimpulses (vgl. Kapitel 8.2).

Auch das Gleichgewichtsorgan besteht aus einer knöchernen, mit Flüssigkeit gefüllten Struktur. Hier reagieren ebenfalls feine Haarzellen auf mechanische Veränderungen, die entstehen, wenn wir unsere Körperlage wechseln, laufen, bremsen oder uns um die eigene Achse drehen.

Eine permanente Reizung der Rezeptoren führt zumindest vorübergehend zu einer Abschwächung der Wahrnehmung des Reizes, da die Empfindlichkeit der Rezeptoren nachlässt. So nehmen wir z. B. Gerüche in einem Raum nach einiger Zeit nicht mehr wahr, es sei denn, wir verlassen ihn vorübergehend.

Die Leistungen unserer Sinnesorgane sind trainierbar. Insbesondere in der frühen Kindheit lassen sich die sensorischen Fähigkeiten optimieren. Je häufiger und vielfältiger die verschiedenen Sinne zum Einsatz gebracht werden, desto schneller laufen insbesondere die Verarbeitungsprozesse der eingehenden Reize im Gehirn ab. Ein gut ausgeprägter Gleichgewichtssinn kann sich nur entwickeln, wenn Kinder die Möglichkeit haben, ihn in vielfältigen Situationen zu erproben.

Projekt

Planen Sie einen Sinnesparcours. Finden Sie hierfür spielerische Aktivitäten zur Sinneswahrnehmung und überlegen Sie, wie Sie die Aktivitäten konkret ausgestalten. Beachten Sie dabei folgende Planungsaspekte:

1. *Wie ermöglichen Sie den Kindern eigenständiges Forschen?*

2. *Zeigen Sie auf, an welchen Stellen welche naturwissenschaftlichen Arbeitsweisen zum Tragen kommen (vgl. Kapitel 3.1).*

3. *Formulieren Sie für den Sinnesparcours übergeordnete Ziele im kognitiven Entwicklungsbereich.*

4. *Wie gestalten Sie den Einstieg, wie den Abschluss des Sinnesparcours? Entwickeln Sie geeignete Impulse, welche die Kinder zum Verbalisieren ihres Denkens und Handelns auffordern und somit Reflexionsprozesse initiieren.*

Materialvorschläge für einen Sinnesparcours

- **sehen:** *Kärtchen mit Grundfarben, Kärtchen mit verschiedenen Farbabstufungen, verschiedenfarbige Folien (Farben zuordnen, Farben mischen)*

- **riechen:** *Filmdöschen mit verschiedenen Geruchsstoffen (Vanillearoma, geriebene Zitronenschalen, verschiedene Gewürze, Parfum ...), Piktogramme (Gerüche zuordnen)*

- **hören:** *„Rappelkisten" mit verschiedenen Materialien (z. B. Murmeln, Styropor, Holzklötze, Papierschnipsel, Stoffreste), Piktogramme (Geräusche zuordnen)*

- **tasten:** *Fühlsäckchen mit verschiedenen Gegenständen, Piktogramme (Formen erfühlen und zuordnen)*

- **schmecken:** *mit Lebensmittelfarbe grün gefärbter Joghurt mit verschiedenen Aromen (z. B. Zitrone, Vanille, Orange, Gurke), Probierstäbchen aus Plastik, Piktogramme (Geschmack zuordnen).*

10.1.1 Wahrnehmung

Die Leistung unseres Nervensystems übertrifft die von künstlichen Sensoren bei weitem. Im Gehirn wird jede eingehende Information über einen Reiz mit anderen Sinneswahrnehmungen, mit Erinnerungen und Emotionen verknüpft. Das bedeutet, dass die Verarbeitung auf der Grundlage bereits vorhandener Informationen erfolgt. Diese sind abhängig von den bisher gesammelten Erlebnissen, Erfahrungen und Kenntnissen einer Person und somit als Gesamtheit einzigartig. Entsprechend ist auch die Wahrnehmung eines jeden Reizes individuell.

Dies lässt sich z. B. an der individuell verschiedenen Bewertung eines Geruchs veranschaulichen.

> **Beispiel:** *Die Riechstoffe, die z. B. von einem Lavendelzweig ausgehen, lösen in den Riechsinneszellen bei zwei verschiedenen Personen jeweils die gleiche chemische Reaktionskaskade aus. Es gelangen entsprechend die gleichen Informationen im Gehirn an. Trotzdem nehmen die beiden Personen den Geruch völlig unterschiedlich wahr. Während die eine positiv reagiert, da sie sich vielleicht an Urlaube in Frankreich erinnert, rümpft die andere angewidert die Nase, weil sie unangenehme Ereignisse mit diesem Geruch assoziiert.*

Ein Reiz, im Beispiel der Riechstoff, ist daher von der subjektiven Wahrnehmung, z. B. eines Duftes oder Geruchs, deutlich zu unterschieden. Viele der eingehenden Sinneseindrücke, gleichgültig ob bewusst oder unbewusst wahrgenommen, beeinflussen unser Wohlbefinden in hohem Maße. Dies liegt vor allem an ihrer emotionalen Bewertung, die in unserem Gehirn durch das limbische System erfolgt. Angenehme Gerüche, entspannende Musik und gedämpftes Licht können einen hohen Beitrag zum Abbau von Stress leisten, negative Einflüsse wie schlechte Gerüche, Lärm und grelles Licht sind dagegen Stress auslösende Faktoren (vgl. Kapitel 2.2 und 2.3).

Experiment 1: unterschiedlich genaue Reizwahrnehmung

Material:

2 dicke Stricknadeln

Durchführung:

- Drücken Sie die beiden Stricknadeln mit großem Abstand leicht in die Haut der Hand einer Testperson.
- Prüfen Sie, wie weit Sie die zwei Druckpunkte zusammenführen können, bis die Person diese nur noch als einen Druckpunkt spüren kann.
- Wiederholen Sie das Experiment am Oberarm und am Rücken und vergleichen Sie die sich jeweils ergebenden Abstände.

Beobachtung:

Die Haut der Hände ist wesentlich sensibler als die der Oberarme oder die des Rückens. Die Druckpunkte können hier deutlich enger zusammengeführt werden als an den Oberarmen oder am Rücken.

Die Wahrnehmung durch äußere Einflüsse verändern

Die Wahrnehmung der Wirklichkeit ist nicht nur individuell verschieden, auch durch äußere Einflüsse lässt sich unser Bild, von dem, was wirklich ist, verändern.

Experiment 2: beeinträchtigte Temperaturwahrnehmung

Material:
Einen Eimer mit sehr kaltem, einen weiteren mit sehr warmem Wasser und einen dritten Eimer mit Mischwasser, das zu gleichen Teilen aus dem warmen und kalten Wasser besteht, bereit stellen

Durchführung:
- Halten Sie zunächst eine Hand in das sehr kalte und die andere in das sehr warme Wasser.
- Halten Sie nach etwa einer halben Minute beide Hände in das Mischwasser und vergleichen Sie die Wahrnehmungen Ihrer beiden Hände.

Beobachtung:
Mit der Hand, die zuvor im kalten Wasser war, schätzen wir die Temperatur des Mischwassers als deutlich höher ein als mit der Hand, die zuvor im sehr warmen Wasser war.

Experiment 3: beeinträchtigte Geruchsempfindung

Material:
3 Filmdöschen, von denen eines mit Vanillearoma, eines mit Zitronenaroma und eines mit einem Gemisch aus beiden Aromen befüllt ist.

Durchführung:
- Lassen Sie zunächst eine Testperson an dem Filmdöschen mit dem Gemisch aus beiden Aromen riechen und die wahrgenommenen Düfte benennen.
- Lassen Sie die Person danach für 15 Sekunden am Vanillearoma riechen und direkt anschließend wieder am Gemisch – ohne dass die Person dies sieht.
- Bitten Sie die Person, erneut den Geruch zu identifizieren.

Beobachtung:
Riecht die Person zum zweiten Mal an dem Gemisch der beiden Aromen, wird sie nur das Zitronenaroma erkennen.

Experiment 4: Beeinträchtigung des räumlichen Sehens

Material:
weiches Tuch, Holzstab, Bindfaden, kleiner Ring, Bleistift

Durchführung:
- Befestigen Sie den Ring mit einem Stück Bindfaden an einem Ende des Holzstabes.
- Bitten Sie eine Testperson, sich mit dem Tuch ein Auge zuzuhalten.
- Stellen Sie sich hinter die Person und halten Sie mithilfe des Holzstabes den Ring in die Sehrichtung der Testperson.
- Diese soll nun versuchen, mit dem Bleistift durch den Ring zu stechen.

Beobachtung:
Die Testperson wird es erst nach mehreren Versuchen schaffen, den Bleistift durch den Ring zu stechen.

Veränderte Wahrnehmung

Die Wahrnehmung lässt sich auf vielfältige Weise verändern und beeinträchtigen. In Experiment 1 ist das Ergebnis durch die unterschiedliche Verteilung der Sinneszellen für Druckempfindungen in der Hautoberfläche zu erklären. Wir besitzen in der Haut der Hand deutlich mehr solcher Sinneszellen als in der Haut des Oberarmes oder des Rückens. Allerdings lässt sich Sensibilität und Feinmotorik schulen. So können Menschen, die aufgrund einer Behinderung darauf angewiesen sind, alltägliche Dinge wie das Aufheben von Gegenständen oder gar Schreiben durch jahrelanges Training mit ihren Füßen bewältigen.

In Experiment 2 und 3 wurden Rezeptoren für die Temperaturwahrnehmung bzw. für die Geruchswahrnehmung dadurch, dass sie permanent einem Reiz ausgesetzt wurden, vorübergehend desensibilisiert. Manche Aspekte unserer Wahrnehmung sind allerdings auf das einwandfreie Funktionieren unserer Sinnesorgane angewiesen. Dadurch, dass in Experiment 4 ein Auge verdeckt wurde, konnte die Testperson nicht mehr räumlich sehen und verfehlte daher voraussichtlich den Ring. Für die räumliche Wahrnehmung sind die Perspektiven beider Augen notwendig.

Aufgaben

Überlegen Sie Aktivitäten, um mit Kindern den Begriff der „Wahrnehmung" zu diskutieren.
Beachten Sie dabei folgende Aspekte:

1. *Überlegen Sie eine Abfolge naturwissenschaftlicher Aktivitäten, um die Kinder an den Begriff Wahrnehmung heranzuführen.*

2. *Welchen Beitrag kann das Thema im Hinblick auf die Fähigkeit der Kinder zum Perspektivwechsel leisten?*

3. *Welche Bedeutung hat die Subjektivität der Wahrnehmung im Hinblick auf naturwissenschaftliches Arbeiten allgemein?*

10.1.2 Reflexe

Einige Reize, die von unseren Sinneszellen erfasst werden, lösen unmittelbare, vom Willen unabhängige Antworten aus: Reflexe. Reflexe laufen immer nach dem gleichen Muster ab, man spricht von sogenannten Reflexbögen; der gleiche Reiz löst nur Sekundenbruchteile nachdem er registriert wurde die immer gleiche Reflexhandlung aus. Die Verarbeitung erfolgt oftmals bereits im Rückenmark oder im sich anschließenden Stammhirn und vollzieht sich unbewusst. Nur dadurch sind schnelle Reaktionen möglich, wie z. B. das Abfangen des Körpers im Sturz durch das Vorstrecken der Hände. Viele Reflexe, wie die in Experiment 5 bis 8 nachgewiesenen, sind angeboren. Andere sind erworben und lassen sich durch Training verbessern. Müdigkeit, aber auch die Einwirkung von Alkohol oder Drogen, verlangsamen unsere Reflexe (vgl. Experiment 9) – besonders im Straßenverkehr oft mit gravierenden Folgen.

Experiment 5: Gänsehaut

Durchführung:
Gehen Sie bei kühlen Außentemperaturen leicht bekleidet aus einem geheizten Raum nach draußen.

Beobachtung:
Die Haare an den Armen richten sich auf. Dabei entstehen kleine „Hügel" in der Haut.

Gänsehaut

Experiment 6: Lidschluss

Material:
Klarsichtfolie, Papierball

Durchführung:
- Halten Sie sich ein Stück Klarsichtfolie vor das Gesicht.
- Bitten Sie eine zweite Person, einen Papierball gegen die Folie zu werfen.
- Versuchen Sie bei einer zweiten Durchführung des Experiments, die Augen offenzuhalten.

Beobachtung:
Trifft der Ball auf die Folie, schließen sich die Augenlider für einen Moment.

Experiment 7: Pupillenreflex

Material:
helle Raumbeleuchtung, alternativ eine helle Stehlampe

Durchführung:
- Setzen Sie sich einer zweiten Person gegenüber und löschen Sie für eine Weile das Licht.
- Schalten Sie das Licht an und blicken Sie der zweiten Person dabei in die Augen.

Beobachtung:
Wird der Raum plötzlich erhellt, lässt sich eine Verengung der Pupillen beobachten.

Experiment 8: Kniesehnenreflex

Durchführung:
- Bitten Sie eine Testperson, sich auf eine Tischkante zu setzen und die Beine locker hängen zu lassen.
- Schlagen Sie der Testperson mit der Handkante oder einem kleinen Gummihammer knapp unter der Kniescheibe vor den Unterschenkel.

Beobachtung:
Der Unterschenkel schwingt nach vorn.

Experiment 9: Beeinträchtigung der Reaktionszeit

Material:

langes Lineal, Tennisball

Durchführung:

- Bitten Sie eine zweite Person, das Lineal an einem Ende zwischen Daumen und Zeigefinger senkrecht nach unten zu halten.
- Halten Sie Ihre Hand direkt unterhalb des Lineals, sodass Sie es, wenn es fällt, zwischen Daumen und Fingern auffangen können.
- Bitten Sie die Testperson, das Lineal unerwartet fallen zu lassen und versuchen Sie, dieses aufzufangen.
- Führen Sie den Versuch mehrmals durch und prüfen Sie mithilfe der Skalierung des Lineals, ob Sie schneller oder langsamer werden.
- Nehmen Sie nun den Tennisball in die Hand, mit der Sie das Lineal im Experiment auffangen.
- Pressen Sie den Ball für ca. eine halbe Minute in Ihrer Hand.
- Führen Sie das Experiment erneut durch.

Beobachtung:

Die Reaktionszeit verlängert sich, wenn man die Hand mit dem Tennisball „müde" macht.
Tipp: Skalieren Sie das Lineal für eine Durchführung mit Kindern mithilfe bunter Klebestreifen.

Aufgaben

Planen Sie eine Aktivität zum Thema Reflexe:

1. *Überlegen Sie, wie sich die Aktivität innerhalb einer Reihe zum Thema Sinne und Wahrnehmung integrieren lässt.*

2. *Formulieren Sie ein Ziel im kognitiven Entwicklungsbereich.*

10.2 Dem Stoffwechsel auf der Spur

Aufgaben

1. *Antworten Sie spontan auf die Frage: Warum atmen wir?*

2. *Wiederholen Sie das in Kapitel 7 beschriebene Experiment 21. Was bedeutet Verbrennung und was wird für Verbrennungsprozesse benötigt?*

3. *Was verstehen Sie unter dem Begriff Stoffwechsel?*

Im Alltag benutzt man den Begriff Stoffwechsel häufig gleichbedeutend mit der Verdauung von Nahrung. Diese stellt jedoch nur einen Teilprozess des Stoffwechsels dar. Verallgemeinernd bedeutet Stoffwechsel die Aufnahme und chemische Umwandlung von Stoffen in einem Organismus sowie die Abgabe der entstandenen Stoffwechselprodukte.

Warum ist es jedoch überhaupt notwendig, dass Organismen Stoffwechsel betreiben? Lebewesen, gleichgültig ob Pflanze, Tier oder Mensch, benötigen ständig Energie zur Aufrechterhaltung ihrer Lebensprozesse. Nicht nur Bewegung oder Wachstum, sondern z. B. auch die Weiterleitung von Informationen über das Nervensystem, die ständige Bereitschaft der Immunabwehr und die permanent notwendigen Reparaturen in unserem Körper sind energieintensive Prozesse.

Immer wenn im Körper Energie verbraucht wird, stammt diese aus der Spaltung eines Moleküls mit dem Namen Adenosintriphosphat (ATP). Es ist sozusagen die Energiewährung, mit der überall im Körper „bezahlt" wird. Um diese herzustellen, benötigt der Körper energiereiche Verbindungen und Sauerstoff.

Die energiereichen Verbindungen liefern bei Menschen und Tieren die Nahrung. Die aufgenommene Nahrung muss zunächst im Verdauungstrakt in verwertbare Nährstoffe zerlegt werden. Die Nährstoffe werden über die Darmwände in die Blutbahn aufgenommen und von dieser zu den Zellen im ganzen Körper transportiert. Auch der zweite wichtige Stoff, der mithilfe unserer Lungen aus der Atemluft entnommene Sauerstoff, gelangt über das Blut zu den Körperzellen.

In den Körperzellen läuft nun ein komplizierter biochemischer Prozess ab, die Zellatmung. Bei dieser werden die energiereichen Nährstoffe schrittweise mithilfe des Sauerstoffes in energiearme anorganische Produkte zerlegt. Umgangssprachlich nennt man diesen Prozess „Verbrennung", da ähnlich wie bei einem Verbrennungsprozess Sauerstoff für den Abbau der Nährstoffe notwendig ist (vgl. Kapitel 7.7.3, Experiment 21 und 22). Als Abbauprodukt entsteht Kohlenstoffdioxid (CO_2), das wieder an die Blutbahn abgegeben und über unsere Lungen ausgeatmet wird. Nicht verwertbare Reste der abgebauten Nährstoffe werden über die Niere bzw. den Darm ausgeschieden (vgl. Kapitel 3.3.5).

Für den reibungslosen Ablauf der Energiegewinnung im menschlichen und tierischen Körper sind somit drei Organsysteme von entscheidender Bedeutung: das **Verdauungssystem**, das **Atmungssystem** und das **Herz-Kreislauf-System**.

Pflanzen nehmen keine organischen Stoffe, vergleichbar mit unserer Nahrung, zu sich. Sie entnehmen der Luft über kleine Öffnungen ihrer Blätter Kohlenstoffdioxid, aus dem sie mithilfe des Sonnenlichts energiereiche organische Stoffe aufbauen können. Die entstandenen energiereichen Stoffe sind zusammen mit Sauerstoff wiederum die Grundlage für den Prozess der Zellatmung, also den Aufbau von ATP (vgl. Kap. 11.5).

Der Begriff Stoffwechsel bezieht sich also auf viele physiologische Abläufe, die untereinander in einem engen Zusammenhang stehen. Die Experimente in diesem Kapitel zeigen auf, wie sich diese verschiedenen Abläufe im menschlichen Körper beobachten und messen lassen.

1. *Stellen Sie die Prozesse, die am Stoffwechsel des Menschen beteiligt sind, in einem übersichtlichen Schaubild dar.*

2. *Begründen Sie, warum Menschen und Tiere auf Pflanzen angewiesen sind.*

3. *Überlegen Sie, wann es zu einer Überernährung kommt.*

4. *Überlegen Sie, wie sich innerhalb des Themas Stoffwechsel naturwissenschaftliche Früherziehung und Aspekte der Gesundheitserziehung integrieren lassen.*

10.3 Der Körper ist beweglich – Muskeln und Gelenke

Die Beweglichkeit unseres Körpers verdanken wir einer Vielzahl unterschiedlichster Muskeln, Knochen und Gelenke. Sie zu koordinieren, ist eine Meisterleistung unseres Gehirns. Über viele Sinneszellen im Körper erhält das Gehirn Informationen über die aktuelle Position des Körpers und seiner Gliedmaßen und reguliert diese, indem es über die Nervenbahnen Signale an die Muskulatur schickt. Besonders beim aufrechten Gehen muss das Gehirn unglaublich viele Muskeln gleichzeitig koordinieren, um nicht nur einen Fuß vor den anderen zu setzen, sondern zudem den Körper im Gleichgewicht zu halten und auf Unebenheiten des Bodens zu reagieren. In Experiment 10 und 11 werden die Muskeln und Gelenke bei ihrer Arbeit beobachtet und ihre Funktionsweise veranschaulicht. Experiment 12 verdeutlicht, dass Muskeln ermüden.

Experiment 10: Muskelarbeit

Durchführung:
- Lassen Sie Ihren rechten Arm locker herunterhängen.
- Winkeln Sie nun Ihren Unterarm an und strecken Sie ihn anschließend wieder.
- Führen Sie die Bewegung mehrmals langsam aus, beobachten Sie Ihren Arm dabei und erspüren Sie mit der linken Hand Veränderungen.
- Führen Sie weitere Bewegungen durch: Beugen und Strecken der Füße, der Unter- und Oberschenkel, auf Zehenspitzen stellen, Situps etc.
- Prüfen Sie auch hierbei genau, welche Veränderungen sich ergeben und wo diese erfolgen.

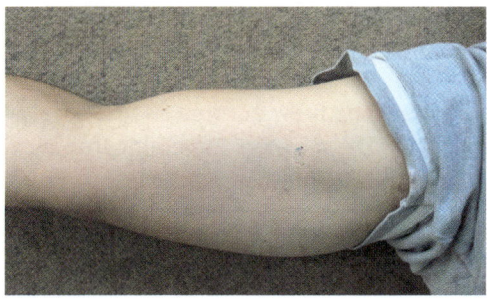

Bizeps locker

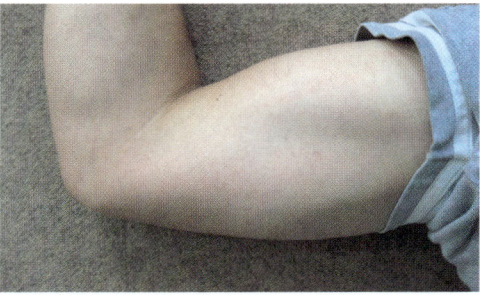

Bizeps angespannt

Beobachtung:

Wenn eine Bewegung ausgeführt wird, spürt und sieht man die Anspannung eines bestimmten Muskels. An der Gegenbewegung ist jeweils ein anderer Muskel beteiligt.

Funktionsweise der Muskulatur

Muskeln sind Körpergewebe, die aktiv in der Lage sind, zu kontrahieren (verkürzen). Die Zellen des Muskelgewebes sind langgestreckt und werden als Muskelfasern bezeichnet. In ihnen befinden sich längliche Strukturen, die sich unter Energieverbrauch ineinanderschieben. Die Kontraktion (Verkürzung) des Muskels wird über Sehnen auf die Knochen des Körpers übertragen. Um z. B. den Unterschenkel anzuheben, müssen wir Muskeln des Oberschenkels kontrahie-

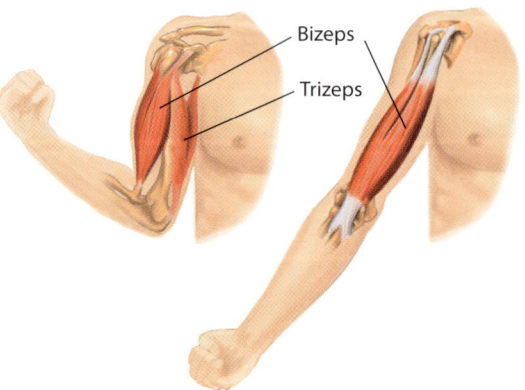

Bizeps

Trizeps

ren, um das Kniegelenk und entsprechend das Schienbein zu strecken. Wippen wir mit den Füßen, sind daran Muskeln der Unterschenkel beteiligt. Während die Kontraktion eines Muskels aktiv unter Energieverbrauch erfolgt, ist dessen Streckung passiv. Sie erfolgt, wenn eine Gegenbewegung mithilfe eines anderen Muskels ausgeführt wird. Muskeln arbeiten also nach dem Gegenspielerprinzip. Beugen wir unseren Unterarm, so kontrahiert der Bizeps des Oberarms, es streckt sich dagegen sein Gegenspieler, der Trizeps. Bei der Gegenbewegung, der Streckung des Unterarmes, kontrahiert der Trizeps, der Bizeps wird gestreckt.

Experiment 11: die Beweglichkeit unserer Gelenke

Durchführung:

- Finden Sie heraus, welche Bewegungen Sie mit verschiedenen Gelenken Ihres Körpers ausführen können.
- Beobachten Sie die Beweglichkeit von Schultergelenk, Ellbogen, Handgelenk und den Gelenken zwischen Ihren Fingergliedern.

Beobachtung:

Wenn eine Bewegung ausgeführt wird, spürt und sieht man die Anspannung eines bestimmten Muskels. An der Gegenbewegung ist jeweils ein anderer Muskel beteiligt.

Gelenke sind verschieden beweglich

Die Gelenke unseres Körpers ermöglichen unterschiedliche Bewegungen. Manche lassen sich nur in einer Ebene bewegen, andere in mehreren. Die meisten Bewegungsmöglichkeiten besitzen Kugelgelenke, wie z. B. unser Schulter- oder Hüftgelenk. Sie ermöglichen Beugen und Strecken, Drehungen und Seit-zu-Seit-Bewegungen. Die Scharniergelenke zwischen unseren Fingergliedern funktionieren ähnlich wie das Scharnier einer Tür. Bewegungen sind daher nur in eine einzige Richtung möglich. Unser Handgelenk ist ein Eigelenk, es lässt Beuge- und Streckbewegungen sowie Seit-zu-Seit-Bewegungen zu. An

Drehbewegungen der Hand, wenn wir umgreifen, ist dagegen das aus drei Teilgelenken zusammengesetzte Ellenbogengelenk beteiligt. Dieses ist ein Drehscharniergelenk, ermöglicht daher neben der Drehbewegung der Hand auch Beugung und Streckung.

Experiment 12: Wie schnell ermüden die Muskeln?

Durchführung:

- Gehen Sie mit rechtwinklig angewinkelten Beinen in die Hocke und lehnen Sie sich dabei mit dem Rücken an die Wand.
- Versuchen Sie diese Position lange zu halten.

Beobachtung:

Die Position kann nicht dauerhaft gehalten werden, da der Muskel ermüdet. Er beginnt zu schmerzen oder sogar zu zittern. Wie lange die Position gehalten werden kann, hängt vom Trainingszustand der Testperson ab.

Energiebedarf der Muskelkontraktion

Die Muskelkontraktion ist energieabhängig. Auch bei diesem Vorgang wird daher die Energiewährung des Körpers, das ATP, benötigt. Dieses wird im Muskelgewebe laufend durch die Verbrennung von Nährstoffen mithilfe von Sauerstoff hergestellt.

Ab einer bestimmten Belastung reicht jedoch der über die Blutbahn angelieferte Sauerstoff nicht mehr aus, um ATP für den Muskel herzustellen. Die Muskelzellen können für eine gewisse Zeit einen anderen Prozess zur Herstellung von Energie nutzen. Bei diesem werden die Nährstoffe jedoch nicht vollständig abgebaut. Es entsteht weniger ATP und außerdem Milchsäure, die den Muskel übersäuert. Dies führt dazu, dass der Muskel einer zu hohen Belastung irgendwann nicht mehr standhält und sich regenerieren muss.

10.4 Körperfunktionen beobachten und messen

In den folgenden Experimenten geht es darum, den Körper und die Funktionen von zwei wichtigen Organsystemen genau zu beobachten und zu erfahren. Dabei werden auch einfache Messungen von Körperfunktionen vorgeschlagen. Dies erfordert ein wenig Übung und – für das Zählen und Ausrechnen z. B. des Atemminutenvolumens – ein wenig Mathematik (vgl. Experiment 18). Die Multiplikation lässt sich hier für Kinder stark vereinfachen, wenn mithilfe kleiner Gegenstände (z. B. Erbsen) gezählt wird.

Aufgaben

1. *Erstellen Sie ein Mind-Map zum Thema „Funktionen des Körpers".*

2. *Überlegen Sie, wie sich die verschiedenen Körperfunktionen wahrnehmen und messen lassen.*

3. *Welche übergeordneten Ziele lassen sich in einem Projekt zum Thema „Wahrnehmung von Körperfunktionen" verwirklichen?*

10.4.1 Atmung und Atmungssystem

Die äußere Atmung mithilfe der Lunge setzt bei unserer Geburt ein und begleitet uns dann unser ganzes Leben lang. Wir müssen permanent Luft in unseren Körper ein- und wieder ausatmen. Die folgenden Experimente veranschaulichen, wie unser Körper die Luft einsaugt und wieder herauspresst, wie viel Luft wir dabei in uns aufnehmen und dass die ausgeatmete Luft anders ist, als die, die wir eingeatmet haben.

Experiment 13: der Atmung auf der Spur

Material:
Matte oder weiche Decke zum Liegen

Durchführung:
Legen Sie sich entspannt auf die Matte und achten Sie genau darauf, was passiert, wenn Sie ein- und ausatmen.

Die Mechanik der Atmung

Der Sauerstoff, den wir für die Verbrennung der Nährstoffe in unseren Körperzellen benötigen, entstammt der Luft, die wir mit jedem Atemzug in unsere Lungen aufnehmen. Die Atemluft gelangt über Mund und Nase in die Luftröhre, von dort weiter in die Bronchien der Lunge und deren feine Verästelungen, die Bronchiolen, die schließlich in kleinen Bläschen münden. In diesen Lungenbläschen löst sich der Sauerstoff in der sie auskleidenden Schleimhaut und diffundiert in das Blut der feinen Gefäße, die die Lungenbläschen umspinnen.

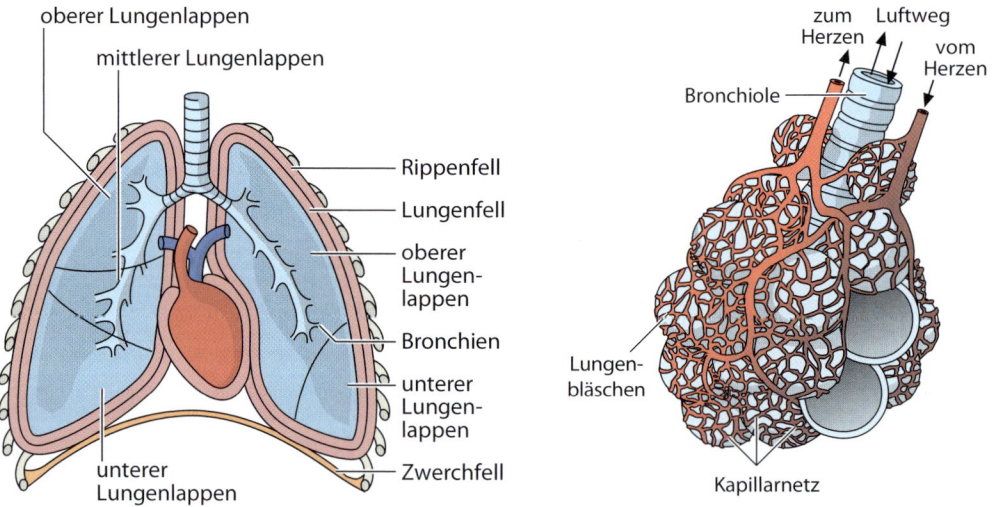

Atmungssystem

Wie wird die Luft jedoch in unseren Körper transportiert? Achtet man bewusst auf seine Atmung, spürt man das regelmäßige Heben und Senken des Brustkorbes bei jedem Atemzug. Bei dieser als Brustatmung bezeichneten Atemtechnik führt das Zusammenziehen der äußeren Zwischenrippenmuskulatur zur Erweiterung des Brustkorbes. Der Brustkorb wird durch das Rippenfell ausgekleidet, dem wiederum das Lungenfell anhaftet. Durch die Erweiterung des Brustraumes vergrößert sich somit auch das Volumen der Lunge. In ihr entsteht ein Unterdruck, durch den die Umgebungsluft über Mund bzw. Nase, Rachenraum, Bronchien bis in die kleinen Lungenbläschen der Lunge angesaugt wird. Bei der Ausatmung kehrt sich der Prozess um. Dabei erschlaffen die äußeren Zwischenrippenmuskeln und die inneren kontrahieren. Der Brustraum senkt sich ab, das Volumen der Lunge wird verkleinert und durch den entstehenden Überdruck wird die Luft ausgepresst. Die zweite Atemtechnik, die das Lungenvolumen und damit die Atmung beeinflusst, ist die Bauchatmung. Bauch und Brustraum werden von der kuppelartig gewölbten Muskulatur des Zwerchfells voneinander getrennt. Zieht sich das Zwerchfell zusammen, senkt es sich in Richtung Bauchhöhle ab und der Brustraum wird erweitert. Dabei dehnt sich aufgrund des entstehenden Unterdrucks die Lunge aus und Luft strömt ein. Das Erschlaffen des Zwerchfells in Zusammenspiel mit der Kontraktion von Bauchmuskeln führt wieder zur Verkleinerung des Brustraums und entsprechend zur Ausatmung.

Experiment 14: Lungenfunktionsmodell

Material:
ein Plastikröhrchen (z. B. Kugelschreiber ohne Mine oder Trinkhalm), 2 Luftballons, stabile Plastikflasche mit abgeschnittenem Boden, Bindfaden, breite Klebestreifen

Durchführung:

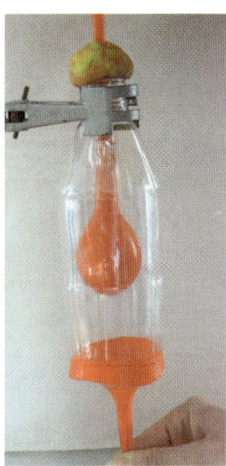

- Schieben Sie das Röhrchen ein Stück in das Mundstück eines Luftballons und befestigen Sie ihn mit breiten Klebestreifen. Die Verbindungsstelle zwischen Röhrchen und Luftballon muss luftdicht sein.
- Schieben Sie nun den Luftballon in die Flasche. Das Plastikröhrchen ragt oben aus dem Flaschenhals.
- Dichten Sie den Flaschehals mit Knete und Klebestreifen ab.
- Blasen Sie den zweiten Luftballon einmal kräftig auf, lassen Sie die Luft wieder heraus und knoten Sie ihn zu.
- Schneiden Sie den Luftballon nun an seiner breitesten Stelle auf und spannen Sie ihn über den unteren Flaschenboden, sodass das verknotete Mundstück mittig liegt. Befestigen Sie an diesem einen Bindfaden.
- Halten Sie das fertige Modell mit einer Hand fest und ziehen Sie mit der anderen an der Luftballonmembran am Flaschenboden.

Beobachtung:
Zieht man an der unteren Luftballonmembran, strömt Luft in den Luftballon in der Flasche.

1. Erläutern Sie, welche Sachhintergründe durch das Modell veranschaulicht werden.

2. Zeigen Sie die Grenzen des Modells auf. An welchen Stellen entspricht es nicht der Wirklichkeit?

Experiment 15: Nachweis der Feuchtigkeit der Atemluft

Material:
Glasscheibe oder Spiegel

Durchführung:
- Atmen Sie gleichmäßig ein und aus und halten Sie Ihre Hand in den Luftstrom.
- Führen Sie anschließend eine Glasscheibe oder einen Spiegel vor den Mund.

Beobachtung:
Mit der Hand lässt sich spüren, dass die ausgeatmete Luft warm ist. Die Glasscheibe oder der Spiegel beschlagen, wenn man sie in den Luftstrom hält.

Deutung:
Die eingeatmete Luft ist in unseren Atemwegen befeuchtet und erwärmt worden. Die enthaltene Feuchtigkeit kondensiert an dem vorgehaltenen Glas oder Spiegel.

Schutzmechanismen des Atmungssystems

Der gesamte Atmungstrakt ist mit Schleimhaut ausgekleidet. Diese besitzt Schleim produzierende Drüsen und feine Flimmerhärchen. Schleim und Flimmerhärchen sind Schutzmechanismen des Atmungssystems. Fremdkörper und Krankheitserreger bleiben an ihnen haften und werden durch die beweglichen Flimmerhärchen zusammen mit dem Schleim in Richtung Rachen transportiert und verschluckt. Außerdem ist die Schleimhaut gut durchblutet. Das Blut durchströmt sie wie warmes Wasser einen Heizkörper. Dadurch wird die Atemluft erwärmt, während das dabei abkühlende Blut im Blutkreislauf weiterströmt. Im Körper wird das Blut durch die ständig in den Körperzellen ablaufenden und Wärmeenergie freisetzenden Stoffwechselprozesse wieder erwärmt.

Besonders stark erwärmt und befeuchtet wird die Atemluft in der Nase. Hier wird die Oberfläche der Nasenhöhle zusätzlich durch Knochenlamellen vergrößert. Die eingeatmete Luft hat daher eine größere Kontaktfläche zur gut durchbluteten und feuchten Schleimhaut und wird bereits auf 30 bis 35 °C erwärmt.

Experiment 16: Wie oft atmen wir pro Minute?

Material:
Stoppuhr, Springseil (zusätzlich evtl. als Hilfe zum Zählen mit Kindern: Erbsen/kleine Kugeln, kleine Schalen)

Durchführung:

- Beobachten Sie, wie in Experiment 13, genau ihre Atembewegung in einer Ruhephase.
- Stoppen Sie mithilfe der Stoppuhr eine Minute und zählen Sie, wie häufig Sie in dieser Zeit ein- und ausatmen.
- Springen Sie für ca. eine Minute mit dem Springseil und wiederholen Sie die Messung.

Beobachtung:

Es werden in Ruhe ca. 14 bis 16 Atemzüge bei Erwachsenen, bei Kindern ca. 25 gezählt. Nach der Belastung erhöht sich die Anzahl der Atemzüge pro Minute deutlich.

Deutung:

Ein gesunder Erwachsener atmet ohne Belastung ca. 14 bis 16 Mal pro Minute ein und aus. Bei Kindern beträgt der Wert ca. 25 Mal pro Minute. Dies wird als Atemfrequenz bezeichnet. Unter Belastung steigt die Atemfrequenz deutlich, da der Körper mehr Energie und entsprechend mehr Sauerstoff für die Energiebereitstellung bei der Zellatmung benötigt.

Experiment 17: Wie viel Luft atmen wir pro Atemzug?

Material:

großes Glas (1,5 bis 3 l), dicker Plastikschlauch, große Wasserwanne, wasserfester Stift

Durchführung:

- Tauchen Sie das große Glas in die mit Wasser gefüllte Wanne, sodass es komplett mit Wasser gefüllt ist.
- Ziehen Sie das Glas mit der Öffnung nach unten senkrecht mindestens zur Hälfte aus dem Wasser.
- Schieben Sie ein Ende des Schlauchs von unten in die Öffnung des Glases.
- Atmen Sie zunächst ein paar Mal gleichmäßig ein und aus und dann, möglichst genauso, noch einmal über den Schlauch in das mit Wasser gefüllte Glas aus.
- Markieren Sie mit einem wasserfesten Stift das ausgeatmete Luftvolumen im Glas.
- Wiederholen Sie den Versuch und versuchen Sie, bei normaler Einatmung, diesmal so viel Luft wie möglich auszuatmen.

Beobachtung:

Die ausgeatmete Luft gelangt durch den Schlauch in das Glas und verdrängt dort das Wasser. Das ausgeatmete Luftvolumen beträgt ca. 0,5 l. Versucht man, möglichst viel auszuatmen, so wird deutlich mehr (2 bis 3 l) Wasser verdrängt.

Deutung:

Das Volumen eines Atemzuges (Atemzugvolumen) beträgt bei normaler Atmung ungefähr 0,5 l. Das in die Wassersäule geatmete Luftvolumen verdrängt das Wasser aus dem Glas, da die Luft leichter ist als das Wasser und im Becherglas nach oben steigt. Das Volumen der ausgeatmeten Luft wird so sicht- und messbar gemacht. Sofern am Becherglas eine Skala vorhanden ist, lässt sich das ungefähre Volumen der ausgeatmeten Luft bestimmen. Sollte eine Skala fehlen, wird mit einem wasserfesten Stift das Luftvolumen am Becherglas markiert. Das Ergebnis wird allerdings dadurch verfälscht, dass sich die Versuchsperson besonders auf ihre Ausatmung konzentriert und diese dadurch verstärkt.

Außerdem muss gegen den Wasserdruck geatmet werden. Die verstärkte Ausatmung zeigt, dass die Lunge noch hohe Reserven hat, die man bei normaler Atmung nicht nutzt.

Experiment 18: Ermittlung des Atemminutenvolumens

Material:

Becherglas mit Markierung aus Experiment 17, große leere Wasserwanne, die in Experiment 16 ermittelten Werte für die Atemfrequenz (evtl. Erbsen)

Durchführung:

- Füllen Sie das Becherglas aus Experiment 17 bis zur Markierung mit Wasser.
- Diese Menge Wasser wird jetzt so oft in die Wasserwanne geschüttet, wie Sie in Experiment 16 pro Minute geatmet haben.

Beobachtung:

Die Wasserwanne wird mit jedem Atemzugvolumen voller. Sie enthält am Ende ca. 7 bis 8 l (Erwachsene; Kinder ca. 15 l) Wasser.

Deutung:

In diesem Experiment wird das Luftvolumen, das eine Person pro Minute ein- und wieder ausatmet, mithilfe von Wasser veranschaulicht.

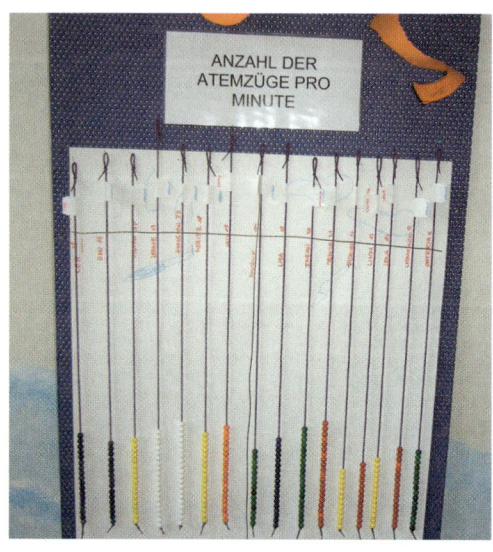

Atemfrequenz, dargestellt mithilfe von Holzperlen

Atemfrequenz und Lungenvolumina

Abhängig von Größe, Alter und Trainingszustand, fasst die menschliche Lunge ungefähr 5 l Luft. Dieses maximal in der Lunge vorhandene Volumen wird als Totalkapazität bezeichnet. Allerdings werden nicht bei jedem Atemzug 5 l ein- bzw. ausgeatmet. Durchschnittlich nehmen wir im Ruhezustand lediglich 500 ml Luft bei jedem Atemzug auf (Atemzugvolumen). Versuchen wir darüber hinaus einzuatmen, können wir zusätzlich ca. 2,5 l aufnehmen. Ähnlich können wir auch bei maximaler Ausatmung zusätzlich zur normalen Luftmenge noch ca. 1 l Luft ausatmen. Insgesamt ergibt sich aus dem normalen Atemzugvolumen und den ein- und ausatembaren Reservevolumina ein Gesamtvolumen von ungefähr 4 l (Vitalkapazität). Ca. 1 l Luft verbleibt trotz stärkster Ausatmung in den Lungen (Residualvolumen). Trainierte Sportler können ihre Vitalkapazität deutlich erhöhen. Extreme Werte erreichen Apnoetaucher, die bis zu 11 Minuten tauchen, ohne erneut Luft zu holen.

Durchschnittlich atmet ein Erwachsener 14 bis 16 Mal pro Minute ein und aus. Aus dieser Atemfrequenz und dem durchschnittlich eingeatmeten Atemzugvolumen lässt sich berechnen, dass ein Erwachsener durchschnittlich 7,5 l Luft pro Minute ein- und wieder ausatmet (Atemminutenvolumen).

Bei einem Sportler steigert sich das Atemzugvolumen beim Training auf 2 l, die Atemfrequenz auf 25 Atemzüge pro Minute. Bei Kindern im Alter von sechs bis sieben Jahren liegt das durchschnittliche Atemzugvolumen bei ca. 200 ml, die Atemfrequenz bei 21 Atemzügen pro Minute. Berechnen Sie das sich jeweils ergebende Atemminutenvolumen.

Experiment 19: Vergleich von Atemluft und frischer Luft

Material:
2 Einmachgläser, Plastikschlauch, 2 identische Teelichter, Streichhölzer, Schaschlikspieße, dicker Plastikschlauch, große Wasserwanne

Durchführung:
- Klemmen Sie zwischen das Wachs und die Aluminiumhülle der Teelichter jeweils einen Schaschlikspieß und kürzen Sie diesen auf die Höhe der Einmachgläser. Auf diese Weise können die brennenden Teelichter leicht in die Einmachgläser gestellt werden.
- Beide Einmachgläser werden geöffnet und eines mit Atemluft befüllt. Hierfür tauchen Sie eines der Einmachgläser, wie in Experiment 17 beschrieben, senkrecht in die Wasserwanne und blasen über den Schlauch das Wasser vollständig aus dem Glas. Atmen Sie ein paarmal über den Schlauch die nun im Glas enthaltene Luft ein und aus.
- Verschließen Sie das Glas unter Wasser, sodass die ausgeatmete Luft darin gefangen ist.
- Holen Sie es nun aus dem Wasser und stellen Sie es neben das andere Glas.
- Die Teelichter werden nun möglichst gleichzeitig entzündet, einen Moment brennen gelassen und dann mithilfe der Spieße in die Einmachgläser überführt, die anschließend wieder dicht verschlossen werden.

Beobachtung:
Das Teelicht in dem „beatmeten" Einmachglas erlischt schneller als das in dem „unbeatmeten" Einmachglas.

Deutung:
Die ausgeatmete Luft hat sich gegenüber der eingeatmeten Umgebungsluft verändert. Eine Kerze erlischt in dieser verbrauchten Luft schneller. Ursache hierfür ist, dass wir der eingeatmeten Luft in unserer Lunge Sauerstoff entziehen und diese dafür mit Kohlenstoffdioxid anreichern. Der Sauerstoff wird in unserem Körper für die Energiegewinnung aus Nährstoffen in den Körperzellen benötigt. Man spricht bei diesem Vorgang auch von der „stillen Verbrennung". Dabei entsteht Kohlenstoffdioxid, das verstärkt ausgeatmet wird. Ebenso benötigt eine Kerze Sauerstoff, um zu brennen. Auch hierbei entsteht Kohlenstoffdioxid. Wird eine Kerze nun in ein Einmachglas mit mehrfach ein- und ausgeatmeter Luft überführt, so ist in dieser Luft weniger von dem für die Verbrennung notwendigen Sauerstoff enthalten. Die Kerze erlischt somit schneller als in einem Glas mit frischer Luft.

10.4.2 Herz und Herz-Kreislauf-System

Wie die Atmung begleitet uns auch der Herzschlag unser ganzes Leben, er setzt sogar schon weit vor unserer Geburt ein und lässt das Blut durch den Körper strömen.

Die folgenden Experimente spüren dem Herzschlag nach und zeigen, dass auch er sich wie die Atmung bei Belastung erhöht.

Experiment 20: dem Herzen auf der Spur

Material:
Matte oder weiche Decke zum Liegen, Springseil

Durchführung:
- Legen Sie sich entspannt auf die Matte und suchen Sie Ihren Herzschlag.
- Springen Sie für eine halbe Minute Seil und suchen Sie erneut ihren Herzschlag.
- Beschreiben Sie den Unterschied.

Das Herz ist der Motor für die Transportprozesse in allen Blutgefäßen und somit entscheidend für die Versorgung aller Körperzellen mit Nährstoffen und Sauerstoff sowie für den Abtransport von Stoffwechselendprodukten und Kohlenstoffdioxid. Der faustgroße, kräftige Hohlmuskel liegt etwa in der Mitte des Brustkorbs zwischen den beiden Lungenflügeln und wird durch die Rippen und das Brustbein gestützt. Alle Gefäße, die zum Herzen hinführen, werden als Venen bezeichnet; alle Gefäße, die vom Herzen wegführen, werden als Arterien bezeichnet.

In seinem Inneren ist das Herz in eine rechte und eine linke Herzhälfte geteilt, zwischen den beiden Herzhälften liegt die Herzscheidewand, sodass es keine direkte Verbindung zwischen ihnen gibt. Jede Herzhälfte gliedert sich in einen Vorhof und eine Kammer. Vorhöfe und Kammern werden durch segelartige Herzklappen voneinander getrennt (Segelklappen), die Kammern von den wegführenden Arterien durch kleinere Taschenklappen. Die Herzklappen funktio-

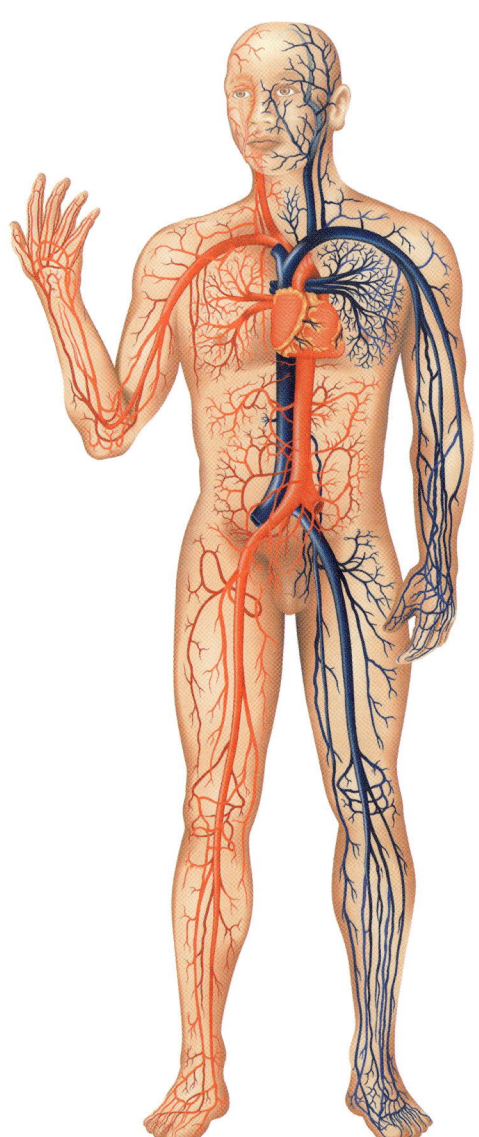

Herz-Kreislauf-System

nieren wie Ventile. Die Segelklappen öffnen sich nur in Richtung der Kammern, die Taschenklappen nur in Richtung der wegführenden Arterien. Entsprechend kann auch das Blut nur von den Vorhöfen in die Kammern und von dort in die Arterien gepumpt werden.

In den Vorhof der linken Herzhälfte strömt mit Sauerstoff angereichertes Blut aus zwei von der Lunge kommenden Venen. Dieses frische Blut wird von der linken Herzkammer in die Aorta gepumpt, von dort verteilt es sich über die Arterien des Körperkreislaufs im gesamten Organismus. Die Venen des Körperkreislaufs transportieren das sauerstoffarme, kohlenstoffdioxidreiche Blut schließlich zurück zum Herz. Es gelangt über die obere und die untere Hohlvene in den Vorhof der rechten Herzhälfte, von dort in die rechte Herzkammer und wird über die Lungenarterien zurück in den Lungenkreislauf gepumpt. Aus feinsten Blutgefäßen, den Kapillaren, wird das Kohlenstoffdioxid wieder an die Lunge abgegeben und das Blut erneut mit Sauerstoff angereichert.

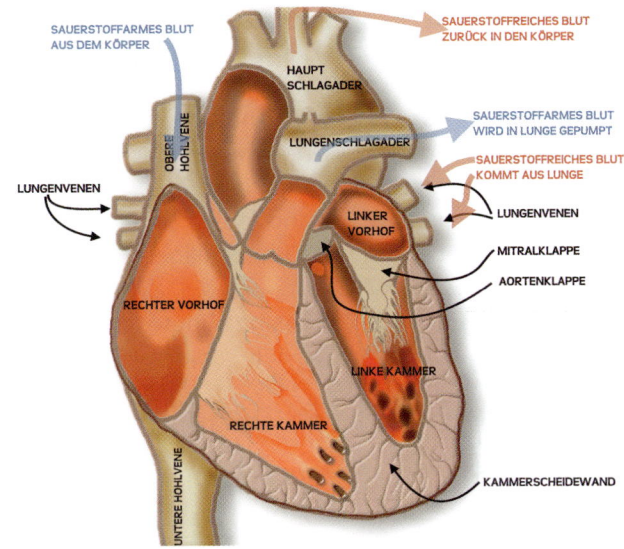

Das Herz eines Erwachsenen wiegt ungefähr 300 g und pumpt in Ruhe bei jedem Schlag 70–80 ml Blut. Bei einer Herzfrequenz von 70 Schlägen pro Minute sind das bis zu 5,6 l in der Minute (Herzminutenvolumen). Wenn das Herz pumpt, verkleinert sich durch das Zusammenziehen der Herzmuskulatur der Raum der Herzkammern ruckartig, sodass das Blut durch den entstehenden Druck in die Arterien ausgestoßen wird. Dabei arbeitet das Herz nicht lautlos. Seine Bewegungen sind von außen – auch ohne Stethoskop – hör- und spürbar. Ein erster Ton entsteht durch das ruckartige Zusammenziehen der Muskulatur der beiden Herzkammern, er wird daher auch als Kammerton bezeichnet. In folge der Anspannung erhöht sich der Druck des Blutes in den Kammern und öffnet die Taschenklappen, durch die das Blut dann in die Arterien strömt. Sinkt der Druck in den Kammern durch das Ausströmen des Blutes wieder ab, schließen sich die Taschenklappen wieder. Die Schwingungen der Blutsäulen in den Arterien über den sich schließenden Klappen sind als zweiter Herzton zu hören und beenden die Kontraktionsphase (Systole) des Herzens. Auf die Kontraktion erfolgt die Erschlaffungsphase (Diastole). Der Herzmuskel entspannt, die Kammern erweitern sich und dadurch sinkt der Druck. Dieser ist nun geringer als der Druck in den Vorhöfen. Durch diesen Druckunterschied, der durch die zusätzliche Kontraktion der Vorhofmuskulatur noch weiter erhöht wird, öffnen sich die Segelklappen und Blut strömt wieder in die Herzkammern. Bei Kindern ist manchmal mit dem Stethoskop die Füllung der Kammern als dritter Herzton zu hören.

Experiment 21: Puls messen

Material:
Matte oder weiche Decke zum Liegen, Springseil, Stoppuhr

Durchführung:
- Legen Sie sich entspannt auf eine Matte oder eine weiche Decke.
- Legen Sie Zeige- und Mittelfinger einer Hand nebeneinander auf die Innenseite des Handgelenks der anderen Hand unterhalb des Daumens zwischen die Handsehnen und suchen Sie Ihren Puls.
- Stoppen Sie nun die Zeit und zählen Sie 15 Sekunden lang die Pulsschläge. Notieren Sie den Wert.
- Springen Sie nun ca. eine halbe Minute Seil und wiederholen Sie den Versuch erneut.
- Vergleichen Sie die beiden ermittelten Werte miteinander.

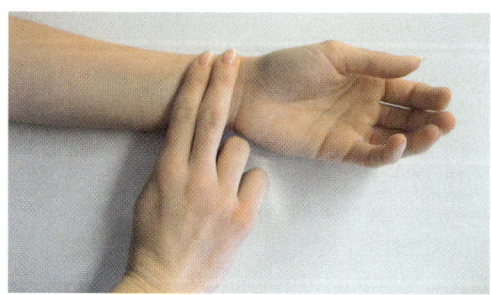

Puls messen

Puls und Blutdruck

Das aus dem Herzen gepumpte Blut wird durch die engen Blutgefäße gepresst, wodurch sich hier der Druck erhöht. Die Druckerhöhung pflanzt sich als regelmäßige Welle über die Blutgefäße fort und ist als Pulsschlag (vgl. Experiment 21) fühlbar. Der Puls entspricht also im Regelfall der Frequenz des Herzschlags und wird durch Auszählen der Schläge pro Minute gemessen. Am besten eignen sich hierfür Regionen des Körpers, an denen die Arterien nah unter der Haut fließen, sodass sich die Druckwellen leicht fühlen lassen. Eine geeignete Stelle ist z. B. die Innenseite des Handgelenks unterhalb des Daumens.

Die Herzfrequenz liegt bei Erwachsenen bei ca. 70 Schlägen pro Minute in Ruhe. Bei Kindern liegt sie deutlich höher bei ca. 100 Schlägen pro Minute und bei Säuglingen ca. 130 Schlägen pro Minute. Trainierte Menschen haben meistens einen deutlich niedrigeren Puls als untrainierte, da ihr Herz ein größeres Volumen besitzt und entsprechend seltener schlagen muss, um die gleiche Menge Blut durch den Körper zu pumpen.

Unter Belastung erhöht sich der Herzschlag und entsprechend auch der Puls auf bis zu 180 Schläge pro Minute bei sehr starker körperlicher Belastung.

Ebenso lässt sich der Blutdruck mithilfe eines Messgerätes erfassen. Hierfür wird mithilfe einer aufblasbaren Manschette mit integriertem Manometer (Druckmesser) so lange Druck auf den Oberarm ausgeübt, bis kein Blut mehr durch die Arterie des Arms fließt. Mit einem Stethoskop werden nun in der Ellenbogenbeuge entstehende Geräusche mit einem Stethoskop abgehört, während man langsam durch Ablassen der Luft den Druck der Manschette verringert. Ist der Druck der Manschette schließlich kleiner als der Druck des Blutes in der Arterie des Arms, beginnt das Blut wieder zu strömen. Im Stethoskop ist dies als regelmäßiges, dumpfes Klopfen zu hören; der Wert, der sich dabei am Mano-meter ablesen lässt, entspricht dem systolischen Blutdruck, dem Blutdruck während der Herzkontraktion. Verringert man den Druck der Manschette weiter, wird das Klopfen zunächst leiser bis man es schließlich nicht mehr wahrnimmt. Das Blut kann bei diesem Manschettendruck wieder ungehindert fließen. Der beim Verschwinden des Geräusches gemessene Wert entspricht dem diastolischen Wert, dem Blutdruck während des Erschlaffens des Herzmuskels.

Aufgaben

1. *Erklären Sie kurz, warum sich unter Belastung nicht nur die Atmung, sondern auch der Herzschlag verstärkt.*

2. *Erläutern Sie, welche Schwierigkeiten sich in Bezug auf den Zusammenhang zwi-schen Verdauungs-, Atmungs- und Herz-Kreislauf-System für Kinder ergeben. Über-legen Sie Möglichkeiten zur didaktischen Reduktion und zur Veranschaulichung.*

Projekt

Planen Sie ein Projekt zum Thema Stoffwechsel.
Setzen Sie sich insbesondere mit folgenden Aspekten auseinander:

1. *Wählen Sie aufeinander aufbauende Projektschritte/Experimentiereinheiten aus und begründen Sie die Reihenfolge.*

2. *Überlegen Sie, wie sich der Zusammenhang zwischen Bewegung und Stoffwechsel veranschaulichen lässt.*

3. *Formulieren Sie Projektziele für die verschiedenen Bildungsbereiche.*

4. *Entwickeln Sie einen offenen und zugleich problemorientierten Einstieg in das Thema.*

5. *Überlegen Sie Möglichkeiten für den Einsatz von Modellen.*

11 Lebewesen Pflanze

Ohne Zweifel werden Sie Pflanzen der belebten Umwelt zuordnen. Aber finden sich auch alle Kennzeichen des Lebens bei ihnen? Die folgenden Versuche betrachten die Pflanze als Lebewesen und weisen dabei die zentralen Merkmale eines solchen nach. Darüber hinaus werden vielfältige Möglichkeiten zur Vertiefung einzelner Themenbereiche aufgezeigt.

Der Titel des Kapitels „Lebewesen Pflanze" stellt eine mögliche Herangehensweise an die Auseinandersetzung mit Pflanzen dar. Sie ist besonders aus dem Grunde spannend, da die meist unbeweglichen Pflanzen so anders erscheinen als Menschen und Tiere. Viele Kennzeichen eines Lebewesens lassen sich erst beobachten, wenn man genauer hinsieht. Vorausgehen sollte eine Diskussion mit Kindern darüber, ob eine Pflanze lebt bzw. ein Lebewesen ist. Es lassen sich Vermutungen darüber aufstellen, ob eine Pflanze auch „isst", ob sie sich bewegen kann, atmet etc. Auf der Grundlage dieser Vermutungen und bereits von den Kindern gemachten Beobachtungen können Strategien zur Überprüfung derselben angestellt werden. Die verschiedenen Teilkapitel bieten hierzu Hilfestellung. Im Vordergrund sollten jedoch eigene Überlegungen der Kinder stehen, die sich ko-konstruktiv unterstützen lassen: Wo könnte die Pflanze ihr Essen herbekommen, wie könnte sie es aufnehmen, wie können wir überprüfen, dass das so ist? Wie kommt es, dass alle Blätter der Pflanze zum Licht hin zeigen? Wie können wir herausfinden, ob die Pflanze die Stellung ihrer Blätter beeinflussen kann?

Kapitel 11.1 gibt einen ersten Überblick über den Aufbau von Samenpflanzen. Es bietet sich an, das Erforschen einer Pflanze damit zu beginnen. Die folgenden Teilkapitel müssen nicht zwingend in der hier angeordneten Reihenfolge bearbeitet werden. Diese kann sich an den Vorschlägen und Interessen der Kinder orientieren.

Kapitel 11.2 beschäftigt sich mit der Entwicklung und dem Wachstum von Pflanzen. Kapitel 11.3 zeigt die Wasser- und Nährstoffaufnahme sowie deren Transport. Der Exkurs im Hinblick auf die physikalischen Grundlagen der Wasserleitung bietet sich an, wenn Kinder bereits zum Thema Wasser experimentiert haben und ihnen das Teilchenkonzept bekannt ist. Darüber hinaus wird erforscht, warum Pflanzen weder Muskeln noch Knochen benötigen. Kapitel 11.4 zeigt, dass Pflanzen Reize wahrnehmen können und darauf mit Bewegungen reagieren. Kapitel 11.5 verdeutlicht, dass Pflanzen wie Menschen einen Stoffwechsel besitzen und Gasaustausch mit der Umwelt betreiben. Dies jedoch in umgekehrter Weise: Pflanzen verbrauchen nicht nur Sauerstoff, sondern produzieren deutlich mehr von ihm als sie verbrauchen. Hier bietet sich eine Diskussion darüber an, warum Menschen und Tiere auf Pflanzen und diese ebenso auf Menschen und Tiere angewiesen sind.

11.1   Der Aufbau von Samenpflanzen

Samenpflanzen stellen die Hauptmasse der auf der Erde vorkommenden Vegetation. Ihr Hauptmerkmal, mit dem sie sich von Algen, Moosen und Farnen abgrenzen, ist die Bildung von Samen. Diese dienen in erster Linie der Vermehrung, aber auch der Überdauerung und Verbreitung der Pflanzen. Samen entstehen aus den Blüten der Pflanzen, häufig im Inneren von Früchten, die sich ebenfalls aus Blütenteilen, Blüten oder Blütenständen entwickeln. Samenpflanzen haben im Lauf der Evolution verschiedenste Formen entwickelt, ihr grundsätzlicher Aufbau weist jedoch Gemeinsamkeiten auf.

Lindenblüten

Experiment 1: Untersuchung einer Samenpflanze

Material:
Blütenpflanze mit Wurzel (z. B. Fleißiges Lieschen), Lupe, evtl. scharfes Messer

Durchführung:
- Untersuchen und beschreiben Sie die Pflanze möglichst genau.
- Ordnen Sie den verschiedenen Pflanzenteilen Funktionen zu und überlegen Sie, ob diese im Zusammenhang mit ihrer Bauweise stehen.

Der Aufbau der Samenpflanzen gliedert sich in die bei Landpflanzen in den Boden wachsende Wurzel und den oberirdischen Spross. Der Spross besteht aus Sprossachse mit Laubblättern und Blüten.

Die **Wurzel** entwickelt sich bei der Keimung eines Samens als erstes sichtbares Organ, wächst senkrecht in den Boden und bildet bald die ersten Wurzelhaare. Aus der Keimwurzel entwickelt sich schließlich ein komplex verzweigtes, ständig wachsendes Wurzelsystem. Dadurch gelingt es der Wurzel, eine möglichst große Oberfläche und damit Kontaktfläche zu den Bodenteilchen auszubilden. Über feine Wurzelhaare nimmt die Pflanze Bodenwasser und darin gelöste Nährsalze auf. Außerdem ist sie durch die vielen Verästelungen sicher im Boden verankert.

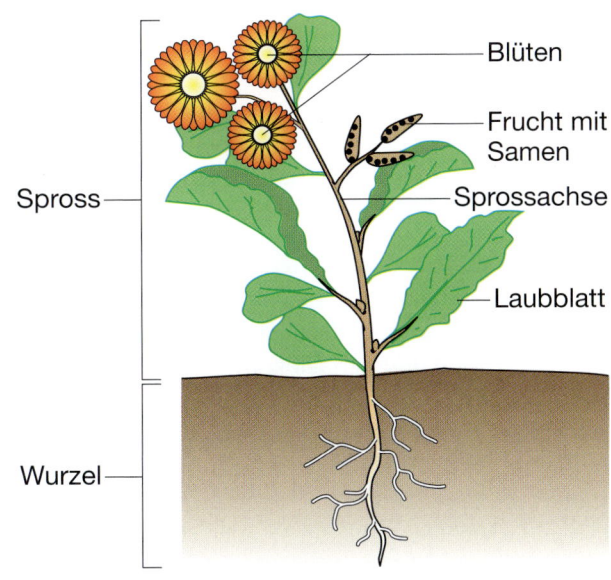

schematischer Aufbau der Samenpflanze

Die **Sprossachse** entwickelt sich bei der Keimung aus dem Keimstängel. Sie wächst stets dem Licht entgegen und trägt die Blätter und Blüten der Pflanze. Die Sprossachsen von krautigen Pflanzen sind weich, biegsam und saftig. Bei Sträuchern und Bäumen sind sie dagegen verholzt. Die Sprossachse versorgt die oberen Pflanzenteile mit dem von der Wurzel aufgenommenen Wasser und den Nährsalzen. Sie ist entsprechend mit haarfeinen Leitungsbahnen durchzogen, die bis in die Spitzen von Blättern und Blüten reichen.

Die **Laubblätter** bilden sich dicht unterhalb der Sprossspitzen aus kleinen Gewebshöckern, den Blattanlagen. Sie können sehr verschiedenartig gestaltet sein, bestehen aber zumeist aus einer flächigen Spreite, durch die sich die Blattadern ziehen, und einem Blattstiel mit dem Blattgrund. Aufgrund ihrer Vielgestaltigkeit eignen sich Blätter gut zur Bestimmung von Pflanzenarten.

Die Blätter sind für die Ernährung der Pflanze ebenso wichtig wie ihre Wurzeln. Die mit dem Wasser aufgenommenen Nährsalze des Bodens reichen für ein Wachstum der Pflanze nicht aus und liefern ebenso keine Energie für die Aufrechterhaltung all ihrer Lebensprozesse. Für die Gewinnung eines für sie nutzbaren Baustoffes und Energielieferanten benötigt die Pflanze die Energie des Sonnenlichts und das Kohlenstoffdioxid (CO_2) aus der sie umgebenden Luft. Das Kohlenstoffdioxid gelangt über winzige Spaltöffnungen der Blätter in die Zellen der Pflanze. Mithilfe von in den Zellen enthaltenen Farbstoffen, überwiegend der grüne Farbstoff Chlorophyll, fangen die flächigen Blätter das Sonnenlicht ein. Das Sonnenlicht nutzt die Pflanze nun, um aus dem aufgenommenen Kohlenstoffdioxid (CO_2) und Wasser (H_2O) den energiereichen Nährstoff Traubenzucker ($C_6H_{12}O_6$) aufzubauen.

Die **Blüten** einer Samenpflanze sind ebenso wie die Blätter sehr unterschiedlich in ihrer Gestalt, Farbe und Anordnung. Auch sie sind daher ein wichtiges Erkennungsmerkmal einer Pflanze. Manche Pflanzen, wie die Tulpe, bilden nur eine einzelne Blüte an der Spitze ihrer Sprossachse, viele andere entwickeln jedoch Blütenstände aus vielen Einzelblüten, z. B. in Form von Trauben, Ähren oder Dolden.

Die Blüten dienen der geschlechtlichen Fortpflanzung der Pflanze. Trotz ihrer Vielgestaltigkeit lassen sich bei den meisten gleiche Grundstrukturen finden: die äußeren Kelchblätter, die inneren, zumeist auffälligen Kronblätter sowie Staub- und/oder Fruchtblätter. Männliche Blüten besitzen ausschließlich Staubblätter, die aus Staubblattstil und Staubbeutel zusammengesetzt sind und den feinkörnigen, meist gelben Blütenstaub, die Pollen, enthalten. In den Pollenkörnern befinden sich die Samenzellen. Weibliche Blüten haben dagegen ein Fruchtblatt. Dieses besteht aus dem Fruchtknoten, in dem sich die Samenanlage mit der Eizelle befindet, der klebrigen Narbe, die den Pollen einfängt, und dem Narbe und Fruchtknoten verbindenden Griffel. Blüten, z. B. die Kirschblüte, können auch zweigeschlechtlich sein und sowohl Staubblätter als auch Fruchtblatt besitzen. Ebenso tragen manche Pflanzen Blüten beiderlei Geschlechts, andere nur die eines Geschlechts (vgl. Abbildung S. 244 unten).

Aufgaben

1. *Begründen Sie, warum Pflanzen ohne Licht „verhungern".*

2. *Informieren Sie sich mithilfe eines Bestimmungsbuches über verschiedene Blatt-, Blüten- und Fruchtformen und bestimmen Sie Pflanzen in Ihrem Umfeld. (Literaturtipp: Aichele, Dietmar/Golte-Bechtle, Marianne: Was blüht denn da? Stuttgart: Kosmos Verlag, 2005)*

Pflanzen bestehen aus Zellen

Experiment 2: Mikroskopie von Pflanzenzellen

Hinweise zur Handhabung des Mikroskops sowie zum Mikroskopieren mit Kindern finden Sie im Kapitel 12 „Optik und Mikroskopieren mit Kindern".

Material:
Elodea (Wasserpflanze, im Zoohandel/Aquarienbedarf erhältlich), Mikroskop, Objektträger, Deckgläschen, Wasser, Pipette, Pinzette

Durchführung:
* Zupfen Sie ein kleines Blatt von der Pflanze, bringen Sie es mit einem Tropfen Wasser auf den Objektträger und setzen Sie das Deckgläschen auf.
* Stellen Sie das Mikroskop zunächst bei kleinster Vergrößerung scharf.
* Vergrößern Sie 400-fach oder 480-fach (Okular 10x/12x, Objektiv 40x).

Pflanzenzelle im lichtmikroskopischen Bild

Die Pflanzenzelle im lichtmikroskopischen Bild

Die kleinen Blätter der Wasserpest eignen sich besonders gut, da sie nicht aufwendig präpariert werden müssen. Die Blättchen bestehen nur aus zwei Zellschichten, die ausreichend Licht durchlassen und beim Betrachten einzelner Zellen nicht allzu sehr verwirren.

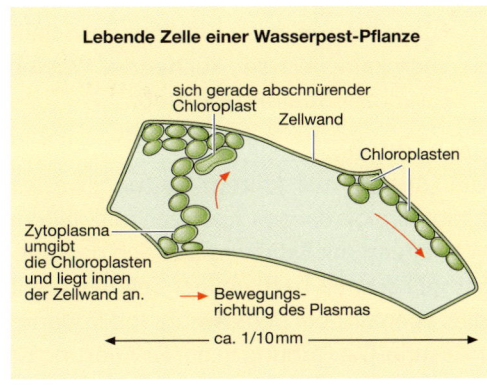

Lebende Zelle einer Wasserpest-Pflanze

sich gerade abschnürender Chloroplast

Zellwand

Chloroplasten

Zytoplasma umgibt die Chloroplasten und liegt innen der Zellwand an.

Bewegungsrichtung des Plasmas

ca. 1/10mm

Im lichtmikroskopischen Bild erkennt man, dass das Blatt aus vielen kleinen Räumen, den **Zellen**, aufgebaut ist. Sie liegen wie ein dichtes Mauerwerk nebeneinander und bei der Wasserpest in zwei Schichten übereinander. Pflanzenzellen besitzen eine **Zellwand**. Diese ist ein stabiles, gut sichtbares Gerüst, das die Zellen von Pflanzen, höheren Pilzen und Bakterien umgibt. Tierische Zellen besitzen keine Zellwände. Der Zellwand liegt dicht eine dünne Membran an, die **Zellmembran**, die sich hier allerdings nicht erkennen lässt. Während die Zellwand eher porös und durchlässig ist, kontrolliert die Zellmembran den Stoffaustausch der Zelle und lässt nur bestimmte Teilchen passieren.

Der Innenraum der Zelle ist von einer wässrigen Flüssigkeit ausgefüllt, die als **Zytoplasma** bezeichnet wird. In ihr schwimmen die **Zellorganellen**, kleine membranumhüllte Funktionseinheiten der Zelle. Im lichtmikroskopischen Bild erkennt man die grünen **Chloroplasten**, die Orte der Fotosynthese, und den größeren **Zellkern**, der für die Steuerung der Zelle und die Weitergabe der Erbinformation bei der Zellteilung verantwortlich ist. Eine weitere Zellorganelle lässt sich dort erahnen, wo sich im Zellinneren keine **Chloroplasten** befinden: die bei erwachsenen pflanzlichen Zellen fast den gesamten Innenraum ausfüllende **Vakuole**. Die Vakuole sorgt für die Aufrechterhaltung des Innendrucks der Zelle. Wenn dieser nachlässt, werden die Zellen schlaff, die Pflanze welkt.

Darüber hinaus dienen Vakuolen als Speicher für Reststoffe. Sie enthalten häufig farbige Pigmente und sorgen so für die Färbung der Blüten. An der Strömung der Chloroplasten erkennt man, dass das Zellplasma in permanenter Bewegung ist. Dies wird als **Plasmaströmung** bezeichnet.

Experiment 3: Zellen sind verletzlich

Material:
Rotkohl, Messer, Glas, Sieb, kleine Glasschälchen, Pinzette, Wasserkocher, Wasser, Spülmittellösung, Essig

Durchführung:
- Schneiden Sie ein Rotkohlblatt in kleine Stücke und stellen Sie es für ca. 15 Minuten in ein Glas mit Wasser.
- Schütten Sie die Rotkohlstücke danach in ein Sieb und spülen Sie dies unter fließendem Wasser ab.

- Legen Sie je ein Stück Rotkohl in ein Glasschälchen.
- Füllen Sie nun in jeweils eines der Schälchen kaltes Wasser, kochendes Wasser, Essig bzw. Spülmittellösung.

Beobachtung:

Der Ansatz mit kaltem Leitungswasser bleibt farblos. Bei den Ansätzen mit heißem Wasser und mit Essig verfärbt sich das Wasser sehr schnell, nach einiger Zeit geschieht dies ebenfalls bei dem Ansatz mit Spülmittellösung. Die Färbung in der Essiglösung ist eher rötlich, während sich das heiße Wasser und die Spülmittellösung blau färben.

blutender Rotkohl

Deutung:

Rotkohl ist aufgrund der in seinen Zellen enthaltenen Farbstoffe violett gefärbt. Durch Hitze, Säure, Tenside im Spülmittel und mechanische Einwirkung werden die Zell- und die Vakuolenmembran der Rotkohlblätter geschädigt. Sie werden durchlässig und so gelangen die Farbstoffe aus der Vakuole in die umgebende Flüssigkeit („Ausbluten" des Rotkohls). Die Rotfärbung des Ansatzes mit Essig zeigt die Indikatorwirkung von Rotkohl für den pH-Wert von Lösungen. Dieses Phänomen wird in Kapitel 13.1 aufgegriffen.

11.2 Entwicklung und Wachstum bei Pflanzen

11.2.1 Bestäubung und Befruchtung

Geben die Staubbeutel pflanzlicher Blüten den in ihnen enthaltenen Pollen frei und gelangt dieser auf die Narbe des Fruchtknotens einer anderen Blüte, spricht man von Bestäubung.

Bei Windblütlern, zu denen viele unserer Laubbäume, Nadelhölzer und Gräser gehören, kann der Pollen über mehrere Kilometer durch den Wind in der Landschaft verbreitet werden. Bei vielen anderen Pflanzen werden die Pollen durch Tiere, vor allem Insekten, von Blüte zu Blüte getragen. Diese Pflanzen besitzen oft auffällige, große und farbige Blüten, deren Blütenboden Nektar bildende Drüsen besitzt. Sie locken auf diese Weise Tiere an.

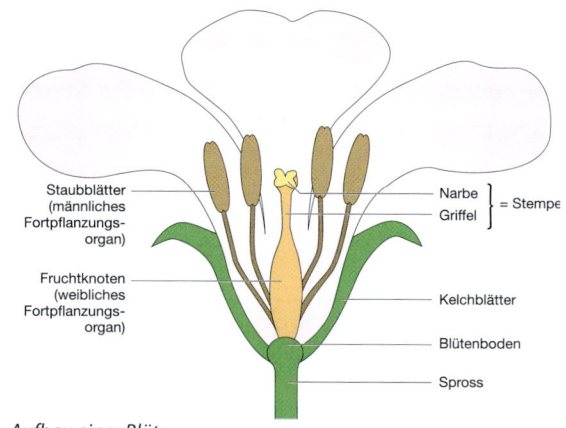

Staubblätter (männliches Fortpflanzungsorgan)
Narbe
Griffel } = Stempel
Fruchtknoten (weibliches Fortpflanzungsorgan)
Kelchblätter
Blütenboden
Sproß

Aufbau einer Blüte

Es kann dabei zur Selbstbestäubung kommen, wenn Pollen auf den Narben desselben Individuums haften bleibt. Als Fremdbestäubung bezeichnet man die Befruchtung einer anderen Pflanze. In letzterem Fall kommt es zur Neukombination des Erbgutes zweier Individuen, evolutionär gesehen das eigentliche Ziel der geschlechtlichen Fortpflanzung.

Trifft der Pollen auf die Narbe einer Blüte derselben Pflanzenart, folgt der Vorgang der Befruchtung. Der auf der klebrigen Narbe hängengebliebene Pollen bildet einen Pollenschlauch, mit dem er in die Narbe und weiter durch den Griffel bis in den Fruchtknoten einwächst. Über den Pollenschlauch gelangt die Samenzelle in die Samenanlage des Fruchtknotens und verschmilzt mit der Eizelle. Nach erfolgter Befruchtung kommt es zur Samenbildung. Aus der befruchteten Eizelle entwickelt sich der pflanzliche Embryo, aus der ihn umschließenden Samenanlage entsteht der Samen.

Während die Kron-, Kelch- und Staubblätter der Blüte welken, entwickelt sich im Blütenstiel der Fruchtknoten zur Frucht und bildet eine Schutzhülle um den sich entwickelnden Samen.

Aufgaben

1. Untersuchen Sie den Aufbau einer Blüte.

2. Informieren Sie sich über Formen und Verbreitungsarten von Samen und Früchten.

3. Überlegen Sie mögliche Ziele und Aktivitäten für ein Projekt mit Kindern zum Thema Samen und Früchte.

4. Entwickeln Sie verschiedene Möglichkeiten zur Dokumentation und Präsentation von Projektergebnissen zum Thema Samen und Früchte.

Experiment 4: Untersuchung von Bohnensamen

Material:
Wasser, Schälchen, Bohnensamen, Lupe

Durchführung:
- Lassen Sie die Bohnensamen für 24 Stunden quellen.
- Vergleichen Sie einen gequollenen Samen mit einem trockenen.
- Öffnen Sie den gequollenen Samen.
- Beschreiben Sie erkennbare Strukturen.

11.2.2 Aufbau des Samens

In der letzten Phase seiner Entwicklung trocknet der Samen, der aus der Samenanlage des Fruchtknoten entstanden ist, völlig aus. Er besitzt kaum noch Stoffwechselaktivitäten und geht in ein Ruhestadium über. Während der Samenentwicklung bilden sich die Fruchtblätter der Blüte zur Frucht um. Diese umschließen den Samen bis zu seiner Reife und dienen häufig auch seiner Verbreitung.

Der aus der Samenanlage des Fruchtknotens entstandene Samen enthält den vorübergehend ruhenden Embryo, der von einer festen Samenschale umgeben ist.

Entfernt man die Samenschale eines gequollenen Bohnen-Samens, kommen die hellen, weichen Keimblätter des Embryos zum Vorschein. Die Keimblätter sind Speicherorgane, die viele Nährstoffe (vor allem Stärke) enthalten und den Keimling bis zur Ausbildung der ersten grünen Blätter ernähren. Klappt man einen gequollenen Samen auf, lassen sich zwischen den Keimblättern weitere Strukturen erkennen: die Keimwurzel, der Keimspross und die ersten Anlagen für Laubblätter. Der pflanzliche Embryo enthält somit bereits alle wichtigen Organe der Samenpflanze.

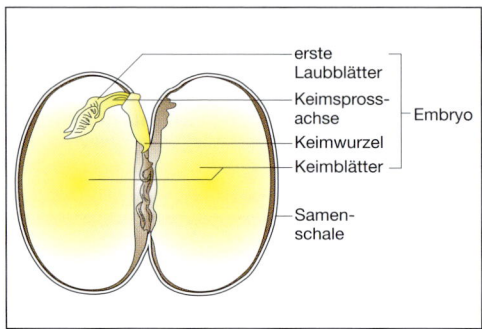

Aufbau des Samens

Der Aufbau von Samen ist von Pflanze zu Pflanze verschieden. So gibt es neben Samen mit zwei Keimblättern – wie bei der Bohne – Samen mit nur einem Keimblatt. Aufgrund dieses Merkmals teilt man Pflanzen in die Klassen der Einkeimblättrigen und die der Zweikeimblättrigen ein. Auch sind die Keimblätter nicht bei allen Pflanzen so stark ausgeprägt wie bei der Bohne. Bei etlichen Pflanzen findet sich versorgendes Nährgewebe außerhalb des eigentlichen Embryos, also nicht in den Keimblättern eingelagert.

11.2.3 Quellung und Keimung

Experiment 5: Wasseraufnahme bei der Quellung

Material:
Erbsensamen, 2 Bechergläser, Wasser, Waage, Sieb

Durchführung:
- Wiegen Sie zweimal 20 Gramm Erbsen ab und geben Sie je eine Portion in ein Becherglas.
- Übergießen Sie die Erbsen in einem Glas mit Wasser.
- Lassen Sie die Versuchsansätze 24 Stunden stehen und vergleichen Sie diese anschließend.
- Schütten Sie die gequollenen Samen anschließend im Sieb ab und wiegen Sie die gequollenen Erbsen erneut.
- Sie können das Gewicht der gequollenen Erbsen mit dem der trockenen auch mithilfe einer Balkenwaage vergleichen.

Samenquellung

Beobachtung:

Die gequollenen Erbsen nehmen im Becherglas deutlich mehr Platz ein als die trockenen, ihr Ausgangsgewicht hat sich ungefähr verdoppelt.

Experiment 6: die Stärke des Quellungsdrucks

Material:

Schutzbrille, trockene Erbsensamen, 2 leere Plastikschälchen (z. B. Margarine- oder Quarkbecher), schnell bindender Gips, Schüsselchen und Löffel zum Anrühren des Gipses, Wasser, Glasschälchen

Durchführung:

- Setzen Sie die Schutzbrille zum Anrühren des Gipses auf und vermeiden Sie die Entwicklung von Stäuben.
- Rühren Sie den Gips wie auf der Packung angegeben an.
- Füllen Sie ein Plastikschälchen komplett mit dem Gips, das andere bis zur Hälfte.

Quellungsdruck

- Legen Sie auf den Gips des halbvollen Schälchens eine Schicht Erbsen (Ränder frei lassen) und füllen Sie sie mit Gips auf.
- Wenn der Gips abgebunden ist, nehmen Sie die Blöcke aus den Plastikschälchen und legen Sie diese in ein mit etwas Wasser gefülltes Glasschälchen.

Beobachtung und Deutung:

Nach ein bis zwei Tagen wird der Gipsblock mit den Erbsen gesprengt. Das Wasser aus der Schüssel kann durch feine Kapillaren im Gips zu den Erbsen vordringen. Diese quellen und nehmen an Volumen deutlich zu. Der Quellungsdruck ist schließlich so stark, dass der Gips gesprengt wird. Auf dieselbe Weise drängen quellende Samen in der Erde Bodenteilchen und kleine Steine auseinander.

Experiment 7: Quellung unter dem Mikroskop

Genaue Hinweise zur Handhabung des Mikroskops sowie zum Mikroskopieren mit Kindern finden Sie im Kapitel 12, Optik und Mikroskopieren mit Kindern.

Material:

Kressesamen, Mikroskop, Objektträger, Wasser, Pipette

Durchführung:

- Legen Sie einen trockenen Kressesamen auf einen Objektträger und betrachten Sie ihn unter dem Mikroskop bei kleinster Vergrößerung.
- Fügen Sie mit der Pipette einen Tropfen Wasser hinzu und beobachten Sie.

Beobachtung und Deutung:

Nach dem Zufügen des Wassers nimmt die Samenschale deutlich an Volumen zu und platzt schließlich auf. Es lässt sich beobachten, dass eine schleimige Flüssigkeit austritt. Die Volumenzunahme erfolgt sehr zügig durch die Einlagerung von Wasser in den quellfähige Substanzen im Inneren des Samens. Ausgeschwemmte quellfähige Stoffe bilden zusammen mit dem Wasser eine Schleimhülle um den Samen, die diesen klebrig macht.

Hinweis:

Die Quellung lässt sich ebenso bei künstlichen Materialien beobachten. Manche Babywindeln nutzen sogenannte Superabsorber, Kunststoffe, die bei der Quellung ein Vielfaches an ihrem Eigengewicht aufsaugen können. Spannend ist auch, Gummibärchen verschiedener Hersteller in Bezug auf ihre Quellfähigkeit zu vergleichen: Gummibärchen, die Gelatine enthalten, quellen deutlich stärker als solche, die lediglich Stärke enthalten (z. B. bei vegetarischen Süßigkeiten).

Die Samenkeimung beginnt bei Vorhandensein von Wasser mit der Quellung des Samens. Quellung ist ein rein physikalischer Vorgang, bei dem sich Wassermoleküle an im Samen vorhandene quellungsfähige Moleküle anlagern. Die Quellung lässt sich auch bei z. B. durch Hitze abgetöteten Samen oder bei unbelebten Stoffen beobachten (vgl. Hinweis oben).

Bis zu einem bestimmten Zeitpunkt lässt sich die Quellung außerdem rückgängig machen, ohne dass der Samen seine Keimfähigkeit einbüßt. Ab einer bestimmten Wässerung wird jedoch der Stoffwechsel des Embryos aktiviert und er beginnt zu wachsen, der Embryo hat sein Ruhestadium verlassen und kann in diesen Zustand nicht zurückkehren. Die Keimesruhe wird häufig durch verschiedene Sperrmechanismen aufrechterhalten. Vielfach stellen Samenschale oder Fruchtwände Sperrschichten dar, sodass eine Keimung des Samens erst möglich ist, wenn diese entfernt bzw. im Boden verrottet sind. Früchte besitzen häufig keimhemmende Stoffe. Kleine Samen, die nur wenige Nährstoffvorräte

keimende Samen

besitzen und darauf angewiesen sind, zügig Fotosynthese zu betreiben, benötigen oftmals Licht als Keimungsimpuls (Lichtkeimer). Die Samen mancher Gebirgspflanzen müssen über einen längeren Zeitraum Temperaturen knapp über oder sogar unter dem Gefrierpunkt ausgesetzt sein, damit die Keimung erfolgen kann (Frostkeimer).

Ein wesentlicher Faktor, der bei der Keimung nicht fehlen darf, ist Sauerstoff: Im Gegensatz zu den grünen Pflanzen sind die Keimlinge noch nicht in der Lage, Fotosynthese zu betreiben und diesen selbst zu produzieren (vgl. Experiment 8 und 25).

Nach Aufreißen der Samenschale dringt als Erstes die Keimwurzel senkrecht in den Boden vor. Über diese nimmt der Keimling erste in Wasser gelöste Nährsalze aus dem Boden auf. Im weiteren Entwicklungsprozess verzweigt sich die Keimwurzel zunehmend, kann so immer mehr Stoffe aufnehmen und verankert die junge Pflanze im Boden. Nach einigen Tagen wächst der Keimspross und streckt sich senkrecht nach oben in Richtung Licht. Oberhalb der Keimblätter wachsen die ersten Laubblätter und ergrünen, sofern Licht vorhanden ist. Mit Ausbildung der ersten Laubblätter ist die Keimung abgeschlossen.

Experiment 8: Bedingungen für die Samenkeimung

Material:
Kressesamen, 5 flache Schälchen, Filterpapier, Wasser, Erde, Schuhkarton zum Verdunkeln, Klarsichtfolie zum Behindern der Frischluftzufuhr, heller Standort, kühler Standort

Durchführung:
- Legen Sie die Schälchen mit mehreren Lagen Filterpapier aus und bedecken Sie vier der Schälchen mit einer dünnen Schicht Erde.

Kresse

- Legen Sie in jedes Schälchen eine gleiche Anzahl an Samen und variieren Sie nun die Bedingungen, unter denen Sie die Samen keimen lassen, nach folgender Tabelle:

Schälchen	Wasser	Erde	Luft	Licht	Wärme
1	–	+	+	+	+
2	+	–	+	+	+
3	+	+	–	+	+
4	+	+	+	–	+
5	+	+	+	+	–

Beobachten Sie die Kressesamen über fünf Tage. Legen Sie eine Tabelle an, in der Sie die Entwicklung der Samen in den verschiedenen Schälchen miteinander vergleichen. Achten Sie dabei auf folgende Aspekte: Quellung des Samens, Aufbrechen der Samenschale, Ausbildung der Wurzeln, Ausbildung des Keimsprosses, Ausbildung der Keimblätter, Höhe des Keimlings.

Hinweis: Achten Sie bei den Ansätzen, die Wasser bekommen, insbesondere am ersten Tag auf eine gute Durchfeuchtung der Samen. Auch in den nächsten Tagen sollte regelmäßig kontrolliert und gegossen werden.

> ### Projekt
>
> *Planen Sie ein Projekt zum Thema Wachstum und Entwicklung der Pflanzen.*
>
> 1. *Wählen Sie aufeinander aufbauende Projektschritte/Experimentiereinheiten aus und begründen Sie die Reihenfolge.*
>
> 2. *Formulieren Sie für diese Projektschritte Ziele für verschiedene Bildungsbereiche.*
>
> 3. *Zeigen Sie auf, an welchen Stellen welche naturwissenschaftlichen Arbeitsweisen zum Tragen kommen (vgl. Kapitel 3.1).*
>
> 4. *Bestimmen Sie Begrifflichkehiten, welche die Kinder in diesem Projekt neu lernen sollen.*
>
> 5. *Überlegen Sie verschiedene Möglichkeiten zur Dokumentation und Präsentation der Projektergebnisse.*

11.3 Der Wasserhaushalt von Pflanzen

In den vorangegangenen Experimenten wurde gezeigt, dass Wasser ein wichtiger Faktor für Wachstum und Entwicklung von Pflanzen ist. Die folgenden Experimente beschäftigen sich mit dem Wasserhaushalt der Pflanze. Fragestellungen sind z. B., wie das Wasser in der Pflanze transportiert wird, wie viel Wasser eine Pflanze aufnimmt und wo sie es wieder abgibt.

Experiment 9: Wasserleitung in der Pflanze

Material:

Blütenpflanze mit möglichst hellen Blüten (z. B. Nelke, Tulpe, Margerite, Fleißiges Lieschen), Becherglas, mit wasserlöslicher Tinte oder Lebensmittelfarbe gefärbtes Wasser (kräftige Farben verwenden), Unterlage, scharfes Messer, Lupe

Durchführung:

- Schneiden Sie die Sprosse der verwendeten Pflanze schräg ab und stellen Sie diese sofort in ein mit Farblösung gefülltes Becherglas.
- Um den Vorgang zu beschleunigen, sollte die Pflanze an einem warmen Ort stehen.
- Untersuchen Sie die Veränderungen nach zwei Stunden.
- Schneiden Sie hierfür auch ein Sprossachsenstück quer und längst durch und betrachten Sie die Schnittflächen.
- Sie können den Versuch variieren, indem Sie den Stängel der verwendeten Pflanze der Länge nach etwa 10 cm spalten und die Stängelhälfte in Bechergläser mit verschiedenfarbigen Lösungen stellen.

Beobachtung:

An den Blättern und Blüten der Pflanze sind netzartige Verfärbungen zu erkennen. Je länger die Pflanze in der Farblösung steht, desto intensiver verfärbt sie sich. Betrachtet man den Stängelquerschnitt, erkennt man viele kleine gefärbte Punkte. Im Längsschnitt sind dünne verfärbte Linien zu sehen.

11.3.1 Leitungsbahnen der Pflanzen

Das gefärbte Wasser in Experiment 9 ist in die Leitungsgefäße im Stängel der Pflanze eingedrungen und hat sie so sichtbar gemacht. Die Leitungsbahnen, die in Pflanzen das Wasser von den Wurzeln bis in die Blätter transportieren, nennt man Gefäßteil oder Xylem. Die Zellen des Xylems[1] sind abgestorben, ihre Zellwände sind verholzt und bei vielen Pflanzen verbinden sie sich zu langen Röhren. Die Leitungsbahnen des Xylems können mehrere Meter lang sein, ihr Durchmesser beträgt dabei weniger als einen Millimeter.

---

[1] griech. Xylos: Holz

Darüber hinaus verlaufen parallel zum Xylem Leitungsbahnen, die von den Blättern wegführen und die Pflanze mit den Produkten der Fotosynthese versorgen. Diese lebenden
Zellen werden als Siebteil oder Phloem bezeichnet. Bei Nadelhölzern und verholzten
zweikeimblättrigen Pflanzen wie Laubbäumen liegen die Siebröhren des Phloems im Bast
unterhalb der Borke, der äußersten Schicht des Baumes. Unterbricht man den Nährstoff-
strom des Phloems, verwelkt der Baum nicht, da das innen liegende Xylem intakt ist. Er
stirbt dennoch ab, da seine Wurzeln nicht mehr mit den für sie wichtigen Stoffwechsel-
produkten aus den Blättern versorgt werden.

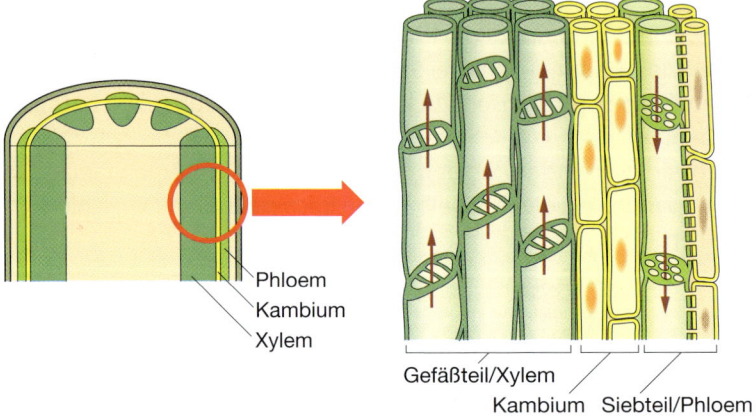

Leitungsbahnen

Tipp: Bei dünn geschnittenen Scheiben von Eichen, Linden oder Walnussbäumen lassen
sich die Leitungsröhren von Bäumen mit dem Auge oder einer Lupe gut erkennen. Ebenso
bei manchen Kletterpflanzen wie z. B. Wein oder Hopfen.

Die Leitgefäße krautiger Pflanzen lassen sich unter dem Mikroskop wahrnehmen, die Herstellung ausreichend dünner Querschnitte erfordert allerdings einiges Geschick. Da die
Stängel der Pflanzen weich sind, müssen sie zum Schneiden zwischen zwei Hälften Styropor
oder Holundermark geklemmt werden. Dann lassen sich mit einer scharfen Rasierklinge mit
leichtem Druck möglichst dünne Scheibchen schneiden. Einfacher ist es, über den Fachhandel gefärbte Dauerpräparate zu beziehen, die sich immer wieder einsetzen lassen.

11.3.2 Wasserabgabe der Pflanzen

Aufgaben

1. *Stellen Sie einen Strauß mit Schnittblumen in eine Vase, überschichten Sie das Wasser mit Öl (Verdungstungsschutz) und stellen Sie die Pflanze unter eine große, trans-
parente Tüte oder Glasglocke. Was wird sich beobachten lassen?*

2. *Überlegen Sie, wie sich herausfinden lässt, wie viel Wasser eine Schnittblume z. B.
innerhalb eines Tages aufnimmt. Wie könnte man herausfinden, ob z. B. eine Tulpe
oder eine Margerite mehr Wasser aufnimmt?*

Experiment 10: die Blätter als Transpirationsorgane

Material:

Fleißiges Lieschen, 3 Messzylinder (10 ml), Messer, 2 Bechergläser, Pipette, Leitungswasser, Salatöl, evtl. Lebensmittelfarbe

Durchführung:

- Schneiden Sie vom Fleißigen Lieschen zwei Sprosse schräg ab und stellen Sie diese in zwei zur Hälfte mit Wasser gefüllte Messzylinder.
- Einem Spross werden alle Blätter entfernt, der andere bleibt unverändert.
- Die Messzylinder werden auf 10 ml aufgefüllt und mit etwa 2 mm (gefärbtem) Salatöl überschichtet (Verdunstungsschutz).
- Den dritten Messzylinder füllen Sie mit der gleichen Menge Wasser und überschichten dieses ebenfalls mit Salatöl (Kontrollversuch).

Beobachtung:

In dem Messzylinder mit unbeblättertem Spross ist nach ein bis zwei Tagen deutlich weniger Wasser verbraucht worden als in dem Messzylinder mit beblättertem Spross. Die Kontrolle bleibt unverändert.

Deutung:

Da die Wassermenge bei der Kontrolle konstant bleibt, ist der Wasserverbrauch auf die Pflanzen zurückzuführen. Über die Oberfläche der oberirdischen Pflanzenteile wird Wasser in Form von Wasserdampf abgegeben. Dieses Phänomen bezeichnet man als Transpiration. Aufgrund der Transpiration wird Wasser aus dem Messzylinder nachgesaugt (Transpirationssog). Der unterschiedliche Wasserverbrauch in den beiden Ansätzen zeigt, dass die Blätter die Haupttranspirationsorgane der Pflanzen darstellen.

> ### Aufgabe
>
> *Variieren Sie das Experiment: Anstatt die Blätter zu entfernen, streichen Sie bei einem Ansatz die oberen Blattflächen mit Vaseline ein, bei dem zweiten die unteren. Was lässt sich bei diesem Versuchsaufbau herausfinden?*

11.3.3 Spaltöffnungen der Blätter

Unter dem Mikroskop betrachtet, besitzt das Blatt einer Landpflanze in der Regel vier Gewebeschichten. Oben und unten wird es von einem Abschlussgewebe, der Epidermis, begrenzt. Dieses besteht meistens aus nur einer Schicht von eng nebeneinander angeordneten, farblosen Zellen. Nach außen hin sind die Epidermiszellen mit einer wachsartigen Schicht, der Kutikula, überzogen, die zu hohe Wasserverluste durch Verdunstung verhindert. Zwischen

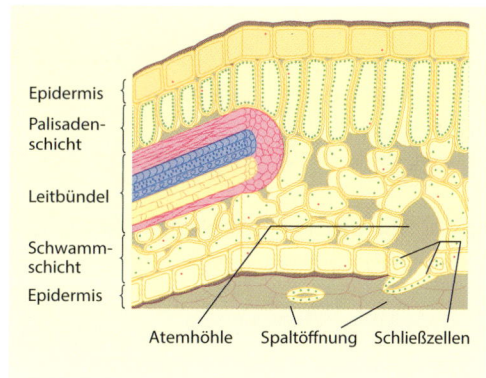

Blattquerschnitt

den Zellen der Epidermis befinden sich kleine sogenannte Spaltöffnungen. Bei zweikeimblättrigen Pflanzen finden sie sich überwiegend an der Blattunterseite, bei einkeimblättrigen an der Blattoberseite.

Die Spaltöffnungen ermöglichen den Gasaustausch zwischen Pflanze und Umgebungsluft: Kohlenstoffdioxid kann hier aufgenommen, Sauerstoff abgegeben werden. Außerdem verdunstet die Pflanze hier das von den Leitgefäßen in die Blätter transportierte Wasser. Die Öffnungsweite der Spaltöffnungen wird durch die Pflanze reguliert: An heißen Tagen können hohe Wasserverluste durch das Schließen der Öffnungen vermieden werden. Die Spaltöffnungen der Epidermis lassen sich mit dem Lichtmikroskop gut erkennen.

Experiment 11: Spaltöffnungen unter dem Mikroskop

Hinweise zu Handhabung des Mikroskops sowie zum Mikroskopieren mit Kindern finden Sie im Kapitel 12, Optik und Mikroskopieren mit Kindern.

Material:

Feldsalat (alternativ Fleißiges Lieschen), Mikroskop, Becherglas, Wasser, Pipette, Objektträger, Deckgläschen, Pinzette, scharfes Messer

Durchführung:

- Schneiden Sie mit einem scharfen Messer ein kleines Quadrat in die Blattunterseite (nicht durchdrücken!).
- Greifen Sie nun mit der Pinzette in die Schnittkanten und ziehen Sie ein möglichst dünnes Häutchen ab.
- Bringen Sie dieses in einen Tropfen Wasser auf den Objektträger und setzen Sie das Deckgläschen auf. Beginnen Sie mit der kleinsten Vergrößerung.
- Sollten Sie zu viele übereinanderliegende Zellen sehen, ist das Material zu dick und Sie müssen ein neues Präparat anfertigen.

Abziehen der Epidermis

Beobachtung:

Zwischen den gleichförmigen, größeren Epidermiszellen finden sich die kleinen Spaltöffnungen, die von kleineren, bohnenförmigen Zellen (Schließzellen) begrenzt werden.

Aufgaben

1. *Überlegen Sie, welche Schwierigkeiten sich für Kinder bei der Mikroskopie von Spaltöffnungen ergeben.*

2. *Entwickeln Sie geeignete Frage- bzw. Problemstellungen zu den Experimenten 9 und 10.*

11.3.4 Physikalische Grundlagen der Wasserleitung

Wie gelingt es der Pflanze, Wasser entgegen der Schwerkraft oftmals über mehrere Meter in ihren Stängeln zu transportieren? Die folgenden Experimente gehen auf Eigenschaften des Wassers ein, welche die Pflanze geschickt für den Transport nutzt.

Experiment 12: der Pflanze beim „Trinken" zusehen

Material:
Tulpe (alternativ großblättrige Pflanze), durchsichtiges Stück dünner Plastikschlauch (50 cm), breites Klebeband, Stativ oder großer Karton, Becherglas, Messer, Wasser, Blumendraht, Föhn, Salatöl

Durchführung:
- Schneiden Sie die Pflanze schräg an.
- Füllen Sie den Schlauch vollständig mit dem Wasser (vgl. Experiment 14).
- Schieben Sie nun den Pflanzenstängel in eine Seite des Schlauches und dichten Sie die Verbindungsstelle mit breitem Klebeband gut ab. Zwischen Pflanzenstängel und Wasser dürfen sich keine Luftblasen befinden. In das andere Schlauchende wird ein wenig Öl gegeben.

„trinkende" Pflanze

- Befestigen Sie Pflanze und Schlauch mit Blumendraht so am Stativ oder alternativ am Karton, dass die beiden Öffnungen des Schlauches nach oben gerichtet sind. Am besten befestigen Sie bereits vor Versuchsbeginn den Draht am Karton.
- Markieren Sie den Wasserstand am von der Pflanze entfernten Schlauchende. Schalten Sie den Föhn ein und richten Sie ihn auf die Blätter der Pflanze.

Beobachtung:
Das Wasser wird aus dem Schlauch in die Pflanze gesogen. Die Wassersäule im Schlauch entfernt sich immer weiter von der Markierung.

Experiment 13: Kapillarwirkung im Trinkhalm

Material:
kleines Becherglas, Pipette, Taschentuch, 2 normal große Trinkhalme und ein deutlich dünnerer Trinkhalm (z. B. von einem Trinkpäckchen), gefärbtes Wasser

Durchführung:
- Stopfen Sie in einen der beiden großen Trinkhalme kleine Stücke des Taschentuches.
- Klopfen Sie den dünnen Trinkhalm evtl. etwas platt.
- Stellen Sie anschließend alle drei Strohhalme in das Wasser.

Beobachtung:

Das Wasser steigt in dem mit einem Taschentuch gefüllten Trinkhalm deutlich aufwärts. Auch in dem sehr dünnen Trinkhalm lässt sich ein kleiner Wasseranstieg beobachten. In dem zweiten großen Trinkhalm ist kein deutlicher Anstieg festzustellen.

Experiment 14: aufwärts fließendes Wasser

Material:

2 Schüsseln, ein dünner Plastikschlauch, Wasser, evtl. ein Karton und Lebensmittelfarbe

Durchführung:

- Füllen Sie eine Schüssel mit Wasser und stellen Sie diese leicht erhöht z. B. auf einen Karton.
- Stellen Sie die zweite Schüssel unterhalb der anderen auf.
- Füllen Sie den Plastikschlauch komplett mit Wasser und halten Sie ein Ende mit dem Daumen zu.
- Tauchen Sie das zugehaltene Ende des Schlauches in die mit Wasser gefüllte, erhöht stehende Schüssel und hängen Sie das andere Ende in die leere Schüssel.
- Nehmen Sie nun den Daumen von der oberen Öffnung.

Saugheber

Tipp: Achten Sie beim Befüllen des Schlauches zunächst darauf, dass beide Öffnungen ungefähr auf einer Höhe sind. Wenn ein Ende des Schlauches randvoll gefüllt ist, halten Sie die Öffnung mit dem Daumen zu. Das Wasser kann nun nicht mehr ausfließen. Füllen Sie nun das andere Ende bis zum Rand.

Beobachtung:

Aus dem Schlauch fließt Wasser. Das Wasser aus der oberen Schüssel wird dabei zunächst entgegen der Schwerkraft nach oben gesogen und fließt über den Schlauch in die zweite Schüssel.

11.3.5 Wassertransport und Wasserabgabe

In Kapitel 9 wurde bereits der Dipolcharakter des Wassers beschrieben, der Ursache dafür ist, dass zwischen den Wasserteilchen Anziehungskräfte wirken (Kohäsion, vgl. Kapitel 9, Experiment 1 und 2). Darüber hinaus bilden sich diese Anziehungskräfte auch zwischen Wasserteilchen und Feststoffen aus (Adhäsion, das Wasser „haftet" an anderen Stoffen). Diese Eigenschaft lässt sich in Experiment 13 beobachten. Die Adhäsion bewirkt, dass Wasser in engen Röhren entgegen der Schwerkraft aufwärts steigt. Man bezeichnet dies als Kapillarwirkung. Die Kapillarwirkung ließ sich beim Aufsteigen des Wassers in dem dünnen und in dem mithilfe des Taschentuches verengten Trinkhalm beobachten. Bei Experiment 14 bewirkten dagegen Kohäsionskräfte, dass die Wassersäule im Schlauch nicht abriss. Floss unten aus dem Schlauch Wasser in die Schüssel, wurden aus der erhöht stehenden Schüssel Wasserteilchen nachgezogen. Der Strom reißt allerdings ab, wenn sich innerhalb des Schlauches eine Luftblase befindet.

Kapillarwirkung, Adhäsion und Kohäsion sind auch die physikalischen Grundlagen für den Wassertransport durch den Spross der Pflanze. Die Wasserleitungsbahnen der Pflanze besitzen einen sehr kleinen Durchmesser, der die Adhäsion der Wasserteilchen an den Wänden und damit die Kapillarwirkung begünstigt. Die Kapillarwirkung ist jedoch nicht ausreichend, um den Wasserstrom anzutreiben. Dies erfolgt ähnlich wie in Experiment 14. Das über die Leitungsbahnen nach oben transportierte Wasser verdunstet (wie in Experiment 10 nachgewiesen) an den Blättern der Pflanze. Die Verdunstung entspricht dem Ausfließen des Wassers aus dem Schlauch in Experiment 14. Dadurch dass an den Blättern Wasserteilchen in die Luft übertreten, werden Wasserteilchen aus der Pflanze nachgezogen. Man bezeichnet die Wasserleitung in den Leitgefäßen der Pflanze daher auch als Transpirationsstrom. Bei diesem handelt es sich um einen rein physikalischen Vorgang. In Experiment 12 wurde die Transpiration und damit der Transpirationsstrom durch die strömende und warme Luft des Föhns beschleunigt. Daher konnte man der Pflanze beim „Trinken" zusehen.

Damit ist allerdings noch nicht geklärt, wie die Wassersäule in den Leitgefäßen erstmalig aufgebaut wird. Dies erfolgt bereits im Keimling mithilfe des von der Wurzel angesogenen Wassers (dies erfolgt osmotisch, vgl. hierzu den folgenden Abschnitt). Der Druck, mit dem die Wurzel das Wasser in die Leitungsbahnen des Keimlings transportiert, reicht allerdings nicht aus, um den Wassertransport der wachsenden Pflanze dauerhaft zu leisten.

Aufgaben

1. *Welche Voraussetzungen sollten die Kinder haben, damit eine sinnvolle Auseinandersetzung mit den dargestellten physikalischen Grundlagen der Wasserleitung in Pflanzen möglich ist? Stellen Sie Ihre Überlegungen dar und begründen Sie Ihre Annahmen.*

2. *Überlegen Sie sich Möglichkeiten zur Veranschaulichung.*

3. *Entwickeln Sie einen problemorientierten Einstieg in die Thematik.*

11.3.6 Das Wasserskelett der Pflanzen

Große Bäume und Sträucher besitzen verholzte, tote Zellen, die sie stabilisieren und verhindern, dass die Pflanzen aufgrund ihres eigenen Gewichtes oder durch mechanische Einflüsse wie z. B. Wind schnell abknicken. Holz findet sich jedoch nicht bei kleineren, krautigen und jungen Pflanzen. Sie bestehen nur aus kleinen, flüssigkeitsgefüllten Zellen mit dünnen Membranen und elastischen Zellwänden. Wie schaffen es diese Pflanzen, in Richtung Sonnenlicht emporzuwachsen? Die folgenden Versuche zeigen, durch welche Einflüsse aus prallem Gewebe welkes wird und lassen Schlüsse darüber zu, wie die Pflanze sich auch ohne ein hölzernes Skelett aufrichten kann.

Experiment 15: matschiger Salat

Material:

frische Salatblätter, 6 kleinere Schüsseln, Becherglas, destilliertes Wasser, Pfeffer, Salz, Zucker, Mehl, Schneebesen, Teelöffel

Durchführung I:

- Stellen Sie ein „Salat-Dressing" her, indem Sie zwei Teelöffel Zucker, zwei Teelöffel Salz, einen Teelöffel Pfeffer und einen Teelöffel Mehl mit einem halben Glas destilliertem Wasser mit dem Schneebesen in einer Schüssel gut verrühren.
- Legen Sie ein paar Salatblätter für eine Stunde in das Gemisch und vergleichen Sie diese anschließend mit unbehandelten Salatblättern.

matschiger Salat

Beobachtung I:

Die Salatblätter sind, nachdem sie eine Stunde in dem Gemisch gelegen haben, welk geworden.

Durchführung II:

- Finden Sie heraus, welche Substanz im Dressing dafür verantwortlich ist, dass die Salatblätter welk geworden sind. Füllen Sie hierfür eine Schüssel mit destilliertem Wasser und verrühren Sie in den übrigen Schüsseln destilliertes Wasser mit jeweils einer weiteren Substanz des Dressings.
- Geben Sie in jeden Ansatz zwei Salatblätter und belassen Sie diese wieder eine Stunde darin. Vergleichen Sie anschließend die verschiedenen Ansätze.

Beobachtung II:

Die Salatblätter im destillierten Wasser wirken frisch und prall. Auch die Salatblätter, bei denen dem Wasser Pfeffer oder Mehl zugefügt wurde, haben sich kaum verändert. Die Salatblätter, die in Salz- oder Zuckerlösung lagen, fühlen sich schlaff an und sehen welk aus.

Experiment 16: Möhren schrumpfen und wachsen lassen

Material:

Mohrrüben (alternativ Kartoffeln), scharfes Messer, Lineal oder Millimeterpapier, Spatel oder kleiner Löffel, Schneidebrett, Küchenpapier, vier kleine Schüsseln, destilliertes Wasser, Speisestärke, Puderzucker (evtl. zusätzlich Mehl, Kreidestaub, Kristallzucker, Salz, Sand)

Durchführung I:
- Schneiden Sie aus der Möhre vier gleich große Stifte (z. B. 1,5 x 0,5 x 0,5 cm).
- Legen Sie jeweils einen Stift in ein Schüsselchen mit destilliertem Wasser, Leitungswasser, mit hochkonzentrierter (gesättigter) Zuckerlösung und mit einem Gemisch aus Speisestärke und destilliertem Wasser.
- Lassen Sie die Stifte mindestens 20 Minuten in den Schälchen. Anschließend werden Größe und Aussehen der Stifte miteinander verglichen.

Beobachtung I:
Die Möhrenstifte, die im destillierten Wasser oder im Speisestärke-Wasser-Gemisch lagen, sind größer geworden und sehen praller aus. Die Möhrenstifte, die in der hoch konzentrierten Zuckerlösung lagen, sind dagegen geschrumpft. Die Möhrenstifte, die im Leitungswasser verblieben sind, sind etwas praller oder haben sich nur unwesentlich verändert.

Durchführung II:
- Halbieren Sie die Möhren längs, tupfen Sie die Schnittflächen ein wenig mit Küchenpapier trocken und legen Sie die Hälften mit den Schnittflächen nach oben.
- Geben Sie dann mit einem Spatel ein kleines, flaches Häufchen Speisestärke und, mit mindestens einem Zentimeter Abstand dazu, ungefähr die gleiche Menge Puderzucker auf die Möhrenhälften.
- Zusätzlich können weitere Stoffe (z. B. Mehl, Kreidestaub, Puderzucker, Salz, Sand) aufgebracht werden.

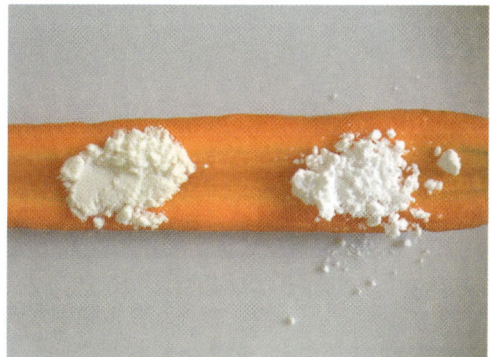 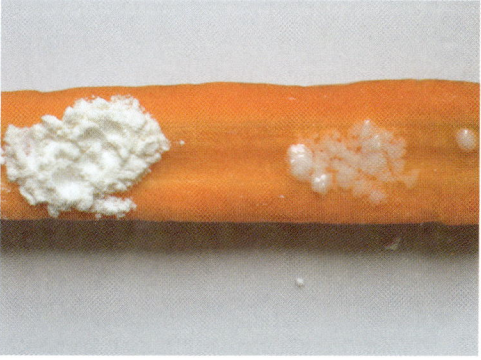

Möhrenosmose 1　　　　　*Möhrenosmose 2*

Beobachtung II:
Bei dem Puderzuckerhäufchen lässt sich sehr bald der Austritt von Wasser aus der Möhre beobachten, es bildet schließlich eine kleine Pfütze. Die Speisestärke bleibt dagegen nahezu völlig trocken. Ebenso verhält es sich bei Mehl, Kreide oder Sand. Bei Kristallzucker und Salz tritt dagegen ebenfalls Wasser aus.

11.3.7 Osmose pflanzlicher Zellen

Experiment 15 hat gezeigt, dass bestimmte Stoffe verantwortlich dafür sind, dass Salat, wenn man ihn in ein Dressing gibt, matschig wird. Das darauf folgende Experiment 16 zeigte, welche Stoffe pflanzlichen Geweben Wasser entziehen. Führt man dieses Experiment mit möglichst vielen Stoffen durch, fällt auf, dass diesen Stoffen die Löslichkeit in Wasser gemein ist (zur Löslichkeit als Stoffeigenschaft vgl. Kapitel 7.2).

Es stellt sich die Frage, wie ein Stoff einem Gewebe Wasser entziehen kann und außerdem, warum nur wasserlösliche Stoffe dies bewirken.

In Kapitel 7.3, Experiment 9 wurde bereits das Phänomen der **Diffusion** erläutert: Teilchen von Stoffen besitzen eine Eigenbewegung, aufgrund derer sie sich gleichmäßig in einem Raum verteilen. Im Experiment lässt sich das z. B. beobachten, wenn man einen Tropfen Tinte in ein Wasserglas gibt oder aber ein wenig Deo in einem geschlossenen Raum versprüht. Zu einem bestimmten Zeitpunkt haben sich die Farb- und Geruchsstoffe gleichmäßig im Glas bzw. im Raum verteilt. Gibt man jedoch z. B. Mehl in ein Wasserglas, so kann sich dieses nicht gleichmäßig verteilen, da sich die Stärketeilchen des Mehls nicht in Wasser lösen und entsprechend auch nicht darin verteilen können.

Auch die Zellen von Pflanzen enthalten viel Wasser und darin verschiedene gelöste Stoffe. Legt man ein Stück pflanzliches Gewebe in ein Glas mit destilliertem Wasser, so entsteht im Glas ein Ungleichgewicht. In den Zellen des Gewebes befinden sich gelöste Stoffe, im destillierten Wasser jedoch nicht. Die in den Zellen gelösten Stoffe können sich jedoch nicht gleichmäßig im Glas verteilen, da sie von den für sie undurchlässigen Zellmembranen zurückgehalten werden. Allerdings sind die Zellmembranen nicht wasserdicht, die kleinen Wasserteilchen können sie ungehindert passieren.

Aufgrund der physikalischen Gesetzmäßigkeit, dass zwei miteinander mischbare Stoffe sich innerhalb eines gemeinsamen Raumes gleichmäßig konzentriert verteilen, dringen nun die Wasserteilchen durch die Zellmembranen in das Möhrengewebe.

Das Phänomen lässt sich in einem Modellversuch veranschaulichen. Ein Dialyseschlauch (z.B. zu beziehen im Fachhandel für Unterrichtsbedarf Biologie) ist ähnlich wie die Zellmembran undurchlässig für gelöste Stoffe, jedoch durchlässig für Wasserteilchen. Im Modell wird der Dialyseschlauch mit hochkonzentrierter Rohrzuckerlösung gefüllt, er symbolisiert so eine pflanzliche Zelle. Hängt man diese „Zelle" nun in ein Gefäß mit destilliertem Wasser, besteht ein deutlicher Konzentrationsunterschied zwischen der Flüssigkeit im Schlauch und der außerhalb des Schlauchs. Da Zuckerteilchen nicht aus dem Schlauch heraus diffundieren können, dringen Wasserteilchen in die Zuckerlösung im Schlauch ein und verdünnen sie. Dadurch wird der Konzentrationsunterschied nach und nach verringert. Diese gerichtete Diffusion der Wasserteilchen über eine selektiv durchlässige Membran hin zu einer höher konzentrierten Lösung wird als **Osmose** bezeichnet. Im Modellversuch kann durch die Osmose kein Ausgleich der Konzentrationen erreicht werden, da irgendwann der Dialyseschlauch so straff gespannt ist, dass keine Volumenzunahme und entsprechend kein Einstrom von Wasserteilchen mehr möglich ist.

Durch das Eindringen des Wassers vergrößerten sich auch die Zellen des Möhrengewebes im Experiment und es ist erklärbar, warum die Möhrenstifte praller und dadurch größer wurden.

Bei den Möhrenstiften, die in hochkonzentrierte Lösungen gelegt wurden, ließ sich der umgekehrte Prozess beobachten: Es befanden sich mehr gelöste Stoffe außerhalb des Möhrengewebes als innerhalb. Daher wanderten die Wasserteilchen aus den Möhrenzellen heraus und verdünnten so die hochkonzentrierte Lösung außerhalb. Die Möhren wurden kleiner, sie „schrumpelten".

Die osmotische „Wasserwanderung" lässt sich besonders gut bei der Variation des Experiments beobachten. Gibt man einen löslichen Stoff auf die Möhrenhälfte, diffundiert das Wasser ebenfalls nach und nach aus der Möhre heraus.

Aufgaben

1. *Führen Sie Experiment 16 (Durchführung II) mit anderen Gemüsesorten durch.*

2. *Erklären Sie, warum überreife Kirschen im Regen häufig platzen.*

3. *Erläutern Sie fachsprachlich, welche Sachhintergründe das Modellexperiment unten veranschaulicht und an welchen es nicht der Wirklichkeit entspricht.*

Experiment 17: Osmose im Modell

Material:
kleine Samen (z. B. Senfsamen, Kressesamen, Leinsamen), große Samen (z. B. Erbsen, Bohnen), kleiner Behälter mit durchsichtigem Deckel (z. B. Brotdose), Pappe, Klebestreifen

Bauanleitung:
- Schneiden Sie die Pappe so zurecht, dass Sie mit ihrer Hilfe den Behälter in zwei Hälften teilen können.
- Schneiden Sie an der Unterkante der Pappe kleine quadratische Vierecke aus. Diese sollten so groß sein, dass die kleinen Samen gut hindurchpassen, die großen jedoch zurückgehalten werden.
- Kleben Sie die Pappe in die Dose, sodass sie diese genau teilt.
- Legen Sie nun in eine Hälfte 20 große und 30 kleine Samen, in die andere 50 kleine Samen.
- Setzen Sie den Deckel auf und schütteln Sie den Behälter waagerecht hin und her.

Beobachtung und Deutung:
Im Modell symbolisieren die kleinen Samen Wasserteilchen. Sie können ungehindert durch die Pappe gelangen, welche die Zellmembran darstellt. Die großen Samen stehen stellvertretend für die größeren, gelösten Stoffe, die nicht durch die Zellmembran dringen können. Zu Beginn des Modellversuchs sind die kleinen Samen ungleichmäßig verteilt. Durch das Schütteln werden sie jedoch in Bewegung gebracht und es erfolgt annähernd eine Gleichverteilung. Dabei wird die Mischung von großen und kleinen Samen in der einen Hälfte des Behälters verdünnt. Die großen Samen werden dagegen durch die Pappe zurückgehalten und befinden sich weiterhin in der Hälfte, in die sie eingefüllt wurden.

11.3.8 Turgordruck

In krautigen Pflanzen sorgt der Gehalt an gelösten Stoffen in den Zellen für die Spannung des gesamten Gewebes. Durch die gelösten Stoffe wird das Wasser osmotisch in die Zellen gesogen und sorgt dafür, dass sich die Zellen spannen. In intakten Zellen sorgt die Zellwand dafür, dass die Zellmembran nicht überdehnt wird und reißt. Den Wasserdruck, der in den Zellen aufgebaut wird, nennt man Turgor. Er sorgt für die Stabilität der Pflanze, man spricht daher auch vom Hydroskelett der Pflanze.

Für Pflanzen ist der Gehalt an gelösten Stoffen im Boden ein entscheidender Standortfaktor. Das Wasser im Boden wird osmotisch aufgenommen. Sind im Bodenwasser mehr Stoffe gelöst als in den Zellen der Wurzel, dringt das Wasser nicht in die Pflanze ein. Insbesondere an Orten mit sehr salzigen Böden, z. B. in der Nähe von Küsten, können daher nur Pflanzen wachsen, die sich stark an diesen Standort angepasst haben. Dies lässt sich im folgenden Versuch zeigen.

Experiment 18: Welken durch Turgorverlust

Material:
2 frisch geschnittene Sprosse einer krautigen Pflanze, 2 schmale Vasen, hoch konzentrierte (gesättigte) Kochsalzlösung, Leitungswasser

Durchführung:
- Füllen Sie eine Vase mit Kochsalzlösung, die andere mit Leitungswasser und stellen Sie jeweils einen Spross hinein.
- Beobachten Sie den Versuch über ein bis drei Tage.

Beobachtung:
Der in der Kochsalzlösung stehende Spross welkt deutlich schneller als der im Leitungswasser. Die Pflanze sinkt in sich zusammen.

Pflanze mit hängenden Blättern aufgrund von Wassermangel

Deutung:
Der im Salzwasser stehenden Pflanze wird osmotisch Wasser entzogen. Dadurch sinkt der Turgordruck in den Zellen, sie verlieren ihre Spannung und werden schlaff. Die Pflanze welkt.

Experiment 19: Schutz vor dem Austrocknen

Material:
2 Äpfel, 2 Kartoffeln, Messer, 6 kleine Schälchen, Waage, Spatel, Salz, Zucker

Durchführung I:
- Schälen Sie jeweils einen Apfel und eine Kartoffel.
- Wiegen Sie die geschälten und ungeschälten Äpfel und Kartoffeln und legen Sie diese anschließend an einen trockenen Platz.

- Wiegen Sie die Äpfel und Kartoffeln nun über drei Tage hinweg täglich.
- Vergleichen Sie Gewicht und Aussehen der beiden Äpfel bzw. der Kartoffeln im Verlauf der Zeit.

Beobachtung I:

Der geschälte Apfel und die geschälte Kartoffel werden zunehmend braun und schrumpelig. Gegenüber dem ungeschälten Apfel bzw. der ungeschälten Kartoffel verlieren sie deutlich an Gewicht.

frisch geschälte und ausgetrocknete Kartoffel

Durchführung II:

- Führen Sie das Experiment 16, Durchführung II noch einmal mit einer Kartoffel durch.
- Legen Sie den wasserlöslichen Stoff bei einer Kartoffelhälfte auf die äußere Schale und bei der anderen auf die Schnittfläche und vergleichen Sie.

Beobachtung II:

Im Gegensatz zu den Zellmembranen der Schnittfläche lässt die äußere Schale der Kartoffel kein Wasser sichtbar nach außen dringen.

Deutung:

Bei Äpfeln stellt eine die Epidermis überziehende Kutikula (lat.: Häutchen) einen wirksamen Verdunstungsschutz dar. Kartoffeln werden durch eine dünne Korkhülle vor Austrocknung geschützt. Dank dieser schützenden Hüllen lassen sich Äpfel und Kartoffeln über den Winter lagern. Die hohe Wasserundurchlässigkeit von Kutikula und Korkschicht beruht vor allem auf einem hohen Gehalt an wasserabweisenden Wachsen. Die Undurchlässigkeit von Kork für Wasser und Gase macht man sich z.B. beim Verschluss von Wein- und Sektflaschen zunutze.

Projekt

Planen Sie ein Projekt zum Thema „Das Wasserskelett der Pflanzen".

1. *Planen Sie eine Abfolge von Aktivitäten, welche Sie aufeinander aufbauend mit den Kindern durchführen wollen. Begründen Sie, inwiefern diese Experimente aufeinander aufbauen, indem Sie aufzeigen, welches Vorwissen die Kinder für das jeweilige Experiment haben müssen.*

2. *Überlegen Sie sich für jede Aktivität einen geeigneten Einstieg und ein zentrales Ziel.*

3. *Zeigen Sie Möglichkeiten auf, wie neu gewonnene Erkenntnisse mithilfe von Modellen oder Animismen veranschaulicht werden können.*

11.4 Bewegung und Reizbarkeit von Pflanzen

Betrachtet man Zimmerpflanzen auf der Fensterbank, sieht man, dass sie ihre Blätter so ausrichten, dass viel Tageslicht auf sie fällt. Dreht man die Pflanze, so wird sie innerhalb einiger Zeit die Position ihrer Blätter wieder hin zum Licht verändern. Pflanzen können sich also bewegen und diese Bewegung lässt sich durch äußere Reize provozieren. In den folgenden Experimenten werden Beispiele für solche Bewegungen vorgestellt.

Fototropismus bei einer Zimmerpflanze

Experiment 20: Kresse reagiert auf Licht

Material:
Kressesamen, 2 flache Schälchen, Filterpapier, Wasser, kleiner Karton, Schere, heller Standort

Durchführung:
Legen Sie die Schälchen mit mehreren Lagen Filterpapier aus, befeuchten Sie dieses und legen Sie in jedes Schälchen eine gleiche Anzahl an Samen. Stellen Sie die beiden Schälchen an einem hellen, warmen Standort (Fensterbank) auf. Schneiden Sie in eine Seite des Kartons ein großes Loch und stellen Sie ihn so über eines der Schälchen, dass das Loch nicht zur Fensterscheibe hin ausgerichtet ist. Beobachten Sie beide Ansätze über fünf Tage (regelmäßig befeuchten). Entfernen Sie danach den Karton und beobachten Sie weitere zwei Tage.

Variante desselben Phänomens:
Kartoffellabyrinth: Schneiden Sie in die Schmalseite eines Schuhkartons eine Öffnung, durch die Licht einfallen kann. Gestalten Sie mit zwei bis drei breiten Pappstreifen, die in den Karton geklebt werden, ein einfaches Labyrinth. Legen Sie eine keimende Kartoffel an der Schmalseite ohne Öffnung in den Karton und setzen Sie den Deckel auf den Karton. Der Keimling wächst durch das Labyrinth zum Licht.

Beobachtung und Deutung:
Durch die unterschiedliche Beleuchtung der Pflanzen, eine Seite wird stärker beleuchtet als die andere, erfolgt ein unterschiedliches Längenwachstum der Zellen beider Seiten des Stängels. Die beschattete Seite wächst hierbei stärker als die belichtete Seite. Dadurch entsteht ein Krümmungswachstum in Richtung Sonne. Das Phänomen, dass Pflanzen sich durch Bewegung dem Licht zuwenden, wird als Fototropismus bezeichnet.

Experiment 21: der Bohnensamen erkennt oben und unten

Material:
Bohnensamen (einen Tag vorgequollen), Haushaltspapier, Zeitungspapier, Sprühflasche, hohes Glas, Pinzette, Alufolie

Durchführung:

Kleiden Sie das Glas mit mehreren Lagen Haushaltspapier aus und durchfeuchten Sie es gut. Stopfen Sie in den verbleibenden Hohlraum Zeitungspapier. Stecken Sie ca. in der Mitte des Glases den Bohnensamen zwischen Glas und Haushaltspapier. Umwickeln Sie das Glas mit Alufolie und stellen Sie es aufrecht hin. Beobachten Sie von nun an täglich, in welche Richtung die Wurzel wächst. Achten Sie auch auf regelmäßiges Befeuchten. Sobald sich ein ca. 1 cm langer Spross entwickelt hat, legen Sie das Glas quer. Beobachten Sie die weitere Entwicklung von Spross und Wurzel.

Gravitropismus bei der Feuerbohne

Beobachtung:

Die Wurzel richtet sich nach unten, der Stängel nach oben aus. Verändert man die Position des Glases und damit die Ausrichtung des Keimlings, kommt es zu einem gekrümmten Wachstum. Spross und Wurzel richten sich erneut aus.

Deutung:

Pflanzen können Schwerkraft registrieren (Gravitropismus). Die Schwerkraft ist neben dem Licht ein weiterer wichtiger Reiz für die Pflanzen zur Orientierung in ihrem Lebensraum. Durch die Verlagerung kleiner Zellbestandteile innerhalb der Zelle hat die Pflanze die Positionsänderung des Glases im Experiment registriert und sich erneut so ausgerichtet, dass ihre Wurzel nach unten und der Spross nach oben wächst. Dies gewährleistet in der Natur, dass die Wurzel stets in Richtung Erde und der Spross in die Höhe wächst.

Experiment 22: Kiefernzapfen reagieren auf schlechtes Wetter

Material:

trockener, geöffneter Kiefernzapfen, Kochtopf, Herd, Abtropfgitter, Wasser

Durchführung:

Erhitzen Sie Wasser in einem Topf bis zum Sieden, legen Sie das Abtropfgitter darüber und darauf den Kiefernzapfen.

Beobachtung:

Innerhalb von zehn Minuten schließt sich der Zapfen

Deutung:

Die Bewegung der Kiefernzapfen basiert auf einer Quellung (hygroskopische Bewegung) und ist daher ein rein physikalischer Vorgang. In den verholzten Schuppen sind quellfähige Substanzen eingelagert. Wird durch Feuchtigkeit die Quellung ausgelöst, verändert sich mit der Struktur der toten Zellen auch die Stellung der

Kiefernzapfen

Schuppen. Sie schließen sich. Der Prozess lässt sich viele Male wiederholen. Kiefernzapfen lassen sich daher als natürliche Hygrometer verwenden. Da dem Regen eine hohe Luftfeuchtigkeit vorausgeht, lässt dieser sich mit ihrer Hilfe – mehr oder weniger zuverlässig – voraussagen. Der biologische Sinn hinter diesem Mechanismus liegt vor allem darin, die sich auf den Schuppen befindlichen Samen möglichst nur bei trockener Witterung freizugeben.

Planen Sie für ein Experiment zum Thema Reizbarkeit der Pflanzen eine Aktivität nach dem forschend-entwickelnden Verfahren.
Setzen Sie sich hierzu besonders mit dem **Einstieg** der Aktivität auseinander:

1. Entwickeln Sie eine geeignete Problemstellung, die das Thema zu einer Angelegenheit der Kinder macht.

2. Auf welche Weise erreichen Sie eine hohe Motivation bei den Kindern?

3. Durch welche Mittel ermöglichen Sie den Kindern, in die Forscherrolle zu schlüpfen?

11.5 Der Stoffwechsel von Pflanzen

Es wurde bereits in mehreren Kapiteln auf die Bedeutung der Pflanzen für das Leben von Mensch und Tier hingewiesen. Die folgenden Versuche zeigen, dass auch Pflanzen Gasaustausch mit der Umwelt betreiben und warum sich der Stoffwechsel von Pflanzen und der von Mensch und Tier so hervorragend ergänzen.

Experiment 23: Pflanzen reichern die Luft mit Sauerstoff an

Material:
frische Sprosse von Pflanzen, die nicht zu leicht welken (z. B. Efeu), 3 große Einmachgläser mit dicht schließendem Deckel, evtl. Gummiringe zur Abdichtung, 3 Teelichte, 3 Holzspieße, Strohhalm, Alufolie, kleine Bechergläser, Leitungswasser

Durchführung:
- Führen Sie zunächst das Experiment 19, Kapitel 10 auf Seite 233 durch, um den geringeren Sauerstoffgehalt der Atemluft des Menschen nachzuweisen.
- Nachdem die Kerzen erloschen sind, befindet findet sich in beiden Einmachgläsern kein Sauerstoff mehr. Entfernen Sie den Sauerstoff auf die gleiche Weise aus einem dritten Einmachglas.
- Stellen Sie in zwei der drei Einmachgläser wassergefüllte Bechergläser mit Pflanzensprossen. In das dritte Einmachglas wird ebenfalls ein Becherglas mit Wasser gestellt, es dient als Kon-

Sauerstoffanreicherung durch Efeu

trollansatz. Schließen Sie alle Gläser möglichst zügig wieder luftdicht ab und verdunkeln Sie eines der mit Pflanzen bestückten Einmachgläser mit der Alufolie.

- Entfernen Sie nach vier Tagen die Alufolie von dem einen Ansatz und prüfen Sie den Sauerstoffgehalt in den Gläsern wie folgt:
- Öffnen Sie die Gläser, stellen Sie mithilfe der Holzspieße je ein brennendes Teelicht hinein und schließen Sie diese sofort wieder luftdicht ab.
- Vergleichen Sie die Zeit bis zum Verlöschen der Teelichter.

Beobachtung:

In dem Einmachglas ohne Pflanze und auch in dem verdunkelten Einmachglas erlöschen die Teelichter schneller als im Ansatz mit der belichteten Pflanze. Die Blätter der Pflanze im verdunkelten Ansatz haben sich evtl. teilweise entfärbt.

Fotosynthese

Das Experiment zeigt, dass Pflanzen ihre Umgebungsluft verändern, sofern ihnen hierfür Licht zur Verfügung steht. In dem belichteten und mit einer Pflanze bestückten Einmachglas war nach vier Tagen wieder ausreichend Sauerstoff vorhanden, um eine Kerze für eine Weile brennen zu lassen.

Der Prozess, bei dem Sauerstoff entsteht, heißt Fotosynthese. Fotosynthese läuft in allen grünen Pflanzenteilen ab – insbesondere in den Blättern der Pflanze. Die Grünfärbung kommt durch den Farbstoff Chlorophyll zustande, der sich in den Chloroplasten der Pflanzenzellen befindet. Die Chloroplasten sind der Ort der Fotosynthese. Damit diese ablaufen kann, benötigt die Pflanze Licht, Wasser und Kohlenstoffdioxid. Neben dem Sauerstoff entsteht als zweites wichtiges Produkt Glukose (Traubenzucker).

Die Aufnahme des Kohlenstoffdioxids erfolgt, wie bereits beschrieben, über die Spaltöffnungen der Blätter. Das Wasser wird über die Wurzeln aufgenommen.

Fällt nun Licht auf den grünen Pflanzenfarbstoff Chlorophyll, wird dieser angeregt, vereinfacht formuliert: Er bekommt einen Energieschub. Dadurch wird eine biochemische Kettenreaktion ausgelöst, an deren Ende das energiereiche Molekül ATP (**A**denosin**tri**phosphat) entsteht. Mithilfe dieses Moleküls kann die Pflanzenzelle überall dort „bezahlen", wo ein Vorgang Energie benötigt. Auch Menschen und Tiere verwenden ATP als Energiewährung z. B. für Muskelkontraktionen bei Bewegungen (vgl. Kapitel 10). Das ATP wird nun für einen zweiten Prozess genutzt, bei dem das Kohlenstoffdioxid fixiert wird. Fixiert bedeutet, es wird an bereits in der Zelle vorhandene Moleküle gebunden, und aus dieser Verbindung wird Glukose hergestellt. Da ein Glukosemolekül aus sechs Kohlenstoffatomen besteht, müssen sechs Moleküle Kohlenstoffdioxid fixiert werden, bis insgesamt ein Glukosemolekül entstanden ist. Außerdem benötigt die Pflanze hierfür zwölf Wassermoleküle und natürlich Sonnenlicht.

Zusätzlich entsteht Sauerstoff, der über die Blätter wieder abgegeben wird.

Vereinfachte Reaktionsgleichung der Fotosynthese:

$$6\ CO_2 + 12\ H_2O \xrightarrow{\text{Licht}} C_6H_{12}O_6 + 6\ H_2O + 6\ O_2$$

Pflanzen betreiben, ebenso wie Menschen und Tiere, auch Zellatmung (vgl. Kapitel 10), um sich die Energie aus der Glukose wieder verfügbar zu machen. Dabei entsteht wiederum CO_2. Insgesamt entnehmen Pflanzen der Luft jedoch deutlich mehr CO_2, als bei Zellatmungsprozessen entsteht. (vgl. Stoffkreisläufe in der Natur, Kapitel 3.3, S. 72)

Experiment 24: Sauerstoffproduktion bei der Wasserpest

Material:

2 große Zweige der Wasserpest (Elodea, erhältlich in Zoohandlungen/im Aquarienbedarf), 2 hohe Gläser, Mineralwasser, Löffel, Schreibtischlampe, Karton mit Sichtfenster

Durchführung:

Füllen Sie die Gläser mit Mineralwasser und rühren Sie so lange mit dem Löffel um, bis keine aufsteigenden Bläschen mehr zu sehen sind. Legen Sie anschließend in jeweils ein Glas einen großen Zweig der Wasserpest. Stülpen Sie über einen der Ansätze den Karton und beleuchten Sie den zweiten Ansatz mit einer Schreibtischlampe.

Beobachtung:

Nach ca. zehn Minuten steigen im Wasser des belichteten Ansatzes kleine Gasbläschen auf. Der verdunkelte Ansatz zeigt dagegen kaum Gasentwicklung.

Experiment 25: Keimlinge verbrauchen Sauerstoff

Material:

Bohnensamen, Haushaltspapier, Einmachglas, Teelicht, Holzspieß, Leitungswasser

Durchführung:

Lassen Sie die Bohnensamen 24 Stunden lang quellen und legen Sie diese dann auf den Boden des mit feuchtem Haushaltspapier ausgelegten Glases. Schließen Sie den Deckel luftdicht ab und stellen Sie das Glas für zwei Tage an einen hellen Ort. Öffnen Sie nach zwei Tagen das Glas und stellen Sie ein brennendes Teelicht mithilfe des Holzspießes hinein. Stoppen Sie die Zeit, bis die Kerze verlischt. Leeren Sie das Glas und spülen Sie es mit Wasser aus. Füllen Sie es nun erneut mit dem Filterpapier und den Samen und wiederholen Sie die Kerzenprobe.

Beobachtung:

Die Kerze erlosch beim ersten Versuch deutlich schneller als beim zweiten Versuch. Im Glas war also deutlich weniger Sauerstoff als in der Umgebungsluft.

Deutung:

Grüne Pflanzen produzieren mehr Sauerstoff, als sie verbrauchen, die Keimlinge verbrauchen dagegen Sauerstoff. Sie besitzen noch keine oder zu wenig Chloroplasten, um Fotosynthese betreiben zu können und nutzen zur Energiegewinnung den Nährstoffspeicher im Samen. Die enthaltenen Nährstoffe werden bei der Zellatmung unter Sauerstoffverbrauch verbrannt.

Aufgaben

1. Lesen Sie den einleitenden Text des Kapitels 10.2 (Dem Stoffwechsel auf der Spur) auf S. 224 f. und erläutern Sie, warum sich der Stoffwechsel von Pflanzen und der von Menschen bzw. Tieren so gut ergänzen.

2. Erstellen Sie ein Schaubild, das diesen Zusammenhang veranschaulicht.

3. Auf welcher Ebene lässt sich der Sachhintergrund des Experiments mit Kindern diskutieren? Differenzieren Sie zwischen Vorschulkindern und Grundschulkindern.

4. Planen Sie eine Aktivität zum Thema Stoffwechsel der Pflanzen. Setzen Sie sich insbesondere mit einem geeigneten Einstieg sowie möglichen ko-konstruktiven Impulsen auseinander.

12 Optik und Mikroskopieren mit Kindern

Die **Optik**[1] beschäftigt sich mit den physikalischen Eigenschaften des Lichts wie z. B. seiner Ausbreitung, seinen Wechselwirkungen mit anderen Stoffen und seiner Wahrnehmung.

Licht ist für die Lebewesen der Erde von zentraler Bedeutung. Ohne die Energie des Sonnenlichts wäre die Erde ein dunkler, kalter und lebensfeindlicher Ort. Pflanzen könnten keine Fotosynthese betreiben und somit keine Lichtenergie in chemische Energie umwandeln. Sie würden weder wachsen noch Sauerstoff herstellen und entsprechend würde Tieren und Menschen die Lebensgrundlage fehlen. Das Licht ermöglicht uns die visuelle Wahrnehmung und leistet damit einen entscheidenden Beitrag für die Orientierung im Lebensraum. Bereits für Kleinkinder ist es ein Bestandteil ihres impliziten Wissens, dass es hell sein muss, damit sie sehen können. Seit der Zähmung des Feuers vor vielen hunderttausend Jahren, haben sich die Menschen das Licht auch nach Sonnenuntergang verfügbar gemacht. Inzwischen ist seine ständige Nutzung eine Selbstverständlichkeit. Gleichgültig ob frühmorgens im Badezimmer oder spätabends im Restaurant: Licht ist zu einer permanent verwendbaren Ressource geworden. Durch den elektrischen Strom sind wir im Alltag nahezu unabhängig vom Tageslicht und können beliebig große Räume – z. B. Industriehallen während der Nachtschicht – problemlos ausleuchten.

Zudem spielt Licht eine immer größere Rolle in der Nachrichtentechnik. Das globale Kommunikationsnetz nutzt bereits seit Ende der 1980er-Jahre Licht leitende Glasfaserkabel zur Überwindung der Meere und vermittelt so Kommunikation zwischen Menschen verschiedener Kontinente. In immer mehr Städten wird das Kommunikationsnetz auf die Nutzung von Glasfaserkabeln umgestellt, die Signalübertragung erfolgt mit optischen, nicht mehr wie zuvor mit elektronischen Signalen. Das bedeutet, Telefonieren, Fernsehen und das Surfen im Internet erfolgt mithilfe von Licht.

Licht beeinflusst auch unsere Empfindungen. Trotz der vor allem in Städten inzwischen unausweichlichen Dauerbeleuchtung beeinflusst das natürliche Sonnenlicht noch immer unseren Schlafrhythmus. Wir gestalten unsere Wohnräume ganz bewusst mit unterschiedlichen Lichtquellen. Helles Licht nutzen wir dort, wo wir Dinge visuell genau wahrnehmen wollen oder müssen: beim Lesen, bei der Arbeit, beim Basteln oder Werken. In Räumen, in denen wir uns ausruhen möchten, sorgen wir dagegen für gedämpftes, entspannendes Licht. Massagepraxen oder Kosmetikstudios arbeiten gezielt mit den beruhigenden oder anregenden Wirkungen verschiedenfarbigen Lichtes. Völlige Dunkelheit hat dagegen etwas Beunruhigendes, z. B. wenn wir uns nicht in einer für uns absolut sicheren Umgebung befinden. Ein großer Bereich unserer Wahrnehmung, das Sehen, fällt dann aus. Wir müssen uns auf unseren Tast- und Hörsinn verlassen und fühlen uns verunsichert.

Licht entsteht sowohl durch natürliche Lichtquellen wie Sonne, Glühwürmchen oder Blitze als auch durch künstliche Lichtquellen, z. B. chemische und physikalische Prozesse. Bei dem für uns sichtbaren Licht handelt es sich um elektromagnetische Wellen bestimmter Wellenlänge. Diese verhalten sich in vielerlei Hinsicht ähnlich wie die in Kapitel 8 behandelten Schallwellen, unterscheiden sich an anderer Stelle jedoch gravierend von ihnen. So ist z. B. die Ausbreitung von Lichtwellen nicht an das Vorhandensein eines Stoffes gebunden. Licht breitet sich daher auch im Vakuum aus. Manche Eigenschaften des Lichtes entsprechen eher denen von Teilchen als denen einer Welle. Eine Vertiefung dieser

---

[1] *griech. optike: Lehre vom Sichtbaren*

Zusammenhänge ist jedoch zu komplex, als dass sie hier behandelt werden sollte. Die folgenden Experimente beschäftigen sich daher überwiegend phänomenologisch mit den Eigenschaften des Lichtes, zeigen Kausalzusammenhänge auf und ermöglichen hierdurch einen ersten Zugang zu seiner technischen Nutzung.

12.1 Dem Licht auf der Spur

Das Licht, das in unsere Augen fällt, stammt in der Regel nicht direkt von einer Lichtquelle, einer Lampe oder der Sonne. Fällt das Licht einer starken Lampe unmittelbar in unsere Augen, werden wir geblendet und empfinden dies als schmerzhaft. Der direkte Blick in das Sonnenlicht kann die Netzhaut unserer Augen und damit unser Sehvermögen sogar unwiederbringlich zerstören. Das Licht, das wir in erster Linie wahrnehmen, wird von beleuchteten Gegenständen in unserer Umgebung ausgesendet. Damit Licht für uns sichtbar wird, muss es also erst auf einen Gegenstand treffen.

Experiment 1: verschiedene Lichtquellen

Material:
verschiedene Lichtquellen (z. B. Kerze, Taschenlampe, Schreibtischlampe, Tischlampe ohne Schirm), dunkler Raum

Durchführung:
- Vergleichen Sie die verschiedenen Lichtquellen und ihre Wirkung nacheinander in einem dunklen Raum.
- Beschreiben Sie möglichst detailliert.

Beobachtung:
In einem völlig abgedunkelten Raum kann man nichts sehen. Erst wenn Gegenstände von Licht beleuchtet werden, streuen sie von jedem Punkt ihrer Oberfläche das auf sie fallende Licht aus. Ein Teil dieses gestreuten Lichtes fällt in die Augen und ermöglicht die visuelle Wahrnehmung. Die verschiedenen Lichtquellen leuchten den Raum unterschiedlich stark aus.

Das von der Kerze ausgehende Licht breitet sich kugelförmig rund um die Flamme aus und erleuchtet den Raum entsprechend. Eine ähnliche Wirkung hat die Tischlampe ohne Schirm. Die Taschenlampe strahlt dagegen helles Licht kegelförmig in eine bestimmte Richtung, an der Wand entsteht ein heller Lichtfleck. Der Raum ist ungleich ausgeleuchtet. Ähnlich wirkt die Schreibtischlampe, auch sie leuchtet einen bestimmten Bereich im Raum aus. Alle Lichtquellen erzeugen Wärme, wenn auch unterschiedlich stark. An den Wänden des Raumes entstehen Schatten. Die Schatten, die im Lichtkegel der Taschenlampe entstehen, sind schärfer umrissen als die, welche im Schein der Kerze zu beobachten sind.

Experiment 2: der Spur des Lichtstrahls folgen

Material:
eine starke Taschenlampe, weiße und dunkle Pappe (alternativ zur weißen Pappe: **weiße Wand**), evtl. Knete, Teesieb, Mehl, Stativ (alternativ Bücherstapel), dunkler Raum

Vorbereitung des Experiments:
Basteln Sie aus der weißen Pappe einen flachen **Schirm** mit einer Kantenlänge von mindestens 30 cm. Alternativ zum Schirm kann auch eine weiße Wand genutzt werden. Aus dem dunklen Karton fertigen sie eine **Lochblende**: Schneiden Sie ein Quadrat mit einer Kantenlänge von mindestens 20 cm aus und bohren Sie in die Mitte des Quadrates ein Loch mit einem Durchmesser von maximal 0,5 cm. Schirm und Lochblende können durch Umbiegen überstehender Ränder oder mithilfe von Knete aufrecht gestellt werden.
Stellen Sie die Lochblende 30 cm vor dem weißen Schirm bzw. einer weißen Wand auf. Richten Sie die Taschenlampe im Abstand von ca. 1,5 m vom weißen Schirm so aus, dass ihr Strahl waagerecht auf das Loch der Lochblende fällt. Nutzen Sie hierfür ein Stativ oder einen Stapel Bücher. Entfernen Sie die Lochblende und verdunkeln Sie den Raum.

Durchführung:
*   Betrachten Sie die Ausleuchtung des weißen Schirms durch die Taschenlampe.
*   Stellen Sie nun die Lochblende erneut zwischen Schirm und Taschenlampe auf und beobachten Sie die Veränderung.
*   Sieben Sie Mehlstaub zwischen Lochblende und Schirm und beobachten Sie den Verlauf des Lichtstrahls.

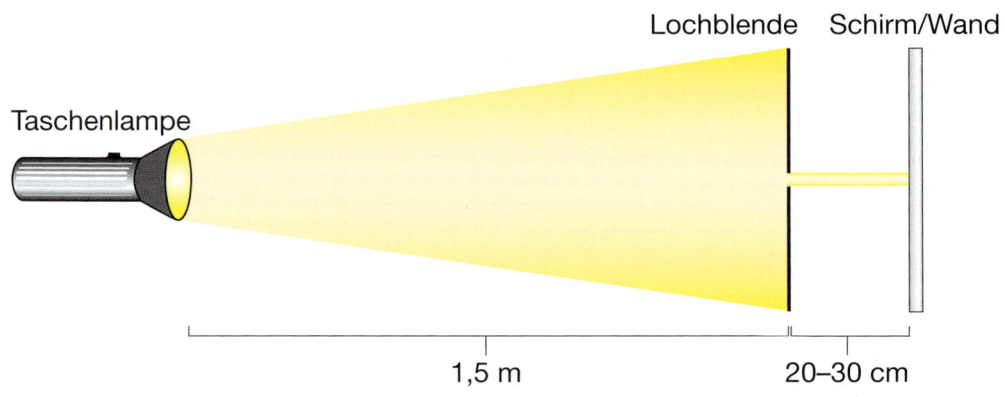

Versuchaufbau Lichtbündel

Beobachtung:

Die Taschenlampe leuchtet zunächst den gesamten Schirm aus. Nachdem die Lochblende zwischen Lampe und Schirm aufgestellt wurde, erscheint nur noch ein kleiner Lichtfleck auf dem Schirm. Durch den Mehlstaub wird ein gerade verlaufendes Lichtbündel zwischen Blende und Schirm sichtbar.

Aufgabe

Leiten Sie aus Ihren Beobachtungen zu den Experimenten 1 und 2 erste Schlussfolgerungen im Hinblick auf die Eigenschaften des Lichtes ab.

Lichtstrahlen

Betrachten wir das Licht einer brennenden Kerze oder einer Glühbirne ohne Schirm, so sehen wir, dass sie ihr Licht kugelförmig in den ganzen Raum strahlen. Mithilfe der in Experiment 2 gebastelten Blende lässt sich jedoch recht einfach zeigen, dass sich die Lichtstrahlen geradlinig ausbreiten. Nachdem die Blende zwischen Lampe und Schirm aufgestellt worden war, erschien auf dem Schirm nur noch ein kleiner Lichtfleck, genau gegenüber der Blendenöffnung. Durch den Mehlstaub ließ sich der geradlinige Verlauf des Lichtbündels sichtbar machen: Das Licht wurde von den feinen Teilchen in alle Richtungen gestreut und fiel dabei auch in die Augen des Betrachters.

Die Darstellungen von Lichtstrahlen besitzen im Grunde lediglich Modellfunktion, um optische Erscheinungen erklären und besser darstellen zu können. Als Lichtstrahl wird die Gerade bezeichnet, die sich zwischen einer aussendenden Lichtquelle und einem Empfänger befindet. Im Experiment waren der weiße Schirm und der Kreidestaub Empfänger des Lichtstrahles. Unsere Augen haben wiederum von diesen Empfängern gestreute Lichtstrahlen wahrgenommen.

Wie geht es weiter? Thematischer Zusammenhang

Die folgenden Experimente in Kapitel 12.2.1 thematisieren die Entstehung von Schatten. Auch hier lässt sich die Eigenschaft des Lichtes, sich geradlinig in der Luft auszubreiten, weiter veranschaulichen. Das Kapitel 12.2.4 (Brechung von Lichtstrahlen) greift diese Eigenschaft auf und vertieft sie mit den Experimenten 14 und 15. Hier wird der Aspekt der Ausbreitung des Lichtes in Flüssigkeiten bzw. beim Übertritt von der Luft in Flüssigkeiten erforscht.

12.2 Vorschlag zur Umsetzung des Themas Optik in Kita und Grundschule

Das Thema Optik bietet Kindern zahlreiche Möglichkeiten zur Beobachtung von Phänomenen und zum Herstellen von Wenn-dann-Beziehungen, mit deren Hilfe sich Forschungsaufträge und an manchen Stellen sogar Probleme lösen lassen.

Vorangestellt werden sollte eine gemeinsame Diskussion mit den Kindern darüber, was Licht eigentlich ist, wofür man es braucht und was es bedeutet, wenn kein oder nur wenig Licht vorhanden ist. Es gehört zum impliziten Wissen der Kinder, dass Licht einen wesentlichen Beitrag zu ihrer Wahrnehmung von der Welt darstellt: Ohne Licht kann man nicht sehen; ist nur wenig Licht vorhanden, sieht man alles grau.

Inhaltlich wurden in dem vorangehenden Kapitel zunächst verschiedene Lichtquellen, ihre Wirkung sowie die Eigenschaft des Lichtes, sich geradlinig auszubreiten, genauer untersucht (vgl. Kapitel 12.1, Experiment 1 und 2).

Im Anschluss daran kann sich z.B. die Frage ergeben, wie Abbildungen von Gegenständen entstehen. Der Begriff der Abbildung ist hier weit gefasst. Da sich im Zusammenhang mit Licht stets auch das Phänomen des Schattens aufdrängt, werden in Kapitel 12.2.1 Bilder mithilfe von Licht und Schatten erzeugt. Durch spielerisches Ausprobieren ergibt sich die Erkenntnis, dass Schatten- und Lichtbilder durch die Veränderung ihres Abstandes von einer Mattscheibe vergrößert oder verkleinert werden können (vgl. Experiment 3 und 4). Schrittweise wird in Kapitel 12.2.2. erforscht, dass sich durch das Aussortieren von Lichtbündeln mithilfe einer Lochblende auch Bilder von lichtstreuenden Gegenständen erzeugen lassen (vgl. Experiment 6 und 7). Auch hier kann wieder ausprobiert werden, wie sich das Bild verkleinern und vergrößern lässt. Zudem kann die Bildschärfe durch Verkleinern und Vergrößern der Lochblende verändert werden. Das Kapitel 12.2.5 vertieft das Thema weiter: Nun werden Abbildungen mithilfe von Linsen erzeugt. Diese helfen, die Lichtbündel noch besser zu sortieren und dadurch hellere und schärfere Abbildungen zu erhalten, die fast so gut sind, wie bei einem richtigen Fotoapparat (vgl. Experiment 20, 21 und Hinweise zur Optimierung der Lochkamera, S. 297). Hier bieten sich wieder die gleichen Forschungsaufträge an: Wie kann ich das Bild größer, wie kleiner machen? Hinzu kommt hier noch, dass Gegenstand, Linse und Mattscheibe in einem richtigen Verhältnis zueinander aufgestellt werden müssen. Es bieten sich also viele Möglichkeiten, auszuprobieren und Wenn-dann-Beziehungen zu entdecken. Nicht sinnvoll ist dagegen eine Mathematisierung der beobachtbaren Phänomene. Dies sollte der Sekundarstufe I vorbehalten bleiben.

Die Suche nach Abbildungen ist *ein* möglicher Strukturierungsaspekt der Erforschung von Licht. Dieser sollte durch viele weitere zu beobachtende Phänomene ausgestaltet werden. Das Kapitel bietet hierbei verschiedene Varianten an, indem es viele weitere Experimente und Hinweise zur Erforschung von Licht aufführt.

Darüber hinaus können aufkommende Fragen und Interessen der Kinder flexibel aufgegriffen und entsprechend mit anderer Schwerpunktsetzung weiter erforscht werden.

Alle Teilkapitel behandeln letztlich die Eigenschaft des Lichtes, sich geradlinig in einem Medium auszubreiten. Rund um dieses Phänomen ergeben sich zahlreiche Möglichkeiten, gemeinsam mit den Kindern, Phänomene zu beobachten, Schlussfolgerungen zu ziehen und Forschungsaufträge sowie an einigen Stellen sogar Problemfragen zu stellen, welche die Kinder unter Einbeziehung ihrer Alltagserfahrungen durch Ausprobieren eigenständig bewältigen können. Anhand des Aspektes Reflexion von Licht durch Spiegel (vgl. Kapitel 12.2.3) lässt sich erforschen, wie man mithilfe von Spiegeln Lichtstrahlen lenken kann, wie man den Spiegel halten muss, damit ein Lichtfleck an einer bestimmten Stelle erscheint oder man mit seiner Hilfe um die Ecke schauen kann. Die Auseinandersetzung mit Spiegelsymmetrien bietet viele Möglichkeiten für kreatives Lernen und zugleich praktische Zugänge zur Geometrie. Auch Kapitel 12.2.4 setzt wieder bei den Lichtstrahlen an. Hier können die Kinder erforschen, ob sich ein Lichtstrahl auch in Flüssigkeiten ausbreitet – und wenn ja, wie – oder ob er von ihnen reflektiert wird, wie von einem Spiegel. Kapitel 12.2.5 greift diesen Sachverhalt auf und vertieft ihn im Hinblick auf die Vergrößerungswirkung von Linsen.

12.2.1 Licht und Schatten

Experiment 3: Schattenmännchen

Material:
mehrere Teelichte, weißer Schirm aus Experiment 2, 2 Strichmännchen aus Pappe verschiedener Größe (alternativ bzw. ergänzend kleine Spielfiguren), Klebestreifen oder Knete zum Aufstellen der Männchen, dunkler Raum

Durchführung:
- Stellen Sie ein Teelicht (alternativ eine kleine Taschenlampe) im Abstand von ca. 30 cm vor den Schirm. Stellen Sie nun die beiden Strichmännchen im Abstand von 10 cm vor den Schirm. Verändern Sie die Abstände der Spielfiguren zum Schirm.
- Verschieben Sie das Teelicht nach links und nach rechts.
- Rücken Sie das Teelicht nach rechts und stellen Sie ein zweites Teelicht im Abstand von 10 cm links neben dem ersten auf.
- Stellen Sie weitere Teelichte zwischen die beiden bereits vorhandenen, sodass eine ausgedehnte Lichtquelle entsteht.

Schatten

Fällt Licht von einer Lichtquelle auf eine Wand, streut diese das Licht in alle Richtungen und das Streulicht fällt zu einem Teil in unsere Augen. Wir nehmen die Wand als beleuchtet wahr. Die Lichtstrahlen, die von der Lichtquelle ausgesendet wurden, haben sich geradlinig in verschiedene Richtungen ausgebreitet. Bringen wir nun einen lichtundurchlässigen Gegenstand zwischen die Wand und die Lichtquelle, so wird ein Teil der Lichtstrahlen bereits von diesem gestreut. Die Lichtstrahlen können nicht um das Hindernis herumwandern. Dadurch wird ein Teil der Wand nicht mehr beleuchtet und wir nehmen diesen als dunkler wahr. Die Umrisse des Schattens werden von den Lichtstrahlen gebildet, die gerade noch an dem Gegenstand vorbei auf die Wand gelangen. Nähert man den Gegenstand der Lichtquelle an, so werden mehr Lichtstrahlen zurückgehalten, der Schatten auf dem Schirm wird größer.

Stellen wir zwei Lichtquellen nebeneinander auf, so gibt es einen Bereich auf dem Schirm, den weder Lichtstrahlen von der einen noch von der anderen Lichtquelle erreichen. Dieser erscheint am dunkelsten und wird als Kernschatten bezeichnet. Rechts und links des Kernschattens entstehen zwei etwas hellere Schatten. Diese als Halbschatten bezeichneten Bereiche auf dem Schirm erhalten Licht von nur einer Lichtquelle und erscheinen im Vergleich zu den von zwei Lichtquellen ausgeleuchte-

Schattentheater

ten Flächen dunkler. Löscht man eine der beiden Lichtquellen, so verschwinden die Halbschatten. Haben die Lichtquellen einen etwas größeren Abstand zueinander, entstehen zwei Schatten des Gegenstandes. Verwendet man dagegen eine ausgedehnte Lichtquelle, so entsteht ein unscharfes Schattenbild. Dadurch dass die Helligkeit, mit der die Schirmbereiche hinter dem Gegenstand ausgeleuchtet werden, nicht sprunghaft, sondern stetig zunimmt, erscheinen die Ränder der Schatten nicht mehr klar umrissen, sondern verschwommen.

Aufgaben

1. *Zeigen Sie bei gelöschter Kerze mit dünnem Bindfaden den ungefähren Verlauf eines Lichtstrahles, der den Rand des Schattens eines Schattenmännchens markiert. Markieren Sie die Stelle auf dem Schirm mit Bleistift und überprüfen Sie Ihre Vermutung, indem Sie die Kerze entzünden.*

2. *Verändern Sie die Position des Gegenstandes deutlich und zeigen Sie den veränderten Verlauf des Lichtstrahls.*

3. *Stellen Sie Wenn-dann-Regeln im Hinblick auf die Größe und Schärfe der Umrisse der Schattenmännchen auf.*

4. *Überlegen Sie Geschichten für ein Schattentheater, in denen die von Ihnen aufgestellten Regeln thematisiert werden.*

5. *Stellen Sie Materialien für eine Freispielkiste zum Thema Licht und Schatten zusammen.*

Experiment 4: Lichtmännchen

Material:
mehrere Teelichte, weißer Schirm (aus Experiment 1) oder weiße Wand, rechteckige Pappen, Schere, dunkler Raum, Klebestreifen oder Knete zum Aufstellen der Lichtmännchen

Durchführung:
- Schneiden Sie in die Pappen kleine Figuren (z. B. Strichmännchen).
- Verfahren Sie mit diesen Lichtmännchen wie in Experiment 3 beschrieben.

Beobachtung:
Die ausgeschnittene Figur erscheint auf dem weißen Schirm als Lichtfleck.
Wie in Experiment 3 entstehen auf dem Schirm Schatten. Diesmal wird jedoch nicht, wie bei einem Schattentheater, der Schatten von der Figur erzeugt, sondern von der Pappe, aus der die Figur ausgeschnitten wurde.

Experiment 5: Sonnenuhr

Material:
runde Holzplatte, Bohrer, Holzstab (ca. 30 cm)

Durchführung:

- Bohren Sie genau in die Mitte der Holzplatte ein Loch, das dem Durchmesser des Holzstabes entspricht und stellen Sie den Stab senkrecht hinein.
- Bringen Sie die Sonnenuhr an einen sonnigen Platz und bewegen Sie diese von nun an nicht mehr.
- Markieren Sie über einen Tag hinweg, zu jeder vollen Stunde, die Stelle, auf die der Holzstab seinen Schatten wirft.

Sonnenuhr

Tipp: Eine einfache Sonnenuhr lässt sich auch aus Pappe, Schaschlikspieß und etwas Knete basteln. Der Verlauf der Sonne kann mit einer Taschenlampe simuliert werden.

Schatten im Weltraum

Die Erde dreht sich innerhalb von ca. 365 und ein Viertel Tagen, also innerhalb eines Jahres, einmal um die Sonne. Dabei ist sie nicht allein, sondern mit sieben Nachbarplaneten unterwegs. Während ihrer Reise um die Sonne rotiert die Erde zusätzlich permanent und innerhalb von 24 Stunden einmal um ihre eigene Achse. Das führt dazu, dass die Erdoberfläche im Verlauf eines Tages unterschiedlich stark belichtet wird. Die der Sonne zugewandte Halbkugel ist voll ausgeleuchtet, die abgewandte liegt dagegen im Dunklen. Wir beschreiben dieses Phänomen als Tag und Nacht. Dadurch dass sich die Erde links herum entgegen dem Uhrzeigersinn dreht, sehen wir das Sonnenlicht als Erstes im Osten.

An manchen wolkenlosen Nächten ist es jedoch auch nachts sehr hell. Die von der Sonne abgewandte Halbkugel wird durch vom Mond gestreutes Sonnenlicht erhellt. Mal ist er als große Runde Scheibe zu sehen, mal als schmale Sichel und manchmal – trotz klarem Himmel – gar nicht. Warum wechselt der Mond scheinbar ständig seine Form?

Während die Erde um die Sonne kreist und sich dabei um ihre eigene Achse dreht, dreht sich der Mond innerhalb von ca. vier Wochen einmal gegen den Uhrzeigersinn um unsere Erde. Dabei verändert sich laufend die Konstellation, die Sonne, Erde und Mond zueinander haben.

Die Umlaufbahn des Mondes um die Erde liegt meistens nicht genau mit Sonne und Erde in einer Ebene. Befindet sich der Mond hinter der Erde, streift ihn daher noch genug

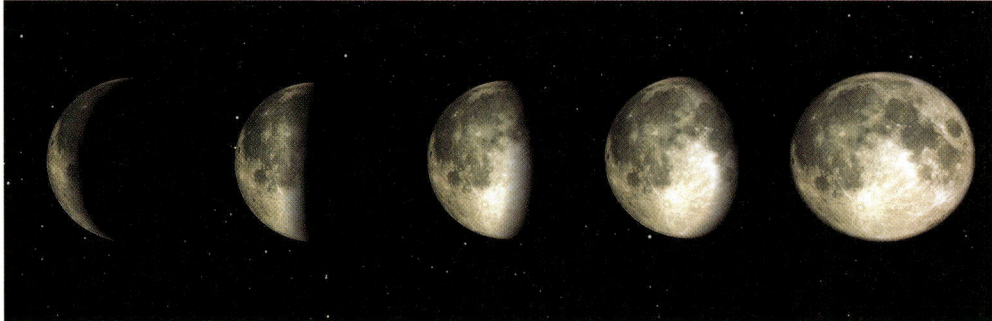

verschiedene Mondphasen

Sonnenlicht, um teilweise oder voll ausgeleuchtet zu werden. Je nach Stellung des Mondes sehen wir ihn dann als Halbmond oder als Vollmond.

Befindet sich der Mond jedoch zwischen Sonne und Erde, so wird seine der Erde abgewandte Seite beleuchtet, die uns zugewandte im Schatten liegende und daher dunkle Seite können wir nicht sehen. Erst recht nicht, wenn wir uns bei Nacht auf der ihm und der Sonne abgewandten Seite der Erde befinden: Es ist Neumond.

Selten kommt es vor, dass sich Sonne, Mond und Erde genau in einer Ebene befinden. Befindet sich der Mond dann hinter der Erde, liegt er genau in ihrem Kernschatten, kommt es zur Mondfinsternis. Befindet er sich dagegen zwischen Erde und Sonne, entsteht eine Sonnenfinsternis.

Aufgaben

1. *Entwickeln Sie Bewegungsspiele, mit denen sich die Bewegungen von Sonne, Mond und Erde nachvollziehen lassen.*

2. *Informieren Sie sich über die Häufigkeit von Sonnen- und Mondfinsternissen.*

12.2.2 Bilder einfangen wie eine Kamera

Experiment 6: umgedrehtes Lichtmännchen I

Material:
Taschenlampe, Lochblende und weißer Schirm (aus Experiment 2, alternativ zum Schirm: weiße Wand), Pappe, gelbes Papier, Schere, Klebestreifen, dunkler Raum

Vorbereitung:
Schneiden Sie aus der Pappe und dem gelben Papier runde Blenden für die Taschenlampe. Aus der Blende aus Pappe wird zusätzlich ein kleines Strichmännchen ausgeschnitten. Legen Sie nun die beiden Blenden übereinander und kleben Sie diese vor die Taschenlampe, sodass bei angeschalteter Lampe ein gelbes Lichtmännchen erstrahlt.

Durchführung:
• Stellen Sie die Lochblende in einem Abstand von 20 cm vor den weißen Schirm.

- Verdunkeln Sie den Raum völlig und nähern Sie sich langsam mit dem Lichtmännchen dem Loch der Blende.

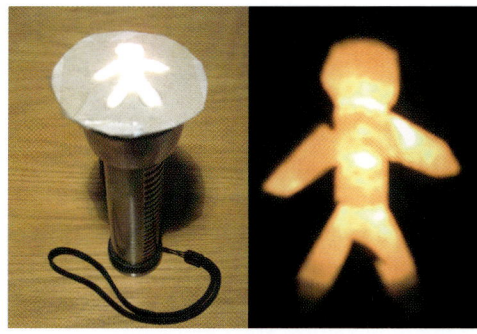

Beobachtung:

Das Lichtmännchen erscheint auf dem weißen Schirm stark verkleinert und auf dem Kopf stehend.

Deutung:

Die Lichtbündel, die durch das ausgeschnittene Männchen treten, verlaufen geradlinig, aber ausgehend von der Lichtquelle nicht genau parallel. Bringt man eine Lochblende zwischen Lichtmännchen und Schirm, können vom Kopf des Männchens aus nach unten gerichtete Lichtbündel durch das Loch der Blende fallen. Andersherum können von den Füßen des Männchens ausgehende, nach oben gerichtete Lichtbündel durch das Loch treten. Die Lichtbündel kreuzen sich im Loch der Blende und treffen jeweils an unterschiedlichen Stellen auf den Schirm hinter der Blende: Die des Kopfes treffen unterhalb derjenigen der Füße auf den Schirm. Das Männchen steht auf dem Kopf! Da nur wenige Lichtbündel durch die Blende treten können, ist der auf dem Schirm erscheinende Lichtfleck des Männchens deutlich dunkler (vgl. Abb. auf S. 280).

Experiment 7: Lochkamera

Material:

Pappkarton mit Deckel (z. B. Schuhkarton), Pergamentpapier, Schere, Klebestreifen, dunkles Tuch, evtl. zusätzliche Pappe

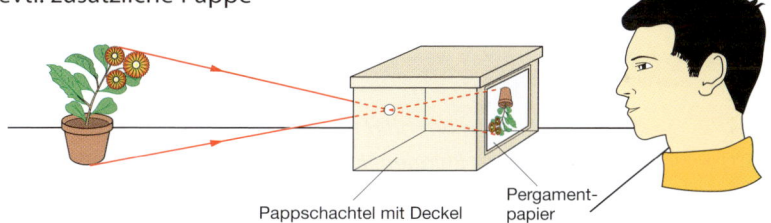

Pappschachtel mit Deckel

Pergamentpapier

Durchführung:

- Nehmen Sie den Deckel vom Pappkarton und schneiden Sie ungefähr ein Drittel des Kartons gerade ab.
- Schneiden Sie aus der Schmalseite des abgetrennten Drittels ein großes viereckiges Fenster aus und kleben Sie dort Pergamentpapier ein.
- Bohren Sie in die Schmalseite des anderen Kartonstücks ein kleines Loch (0,5 cm).
- Schieben Sie das abgetrennte Drittel nun mit dem Fenster voran wieder ein Stück in den Rest des Kartons und setzen Sie den Deckel auf (vgl. Abb. auf S. 297).
- Richten Sie das kleine Loch nun auf einen sehr hell beleuchteten Gegenstand (am besten draußen bei Sonnenschein) und betrachten Sie das Pergamentpapierfenster im Karton.
- Das entstehende Bild lässt sich besser erkennen, wenn man zusätzlich ein dunkles Tuch über Kopf und Kamera hängt.

Beobachtung:

Auf dem Papierschirm sieht man den Gegenstand auf dem Kopf stehend.

Deutung:

Gegenstände, die vom Sonnenlicht beleuchtet werden, streuen von jedem Punkt ihrer Oberfläche das auf sie fallende Sonnenlicht in alle Richtungen zurück. Fällt dieses Licht auf einen weißen Schirm, wird dieser diffus durch die vielen reflektierten Lichtstrahlen beleuchtet. Bringen wir jedoch wie im Experiment eine Lochblende zwischen den Gegenstand und den Schirm, können von jedem Punkt des Gegenstandes aus nur wenige Lichtstrahlen auf den Schirm gelangen – diejenigen, die genau durch das Loch der Blende fallen. Dort wo sie auf dem Schirm auftreffen, entsteht ein Lichtfleck. Dadurch dass jeder Punkt des Gegenstandes nur einen Lichtfleck erzeugt und benachbarte Punkte des Gegenstandes wiederum benachbarte Lichtflecken erzeugen, entsteht auf dem Schirm eine optische Abbildung des Gegenstandes. Da von den Lichtstrahlen der oberen Punkte des Gegenstandes nur die nach unten gerichteten Lichtstrahlen durch die Lochblende fallen, werden diese auch entsprechend unten abgebildet. Anders herum fallen von den unteren Punkten des Gegenstandes nur die nach oben gerichteten durch die Blende: Das Bild steht auf dem Kopf.

Verkleinert man das Loch der Blende, lässt also weniger Lichtstrahlen von jedem Punkt des Gegenstandes durch sie hindurchfallen, so entstehen von diesen auch kleinere Lichtflecken auf dem Schirm. Das Bild wird dadurch schärfer, aber auch dunkler. Vergrößern wir das Loch, erzielen wir den gegenteiligen Effekt: Das Bild wird heller, dafür jedoch unscharf.

Hinweis:

Die Bauweise dieser Lochkamera, mit dem verschiebbaren Fenster, ist für eine einfache Lochkamera nicht notwendig. Die Konstruktion lässt sich so jedoch auch für die „verbesserte Lochkamera" (siehe S. 297) verwenden.

Aufgabe

Vergrößern Sie das Loch der Kamera oder der Blende in Experiment 6 auf 2 bis 2,5 cm und basteln Sie verschiedene Blendeneinsätze aus Pappstreifen mit unterschiedlichen Lochdurchmessern (z. B. 0,5 cm, 1 cm, 1,5 cm).

Vergleichen Sie die Effekte, welche die Blenden mit unterschiedlichen Durchmessern erzielen:

Wann erhöht sich der Kontrast des Bildes? Wann die Bildhelligkeit?

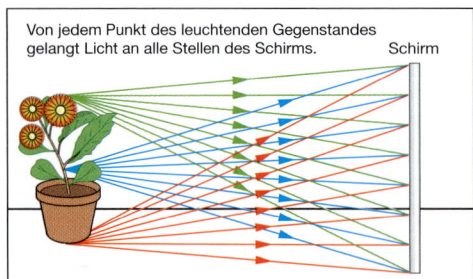

Ohne Lochblende entsteht nur ein Lichtfleck.

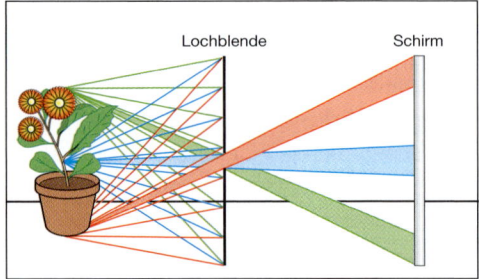

Die Lochblende sortiert die Lichtbündel aus.

Entstehung eines virtuellen Bildes bei der Lochkamera

Der Abbildungsmaßstab bei der Lochkamera

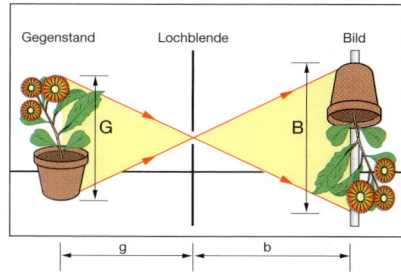

So entsteht das virtuelle Bild!

G: Gegenstandsgröße
B: Bildgröße
g: Gegenstandsweite
b: Bildweite

Das Bild, das auf dem Schirm dargestellt wird, steht nicht nur auf dem Kopf, es ist auch deutlich kleiner als das Original. Den Maßstab, mit dem das Original abgebildet wird, nennt man Abbildungsmaßstab (A). Der Abbildungsmaßstab lässt sich berechnen, wenn man die Größe des auf dem Schirm erscheinenden Bildes (Bildgröße B) durch die Größe des Originals (Gegenstandsgröße G) teilt. Ebenso ergibt sich der Abbildungsmaßstab, teilt man die Entfernung des Bildes zur Lochblende (Bildweite b) durch die Entfernung des Gegenstandes zur Lochblende (Gegenstandsweite g).

Es gilt also: $A = \dfrac{B}{G} = \dfrac{b}{g}$

Beispiel: Der Abstand zwischen Schirm und Blende einer Schuhkartonlochkamera (Bildweite b) beträgt 20 cm, der Abstand zwischen der Blende und dem eingefangenen Originalgegenstand (Gegenstandsweite g) beträgt 1 m, also 100 cm. Das bedeutet, dass der Maßstab, mit dem der Gegenstand abgebildet wird, 1 : 5 (20 : 100) beträgt. Ist die Abbildung auf dem Schirm (Bildgröße B) also 1 cm hoch, so ist der Originalgegenstand (Gegenstandsgröße G) 5 cm hoch.

Aufgaben

1. *Ein Gegenstand ist 3000 cm von der Lochblende entfernt, der Bildschirm ist 30 cm von der Lochblende entfernt. Berechnen Sie den Abbildungsmaßstab.*

2. *Wie groß müssen der Abstand zwischen Lochblende und Bildschirm und Lochblende und Originalgegenstand sein, damit das abgebildete Bild der Größe des Originalgegenstandes entspricht?*

3. *Zeigen Sie mit dünnem Bindfaden den ungefähren Verlauf verschiedener Lichtbündel durch die Lochblende in Experiment 6 und markieren Sie die Stelle auf dem Schirm mit Bleistift. Verändern Sie den Abstand des Gegenstandes zur Lochblende deutlich und zeigen Sie den veränderten Verlauf des Lichtstrahls.*

Wie geht es weiter? Thematischer Zusammenhang

Die Lochkamera liefert noch ein recht unscharfes und eher dunkles Abbild von Gegenständen. Das Kapitel 12.2.5 (Optische Vergrößerungen) veranschaulicht die Funktionsweise von Lupen bzw. Sammellinsen. In Variationen der Experimente 6 und 7 wird mithilfe von Lupen die Lochkamera deutlich verbessert. Das vorangehende Kapitel 12.2.4 behandelt mit dem Aspekt „Lichtbrechung" die Wirkung von Lupen und lässt sich auch vertiefend einsetzen.

12.2.3 Licht spiegeln

Spiegel reflektieren das Licht

Während raue Oberflächen das sie anstrahlende Licht diffus in alle Richtungen streuen, reflektieren Spiegel oder andere ähnlich glatte Oberflächen das auf sie fallende Licht in eine bestimmte Richtung.

reflektierender Spiegel

Experiment 8: Taschenspiegeltrick

Material:

Taschenlampe, kleiner Spiegel, Tisch, Alufolie

Durchführung:
*   Legen Sie die leuchtende Taschenlampe waagerecht auf die Tischkante. Dunkeln Sie den Raum ab und halten Sie den Spiegel in einiger Entfernung von der Lampe schräg in ihren Lichtstrahl. Betrachten Sie die Wand gegenüber dem Spiegel und variieren Sie seine Position. Was lässt sich beobachten?
*   Führen Sie den Versuch mit glatter und mit zerknitterter Alufolie durch.

Notieren Sie Ihre Beobachtungen und leiten Sie eigenständig Schlussfolgerungen ab.

Experiment 9: In welche Richtung reflektiert der Spiegel?

Material:

Taschenlampe, kleiner Spiegel, Tisch, Bindfaden, weißer Schirm aus Experiment 1, Knete

Durchführung:
*   Legen Sie den Spiegel flach auf den Tisch und beleuchten Sie ihn möglichst senkrecht mit der Taschenlampe. Verändern Sie die Position der Taschenlampe und leuchten Sie nach und nach immer flacher auf den Spiegel. Beobachten Sie während des Versuchs die Position des an der Decke entstehenden Lichtflecks.
*   Stellen Sie den Spiegel mit Knete aufrecht auf den Tisch und legen Sie die leuchtende Taschenlampe so auf den Tisch, dass ihr Lichtstrahl ungefähr schräg auf die Mitte des Spiegels trifft. Suchen Sie die Position, in der Sie den Schirm aufstellen müssen, um den reflektierten Lichtstrahl einzufangen.
*   Zeigen Sie mit dem Bindfaden den ungefähren Verlauf des Lichtstrahls von der Lampe bis zum Schirm.

Deutung:

Die Experimente veranschaulichen, dass Spiegel im Gegensatz zu rauen Oberflächen nicht streuen, sondern in eine ganz bestimmte Richtung reflektieren. Zerstört man eine glatte Oberfläche, im Experiment die Alufolie, geht ihre Reflexionsfähigkeit verloren.

Alle von einer Lichtquelle ausgesendeten Lichtstrahlen werden von einem Spiegel in eine ganz bestimmte Richtung reflektiert. In Experiment 9 ließ sich dies nur ungenau bestimmen. Führt man das Experiment mit parallelen Lichtstrahlen einer Experimentierleuchte durch und fixiert den Spiegel an einer sogenannten optischen Scheibe, lässt sich genau zeigen, dass auf einen Spiegel treffende Lichtstrahlen in dem gleichen Winkel reflektiert werden, in dem sie auf ihn getroffen sind. Das bedeutet, Lichtstrahlen, die genau senkrecht auf den Spiegel treffen, werden wieder zur Lichtquelle reflektiert. Lichtstrahlen, die mit einem steilen Winkel auf den Spiegel treffen, werden in ebenso steilem Winkel reflektiert usw.

Experiment 10: kleiner Bruder – Schattenspiele mit gespiegeltem Licht

Material:
Teelicht, ein Schattenmännchen aus Experiment 3 (alternativ Spielfiguren), weißer Schirm (aus Experiment 2, alternativ weiße Wand), Spiegel

Durchführung:
- Ordnen Sie den Versuch zunächst an wie in Experiment 3 (Durchführung) beschrieben.
- Rücken Sie das Teelicht leicht zur Seite und stellen Sie hinter dem Teelicht einen Spiegel parallel zum weißen Schirm auf. Der Spiegel reflektiert nun zusätzlich Licht des Teelichts auf den weißen Schirm.

Beobachtung:
Wird ein Spiegel hinter dem Teelicht aufgestellt, entsteht ein zusätzliches, kleineres und schwächeres Schattenmännchen auf dem Schirm.

Deutung:
Auch das von Spiegeln reflektierte Licht erzeugt Schatten. Da jedoch nur ein Teil des von dem Teelicht ausgehenden Lichtes auf den Spiegel fällt, ist das reflektierte Licht nicht so intensiv, es entsteht ein eher schwacher Schatten. Dadurch dass die Lichtquelle, also der Spiegel, weiter vom Männchen entfernt ist, wird der Schatten kleiner.

Aufgaben

1. *Blicken Sie in den Spiegel und beschreiben Sie, welche Gegenstände zu sehen sind. In welchen Größenverhältnissen werden die Gegenstände abgebildet?*

2. *Bitten Sie eine zweite Person, sich neben Sie zu stellen. Einigen Sie sich auf einen im Spiegel abgebildeten Gegenstand und zeigen Sie beide mit den Fingern auf die Stelle des Spiegels, an der Sie ihn sehen. Zeigen Sie auf dieselbe oder auf verschiedene Stellen? Warum ist das so?*

Experiment 11: brennende Kerze im Wasserglas

Material:

Glasplatte, Gegenstände zum Stabilisieren der Platte (z.B. Bücher), Kerze, Wasserglas, Lineal, evtl. zusätzlich Geodreieck und Papier

Durchführung:

- Stellen Sie die Glasplatte z.B. mithilfe von Büchern aufrecht hin.
- Auf die eine Seite wird nun eine brennende Kerze und auf die andere Seite das Wasserglas genau im gleichen Abstand zur Glasplatte positioniert.
- Die Glasplatte sollte möglichst senkrecht zu einer gedachten Linie zwischen Kerze und Wasserglas ausgerichtet sein.
- Betrachten Sie das Wasserglas aus verschiedenen Positionen durch die Glasplatte.

Beobachtung:

Es sieht so aus, als ob im Wasserglas eine zweite Kerze brennt.

Wie wird das Licht reflektiert?

Blickt man in einen Spiegel, so sieht man ein räumliches Bild von sich selbst und seiner Umgebung. Das ist für uns nichts Erstaunliches, da wir Spiegel tagtäglich benutzen. Wie aber kann eine flache Scheibe ein räumliches Bild entstehen lassen? Und warum sehen alle Betrachter eines Spiegelbildes die abgebildeten Gegenstände genau am gleichen Platz?

Auch wenn man selbst den Standort vor dem Spiegel wechselt und damit die Perspektive, mit der man auf ihn blickt, bleibt alles, was unbeweglich vor dem Spiegel verharrt, auch im Spiegelbild an seinem Platz.

Betrachtet man einen kleinen Lichtpunkt im Original, so fallen die von ihm ausgestrahlten Lichtstrahlen direkt in das Auge des Betrachters. Betrachtet man dagegen denselben Punkt im Spiegel, so fallen nur einige der vom Spiegel reflektierten Lichtstrahlen des Lichtpunktes ins Auge.

Wie oben beschrieben, werden alle vom Lichtpunkt reflektierten Lichtstrahlen dabei vom Spiegel genau in dem Winkel reflektiert, in dem sie auf ihn getroffen sind. Blickt man von verschiedenen Positionen aus auf einen Spiegel, so erfasst man entsprechend verschiedene Lichtstrahlen. Verlängert man alle reflektierten Lichtstrahlen eines originalen Lichtpunktes rückwärts in den Spiegel, so treffen sie sich alle in einem Punkt wieder. Dieser virtuelle Punkt ist das Spiegelbild des Lichtpunktes und hat den gleichen Abstand vom Spiegel wie sein Original. Der Spiegel bildet hier also eine Symmetrieachse zwischen Original und Spiegelbild.

die Kerze im Wasserglas

Dadurch erklärt sich auch der Versuch mit der im Wasser brennenden Kerze. Die zwischen Kerze und Wasserglas aufgestellte Scheibe hat einen Teil der von der Kerze ausgehenden Lichtstrahlen reflektiert. Die Glasscheibe bildete hier die Spiegelachse. Verlängert man wiederum die reflektierten Lichtstrahlen rückwärts hinter die Glasscheibe, so treffen sie sich in einem Punkt, der den gleichen Abstand zur Scheibe hat wie die Kerze: Genau hier wurde das Wasserglas aufgestellt.

Experiment 12: Periskop

Material:
hoher (Milch-)Karton, zwei kleine, rechteckige Spiegel (eine Seite sollte etwas schmaler, die andere etwas breiter sein als der Karton), Schere, Stift, Geodreieck

Bauanleitung:
Zeichnen Sie auf eine Seite des Kartons mithilfe des Geodreiecks möglichst weit oben eine Linie, die im 45°-Winkel zu den senkrechten Kanten verläuft. Zeichnen Sie eine parallel dazu verlaufende Linie möglichst weit unten auf den Karton. Zeichnen Sie beide Linien auch auf die gegenüberliegende Kartonseite. Schneiden Sie nun entlang der Linien bis kurz vor die Kanten des Kartons Schlitze. In die oberen Schlitze wird nun ein Spiegel mit der reflektierenden Seite nach unten eingeschoben, in den unteren Schlitz der zweite Spiegel mit der reflektierenden Seite nach oben. Schneiden Sie nun Sichtfenster in den Karton, durch die Sie auf die reflektierenden Flächen der Spiegel schauen können.

Mithilfe des Periskops lässt sich um die Ecke schauen oder über eine hohe Mauer spähen.

Aufgaben

1. *Erläutern Sie die Funktionsweise des Periskops.*

2. *Warum waren Periskope für U-Boote besonders nützlich?*

Ausflug in die Geometrie: mit Spiegelsymmetrien spielen

Für die folgenden Aufgabenstellungen benötigen Sie einen Klappspiegel, der sich recht einfach aus zwei möglichst gleich großen, quadratischen Spiegelplatten herstellen lässt:

Schneiden Sie sich zunächst fünf ca. 2 cm breite und 6 cm lange Klebestreifen zurecht.

Legen Sie die Spiegel mit einigem Abstand nebeneinander. Kleben Sie nun gut 2 cm der Klebestreifen so auf die einander zugewandten Seiten beider Spiegelflächen, dass diese, wenn man die Spiegel zusammenführt, versetzt zueinander sind. Achten Sie darauf, dass die überstehenden Reste der

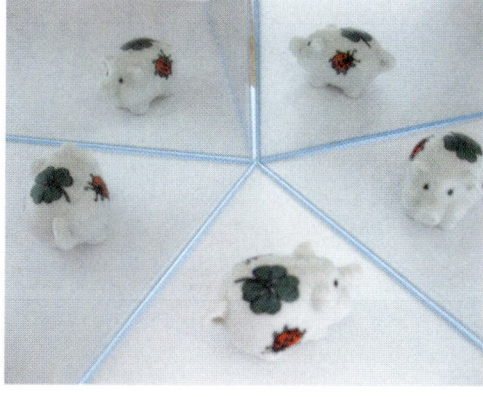

Spiegelsymmetrie

Klebestreifen nicht verkleben. Legen Sie die Spiegel nun auf ihre Spiegelfläche, biegen Sie die Klebestreifen senkrecht nach oben und schieben Sie die Spiegel zusammen. Die überstehenden Klebestreifen werden mit weiteren Klebestreifen am jeweils anderen Spiegel befestigt. Der Klappspiegel lässt sich nun in jede Richtung klappen.

Aufgaben

1. Zeichnen oder falten Sie aus Papier ein gleichschenkliges Dreieck und legen Sie es mit der Grundseite genau an einen aufrecht stehenden Spiegel. Begründen Sie, was Sie sehen!

2. Stellen Sie die beiden Spiegel des Klappspiegels im rechten Winkel zueinander auf. Wie können Sie nun ein gleichschenkliges Dreieck anlegen, um die gleiche geometrische Figur zu erzeugen wie in Aufgabe 1?

3. Zeichnen Sie weitere geometrische Figuren und Muster und legen Sie diese ebenfalls an einen oder beide Spiegel.

4. Überlegen Sie, inwiefern durch die vorangegangenen Aufgabenstellungen mathematische Fähigkeiten geschult werden.

5. Stellen Sie einen kleinen Gegenstand zwischen die Spiegel und verkleinern Sie langsam den Winkel, in dem die Spiegel zueinanderstehen. Begründen Sie Ihre Beobachtungen.

Experiment 13: Kaleidoskop

Material:
3 kleine, längliche Spiegel (z. B. 3 cm x 10 cm), Klebestreifen, Tonpapier, Plastikperlen (möglichst klein, bunt und durchscheinend), Transparentpapier, Schere

Bauanleitung:
Kleben Sie die drei Spiegel mithilfe der Klebestreifen zu einer Röhre zusammen (Spiegelflächen nach innen). Verschließen Sie eine Öffnung mit Transparentpapier und füllen Sie ein paar Plastikperlen in die Röhre. Die zweite Öffnung verschließen Sie mit einem passend zurechtgeschnittenen Tonpapier, in das zuvor mittig ein Guckloch gestochen wurde. Schauen Sie in das Kaleidoskop. Bessere Lichtverhältnisse lassen sich mithilfe einer Taschenlampe schaffen.

Tipp: Das Kaleidoskop lässt sich verbessern, wenn im kleinen Abstand zum Transparentpapier zusätzlich eine stabile Transparentfolie eingeklebt wird. Die Transparentfolie bewirkt, dass die Perlen im unteren Bereich des Kaleidoskops bleiben. Das Einkleben erfordert allerdings einiges Geschick, da zu viel Kleber oder Klebestreifen die Reflexion stören.

12.2.4 Brechung von Lichtstrahlen

Experiment 14: geknickter Lichtstrahl

Material: starke Taschenlampe, Lochblende und weißer Schirm aus Experiment 1, Wasserglas, Lebensmittelfarbe, weiches Tuch, Kreidestaub (alternativ Puderzucker), Bleistift

Durchführung:
- Bauen Sie den Versuch entsprechend den Vorschriften zu Experiment 1 auf.
- Markieren Sie die Stelle, an der das Lichtbündel auf den Schirm trifft, mit einem Bleistift. Stellen Sie nun das Wasserglas kurz hinter der Lochblende in den Weg des Lichtbündels. Wo trifft das Lichtbündel nun auf den Schirm?
- Färben Sie anschließend das Wasser leicht und machen Sie zusätzlich den Weg des Lichtbündels mit Kreidestaub sichtbar.

Variation: Führen Sie das Experiment mit Öl statt mit Wasser im Glas durch.

Experiment 15: Strahl im Wasserbecken

Material: Taschenlampe mit kleiner, aufgeklebter Schlitzblende aus Pappe (ca. 2 cm langer, schmaler Schlitz), großes Wasserbecken mit leicht gefärbtem Wasser, laminiertes A4-Papier, Klebestreifen

Durchführung:
- Kleben Sie das laminierte Papier senkrecht in das Wasserbecken und strahlen Sie mit der Taschenlampe möglichst senkrecht entlang des Papiers auf die Wasseroberfläche (Schlitzblende quer zur Kante des Papiers). Strahlen Sie anschließend schräg entlang des Papiers auf die Wasseroberfläche. Beobachten Sie, was passiert, wenn der Strahl auf das Wasser trifft.

- Leuchten Sie nun von einer Seite des Wasserbeckens und prüfen Sie, wie sich der Lichtstrahl verhält, wenn er vom Wasser in die Luft übertritt.

Experiment 16: der Knick im Trinkhalm

Material:
Wasserglas, Öl, Trinkhalm, Spielfiguren (z. B. Schattenmännchen aus Experiment 3)

Durchführung:
- Stellen Sie einen bunten Trinkhalm in ein volles Wasserglas und betrachten Sie ihn von der Seite.
- Stellen Sie die Spielfiguren hinter das Glas oder tauchen Sie diese unter Wasser. Beobachten Sie von vorn und von oben.
- Lassen Sie ein Spielzeugauto langsam hinter dem Glas herfahren und beobachten Sie dabei von vorn.
- Füllen Sie das Wasserglas halb mit Wasser und halb mit Öl. Warten Sie, bis sich die Phasen getrennt haben und stellen Sie dann erneut einen Trinkhalm in das Glas.

Wann werden Lichtstrahlen gebrochen?

Auch in Wasser und Glas breiten sich die Lichtstrahlen geradlinig aus. Allerdings – wie Experiment 14 und 15 zeigen – werden sie beim Übertritt von einem **optisch dünneren** Medium, z. B. der Luft, in ein **optisch dichteres**, z. B. Wasser, geknickt bzw. gebrochen. Die einzige Ausnahme bilden hierbei genau senkrecht auf das Wasser oder das Glas fallende Lichtstrahlen. Je flacher jedoch ein Lichtstrahl auf die Grenzfläche zwischen Luft und Wasser oder Glas trifft, desto stärker wird er gebrochen. Außerdem wird ein Teil des Lichtes an der Grenzfläche reflektiert.

Trinkhalmknick

Auch wenn ein Lichtstrahl von einem optisch dichteren Medium wie Wasser oder Glas in ein optisch dünneres Medium wie Luft übertritt, wird er gebrochen. Trifft allerdings ein Lichtstrahl in einem besonders flachen Winkel auf die Grenzfläche zur Luft, so wird er vollständig zurück in das dichtere Medium reflektiert. Dieses in Experiment 18 zu beobachtende Phänomen bezeichnet man als Totalreflexion.

Durch die Brechung kommt es – wie in Experiment 16 und 17 – zu optischen Täuschungen. Dinge, die wir von außen in einem Wasserbecken betrachten, haben scheinbar ihre Lage verändert, wirken verkürzt oder geknickt. Die vom Trinkhalm gestreuten Lichtstrahlen, die in die Augen eines Betrachters fallen, breiten sich oberhalb des Glases geradlinig durch die Luft aus. Unterhalb der Wasseroberfläche werden die sich ausbreitenden Lichtstrahlen erst beim Übergang vom Wasser in das Glas und dann nochmals beim Übergang in die Luft optisch gebrochen. So ist das optische Bild des unteren Trinkhalmes verschoben – nicht aber der Trinkhalm selbst. Füllt man zusätzlich eine Ölschicht in das Glas, wirkt der Trinkhalm gleich zweifach geknickt, da Öl eine andere optische Dichte hat als Wasser und daher das Licht in anderer Weise bricht.

Experiment 17: die angehobene Münze

Material:
undurchsichtige Schüssel oder Tasse mit Wasser, Münze, transparenter Klebestreifen, dünner Holzstab (z. B. Schaschlikspieß)

Durchführung:
- Legen Sie die Münze auf den Boden der Schüssel und kleben Sie diese mit transparentem Klebestreifen fest.
- Blicken Sie nun von der Seite so über den Rand der Schüssel, dass Sie die Münze gerade **nicht mehr** sehen können.
- Bitten Sie eine zweite Person, die Schüssel mit Wasser zu füllen.
- Versuchen Sie die Münze mit dem Holzstab zu treffen.

Beobachtung:
Wird die Schüssel mit Wasser gefüllt, ist die Münze wieder zu sehen. Sie wirkt angehoben. Zielt man mit dem Holzstab auf die Münze, trifft man sie nicht.

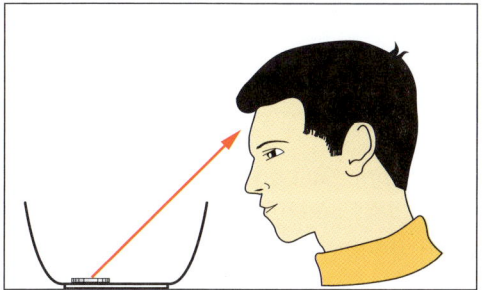 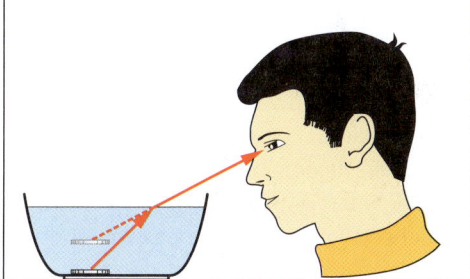

Deutung:
Beim Übergang vom Wasser in die Luft werden die von der Münze gestreuten Lichtstrahlen gebrochen. Lichtstrahlen, die eine Testperson zuvor visuell nicht mehr erfasst hat, werden nun so gebrochen, dass sie wieder ins Auge der Person fallen und wahrgenommen werden. Die Brechung selbst kann im Versuch nicht gesehen werden und der Erfahrung des Gehirns entspricht es, dass sich Lichtstrahlen gerade ausbreiten. Entsprechend konstruiert es ein virtuelles Bild der Münze an einer Stelle, die der rückwärtigen Verlängerung der ins Auge fallenden Lichtstrahlen entspricht: Die Münze erscheint an einer anderen Stelle. Will man mit dem Holzstab die echte Münze treffen, so muss man ein Stück vor das virtuelle Bild zielen. Diesen Trick sollte man übrigens auch bei der Fischjagd mit Speeren anwenden.

Experiment 18: gefangene Lichtstrahlen

Material:
eine Blechdose, Knete, spitzer Schraubenzieher, Alufolie, Wasser, starke Taschenlampe, Eimer, dunkler Raum

Durchführung:

- Bohren Sie einige Zentimeter oberhalb des Bodens mit dem Schraubenzieher ein Loch in die Seite der Dose. Verschließen Sie das Loch mit Knete und füllen Sie die Dose mit Wasser.
- Positionieren Sie den Eimer so, dass er aus der Dose fließendes Wasser auffängt.
- Spannen Sie die Alufolie über die Dose und machen Sie eine kreisrunde Öffnung hinein, durch die Sie mit der Taschenlampe strahlen. Entfernen Sie nun die Knete von der Öffnung.

Beobachtung:

Der Wasserstrahl wird durchleuchtet.

Deutung:

Totalreflexion im Wasserbecken (vgl. Experiment 15)

Das Licht, das mit dem Wasser aus der Öffnung tritt, trifft überwiegend im flachen Winkel auf die Grenzfläche zwischen Wasserstrahl und Luft. Es wird daher nicht gebrochen, sondern innerhalb des Wasserstrahls immer wieder reflektiert. Es ist im Wasserstrahl gefangen. Treffen Lichtstrahlen so flach auf die Grenzfläche zum optisch dünneren Medium, dass sie reflektiert und nicht gebrochen werden, spricht man von Totalreflexion.

Auf Totalreflexion beruht die Funktionsweise von Lichtleitstäben. Lichtleitstäbe haben, wie der Wasserstrahl, einen kleinen Durchmesser, sodass durch sie gestrahltes Licht nur in flachen Winkeln auf die Grenzflächen zum optisch dünneren Medium trifft, immer wieder reflektiert und so durch den Stab geleitet wird.

Dieser Effekt wird, wie bereits einleitend erläutert, in der Kommunikationstechnologie zur Informationsweiterleitung verwendet, kommt aber auch in der Natur vor: Die Haare des Eisbärenfells sind innen hohl und funktionieren wie Lichtleitstäbe. So leiten sie die Lichtstrahlen der Sonne bis auf die Haut des Eisbären und wärmen ihn dadurch.

Projekt

Überlegen Sie, wie sich das Thema Lichtbrechung in die Praxis umsetzen lässt:

1. Welche Vorerfahrungen sollten die Kinder bereits zum Thema Licht besitzen?

2. Welche Möglichkeiten ergeben sich für das Freispiel? Welche Experimente eignen sich für begleitete Angebote?

Licht hat viele Farben

Experiment 19: die Farben im weißen Licht

Material:
flache Schale, Wasser, Spiegel, weißes Papier, Sonnenlicht, Knete

Durchführung:
- Stellen Sie den Spiegel mithilfe der Knete schräg an den Rand der Schale. Füllen Sie die Schale nun halb voll mit Wasser und stellen Sie diese so, dass das Sonnenlicht auf das unter Wasser befindliche Spiegelstück trifft.
- Fangen Sie das vom Spiegel reflektierte Licht mit dem weißen Papier ein.

Beobachtung:
Auf dem Papier sind viele verschiedene Farben zu sehen.

Deutung:
Weißes Licht besteht aus verschiedenfarbigem Licht. Die verschiedenen Farben des Lichts besitzen unterschiedliche Wellenlängen. Erst wenn sie sich vereinigen, entsteht die Wahrnehmung des weißen Lichts. Der Spiegel in der Wasserschale wirkt wie ein Prisma. Prismen, die in der Physik aus stark brechendem Flintglas gefertigt werden, brechen Licht verschiedener Farben und Wellenlängen unterschiedlich. Dadurch entsteht auf dem weißen Papier ein „Regenbogen". In der Natur entsteht ein Regenbogen, wenn Sonnenlicht an einer bestimmten Stelle auf Regentropfen trifft, gebrochen, anschließend reflektiert und erneut gebrochen wird. Durch diese besondere Art der zweimaligen Brechung wird das Licht in verschiedene Farben zerlegt, die wir als Regenbogen wahrnehmen.

Regenbogen

Aufgaben

1. *Betrachten Sie verschiedenfarbige Gegenstände durch eine rote, blaue und grüne Transparentfolie.*

2. *Durchleuchten Sie die rote und grüne Transparentfolie so mit Taschenlampen, dass sich die Farben auf einer weißen Wand überschneiden. Stellen Sie Gegenstände zwischen Wand und Lampen und untersuchen Sie die Schatten.*

3. *Schneiden Sie aus roter, blauer, gelber und grüner Farbe gleich große Quadrate und legen Sie diese in unterschiedlichen Kombinationen übereinander.*

Projekt

Planen Sie ein Projekt zum Thema Farben und Farbwahrnehmung.

1. *Informieren Sie sich zunächst über die Begriffe Spektralfarben, Komplementärfarben und Grundfarben.*

2. Überlegen Sie mögliche naturwissenschaftliche Sachinhalte eines Projektes zum Thema und bringen Sie diese in eine sachlogische Reihenfolge.

3. Überlegen Sie mögliche künstlerisch-kreative Sachinhalte eines Projektes zum Thema und stellen Sie Bezüge zu den naturwissenschaftlichen Inhalten her. (vgl. auch Kapitel 6.3, Naturwissenschaften und Gestalten)

12.2.5 Optische Vergrößerungen

Experiment 20: mit Lupen vergrößern

Material:
Lupe, selbstgebastelte Lupe (feste Pappe, Kleber, Schere, Wasser, Klarsichtfolie), Pipette, Spülmittellösung

Bauanleitung für die Lupe:
Zeichnen Sie den Umriss einer Lupe auf Pappe. Schneiden Sie die Papplupe aus und schneiden Sie mittig eine kreisrunde Öffnung für die Linse. Spannen Sie Klarsichtfolie über die Öffnung und kleben Sie diese gut fest. Tropfen Sie mit der Pipette einen großen Wassertropfen auf die Folie.

Durchführung:
* Versuchen Sie in der Abbildung zu erkennen, ob die Mundwinkel der Smileys nach oben bzw. nach unten gezogen oder waagerecht sind. Bringen Sie die Abbildung dabei möglichst nah an ihre Augen, ohne dass die Abbildung verschwimmt.
* Betrachten Sie die Smileys mithilfe der beiden verschiedenen Lupen. Bringen Sie auch bei der Betrachtung mit den Lupen die Abbildung möglichst dicht an die Augen heran.
* Vergleichen Sie die gekaufte Lupe mit der selbstgebastelten Lupe im Hinblick auf Bau- und Funktionsweise.
* Entfernen Sie das Wasser von der selbstgebastelten Lupe und tropfen Sie stattdessen einen großen Tropfen Spülmittellösung auf die Folie. Vergleichen Sie erneut.

Beobachtung:
Je kleiner die abgebildeten Smileys sind, umso schwieriger ist es, Details wie die Mundwinkel zu erkennen. Man erfasst diese besser, wenn das Bild näher an die Augen herangebracht wird. Ab einem bestimmten Abstand kann man die Smileys jedoch nicht mehr scharf sehen, das Bild verschwimmt.
Mit einer Lupe lässt sich der Abstand stärker verringern, ohne dass das Bild verschwimmt. Dadurch werden mehr Details sichtbar.
Die selbst gebastelte Lupe ist ähnlich aufgebaut wie die gekaufte: Der Wassertropfen ist ebenso wie die Linse der Lupe nach außen gewölbt. Mit der Spülmittellösung lässt sich kein gewölbter Tropfen erzeugen (vgl. Kapitel 9, Experiment 3). Die Lupe mit der Spülmittellösung hilft nicht, die Abbildung zu vergrößern.

Deutung:

Das Experiment veranschaulicht, dass Wassertropfen und die Linsen von Lupen dem Auge helfen, kleine Gegenstände besser zu erkennen. Dies hat offensichtlich etwas damit zu tun, dass die Linsen nach außen gewölbt sind. Aufgrund der Erkenntnisse aus den Experimenten des vorangegangenen Abschnitts lässt sich vermuten, dass die Linsen das von der Abbildung gestreute Licht in besonderer Weise brechen.

Experiment 21: Brechung durch Sammellinsen

Material:

eine starke Taschenlampe, Lupe, Lochblende und Schirm aus Experiment 2, Teesieb, Mehl, dunkler Raum

Durchführung:

*   Bauen Sie den Versuch entsprechend den Vorschriften zu Experiment 2 auf. Vergrößern Sie den Durchmesser der Lochblende auf mindestens zwei Zentimeter.
*   Halten Sie nun die Lupe in das zwischen Lochblende und Schirm verlaufende Lichtbündel. Variieren Sie die Position der Lupe zwischen Lochblende und Schirm. Beobachten Sie dabei die Veränderungen des Lichtflecks auf dem Schirm.
*   Machen Sie das Lichtbündel mithilfe von Mehlstaub sichtbar.

Beobachtung:

Die Lichtstrahlen des durch die Lochblende tretenden Lichtbündels verlaufen nach der Lupe nicht mehr gerade, sondern aufeinander zu. Hält man die Lupe an einer bestimmten Stelle in den Lichtstrahl, so ist auf dem weißen Schirm nur noch ein winziger Punkt erkennbar, in dem sich alle Lichtstrahlen des Bündels treffen.

Eigenschaften von Sammellinsen

Linsen aus Kunststoff oder Glas haben in vielen optischen Instrumenten, sei es eine Brille oder ein Teleskop, eine wichtige Funktion. Optische Linsen können unterschiedlich geschliffen werden. Ist ihre Mitte dicker als ihr Rand, bezeichnet man sie als konvex, sind sie in der Mitte schmaler als an den Rändern, werden sie als konkav bezeichnet. Entsprechend ihres Schliffes brechen Linsen auf sie treffende Lichtstrahlen unterschiedlich. Konkave Linsen werden als Zerstreuungslinsen bezeichnet. Lichtstrahlen, die auf eine konkave Linse fallen, werden so gebrochen, dass sie auseinanderdriften oder fachsprachlich „divergieren".

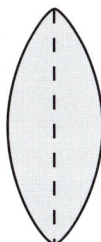

konvexe Linse

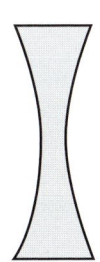

konkave Linse

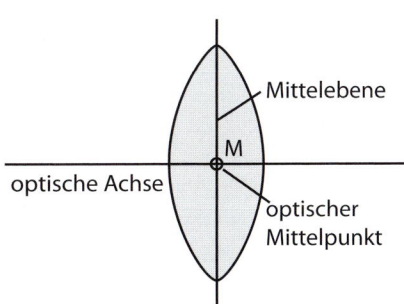

Konvexe Linsen mit einer nach außen gewölbten Mitte werden als Sammellinsen bezeichnet. Dieser Linsentyp soll im Folgenden genauer betrachtet werden. Für die Beschreibung der Eigenschaften von Linsen sind drei Bezeichnungen wichtig: der **optische Mittelpunkt**, die **Mittelebene**, die diesen senkrecht durchläuft, und die **optische Achse**, die waagerecht durch den optischen Mittelpunkt verläuft.

Sammellinsen besitzen besondere Eigenschaften, die sich im Experiment nachweisen lassen. Zu diesen Eigenschaften gehören folgende:

1. Ein Lichtstrahl, der genau durch den Mittelpunkt einer Linse verläuft, wird nicht gebrochen. Er heißt **Mittelpunktsstrahl** (vgl. Abb. 1).

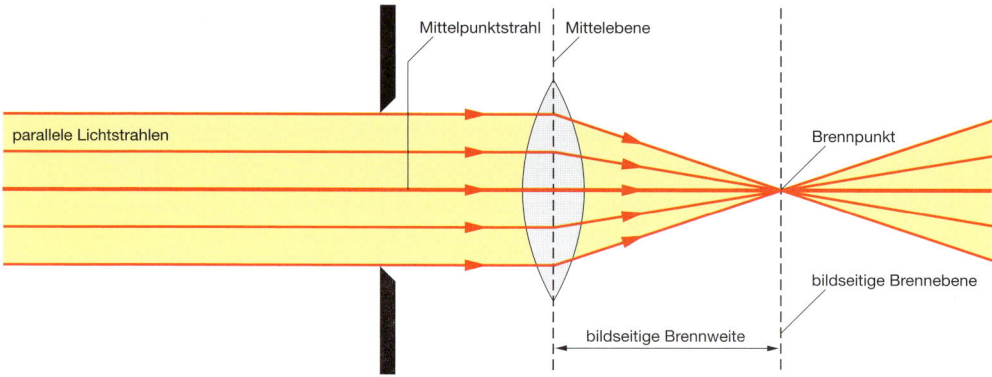

Abbildung 1

2. Sendet man parallele Lichtstrahlen, die parallel zur optischen Achse verlaufen, auf eine Linse, werden diese so gebrochen, dass sie sich in einem bestimmten Punkt auf der optischen Achse schneiden. Dieser Punkt wird als **Brennpunkt** bezeichnet (vgl. Abb. 1). Die durch den Brennpunkt parallel zur Mittelebene verlaufende Ebene heißt **Brennebene**. Der Abstand des Brennpunktes zum Mittelpunkt der Linse heißt **Brennweite**. Die Brennweite ist abhängig von der Brechkraft und damit vom Schliff der Linse.

3. Sendet man mehrere Lichtstrahlen von **einem Punkt** der Brennebene aus auf eine Linse, werden sie so gebrochen, dass sie parallel verlaufen (vgl. Abb. 2).

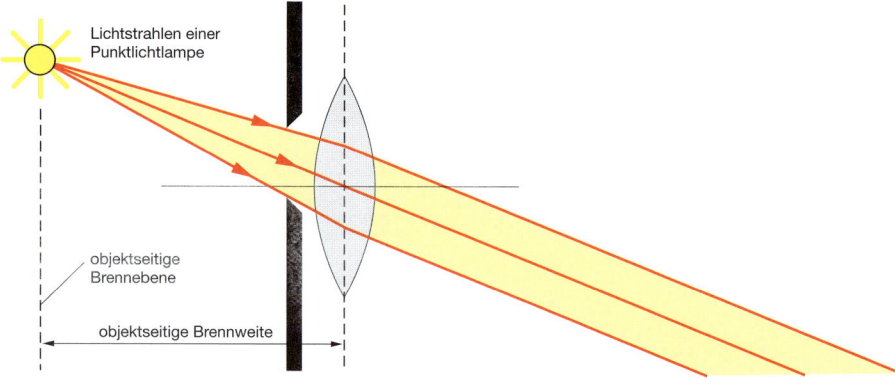

Abbildung 2

4. Sendet man Lichtstrahlen von einem Punkt aus, der weiter von der Mittelebene entfernt ist als die Brennebene, werden sie so gebrochen, dass sie sich wieder in einem Punkt schneiden (vgl. Abb. 3).

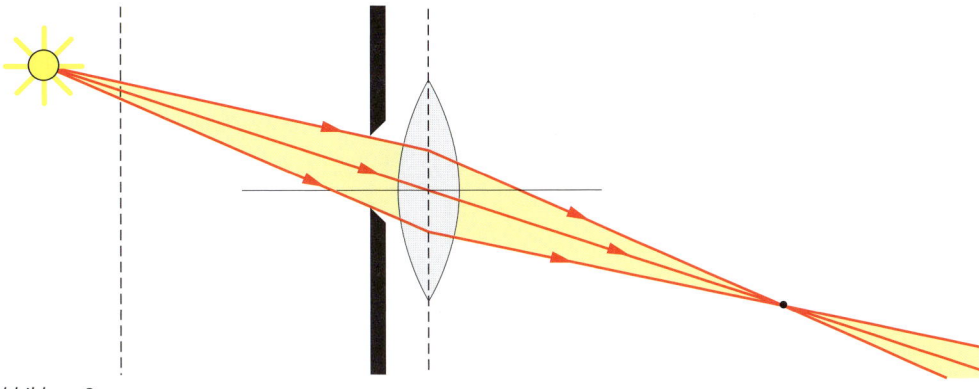

Abbildung 3

Hinweis:

Bei der zeichnerischen Darstellung bricht man zur Vereinfachung die Lichtstrahlen nur einmal: an der Mittelebene.

Aufgaben

1. *Wie lässt sich die Brennweite verschiedener Linsen experimentell ermitteln?*

2. *Was kann passieren, wenn man an einem heißen, sonnigen Tag eine Lupe so ausrichtet, dass in ihrem Brennpunkt Papier oder trockenes Laub liegt? Begründen Sie.*

Experiment 22: umgedrehtes Lichtmännchen II

Material:

Taschenlampe, Lochblende und weißer Schirm (aus Experiment 2, alternativ zum Schirm: weiße Wand), Blende mit Lichtmännchen aus Experiment 6, Lupe, dunkler Raum

Durchführung:

* Vergrößern Sie das Loch der Blende auf mindestens 2,5 cm und kleben Sie die Lupe davor.
* Führen Sie den Versuch wie in Experiment 6 beschrieben durch.
* Variieren Sie nicht nur den Abstand des Lichtmännchens zur Blende, sondern auch den Abstand zwischen Blende und Schirm.

Beobachtung:

Bei einem bestimmten Abstand von Lichtmännchen, Lochblende und Schirm zueinander erscheint auf dem Schirm das Bild des Strichmännchens. Dieses steht wie in Experiment 6 auf dem Kopf, ist jedoch deutlich schärfer zu erkennen.

Bilder mit Lupen erzeugen

Das auf dem Schirm entstandene Bild des Männchens wird als **virtuelles Bild** bezeichnet. Mithilfe der oben beschriebenen Eigenschaften und der Kenntnis der Brennweite einer Linse lässt sich zeichnerisch ermitteln, an welcher Stelle alle von einem Punkt eines Gegenstandes ausgesendeten und durch eine Sammellinse gebrochenen Lichtstrahlen wieder zusammentreffen. Dies gilt für jeden Punkt des Gegenstandes und entsprechend lässt sich ebenfalls erklären, wo das virtuelle Bild entsteht und warum dieses, wie das Strichmännchen in Experiment 6, auf dem Kopf steht.

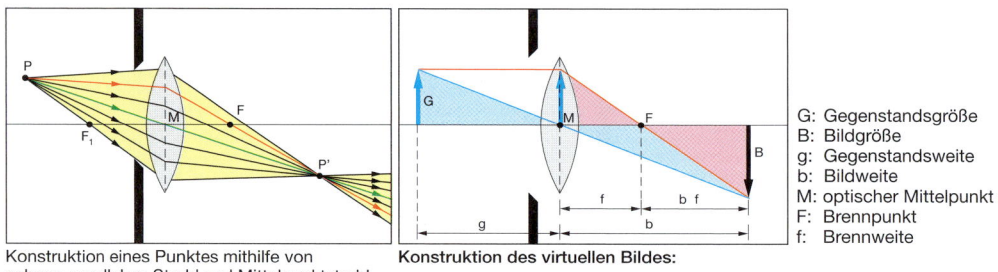

Konstruktion eines Punktes mithilfe von achsen-parallelem Strahl und Mittelpunktstrahl

Konstruktion des virtuellen Bildes:

G: Gegenstandsgröße
B: Bildgröße
g: Gegenstandsweite
b: Bildweite
M: optischer Mittelpunkt
F: Brennpunkt
f: Brennweite

Der in der Abbildung links von der Lupe abgebildete blaue Pfeil stellt den originalen Gegenstand dar, rechts sieht man sein virtuelles Bild (schwarzer Pfeil). Zur besseren Verständlichkeit wird zunächst nur ein Punkt des Gegenstandes betrachtet: die Spitze des Pfeils. Die Pfeilspitze streut nicht nur einen, sondern viele Lichtstrahlen auf die gesamte Oberfläche der Lupe. Um herauszufinden, in welchem Punkt alle Lichtstrahlen hinter der Lupe wieder zu einem Punkt zusammenfallen, benötigt man jedoch nur zwei Lichtstrahlen: den Mittelpunktsstrahl und den achsenparallelen Strahl.

Der Lichtstrahl, der genau durch den Mittelpunkt der Linse fällt, durchquert die Linse ungebrochen (vgl. S. 294, Punkt 1). Der Lichtstrahl, der achsenparallel auf die Lupe trifft, durchquert den Brennpunkt der Linse auf der optischen Achse (vgl. S. 294, Punkt 2). Wie weit der Brennpunkt von der Linse entfernt ist, hängt von der Brechkraft der Linse ab.

In dem Punkt, in dem sich der Mittelpunktsstrahl und der achsenparallele Strahl hinter der Lupe treffen, fallen auch alle anderen von der Pfeilspitze ausgehenden Lichtstrahlen zusammen. Hält man eine Mattscheibe genau in eine durch diesen Punkt verlaufende Ebene, wird hier die Pfeilspitze scharf abgebildet. Zeichnerisch lässt sich nachweisen, dass auch alle anderen Punkte des Gegenstandes genau in dieser Ebene abgebildet werden. Sie wird daher als **Bildebene** bezeichnet.

In der Abbildung wurde das untere Ende des Originalpfeils auf Höhe der optischen Achse gezeichnet. Mit diesem Trick erreicht man, dass man den Bildpunkt für das untere Ende des Pfeils nicht extra zeichnerisch ermitteln muss: Der ungebrochene Mittelpunktsstrahl und der achsenparallele Strahl, die man für die Bestimmung des Bildpunktes benötigt, entsprechen hier der optischen Achse. Auf diese Weise hat man leicht die Größe des virtuellen Bildes ermittelt. Wie man in der Abbildung erkennen kann, steht das virtuelle Bild des Originalgegenstandes auf dem Kopf.

Die Größe des virtuellen Bildes ist abhängig von der Größe des Originalgegenstandes, von seiner Entfernung zur Linse und der Brechkraft der Linse. Es gilt:

1. Je größer ein Gegenstand ist, desto größer ist sein virtuelles Bild.

2. Je mehr man einen Gegenstand der Linse annähert, desto größer wird sein virtuelles Bild und desto weiter rückt sein virtuelles Bild von der Linse weg.

3. Je größer die Brennweite einer Linse, desto größer ist das virtuelle Bild und desto weiter rückt das virtuelle Bild von der Linse weg.

Die verbesserte Lochkamera

Bei der in Experiment 3 gebastelten Lochkamera ergab sich folgendes Problem: War das Einfallsloch für die Lichtstrahlen sehr klein, war die Bildhelligkeit nur sehr schwach. Vergrößerte man dagegen das Loch, war die Abbildung wenig kontrastreich, da bei einem großen Loch von jedem Gegenstandspunkt breite Lichtbündel durchgelassen werden und diese sich auf der Mattscheibe überlagern. Das Problem lässt sich lösen, indem man in ein deutlich vergrößertes Loch eine Sammellinse ein

setzt. Alle Lichtstrahlen, die von einem Punkt des anvisierten Gegenstandes ausgehen, werden wie in Experiment 22 von der Linse so gebrochen, dass sie in einem Punkt auf der Bildebene zusammenfallen. Nun bekommen wir jedoch Schwierigkeiten, wenn wir unterschiedlich weit entfernte Gegenstände auf der Mattscheibe abbilden wollen. Denn, wie oben dargestellt, verändert sich mit der Entfernung des Gegenstands zur Linse (Gegenstandsweite) auch der Abstand des virtuellen Bildes zur Linse (Bildweite). Zur Lösung des Problems gibt es nun drei Möglichkeiten: Entweder wir passen bei jedem neuen Gegenstand die Gegenstandsweite an, dann müssen wir viel hin- und herlaufen. Oder wir benötigen viele verschiedene Linsen, die entsprechend ausgetauscht werden können. Eine einfache Lösung ist eine bewegliche Mattscheibe, mit der sich die Bildweite verändern lässt. Die Lochkamera in Experiment 7 wurde so konstruiert, dass sich der Schirm aus Pergamentpapier verschieben lässt, sie lässt sich also leicht mithilfe einer Lupe verbessern.

Auch bei Fotoapparaten muss entsprechend der Entfernung des zu fotografierenden Gegenstandes der Abstand zwischen Linse und Film variiert werden. Dies erfolgt vor allem bei älteren Kameras mechanisch mithilfe eines verschiebbaren Schraubgewindes.

Funktion des Auges

Das menschliche Auge funktioniert im Prinzip wie eine Lochkamera mit Linse.

Der Augapfel liegt kugelförmig in der Augenhöhle und besitzt eine schützende Lederhaut, die nach vorn in die durchsichtige Hornhaut übergeht.

Die Hornhaut bildet mit der flüssigkeitsgefüllten Augenkammer, der Linse und dem mit einer gallertartigen Masse gefüllten Glaskörper ein komplexes Linsensystem.

Zum Schutz des Auges vor zu starkem Lichteinfall liegt vor der Linse die Regenbogenhaut. Die farbige Regenbogenhaut ist eine flache Scheibe mit einem mittigen

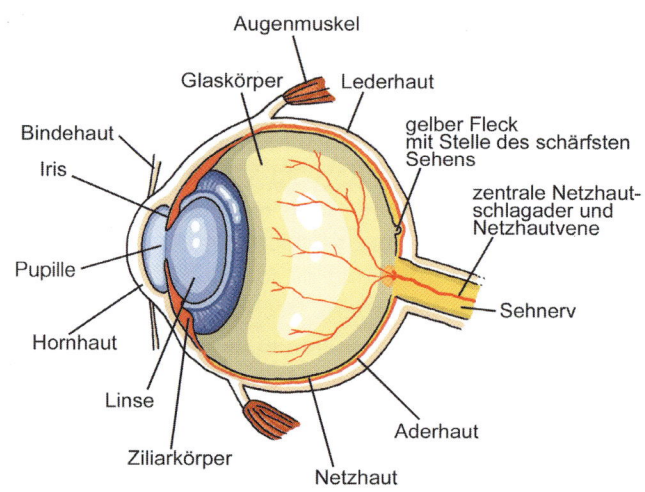

Loch, der Pupille. Mithilfe der Muskeln der Regenbogenhaut lässt sich die Pupille erweitern oder verengen, wodurch der Lichteinfall reguliert wird. Sie funktioniert also wie die Blende eines Fotoapparates.

Hinter dem Glaskörper liegt die innere Augenhaut, zu der auch die Netzhaut mit den lichtempfindlichen Sinneszellen, den Stäbchen und Zapfen, gehört. Die Netzhaut entspricht der Mattscheibe einer Lochkamera. Damit ein Gegenstand scharf gesehen wird, muss sein virtuelles Bild genau auf der Netzhaut abgebildet werden. Dabei ergibt sich das gleiche Problem wie oben bei der „verbesserten Lochkamera" und entsprechend drei Möglichkeiten zu seiner Lösung. Aus unserer Erfahrung wissen wir, dass wir unterschiedlich weit entfernte Gegenstände scharf sehen können, ohne unseren Standort zu wechseln. Man muss also nicht die Gegenstandsweite ändern. Im Gegensatz zur Mattscheibe der Lochkamera ist unsere Netzhaut jedoch nicht beweglich. Die Bildweite lässt sich nicht regulieren. Unser Auge ist jedoch in der Lage, die Brechkraft seiner Linse anzupassen.

Die Linse des Auges ist über feine Fasern an einem sie umgebenden Ringmuskel, dem Ziliarmuskel, aufgehängt. Ist dieser Muskel entspannt, werden durch den Druck, der im Inneren des Auges herrscht, die Fasern der Linse gespannt und diese dadurch gestreckt. Sie hat in diesem Zustand eine geringe Brechkraft.

Zieht sich der Muskel zusammen, verkleinert sich sein Durchmesser und die Fasern, an denen die Linse aufgehängt ist, lockern sich. Durch ihre Eigenelastizität kugelt sich die Linse stark ab. Dadurch erhöht sie ihre Brechkraft und es verringert sich entsprechend ihre Brennweite. Dies ist dann notwendig, wenn man Gegenstände betrachtet, die nah vor dem Auge sind: Führt man einen Gegenstand, z. B. einen Bleistift, immer näher an das Auge heran, muss sich das Auge immer stärker kugeln, da sich sonst das virtuelle Bild des Bleistifts hinter die Netzhaut verlagert. Ab einem bestimmten Punkt, ca. 25 cm von der Netzhaut entfernt, beginnt das Bild allerdings zu verschwimmen. Die Linse hat sich maximal verdickt, also ihre maximale Brechkraft erreicht. Der Gegenstand unterschreitet an diesem Punkt die kleinstmögliche Brennweite der Linse. Das Licht wird nun beim Durchstrahlen der Linse nicht mehr gesammelt, sondern zerstreut. Das Netzhautbild wird unscharf.

Aufgaben

1. *Nähern Sie, wie im Text beschrieben, einen Bleistift langsam Ihren Augen an. Bis zu welcher Entfernung können Sie ihn scharf sehen?*

2. *Blicken Sie auf einen Gegenstand, der sich nah vor ihren Augen befindet. Blicken Sie nun mit dieser „Einstellung" Ihrer Linse auf weit entfernte Gegenstände. Warum ist das Bild verschwommen? Wo befindet sich das virtuelle Bild der entfernten Gegenstände?*

3. *Blicken Sie so durch ein Fenster, dass Sie sowohl seinen Rahmen als auch einen entfernten Baum sehen (es lässt sich natürlich nur eines von beiden scharf sehen). Warum „passt" der große Baum in den Rahmen?*

Warum hilft die Lupe beim Sehen kleiner Dinge?

Beobachtet man zwei kleine Punkte, die sich langsam immer weiter annähern, verschwimmen diese irgendwann in unserer Wahrnehmung zu einem Punkt – auch wenn tatsächlich noch ein minimaler Abstand zwischen ihnen liegt. Um zwei Punkte noch getrennt voneinander wahrnehmen zu können, müssen sie so auf die Netzhaut fallen, dass sie auf zwei verschiedene Sinneszellen treffen, zwischen denen mindestens noch eine weitere, ungereizte Sinneszelle liegt. Verringert sich der Abstand der realen Punkte zueinander, so verringert sich auch der Abstand ihrer virtuellen Bilder auf der Netzhaut. Liegen diese virtuellen Punkte so dicht beieinander, dass sie zwei benachbarte Sinneszellen reizen, nehmen wir sie als einen Punkt wahr. Angenommen die beiden Punkte befinden sich in weiter Entfernung zu unserem Auge, so reicht es, näher an sie heranzutreten, um ihr Netzhautbild zu vergrößern und sie wieder getrennt voneinander zu sehen. Dies funktioniert jedoch nicht mehr, wenn die Punkte bereits so nah an unseren Augen sind, dass die Linse das von ihnen gestreute Licht nicht mehr brechen kann. An dieser Stelle kann eine Lupe helfen. Eine Lupe ist genau wie die Linse des Auges eine Sammellinse. Beide zusammen wirken als Linsensystem wie eine einzige Linse, besitzen aber eine stärkere Brechkraft als ohne einander. Dadurch lässt sich der betrachtete Gegenstand näher an das Auge heranbringen als ohne Lupe und auf diese Weise die Größe des Netzhautbildes erhöhen.

Aufgabe

Informieren Sie sich über verschiedene Formen der Fehlsichtigkeit und entsprechende Korrekturmöglichkeiten.

Experiment 23: erhöhtes Auflösungsvermögen

Material:
Materialien aus Experiment 22, zusätzlich eine zweite Lupe

Durchführung:
- Führen Sie das Experiment 22 erneut durch.
- Finden Sie heraus, wie nah sich das Strichmännchen oder auch nur sein Kopf an die Lupe heranschieben lassen, wie groß das virtuelle Bild also maximal sein kann, bevor es unscharf wird.
- Denken Sie dabei daran, den Schirm nach hinten zu verschieben.
- Stellen Sie nun eine zweite Sammellinse in den Lichtstrahl.

Beobachtung:
Das virtuelle Bild lässt sich mit zwei Sammellinsen stärker vergrößern als nur mit einer.

Auflösungsvermögen

Die Fähigkeit, zwei Punkte als getrennt voneinander wahrzunehmen, wird als Auflösungsvermögen bezeichnet. Das beste Auflösungsvermögen besitzt unser Auge in der sogenannten zentralen Sehgrube im Zentrum der Netzhaut, da hier die Sinneszellen besonders dicht beieinander liegen. Allerdings ist auch hier die Grenze des Auflösungsvermögens irgendwann erreicht. Um zwei Punkte noch getrennt voneinander wahrnehmen zu können, müssen sie mindestens einen Abstand von 0,06 Millimeter voneinander haben – dieser Wert schwankt allerdings individuell. Sollen kleinere Gegenstände betrachtet werden, hilft neben der Lupe das Mikroskop.

12.3 Mikroskopie

Das Betrachten von kleinsten Gegenständen ist für Kinder wie auch für Erwachsene unheimlich spannend. Es erweitert nicht nur unsere Wahrnehmung und eröffnet erstaunliche Einblicke in den Mikrokosmos, sondern vergrößert auch unsere Wertschätzung für kleinste Objekte: Wer einmal in das Gesicht einer Ameise geblickt hat, betrachtet sie zukünftig mit anderen Augen.

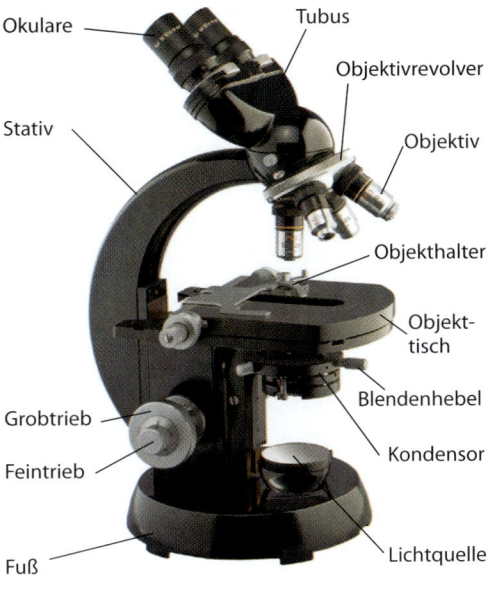

Lichtmikroskop

Aufgaben

1. Suchen Sie die in der Abbildung beschrifteten Teile am realen Mikroskop.

2. Lesen Sie den unten abgedruckten Text und ordnen Sie den verschiedenen Teilen tabellarisch ihre Funktion zu.

Das Mikroskop kennenlernen

Das Mikroskop besteht aus einem komplexen Linsensystem und erhöht dadurch das Auflösungsvermögen unserer Augen drastisch. Im Fuß des Mikroskops befindet sich eine Lampe, vor der eine sogenannte Kondensorlinse (oder Kollektor) angebracht ist. Diese Linse bündelt das von der Lampe abgestrahlte Licht so, dass ein Lichtkegel entsteht, der das Objekt optimal durchleuchtet. Über der Kondensorlinse befindet sich eine Kondensorblende. Mithilfe der Kondensorblende lässt sich – wie durch die Vergrößerung des Lochs bei der Lochkamera – der Kontrast regulieren. Die Bildhelligkeit wird dagegen ausschließlich mit dem Helligkeitsregler der Lampe oder mithilfe von Filtern eingestellt.

Passiert das Licht die Kondensorblende, durchleuchtet es das auf dem Objekttisch liegende Objekt. Der weitere Weg des Lichts führt durch das Objektiv. Das Objektiv ist ein Linsensystem mit einer starken Brechkraft und entsprechender Brennweite. Es erzeugt im Tubus des Mikroskops ein virtuelles Bild des Objektes. Dieses virtuelle Bild betrachtet man durch eine Lupe, das Okular des Tubus. Durch das Okular wird das virtuelle Zwischenbild noch einmal vergrößert.

Die meisten Mikroskope besitzen nicht nur ein Objektiv, sondern drehbare Objektivrevolver mit mehreren Objektiven. Mithilfe des Objektivrevolvers lässt sich leicht von einem Objektiv zu einem anderen mit geringerer oder höherer Brechkraft wechseln.

Die Bildschärfe des durch das Linsensystem betrachteten Objektes wird durch die Regulierung des Abstandes zum Objekt (Gegenstandsweite!) eingestellt. Dies erfolgt am

Grob- und Feintrieb, die sich seitlich am Mikroskop befinden. Durch diese beiden Triebräder wird der Objekttisch, auf dem sich das Objekt befindet, hoch- und heruntergefahren. Das auf dem Objekttisch eingespannte Präparat lässt sich bei vielen Mikroskopen ebenfalls mit zwei Triebrädern seitlich verschieben. Auf den Objektiven und dem Okular befinden sich in der Regel Angaben zur Vergrößerung. Die Gesamtvergrößerung errechnet sich aus dem Produkt der Vergrößerungen von Okular und Objektiv, z. B. folgendermaßen: Vergrößerung des Okulars (10-fach) x Vergrößerung des Objektivs (40-fach) = 400-fache Gesamtvergrößerung. Das Bild im Mikroskop steht, wie bei der Lochkamera, auf dem Kopf.

Experiment 24: Mikroskopieren

Material:
Mikroskop, Objektträger, Deckgläschen, Becherglas mit Wasser, Pipette, Präpariernadel (alternativ Stopfnadel), evtl. Schere und Spatel, kleine Objekte (z. B. Sandkörner, kleine Holzsplitter, Haare, verschiedenfarbige dünne Bindfäden)

Anfertigen einfacher Präparate:
Wählen Sie ein Objekt aus und schneiden Sie es gegebenenfalls, z. B. die Bindfäden oder Haare, mithilfe der Schere, so zurecht (z. B. die Bindfäden oder Haare), dass es sich in der Mitte des Objektträgers platzieren lässt.
Geben Sie dann mit der Pipette einen Tropfen Wasser auf die Mitte des Objektträgers und legen Sie das Objekt hinein. Sie können auch zwei Objekte in den Tropfen legen, um z. B. Garnfäden oder Haare verschiedener Farbe oder Stärke miteinander zu vergleichen.
Halten Sie das Deckgläschen schräg an den Wassertropfen und senken Sie es langsam ab.

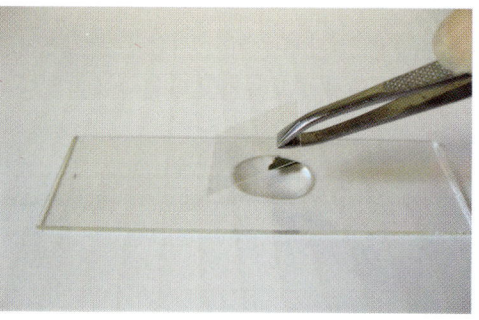

Dadurch vermeiden Sie, dass sich störende Luftblasen unter dem Deckgläschen sammeln.

Hinweis: Nutzen Sie nur das Objektiv mit der kleinsten Vergrößerung. Sie können das Objekt zunächst auch ohne Wasser und Deckgläschen auf den Objektträger legen und unter dem Mikroskop betrachten. Stoffe, die sich in Wasser lösen (z. B.

Salzkristalle, Hagel-, Kristall-, Puderzucker), sollten ebenfalls ohne Wasser mikroskopiert werden. Bei starken Vergrößerungen empfiehlt sich jedoch das Mikroskopieren mit Wasser und Deckgläschen, da das Licht im Strahlengang sonst zu stark gestreut wird.

Bei einem Objektiv mit 100-facher Vergrößerung muss zusätzlich mit Immersionsöl mikroskopiert werden, um optische Verfälschungen zu vermeiden. Das Immersionsöl wird dabei auf das Deckgläschen getropft und der Objekttisch so weit unter das Objektiv gefahren, dass dieses Kontakt zum Öl hat. Anschließend muss das Objektiv mit einem weichen, fusselfreien Lappen gereinigt werden.

Erste Schritte beim Mikroskopieren

- Halten Sie das Mikroskop beim Tragen an Stativ und Fuß fest.
- Fassen Sie nicht mit den Fingern auf die Linsen des Mikroskops.
- Reinigen Sie Linsen bei Bedarf mit einem weichen, fusselfreien Lappen.

Durchführung:

- Stellen Sie am Objektivrevolver des Mikroskops das Objektiv mit der kleinsten Vergrößerung (10-fach) ein. Legen Sie das Präparat auf den Objekttisch und spannen Sie es – sofern vorhanden – mit den Klemmen fest ein.
- Schalten Sie die Lampe des Mikroskops ein und verschieben Sie das Präparat so, dass sich das Objekt genau im Lichtstrahl befindet.
- Fahren Sie den Objekttisch mithilfe des Grobtriebs zunächst so weit wie möglich nach oben. Blicken Sie dabei seitlich auf Objektiv und Präparat und achten Sie darauf, dass diese sich keinesfalls berühren.
- Blicken Sie nun durch die Okulare in den Tubus. Achten Sie darauf, dass beide Augen geöffnet sind und blicken Sie entspannt „in die Ferne".
- Senken Sie mithilfe des Grobtriebs nun den Objekttisch so lange ab, bis Sie das Objekt scharf sehen können. Sollten Sie das Objekt nicht finden, fahren Sie den Objekttisch noch einmal hoch und probieren Sie es erneut.
- Wenn Sie am Objektivrevolver eine stärkere Vergrößerung einstellen, achten Sie darauf, dass sich Objekt und Objektiv nicht berühren. Arbeiten Sie ab einer 40-fachen Vergrößerung nur noch mit dem Feintrieb.

Aufgaben

1. Bringen Sie mit einem wasserfesten Stift eine kleine Markierung neben dem Deckgläschen Ihres Präparates an.
   Blicken Sie durch das Mikroskop und beobachten Sie die Markierung, während Sie das Präparat vor oder zurück bzw. nach rechts oder links verschieben.

2. Verändern Sie die Öffnungsweite der Kondensorblende und beobachten Sie die Veränderungen im Mikroskop.

3. Mikroskopieren Sie zwei übereinanderliegende Bindfäden. Benutzen Sie den Feintrieb, um abwechselnd den unteren bzw. den oberen Faden scharf einzustellen.

Experiment 25: Herstellen und Beobachten eines Heuaufgusses

Material:

Heu, Teichwasser, großes Einmachglas, Wasser, Mikroskop, Objektträger, Deckgläschen, Becherglas mit Wasser, Pipette, Präpariernadel

Durchführung:

- Geben Sie eine Handvoll Heu in das Einmachglas. Fügen Sie ca. 250 ml Teichwasser hinzu und füllen Sie es mit Leitungswasser auf.
- Beobachten Sie die Veränderungen im Heuaufguss über 14 Tage und untersuchen Sie das Wasser regelmäßig unter dem Mikroskop.

Tipp: Legt man zusätzlich zwei kurze Haare mit unter das Deckgläschen, lässt sich der Aktionsradius der zum Teil sehr schnell aus dem Bild verschwindenden Einzeller einschränken.

Beispiele für Einzeller im Heuaufguss:

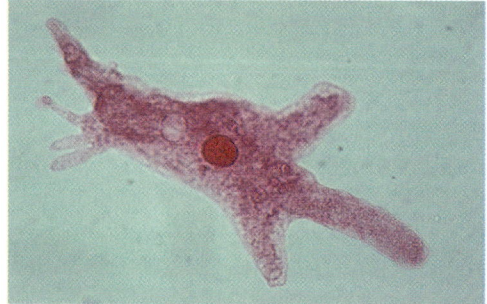

Amöbe

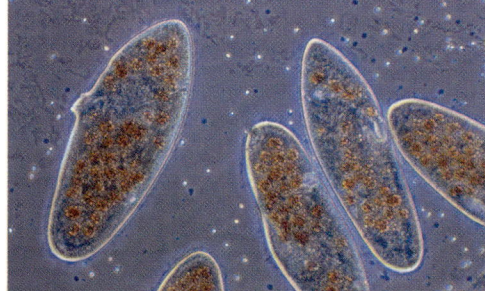

Pantoffeltierchen

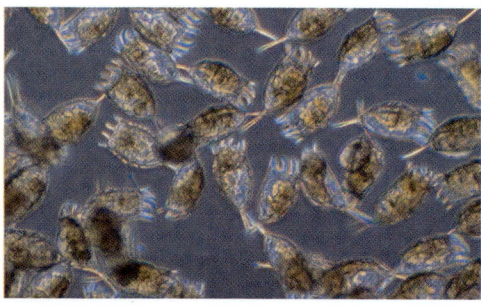

Rädertierchen

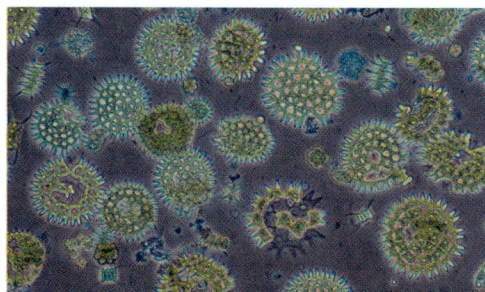

Grünalgen

Hinweise für das Mikroskopieren mit Kindern

Sowohl für Kinder als auch für erwachsene Mikroskopieranfänger ergibt sich bei den ersten Blicken durch das Mikroskop häufig das Problem, dass sich viele Strukturen nicht spontan zu- und einordnen lassen. Das verwundert nicht weiter, da das Auge solche Strukturen bisher nicht in dieser Vergrößerung gesehen hat bzw. sie überhaut nicht erkennen konnte. Es ergibt sich also schnell die Frage „was man da eigentlich sieht?". Eine Lösung zu diesem Problem ist zweifellos, sich zuvor anhand von Abbildungen in Büchern erst einmal zu informieren, „was man überhaupt sehen kann". Das Mikroskopieren selbst wird dann zunächst zu einem Suchspiel. Man versucht das zu finden, was laut Literatur zu sehen sein sollte.

Kindern fällt es zudem schwer, Ausschnitte von Objekten, die man häufig unter dem Präparat betrachtet, gedanklich dem Gesamtobjekt zuzuordnen. Ein Beispiel aus der Praxis hierzu stellte der Versuch einer Fachkraft dar, mit Kindern den Querschnitt eines Pflanzenstängels zu mikroskopieren und dabei die Leitungsbahnen zu entdecken. Die Kinder hatten diese zuvor in einem längs und quer aufgeschnittenen Stängel einer gefärbten Pflanze „mit eigenen Augen" und mit einer Lupe gesehen. Die Zuordnung des „löchrigen Plättchens", das sie im Mikroskop sahen, zum Stängelquerschnitt gelang den meisten jedoch nicht. Die Kinder fanden den Versuch trotzdem sehr spannend. Er wirkte auf sie wie der Blick in ein Kaleidoskop. Können Kinder überhaupt schon mikroskopieren? Und wenn ja, was sollte beim Mikroskopieren mit Kindern beachtet werden?

Wie oben beschrieben, bestehen große Zuordnungsschwierigkeiten, wenn unter dem Mikroskop plötzlich viele verwirrende Strukturen sichtbar sind, die man zuvor mit bloßem Auge nicht erfassen konnte. Es ist daher wichtig, dass sich unter dem Mikroskop schnell Anhaltspunkte finden lassen, die man auch ohne Vergrößerung erkennen könnte. Außerdem sollte die Vergrößerung eines Objektes stufenweise und gebunden an möglichst viele Beschreibungen der Kinder vorgenommen werden.

Beginnt man beispielsweise das Mikroskopieren mit einem einfachen Objekt, wie z. B. einem Bindfaden, so lässt sich dessen längliche Grundstruktur sowohl mit bloßem Auge, mit der Lupe, mit dem Binokular und schließlich auch unter dem Mikroskop noch erfassen. Zusätzlich erkennt man immer besser seine Wicklung und die feinen Fasern, die von ihm abstehen. Solche Übungen mit einfachen Objekten sollten möglichst vielseitig durchgeführt werden, um das Sehen und auch den Umgang mit dem Mikroskop, z. B. das Scharfstellen des Objektes, zu üben.

Durch das stufenweise Vorgehen lernen die Kinder auch, die unter dem Mikroskop befindlichen Ausschnitte von Objekten dem gesamten Objekt zuzuordnen. Eine Projektarbeit, die sich mit dem Thema beschäftigte, zeigte, dass Kinder im Vorschulalter feine, unter dem Mikroskop zu sehende Strukturen beschreiben und zeichnerisch darstellen können. Nachdem die Kinder nach und nach immer feiner strukturierte Objekte betrachtet hatten, beobachteten sie über zwei Wochen hinweg die Entwicklung in einem Heuaufguss. Die Kinder waren nicht nur mit Begeisterung dabei, sondern konnten auch vielen der im Mikroskop zu sehenden Tieren Bildkarten zuordnen.

Projekt

Planen Sie eine Reihe zum Thema Mikroskopieren mit Kindern. Beachten Sie insbesondere folgende Aspekte:

– *Welche Objekte wählen Sie aus und in welcher Reihenfolge sollen diese mikroskopiert werden?*

– *Wie führen Sie die Kinder an die Methode des Vergrößerns heran?*

– *Wie stellen Sie sicher, dass die Kinder die im mikroskopischen Bild sichtbaren Feinstrukturen dem Gesamtobjekt zuordnen können?*

13 Neue Stoffe entstehen: Die Welt der chemischen Reaktionen

In diesem Kapitel stehen chemische Reaktionen im Zentrum der Aufmerksamkeit. Das Thema ist im Elementar- und Grundschulbereich schwierig umzusetzen. Das liegt vor allem daran, dass das naturwissenschaftliche Grundkonzept, dass Stoffe zu neuen Stoffen mit neuen Eigenschaften reagieren, nicht ohne Weiteres für Kinder dieser Altersstufe nachvollziehbar ist. Warum ist Wasser, wenn es zu Eis gefriert, kein neuer Stoff? Schließlich hat der Eiswürfel doch ganz andere Eigenschaften als das Wasser? Und warum stellt das Lösen einer Brausetablette in Wasser eine chemische Reaktion dar, obwohl doch nichts anderes getan wird, als einen Stoff, nämlich die Brausetablette, in Wasser zu lösen? Wenn Salz in Wasser gelöst wird, ist das schließlich auch nur ein physikalischer und kein chemischer Vorgang. Um genau diesen Sachver-

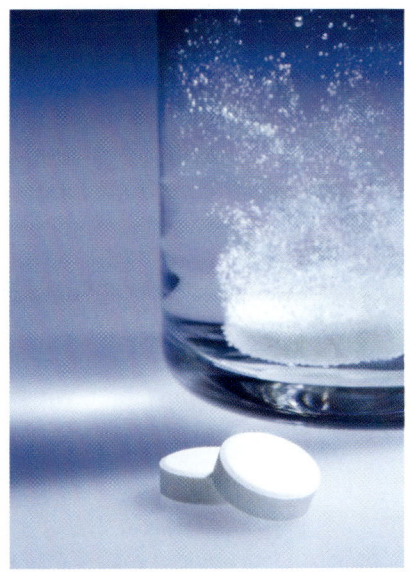

halt zu erklären, sind Betrachtungen auf Teilchenebene erforderlich. Und diese Betrachtungen sind, will man der kognitiven Entwicklung der Kinder Rechnung tragen, im Elementarbereich und auch im Grundschulbereich kaum vorzunehmen.

Sollte man also das gesamte Gebiet der chemischen Reaktionen innerhalb der naturwissenschaftlichen Bildung in der frühen Kindheit aussparen? Wir denken nicht, da somit ein weites Feld spannender Phänomene fehlen würde, die überdies im Alltag von den Kindern beobachtet werden können. Früher oder später werden entsprechende Fragen ohnehin vom Kind formuliert werden. Als Pädagogin hat man genau zwei Alternativen, setzt man das Themenfeld „Chemische Reaktionen" mit Kindern um. Entweder betrachtet man das Thema rein phänomenologisch, indem die Kinder Wenn-dann-Beziehungen aufstellen (z. B. wenn ich zu Essig Rotkohlsaft gebe, dann färbt sich der Rotkohlsaft pink). Oder es werden Erklärungen auf der Teilchenebene gegeben, die didaktisch reduziert so aufbereitet sind, dass sie vom Kind verstanden werden können. Ersteres Vorgehen eignet sich für den Elementarbereich, letzteres für die Grundschule.

Da es gar nicht so einfach ist, solche Erklärungen auf Teilchenebene zu finden, sollen in diesem Kapitel am Beispiel chemischer Reaktionen schwerpunktmäßig Veranschaulichungen in Form von Modellen und Animismen behandelt werden (vgl. Kapitel 4.2 und 4.3). Da diese aber nur dann sinnvoll konzipiert werden können, wenn das notwendige Sachwissen verfügbar ist, führt das folgende Kapitel den Leser zunächst in die Sachhintergründe zu einem Gebiet der chemischen Reaktionen ein: die Säure-Base-Reaktionen. Die Säuren bilden in diesem Kapitel die inhaltliche Klammer, anhand derer das Feld der chemischen Reaktionen betrachtet wird. Zunächst werden Eigenschaften und chemische Reaktionen der Säuren betrachtet. Danach wird der Blick auf einen besonderen Stoff gelenkt, der bei bestimmten Reaktionen, an denen die Säuren beteiligt sind, entsteht: das Kohlenstoffdioxid.

13.1   Säuren und Säure-Base-Reaktionen

Zu viel Essig im Salatdressing, eine heiße Zitrone ohne genügend Zucker – diese Erfahrung kennen die meisten von Ihnen. Die Rede ist hier von Stoffen, die sauer schmecken: von den Säuren. Aber was genau ist es eigentlich, was die Säure sauer macht? Welche Eigenschaften haben Säuren und woher weiß man, ob ein Stoff sauer ist oder nicht. (Klar, einfach probieren, werden Sie nun sagen, aber so einfach ist dies nicht: Viele Stoffe, auch saure Stoffe, sind nicht gesund für den menschlichen Körper und können daher auch nicht gekostet werden)? Gibt es Stoffe, welche die Wirkung von Säuren abschwächen und was bedeutet es, wenn wir sauer aufstoßen? Gibt es eigentlich Säuren in unserem Organismus? Und wenn ja, welchen Sinn haben sie? Was heißt überhaupt „Säureschutzmantel der Haut" und wie bewahren wir ihn?

Eine Menge Fragen, die Antworten verdient haben. Dieses Kapitel soll dem gerecht werden.

Aufgaben

1. *Überprüfen Sie Lebensmittel und Reinigungsprodukte auf ihre Inhaltsstoffe: In welchen sind Säuren enthalten? Stellen Sie Vermutungen darüber an, welche Funktionen die Säuren in den verschiedenen Produkten jeweils haben.*

2. *Überprüfen Sie die von Ihnen zusammengetragenen Produkte mithilfe von Universalindikatorpapier oder einem pH-Meter auf ihren pH-Wert. Für den Fall, dass es sich um Feststoffe oder zähflüssige Stoffe handelt, lösen Sie diese in etwas Wasser. Messen Sie zum Vergleich den pH-Wert von Wasser. Formulieren Sie, was der pH-Wert aussagt.*

Säuren sind Bestandteile vieler Lebens- und Reinigungsmittel. Die Zitrone enthält Zitronensäure, der Essig Essigsäure, im Wein ist Weinsäure enthalten und Cola enthält in der Regel sogar zwei verschiedene Säuren: Zitronensäure und Phosphorsäure. Wir wissen, woher der Essigreiniger seinen Namen hat und Reinigungslotionen und Cremes enthalten – wollen sie der Haut etwas Gutes tun – gerne schon einmal Milchsäure. Saure Weingummi-Süßigkeiten erhalten ihren Namen dank der in ihnen enthaltenen Zitronensäure und wer auf einem der Etiketten den Begriff Ascorbinsäure vorfindet, der sollte wissen, dass er es hier mit Vitamin C zu tun hat. Aber was macht eine Säure denn nun zu einer Säure? Ein Blick in die Welt der Moleküle soll helfen.

Produkte, die Säuren enthalten

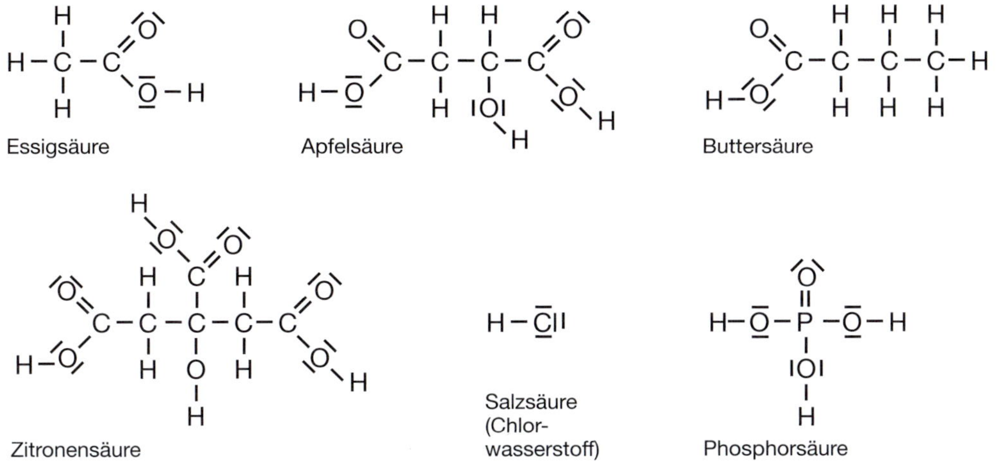

Essigsäure   Apfelsäure   Buttersäure

Zitronensäure   Salzsäure (Chlorwasserstoff)   Phosphorsäure

Strukturformeln verschiedener Säuren

Aufgabe

Betrachten Sie die oben abgebildeten Strukturformeln und finden Sie ein Struktur-merkmal, das alle Säuren gemeinsam haben.

Allen Säuren ist eines gemein: Sie besitzen in ihren Molekülen Wasserstoffatome (Elementsymbol H). Dieses H-Atom hat eine ganz bestimmte Eigenschaft: Es hängt an einem anderen Atom, das es eigentlich ganz gerne loswerden möchte, z. B. an einem Sauerstoff- (O) oder Chloratom (Cl). Die Wasserstoff-Teilchen, die an einem Kohlenstoffatom hängen, sind nicht gemeint: Diese sind relativ träge und bewegen sich nicht vom Fleck. Die anderen aber gehen ganz gerne einmal auf Reisen und so kommt es, dass z. B. das Wasserstoffatom des Essigsäuremoleküls, das an dem Sauerstoffatom hängt, sich von diesem verabschiedet, wenn es z. B. mit Wasser in Berührung kommt. Es verlässt die Essigsäure und wandert zum Wasser. Da nicht das gesamte Wasserstoffatom das Molekül verlässt, sondern es sein einziges Elektron zurücklässt, nennt man dieses Proton. Solch ein Proton kommt in einer Lösung nie als einzelnes Teilchen vor, sondern es hängt sich immer an ein Wassermolekül und bildet dann ein H_3O^+-Teilchen, ein sogenanntes Oxonium-Ion.

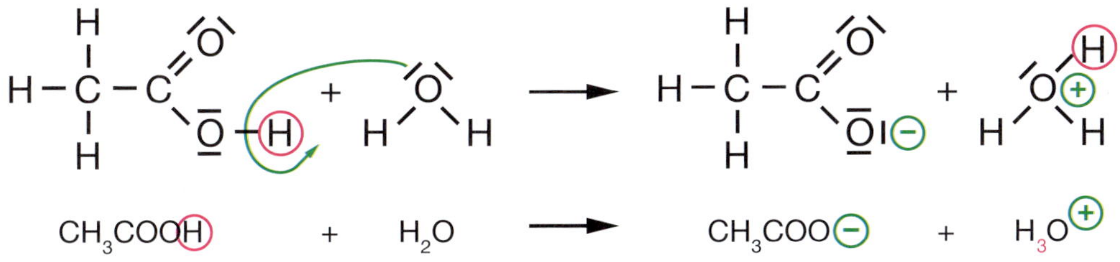

$$CH_3COOH + H_2O \longrightarrow CH_3COO^- + H_3O^+$$

Protonenübergang vom Essigsäure- zum Wassermolekül

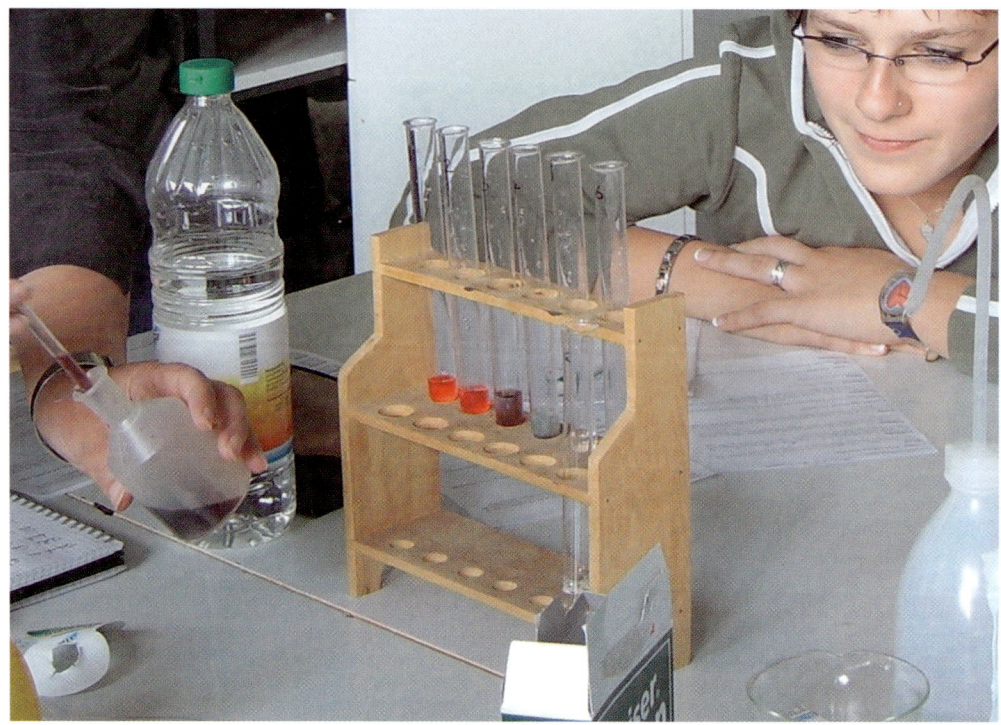

verschiedene Stoffe werden auf ihren pH-Wert getestet.

Säuren sind Stoffe, die Protonen abgeben können.

Und genau diese Protonen sind der Grund dafür, warum wir messen können, ob ein Stoff sauer ist oder nicht, und zwar mithilfe von Farbstoffen. Bestimmte Farbstoffe zeigen, je nach vorhandener Konzentration an Protonen (Oxonium-Ionen), eine unterschiedliche Farbe. Das liegt daran, dass die Farbstoffmoleküle Protonen aufnehmen können. Dadurch verändert sich die Struktur der Moleküle und damit die Farbe des Stoffes. Aufgrund dieser Eigenschaft nennt man diese Farbstoffe **Indikatoren** (von lat. indicare: anzeigen).

$$\text{Indikator} + H_3O^+ \rightarrow \text{H-Indikator} + H_2O$$

Je nachdem, ob in einer Lösung viele Protonen vorhanden sind oder nicht, überwiegt entweder die Anzahl der Indikatormoleküle, die ein Proton enthalten oder die Anzahl derer, die kein Proton enthalten. Die Lösung ist entsprechend der im Überschuss vorliegenden Indikatormoleküle gefärbt. Bei einem Anzahlverhältnis von ca. zehn zu eins ist jeweils der Farbumschwung sichtbar. Im obigen Beispiel erscheint die Lösung also blau, wenn mindestens zehnmal so viele Indikatormoleküle ohne Proton als mit Proton vorhanden sind. Dagegen erscheint die Lösung rot, wenn mindestens zehnmal so viele Indikatormoleküle mit Proton als ohne Proton existieren.

Auf dem Universalindikatorpapier sind verschiedene Farbstoffe aufgetragen, sodass sich eine ganze pH-Wert-Farbskala ergibt, die uns den genauen pH-Wert einer Lösung anzeigt. Der pH-Wert korreliert direkt mit der Konzentration der Protonen bzw. der Oxonium-Ionen (Protonen sind in einer Lösung nicht beständig und hängen sich immer an ein Wassermolekül). Je niedriger der pH-Wert, desto höher ist die Konzentration der Oxonium-Ionen. Für den mathematisch interessierten Leser lässt sich dies auch in einer Formel ausdrücken:

$pH = -log\ [H_3O^+]$

Der pH-Wert ist der negativ dekadische Logarithmus der H_3O^+-Ionen-Konzentration. Der Begriff pH steht für „potentia hydrogenii" (Potenz der Wasserstoffionen).

Eine Lösung, die einen pH-Wert kleiner 7 aufweist, ist sauer, eine Lösung mit pH = 7 ist neutral und alle Lösungen, die einen höheren pH-Wert (8–14) aufweisen, reagieren alkalisch. Die Skala macht deutlich, dass es Stoffe unterschiedlicher Säuren- und Basenstärke gibt: So sind Stoffe, die einen pH-Wert von 2 aufweisen, stärker sauer als Stoffe, die einen pH-Wert von 5 besitzen.

pH-Werte

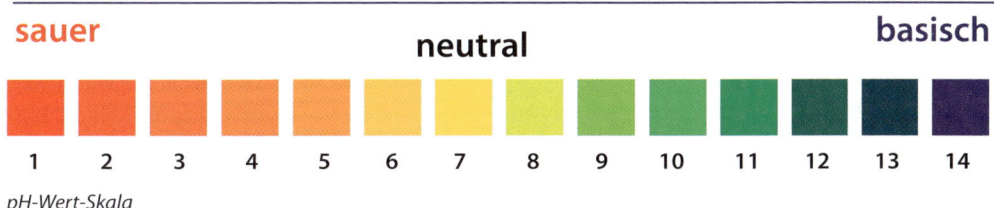

pH-Wert-Skala

Aufgaben

1. *Schneiden Sie einen Rotkohl in feine Streifen und kochen Sie diese für zehn Minuten in etwas Wasser. Gießen Sie den Saft ab (dieser lässt sich übrigens im Kühlschrank verschlossen ein bis zwei Wochen lagern) und versetzen Sie wenige Milliliter der folgenden Lösungen mit jeweils vier bis fünf Tropfen Rotkohlsaft: Essigessenz, Zitronensaft, Weißwein, Wasser, Kernseifenlösung (einige Kernseifenspäne in etwas Wasser lösen), Sodalösung (Sodapulver in Wasser lösen).*

2. *Notieren Sie Ihre Beobachtungen und versuchen Sie, diese zu erklären. Wie lassen sich Kernseife und Soda in diese Reihe einordnen?*

Ein Indikator, den es bei jedem Gemüsehändler zu kaufen gibt, ist der Rotkohl (auch Blaukraut genannt). Der Farbstoff im Rotkohl ändert seine Farbe je nach Anzahl vorhandener Oxonium-Ionen. Der Rotkohl, den wir im Glas kaufen, hat die Farbe Lila bzw. Blau und ist neutral bis schwach sauer. Bereitet man ihn aber mit einem säuerlichen Apfel oder einem Schuss Zitrone zu, so verändert der Rotkohl seine Farbe zu Pink. Es muss beachtet werden, dass der Rotkohlsaft eine andere Farbgebung aufweist als der Universalindikator.

Alle Stoffe, die einen pH-Wert von über 7 besitzen, nennt man Basen. Kernseife oder Soda sind Beispiele hierfür.

Basen sind Stoffe, die Protonen aufnehmen können.

Rotkohlsaftreihe (von links nach rechts: Säuren → Basen)

Ein Beispiel dafür ist das OH^--Ion (Hydroxid-Ion), das z. B. in Natronlauge (Natriumhydroxid ‚NaOH' in Wasser gelöst) vorhanden ist. Nimmt es ein Proton auf, wird es zu Wasser:

$$OH^- \quad + \quad H^+ \quad → \quad H_2O$$

Hydroxidion   *Proton*   *Wasser*

Vermischt man eine Base mit einer Säure, findet genau diese Reaktion statt. Die durch die Säure vorhandenen Protonen reagieren mit den durch die Base vorhandenen Hydroxid-Ionen zu Wasser. Diese Reaktion stellt eine **Neutralisationsreaktion** dar, da die entstehende Lösung einen neutralen pH-Wert von 7 aufweist. Das gilt aber nur für den Fall, dass dieselbe Anzahl an H^+- und OH^--Teilchen zusammenkommen. Reagieren z. B. 100 H^+-Teilchen mit 100 OH^- -Teilchen, so entstehen 100 Wasserteilchen. Sind aber für die 100 H^+-Teilchen nur 50 OH^- -Teilchen vorhanden, dann können auch nur 50 Wasserteilchen entstehen . In der Lösung sind dann immer noch 50 H^+-Teilchen vorhanden, die für einen pH-Wert im sauren Bereich verantwortlich sind. Dass man nicht einfach nur verschiedene Stoffe miteinander mischt, sondern eine chemische Reaktion, eine Säure-Base-Reaktion, stattfindet, wird daran deutlich, dass aus vorhandenen Stoffen neue Stoffe entstehen. Die OH^-- und die H^+-Teilchen liegen nach der chemischen Reaktion nicht mehr vor, sie haben zu Wasser und Salz reagiert. Reagiert etwa Salzsäure mit Natronlauge, so entstehen Wasser und Kochsalz (Natriumchlorid).

Säure + Base → Salz + Wasser

Aufgaben

1. *Überprüfen Sie mithilfe von Rotkohlsaft und pH-Papier den pH-Wert von Tafelessig und Sodalösung (5 g Soda in 100 ml Wasser gelöst).*

2. *Mischen Sie nun beide Lösungen und bestimmen Sie erneut den pH-Wert.*

Im Essig sind H^+-Ionen vorhanden, die Sodalösung enthält OH^--Ionen. Gibt man beide Stoffe zusammen, reagieren Protonen und Hydroxidionen zu Wasser. Es resultiert ein neutraler pH-Wert.

Säuren und Basen mit Kindern erforschen

Säure-Base-Reaktionen sind deshalb gut im Elementar- und Grundschulbereich einsetzbar, weil hier viel mit Farbumschlägen gearbeitet werden kann, anhand derer chemische Reaktionen verdeutlicht werden können. Im Vordergrund sollte zunächst stehen, herauszufinden, wo Säuren überall vorkommen und welche Eigenschaften sie haben:

- Säuren kommen in Obst vor (z. B. Zitronensäure, Apfelsäure).
- Viele Getränke enthalten Säuren: Cola, Kaffee, Säfte.
- Säuren werden in Reinigern benutzt (z. B. Essigreiniger).
- In Hautpflegeprodukten sind häufig Säuren enthalten (z. B. Reinigungsmilch).
- Säuren haben einen stechenden Geruch und schmecken sauer.
- Säuren sind ätzend.
- Säuren färben Rotkohlsaft rot.

Es ist sinnvoll, den Rotkohlsaft von den Kindern selbst herstellen zu lassen. Will man ein ganzes Projekt gestalten, könnte am Anfang eine Wanderung zum Bauern stehen und Rotkohl geerntet werden (die Jahreszeit hierfür ist Ende August bis Ende Oktober). Bei der Saftherstellung steht für die Kinder das Phänomen im Vordergrund, dass die Farbe des Rotkohls sich auf das Wasser überträgt.

Rotkohl – Rotkohlstücke – Rotkohlsaft

Wenn die Kinder erfahren haben, dass man mit Rotkohlsaft herausfinden kann, ob ein Stoff sauer ist oder nicht (hier muss mit Vergleichsproben gearbeitet werden, d. h., es muss auch Wasser mit Rotkohlsaft versetzt werden, damit die Kinder sehen, dass sich hier der Saft nicht verfärbt), können sie beispielsweise verschiedene Stoffe daraufhin überprüfen, ob sie Säuren enthalten oder nicht. Es bietet sich hier an, zu untersuchen, welches Obst Säuren enthält. Wenn die Kinder vorher eine Rotkohlsaftreihe (vgl. S. 312) aufgestellt haben, können sie das Obst nach Säureanteil in die Reihen einordnen und erkennen, welches Obst am sauersten und welches am wenigsten sauer ist.

Projekt

1. *Stellen Sie mit den Kindern Säfte verschiedener Obst- und Gemüsesorten (z. B. Weintrauben, Zitronen, Äpfel, Birnen, Orangen, Kiwis, Gurken, Tomaten) her. Wählen Sie wenig farbintensive Obst- und Gemüsesorten aus und entfernen Sie jeweils die Schalen, da ansonsten der Farbwechsel des Rotkohls nicht richtig beobachtet werden kann. Sollten die Säfte zu farbig sein, können Sie diese zur Hälfte mit Wasser verdünnen. Es ist wichtig, dass Sie zu allen Säften die gleiche Menge an Wasser geben, sodass alle Proben miteinander vergleichbar sind.*

2. *Die Kinder können nun etwas von jedem Saft in Reagenzgläser füllen (ca. 3 cm) und in jedes Glas mit der Pipette zehn Tropfen Rotkohlsaft geben.*

3. Haben die Kinder schon eine Rotkohlsaftreihe aufgestellt, haben sie die Möglichkeit, die Ergebnisse mit der vorhandenen Reihe zu vergleichen. Die Obstsorten können im Hinblick auf zunehmenden Säuregehalt kategorisiert werden. Falls Sie z. B. im Grundschulbereich mit pH-Papier arbeiten wollen, können Sie auch hier eine entsprechende Farbreihe aufstellen und den Farben konkrete pH-Werte zuordnen.

4. Konfrontieren Sie die Kinder mit der Frage, ob süße Äpfel auch Säuren enthalten und erteilen Sie Ihnen den Auftrag, dies herauszufinden.

Fragt man Kinder, was denn das Gegenteil von sauer sei, werden die meisten mit süß antworten. Dies lässt sich schnell herausfinden: Wenn Süßes, z. B. Zucker, einen Stoff weniger sauer macht, dann müsste sich auch der Rotkohlsaft Richtung lila verfärben, wenn man z. B. zu Essig Zucker gibt. Das lässt sich schnell überprüfen.

Experiment 1: Ist süß das Gegenteil von sauer?

Material:
kleines Becherglas, Spatel oder Löffel, Pipette, Rotkohlsaft, Essig, Zucker

Durchführung:
- Füllen Sie zwei Bechergläser jeweils mit 20 ml Essig und geben Sie einige Tropfen Rotkohlsaft hinzu.
- Geben Sie nun in eines der Gläser einen Löffel Zucker und beobachten Sie, ob sich die Farbe der Lösung ändert.

Süß ist chemisch gesehen nicht das Gegenteil von sauer. Eine Lösung bleibt gleich sauer, egal ob Zucker hinzugegeben wurde, oder nicht. Mit den Kindern kann nun erforscht werden, ob es denn andere Stoffe gibt, die das Gegenteil von sauer sind. Es bieten sich hier Soda, Kernseife, Backpulver und Waschpulver an. Da es sich hierbei um Feststoffe handelt, müssen sie zunächst in Wasser gelöst werden, damit der pH-Wert mit Rotkohlsaft oder pH-Papier bestimmt werden kann. Folgende Eigenschaft dieser Stoffe wird nun deutlich:

Manche Stoffe färben Rotkohlsaft blau. Solche Stoffe nennt man Basen.

Exemplarisch lassen sich jetzt drei Stoffe nebeneinanderstellen.
Eine Säure färbt Rotkohlsaft rot, ein neutraler Stoff wie Wasser färbt Rotkohlsaft lila und Basen färben diesen grün.

Eine weiterführende Frage, die in einem Experiment überprüft wird, könnte sein, was geschieht, wenn Säuren und Basen miteinander vermischt werden: Welche Farbe nimmt der Rotkohlsaft dann an (vgl. S. 312)? Achten Sie darauf, dass Sie Säuren und Basen wählen, die beim Vermischen tatsächlich eine neutrale Lösung ergeben. Ist dies nicht der Fall, verwenden Sie bei-

Säure – Wasser – Base: jeweils mit Rotkohlsaft versetzt

spielsweise eine starke Säure und eine schwache Base, wird die Lösung weiterhin rot erscheinen, da die Lösung insgesamt immer noch sauer ist. Haben die Kinder eine neutrale Lösung hergestellt, können über die Zugabe von Säuren und Basen wieder Farbumschwünge erzielt werden.

Vermischt man eine Säure und eine Base zu gleichen Anteilen, entsteht eine neutrale Lösung. Säuren und Basen heben sich in ihrer Wirkung gegenseitig auf. Wenn Säuren und Basen miteinander vermischt werden, kommt es zu einer chemischen Reaktion: Neue Stoffe entstehen. Dass eine neutrale Lösung entsteht, kann man an der Farbe des Rotkohlsaftes (lila) erkennen.

Die Auswahl an Säuren ist relativ leicht: Die Kinder kennen Essig und Zitrone in der Regel aus der Küche, sodass mit diesen Stoffen gearbeitet werden kann. Die Auswahl einer Base ist dagegen nicht ganz so einfach, da diese Stoffe den Kindern nicht unbedingt bekannt sind und manche Stoffe aufgrund von Sicherheitsaspekten nicht im Elementar- und Grundschulbereich eingesetzt werden sollten. Es eignet sich der Einsatz von Backpulver. Dieses enthält Natriumhydrogencarbonat ($NaHCO_3$), das

Die Farbe des Rotkohlsaftes zeigt an, dass Säure und Base zu einer neutralen Lösung reagieren.

in Wasser OH-Ionen bildet und so auch für eine Säure-Base-Reaktion genutzt werden kann. Das gleiche gilt für Soda (Natriumcarbonat, Na_2CO_3). Kinder kennen Soda in der Regel nicht, dieser Stoff muss also erst eingeführt werden. Darüber hinaus sind basische Stoffe generell nicht sehr eingängig für Kinder, weil ihr Name nicht, wie bei den Säuren, schon auf ihre Eigenschaft hindeutet. Aus diesem Grund könnte man überlegen, ob im Elementarbereich nicht ausschließlich Säuren experimentell behandelt werden sollten und erst in der Grundschule das Thema um die Basen erweitert wird.

Sie als Erzieherin müssen entscheiden, auf welcher Ebene der didaktischen Reduktion Sie nun arbeiten.

Verschiedene Veranschaulichungsmöglichkeiten zu den Säure-Base-Reaktionen

Sigi Säure und Berti Base werden zu Nora Neutra

Partnertausch

Legosteinmodell

Salzsäure und Natronlauge reagieren zu Natriumchlorid und Wasser.

$$HCl + NaOH \rightarrow NaCl + H_2O$$

Aufgaben

1. Vergleichen Sie die oben dargestellten Modelle im Hinblick auf folgende Aspekte:
   - Symbolik
   - Abstraktionsgrad
   - Aussage
   - Vergleichspunkt
   - didaktische Reduktion

   Ziehen Sie hierzu das Kapitel 4.2 heran.

2. Begründen Sie, welches Modell Sie wann (Elementarbereich, Grundschule, Sekundarstufe) einsetzen würden.

Es ist an verschiedenen Stellen schon deutlich geworden, wie wichtig Wiederholungen, aber auch die Anwendung von gewonnenen Erkenntnissen auf weitere Beispiele sind, um diese langfristig im Gedächtnis zu verankern.

Wenn Sie beispielsweise mit den Kindern schon zum Thema Stoffe und Stoffeigenschaften (vgl. Kapitel 7) experimentiert haben, bietet es sich nun an, dieses Themenfeld mit dem aktuellen Thema zu verknüpfen:

Aufgabe

Die Stoffe Salz, Zucker, Zitronensäure, Gips und Soda sollen von den Kindern im Hinblick auf folgende Eigenschaften untersucht werden (achten Sie bei der Untersuchung des Gipses darauf, dass die Kinder Schutzbrillen tragen und vermeiden Sie die Entwicklung von Stäuben):
- *Aussehen*
- *Löslichkeit in Wasser*
- *pH-Wert (Färbung des Rotkohlsaftes)*

Zum Beispiel kann eine Einordnung der Stoffe in Säuren, Basen und neutrale Stoffe mithilfe des Rotkohlsaftes vorgenommen werden. Anschließend werden die Kinder befragt, welche Stoffe aus ihrer Sicht miteinander reagieren, oder was passiert, wenn man die verschiedenen Stoffe vermischt. Die Kinder können ihre Vermutungen überprüfen, indem sie verschiedene Stoffe miteinander mischen. Da der pH-Wert nur von wässrigen Lösungen gemessen werden kann, muss jeweils Wasser hinzugegeben werden.

Gemisch	Beobachtung (pH-Wert, Aussehen, …)
Zucker/Soda	
Zucker/Salz	
Zucker/Zitronensäure	
Zucker/Gips	
Gips/Soda	
Gips/Zitronensäure	
Gips/Salz	
Soda/Salz	
Soda/Zitronensäure	
Zitronensäure/Salz	

Mischt man Soda mit Zitronensäure unter Zugabe von Wasser, ist ein Schäumen zu beobachten. Darüber hinaus lässt sich bei richtigem Mischungsverhältnis eine pH-Wert-Änderung feststellen. Während Zitronensäure Rotkohlsaft pink färbt, also sauer ist, und Soda Rotkohlsaft blaugrün färbt, also basisch ist, ergibt die Lösung, in der beide Stoffe vermischt wurden, einen neutralen pH-Wert. Dies ist an der Lilafärbung des Rotkohlsaftes zu sehen. Hier hat offenbar eine chemische Reaktion stattgefunden. Das Schäumen deutet darauf hin, dass ein Gas entstanden ist. Aber was ist das für ein Gas?

Experiment 2: Nachweis des entstandenen Gases

Material:
Soda, Zitronensäure, Wasser, Löffel, Becherglas (100 ml), Holzspan (Schaschlikspieß), Streichhölzer

Durchführung:
- Füllen Sie einen Löffel Zitronensäure und einen Löffel Soda in ein kleines Becherglas.
- Geben Sie ca. 20 ml Wasser hinzu.
- Halten Sie einen glimmenden Holzspan über die Lösung.

Beobachtung:
Nach der Zugabe von Wasser fängt das Gemisch an zu schäumen. Ein glimmender Holzspan über der Lösung erlischt.

Deutung:
Ein Feuer oder eine Flamme benötigt Sauerstoff, um zu brennen (vgl. Kapitel 7.7). Da die Flamme erlischt, kann das entstehende Gas kein Sauerstoff sein. Es ist Kohlenstoffdioxid, ein Gas, das eine Flamme zum Erlischen bringt. Bei der chemischen Reaktion von Soda mit Zitronensäure entsteht somit u. a. Kohlenstoffdioxid.

Bei manchen chemischen Reaktionen entstehen Gase. Ob das entstehende Gas Kohlenstoffdioxid ist, kann man in diesem Fall mit einem glimmenden Holzspan überprüfen.

Außerdem ist die Glimmspanprobe ein Nachweis dafür, ob das entstehende Gas Sauerstoff ist. Denn in einer Sauerstoffatmosphäre flammt der glimmende Holzspan auf, während er in anderen Gasen erlischt.

Wenn der Holzspan erlischt, kann man jedoch nicht mit Sicherheit sagen, dass es sich um CO_2 handelt, weil andere Gase dieselbe Wirkung haben. Da hier aber nur Experimente beschrieben werden, bei welchen entweder das Gas Sauerstoff oder Kohlenstoffdioxid entsteht, ist dieser Nachweis möglich. Ein weiterer Nachweis von CO_2 kann über das Einleiten von CO_2 in Kalkwasser erfolgen (vgl. Kapitel 7.7, S. 163).

13.2 Es schäumt und blubbert: wenn Stoffe miteinander reagieren und Gase entstehen

Kohlenstoffdioxid ist ein Gas, das bei vielen chemischen Reaktionen entsteht. Es ist aber auch ein Stoff, von dem wir Menschen umgeben sind, denn die Luft enthält einen Anteil an CO_2 (vgl. Kapitel 7.7). Auch dort, wo wir es vielleicht nicht vermuten würden, stoßen wir auf dieses Gas.

Experiment 3: Untersuchung von Mineralwasser

Material:
Becherglas, Mineralwasser, Kalkwasser (Herstellung siehe S. 163; bitte tragen Sie bei diesem Experiment eine Schutzbrille. Kalkwasser ist reizend und darf nicht mit den Augen in Kontakt kommen.)

Kalkwasser trübt sich unter Zugabe von Mineralwasser

Durchführung:
- Füllen Sie etwas Mineralwasser in ein Becherglas.
- Geben Sie etwas Kalkwasser hinzu.

Beobachtung:
Die Lösung trübt sich nach der Zugabe von Kalkwasser.

Deutung:
Mineralwasser enthält CO_2. Dieses reagiert mit dem Calciumoxid des Kalkwassers zu schwerlöslichem Calciumcarbonat, welches die Lösung trübt.

Umgangssprachlich sprechen wir davon, dass Mineralwasser Kohlensäure enthält und meinen damit eigentlich Kohlenstoffdioxid und nicht Kohlensäure. Kohlensäure (H_2CO_3) ist – wie der Name sagt – eine Säure. Diese Säure ist aber nicht sehr beständig. Leitet man sie in Wasser ein, so zerfällt sie in Wasser und Kohlenstoffdioxid:

$$H_2CO_3 \rightarrow CO_2 + H_2O$$

Mineralwasser ist ein gutes Beispiel dafür, dass nicht nur Feststoffe, sondern auch Gase in Flüssigkeiten gelöst werden können. Gibt man z. B. Zucker in ein Glas mit Mineralwasser, so beobachtet man starkes Schäumen und Bläschenbildung. Mit einem Zischen steigen Gasbläschen an die Oberfläche der Flüssigkeit.

Was ist passiert? An den Zuckerkristallen bilden sich immer größer werdende CO_2-Bläschen (man spricht hier von Blasenkeimen), die bildlich gesprochen an den Zuckerkristallen zerplatzen und ausgetrieben werden. Das passiert, weil das CO_2 mit Überdruck im Wasser gelöst wurde, d. h., bei Normaldruck das Wasser mit CO_2 übersättigt ist. Durch Druckänderung oder das Einbringen von Keimen kann überschüssiges CO_2 entweichen. Es lassen sich auch andere Getränke herstellen, die CO_2 enthalten.

Experiment 4: Herstellung von CO_2-haltigen Getränken

Material:
Bechergläser, verschiedene Brausetabletten, Brausepulver (z. B. Kopfschmerz-Sprudeltablette, Vitamin-Sprudeltablette, Süßigkeiten-Brausepulver)

Durchführung:
Geben Sie in jeweils ein Becherglas etwas von einer Brausetablette bzw. von dem Brausepulver und fügen Sie 100 ml Wasser hinzu.

Wiederholen Sie diesen Versuch, jedoch verwenden Sie anstelle des Wassers
1. Fruchtsaft oder Cola bzw. Orangenlimonade, aus dem Sie das CO_2 ausgetrieben haben, und
2. Öl.

Beobachtung:

Brausetabletten und Pulver beginnen zu schäumen, wenn sie mit Wasser in Berührung kommen. Es empfiehlt sich, zunächst nur etwas Wasser hinzuzugeben, um das Verhalten des Pulvers bzw. der Tablette auf Wasser genau zu untersuchen. Auch hier kann mithilfe eines glimmenden Holzspanes getestet werden, dass es sich um Kohlenstoffdioxid handelt.

Sie können die Kinder nun Vermutungen anstellen lassen, welche Stoffe in der Tablette bzw. in dem Pulver enthalten sein müssen, damit diese Reaktion stattfindet. Können die Kinder schon lesen, verrät ein Blick auf die Inhaltsstoffe schon Bekanntes. In allen Zubereitungen sind Säuren enthalten, z. B. Zitronensäure, Weinsäure oder Apfelsäure. Darüber hinaus findet sich ein Stoff, der auch im Backpulver enthalten und basisch ist: Natriumhydrogencarbonat. Kommen diese nun mit Wasser in Berührung, findet eine chemische Reaktion statt. Verwendet man anstelle von Wasser Fruchtsäfte, Cola oder Orangenlimonade, so verläuft die Reaktion noch heftiger. Dies lässt sich dadurch erklären, dass in Fruchtsäften und Limonaden Säuren enthalten sind, welche die Reaktion noch verstärken. In Öl ist fast keine Bläschenbildung zu beobachten. Das liegt daran, dass sowohl die Bestandteile der Brausetablette bzw. des Brausepulvers als auch Kohlensäure polare Stoffe sind und entsprechend nicht in unpolaren Lösungsmitteln wie Öl (vgl. Kapitel 7.2, S. 132) gelöst werden können.

Aufgabe

Entwickeln Sie Varianten zu dem zuvor beschriebenen Experiment 4, „Herstellung von CO_2-haltigen Getränken".

Projekt

Brausepulver untersuchen und selbst herstellen

Planen Sie ein Projekt rund um das Thema Brause. Hierzu können die Kinder zu Beginn ein Brausegetränk herstellen, indem Sie das Brausepulver in Wasser geben. Um von den konkreten Geschmacksrichtungen wie z. B. Waldmeister oder Orange abzulenken, können den Kindern die Augen verbunden werden. Dies hat den Vorteil, dass die Kinder unabhängig von der konkreten Geschmacksrichtung die Brause als süß oder sauer einordnen. Stellen Sie den Kindern dann geeignetes Material (Lupen, Löffel, Wasser, pH-Papier, Rotkohlsaft) bereit, um die Brause genauer zu untersuchen. Darüber hinaus halten Sie die Einzelkomponenten des Brausepulvers bereit: Dies sind im Wesentlichen Natriumhydrogencarbonat (Natron), Zucker und Weinsäure bzw. Zitronensäure, darüber hinaus Farbstoffe. Folgende Impulse können den Prozess begleiten:

- *Wie schmeckt die Brause? Welche der folgenden Geschmacksrichtungen nehmt ihr wahr: süß, salzig, sauer, bitter?*

- Beschreibt das Brausepulver. Wie viele unterschiedliche Körnchen bzw. Kristalle könnt ihr erkennen?

- Welche Stoffe könnten in der Brause enthalten sein, sodass sie süß bzw. sauer schmeckt?

- Denkt an die vorherigen Experimente, bei denen Kohlenstoffdioxid entstanden ist. Welcher Stoff könnte in der Brause sein, der für die Entstehung von CO_2 sorgt?

- Untersucht, ob die einzelnen Stoffe Zucker, Zitronensäure und Natron mit Wasser reagieren und kombiniert die verschiedenen Stoffe miteinander.

- Versucht selbst, aus den Einzelstoffen eine wohlschmeckende Brause herzustellen. Warum ist dies so schwierig?

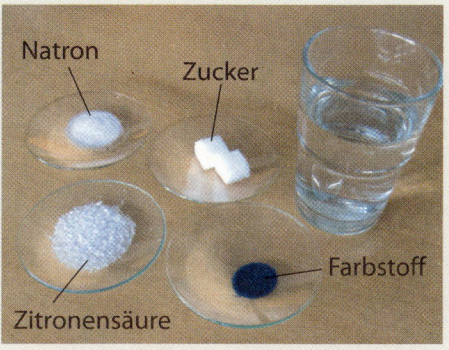

Brausepulver und seine Einzelkomponenten

Folgende Beobachtungen lassen sich im Hinblick auf das Entstehen von Kohlenstoffdioxid machen, wenn man die verschiedenen Stoffe mit Wasser versetzt:

Das Lösen von Brause in Wasser geht mit einer chemischen Reaktion, einer Säure-Base-Reaktion, einher. Bei dieser Reaktion entsteht Kohlensäure, die zu Wasser und Kohlenstoffdioxid zerfällt. Insgesamt sind die ablaufenden chemischen Reaktionen sehr komplex und werden hier nicht im Detail vorgestellt. Für die Kinder bedeutsam ist das Entstehen eines Gases und – wenn vorher erforscht – der veränderte pH-Wert. Die Kinder werden feststellen, dass es gar nicht so einfach ist, eine gut schmeckende Brause herzustellen. Dies liegt darin begründet, dass ein genaues Mischungsverhältnis

Wasser +	Schäumt und sprudelt
Zitronensäure	☹
Natron	☹
Zucker	☹
Zitronensäure + Zucker	☹
Zitronensäure + Natron	☺
Natron + Zucker	☹
Natron + Zitronensäure + Zucker	☺

erforderlich ist, da selbst ein kleiner Überschuss an Säure oder Natron die Brause zu sauer oder zu salzig schmecken lässt. Außerdem sind in der gekauften Brause zusätzlich Aromastoffe enthalten, die ihr eine besondere Geschmacksnote verleihen.

Es ist schnell geklärt, welche Funktionen Zucker, Zitronensäure, Farb- und Aromastoffe in Brause und Limonade haben. Aber warum enthalten Limonaden eigentlich CO_2? Kosten Sie hierzu einmal normale Orangenlimonade und Orangenlimonade, aus der die Kohlensäure ausgetrieben wurde. Welche Unterschiede nehmen Sie wahr?

Die Bläschen stimulieren die Geschmackssinneszellen unserer Zunge. Darüber hinaus hat Kohlensäure einen leicht säuerlichen Geschmack. Beide Faktoren sorgen für einen Erfrischungseffekt. Es ist übrigens in fast allen europäischen Ländern unüblich, kohlensäurehaltiges Mineralwasser zu trinken.

Kohlenstoffdioxid entsteht nicht nur im oben beschriebenen Fall, sondern auch, wenn organische Substanzen bei ausreichender Sauerstoffzufuhr verbrennen (vgl. Kapitel 7.7.3, S. 166). Es ist an anderer Stelle schon deutlich geworden, dass wir Menschen den Sauerstoff aus der Luft brauchen, um zu leben, aber nicht das Kohlenstoffdioxid. Trotzdem hat es zunächst eine positive Wirkung in unserer Atmosphäre, da es zusammen mit anderen Treibhausgasen dazu beiträgt, dass hier auf der Erde ein für den Menschen angenehmes Klima herrscht. Kohlenstoffdioxid hat die Eigenschaft, dass es sehr gut Wärme speichern kann (CO_2 absorbiert einen Teil der Infrarotstrahlung) und somit für eine Erhöhung der mittleren Temperatur auf der Erdoberfläche sorgt. Problematisch wird es dann, wenn der CO_2-Gehalt der Atmosphäre kontinuierlich weiter steigt. Sehr vereinfacht bedeutet das: Je höher die Konzentration an CO_2 in der Atmosphäre ist, desto mehr Wärme wird in der Atmosphäre gespeichert und desto höher steigt die Temperatur auf der Erdoberfläche. Seit Entstehen der Erdatmosphäre gab es immer wieder große Schwankungen hinsichtlich der CO_2-Konzentration, die vom Menschen unabhängig waren. In den letzten mehreren Tausend Jahren war die Konzentration jedoch relativ konstant. Mit der industriellen Revolution ist die Konzentration an CO_2 in der Atmosphäre drastisch gestiegen. Man spricht hier von einer globalen Erwärmung, die auf anthropogene (d.h. vom Menschen verursachte) CO_2-Emissionen zurückzuführen ist. Die Konsequenzen, die sich aus der globalen Erwärmung ergeben, sind vielfältig: Rückgang der Gletscher, Erhöhung des Meeresspiegels, Verschiebung der Klimazonen, veränderte Jahreszeiten, Dürren und Überschwemmungen sind nur einige wenige Stichworte. Diese Liste könnte noch weiter ergänzt werden und es ist heute sehr schwer voraussagbar, mit welchen tatsächlichen Folgen zukünftige Generationen zu kämpfen haben werden.

Wofür – außer in Erfrischungsgetränken – wird CO_2 noch verwendet? Diese Frage beantwortet das folgende Experiment.

Experiment 5: CO_2 als Feuerlöscher

Material:
0,5 l PET-Flasche, Trichter, Löffel, Teelicht, Backpulver, Zitronensaft

Durchführung:
- Entzünden Sie ein Teelicht.
- Geben Sie zwei Teelöffel Backpulver mithilfe des Trichters in die Flasche. Geben Sie 10 ml Zitronensaft hinzu und verschließen Sie diese Flasche sofort.
- Halten Sie die Flasche nun schräg über das Teelicht und öffnen Sie diese.

CO_2 als Feuerlöscher

Damit eine Verbrennung unterhalten werden kann, wird Sauerstoff benötigt. Wird dieser aus der Umgebung verdrängt, z. B. durch Kohlenstoffdioxid, erlischt die Flamme. CO_2-Feuerlöscher werden z. B. zum Löschen von Flüssigkeitsbränden eingesetzt. Da CO_2 sich schnell verflüchtigt, kann es nur in geschlossenen Räumen sinnvoll eingesetzt werden. Hier ist zu bedenken, dass CO_2 ein Atmungsgift ist und bei seiner Verwendung besondere Gefahren für den Menschen ausgehen.

Beim letzten Versuch wurde deutlich, welcher Druck in einem Gefäß entsteht, wenn sich dort CO_2 entwickelt. Dieser Druck kann ausgenutzt werden, um eine kleine Explosion auszulösen.

Experiment 6: Modell einer Explosion

Material:
Filmdöschen, Becherglas, Wasser, Zitronensäurepulver, Natron

Durchführung:
- Stellen Sie ein Gemisch aus Zitronensäurepulver (drei Teile) und Natron her (ein Teil).
- Geben Sie einen Teelöffel dieses Gemischs in ein Filmdöschen, fügen Sie etwas Wasser hinzu und verschließen Sie das Filmdöschen.
- Treten Sie zur Seite, sodass Sie nicht verletzt werden.

Beobachtung:
Nach 10 bis 20 Sekunden fliegt der Deckel des Filmdöschens mit einem lauten Knall ab.

Bei einer Explosion kommt es zu einem plötzlichen Druck- und/oder Temperaturanstieg. Die Folge ist eine Volumenausdehnung von Gasen, das umgebene Material wird dabei auseinandergesprengt. Im Falle der Filmdöschen-Explosion kommt es durch eine chemische Reaktion zur Entstehung des Gases Kohlenstoffdioxid. Je mehr CO_2 entsteht, desto größer ist der Druck, der im Inneren des Filmdöschens aufgebaut wird. Überschreitet der entstehende Druck eine bestimmte Grenze, kann der Deckel diesem nicht mehr standhalten und er fliegt mit einem lauten Knall ab. Durch eine Explosion werden große Energiemengen freigesetzt.

Säuren sind ätzende, aggressive Stoffe und greifen gerne andere Stoffe an. Diese Eigenschaft macht man sich beim Reinigen zunutze. Die in einigen Reinigern enthaltenen Säuren können etwa Kalkrückstände beseitigen. Wegen ihrer Aggressivität dürfen sie jedoch nicht überall verwendet werden: So liest man z.B. auf dem Etikett eines Essigreinigers, dass man diesen nicht auf Marmor anwenden soll. Das ist auch nicht verwunderlich, enthält Marmor doch Carbonate. Das letzte Kapitel hat deutlich gemacht, dass Säuren mit Carbonaten (z.B. Natriumcarbonat) chemisch reagieren. Diesen Sachverhalt kann man sich in weiteren Alltagssituationen zunutze machen. Sie alle haben schon einmal einen Wasserkocher oder eine Kaffeemaschine entkalken müssen. Kalk (Calciumcarbonat) ist ein schwer lösliches Salz und reagiert, genauso wie Natriumcarbonat (Natron), mit Säuren. Mit Essigessenz lässt sich beispielsweise Kalk entfernen. Somit ist vorhersehbar, was mit der Kalkschale eines Hühnereis passiert, wenn man es in Essig legt.

Experiment 7: wenn Chemiker Eier pellen

Material:
1 rohes Ei, ein großes Glas, Essig

Durchführung:

- Legen Sie das rohe Ei vorsichtig in ein Glas. Füllen Sie anschließend so viel Haushaltsessig dazu, dass das Ei komplett bedeckt ist.
- Lassen Sie es über Nacht im Essig stehen.

Nachdem Sie das Ei mit Essig übergossen haben, können Sie beobachten, dass sich Bläschen bilden. Folgende Reaktion findet statt:

Essigsäure + Calciumcarbonat → Calciumacetat + Wasser + Kohlenstoffdioxid

$$2\ CH_3COOH\ +\ CaCO_3\ \rightarrow\ Ca(CH_3COO)_2 + H_2O\ +\ CO_2$$

Bei der Beschreibung des Vorgangs werden von den Kindern sehr wahrscheinlich Formulierungen wie „Die Schale des Eis löst sich auf" fallen. Diese Aussage bringt zum Ausdruck, dass die Schale „verschwindet". Dies ist insofern richtig, da der Stoff, aus dem die Schale ist, nach der Reaktion nicht mehr in der gleichen Weise vorhanden ist wie vorher. Anhand der Reaktionsgleichung wird jedoch deutlich, dass keine Teilchen verloren gehen bzw. nichts verschwindet, sondern lediglich eine Umgruppierung von Teilchen stattfindet. Ein weiteres Missverständnis, das sich oft ergibt, ist der Vergleich mit dem Lösen eines Stoffes in Wasser. Das Lösen von Salz oder Zucker in Wasser stellt einen komplett anderen Vorgang dar: Hier werden lediglich die Salz- und Zuckerkristalle in immer kleinere Einheiten zerteilt, die von Wasser umgeben sind. Trotzdem sind Zuckerteilchen immer noch Zuckerteilchen und Salzteilchen nach wie vor Salzteilchen. Hier findet keine chemische Reaktion statt.

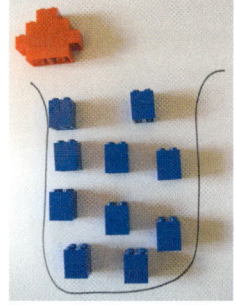 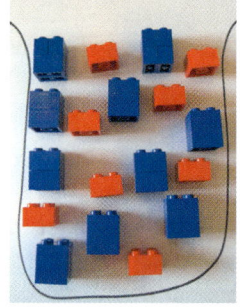  

Vergleich: Lösungsvorgang (links) und chemische Reaktion (rechts) im Legosteinmodell

Wartet man einen Tag, kann man nicht nur beobachten, dass die Eierschale nicht mehr da ist, sondern auch feststellen, dass das Ei hart geworden ist. Aus einem rohen Ei wird durch Zugabe von Essig ein hart gekochtes Ei. Das hängt damit zusammen, dass Säuren in der Lage sind, die Struktur von Proteinen zu verändern. Man spricht davon, dass die Proteine des Eiklars denaturiert werden.

Säuren greifen also die Kalkschale von Eiern an. Wie kann man dies verhindern?

Experiment 8: Säureschutz für das Ei

Material:
Becherglas (250 ml), ein Ei, Zahngel (zum Beispiel Elmex), Essig, Papiertuch

Durchführung:
*   Reiben Sie eine Hälfte des Eis mit dem Zahngel ein und lassen Sie dieses drei Minuten einwirken.
*   Spülen Sie anschließend das Zahngel mit Wasser ab.
*   Legen Sie das Ei in das Becherglas und übergießen Sie es mit Essig.

Die Kalkschale kann tatsächlich vor dem Angriff der Säure geschützt werden: Das Zahngel enthält eine spezielle Substanz, ein Fluorid, welches mit der Kalkschale eine Schutzschicht bildet, die durch eine Säure nicht so leicht zerstört werden kann. Wartet man jedoch einige Zeit, so ist auch diese Schutzschicht zerstört und die Säure kann ihre Wirkung entfalten. Nicht umsonst ist es gerade ein Zahngel, das diese Schutzschicht ausbildet. Unsere Zähne bestehen zwar nicht aus Kalk, aber aus einem Material, das ebenfalls von Säuren angegriffen wird. Da wir täglich viele säurehaltige Lebensmittel wie Obst, Säfte oder Erfrischungsgetränke konsumieren, ist es notwendig, unsere Zähne entsprechend zu schützen. In diesem Zusammenhang können Aktivitäten oder Projekte zu Gesundheit und Ernährung durchgeführt werden.

Eine Hälfte des Eis ist vor dem Angriff der Säure geschützt.

Säuren greifen aber nicht nur Kalkschalen von Hühnereiern und unsere Zähne an, wie im nächsten Experiment deutlich wird.

Experiment 9: rostiger Nagel

Material:
2 Bechergläser, 2 rostige Nägel, Zitronensaft oder Essig, eine Pipette

Durchführung:
- Legen Sie jeweils einen rostigen Nagel in beide Gläser.
- Füllen Sie die Gläser nun mit Zitronensaft bzw. Wasser, sodass der komplette Nagel jeweils mit der Flüssigkeit bedeckt ist.

Experiment 10: Säuren zersetzen Metalle

Dieses Experiment darf nur von Erwachsenen durchgeführt werden!

Material:
2 Bechergläser (100 ml), Magnesiumpulver (Vorsicht: Magnesiumpulver ist leicht entzündlich. Außerdem darf der Staub nicht eingeatmet werden.), Haushaltsessig, Essigessenz

Durchführung:
- Geben Sie in Glas 1 etwas Haushaltsessig, in Glas 2 etwas Essigessenz.
- Geben Sie in die zwei Gläser jeweils wenige Körnchen Magnesiumpulver.

Säuren zersetzen Metalle wie z. B. Magnesium. Hierbei entsteht das Gas Wasserstoff. Diese Reaktion ist eine sogenannte **Redoxreaktion**. Bei Redoxreaktionen werden Elektronen übertragen. In diesem Fall gehen Elektronen von dem Metall Magnesium auf das Nichtmetall Wasserstoff über. Je unedler das Metall ist, desto stärker verläuft die Reaktion.

Magnesium + Essigsäure → Magnesiumacetat + Wasserstoff

$$Mg + 2\,CHCOOH \rightarrow Mg(CHCOO)_2 + H_2$$

Bei diesem Experiment lässt sich die unterschiedliche Heftigkeit der Reaktion gut betrachten. Die Reaktion läuft im Becherglas mit Essigessenz stärker ab. Das ist darauf zurückzuführen, dass die Säurekonzentration in Essigessenz mit 25 Prozent höher ist als in Haushaltsessig mit 5 Prozent. Essigessenz ist somit saurer als Haushaltsessig: 25 Essigsäureteilchen kommen auf insgesamt 100 Teilchen (es existieren also 75 Wasserteilchen), im Haushaltsessig sind es nur 5 Essigsäureteilchen auf 100 Teilchen (95 Wasserteilchen).

Säuren begegnen uns nicht nur in Form von Fruchtsäften oder Essigreinigern, unser Körper selbst enthält Säuren, die wichtige Funktionen haben. So beträgt der pH-Wert unserer Haut etwa den Wert 5,5. Unsere Haut ist also eindeutig „sauer". Man spricht hier vom Säureschutzmantel der Haut. Dieser ist Teil des Hydrolipidfilms. Verantwortlich für den pH-Wert der Haut sind Säuren wie Milchsäure, Fettsäuren und Aminosäuren. Sie sorgen dafür, dass unsere Haut ausreichend Hautfette bildet, die Haut nicht austrocknet und krankheitserregende Bakterien und Keime vernichtet werden. Reinigungslotionen und Cremes enthalten u. a. aus diesem Grund Säuren: Sie tragen dazu bei, dass der pH-Wert der Haut aufrechterhalten wird und nicht zu hoch ansteigt.

In unserem Magen liegt eine hohe Salzsäurekonzentration vor: Die Magensäure weist einen pH-Wert von 1 bis 4 auf, der notwendig ist, um unsere Nahrung zu zersetzen und Bakterien abzutöten. Wenn wir sauer aufstoßen, passiert nichts anderes, als dass saurer Mageninhalt in die Speiseröhre gelangt.

14 Strom und Elektrizität

14.1 Was ist Strom?

In Kapitel 3.3.2 wurde der Aufbau von Atomen beschrieben. Atome haben stets dieselbe Anzahl an negativ geladenen Teilchen (Elektronen) wie an positiv geladenen Teilchen (Protonen). Da die Ladungen ausgeglichen sind, sind Atome weder positiv noch negativ geladen. Sie sind elektrisch neutral. Stellen Sie sich vor, den Atomen würden Elektronen (negative Ladungen) hinzugefügt oder abgezogen werden. Im ersten Fall hätten die Elektronen zu viele negative Ladungen, im zweiten Fall zu wenige. Im ersten Fall wäre das entstehende Teilchen negativ geladen, im zweiten Fall positiv. Können denn Elektronen so einfach hinzugefügt oder irgendwo weggenommen werden? Ja, können Sie! Die Elektronen, die sich am Rande der Atomhülle bewegen, können tatsächlich „wandern", wenn man sie nur genügend „anschubst", d. h. genug Energie hinzufügt. Dies zeigt das folgende Experiment:

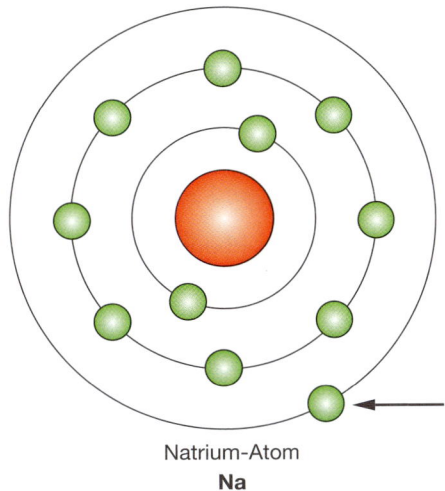

Natrium-Atom
Na

Experiment 1: die Luftpolsterfolie an der Wand

Material:
Luftpolsterfolie (alternativ ein Luftballon)

Durchführung:
- Probieren Sie ohne Hilfsmittel, die Luftpolsterfolie (einen aufgeblasenen Luftballon) an der Wand zu befestigen.
- Reiben Sie nun die Luftpolsterfolie bzw. den Luftballon an Wolle und halten Sie die Folie an die Wand.
- Notieren Sie Ihre Beobachtungen und versuchen Sie, diese zu erklären. Kleine Hilfe: Was ist Reibung?

Die Luftpolsterfolie bleibt nicht von allein an der Wand hängen. Die Schwerkraft sorgt dafür, dass sie sofort zu Boden fällt. Wenn man die Luftpolsterfolie jedoch elektrisch auflädt, verhält sich die Sache ganz anders. Aber was bedeutet das: elektrisch aufladen?

Durch Reibung wird Wärme erzeugt. Wärme ist nichts anderes als Energie. Diese Energie sorgt dafür, dass Elektronen wandern: In Experiment 1 wandern die Elektronen von der Wolle zur Luftpolsterfolie. Die Folie hat somit wesentlich mehr Elektronen als Protonen und ist negativ aufgeladen. Man spricht von elektrostatischer Aufladung, hervorgerufen durch einen Elektronentransfer. Hält man nun die Folie an die Wand, kommt es zu einer Anziehung zwischen der negativ aufgeladenen Folie und den positiven Teilchen in der Wand. So wie sich bei einem Magneten Plus- und Minuspol anziehen, so verhält es sich auch mit positiv und negativ geladenen Teilchen: Sie ziehen sich an. Alternativ kann die aufgeladene Luftpolsterfolie an kleine Papierschnipsel oder Salzkörnchen gehalten werden. Hier lässt sich dasselbe Phänomen beobachten: Die Folie zieht die Papierschnipsel und die Salzkörnchen an.

Entgegengesetzte Ladungen ziehen sich an, gleiche Ladungen stoßen sich ab.

Sie alle kennen das Phänomen – besonders im Winter –, dass das Aus- oder Anziehen eines Wollpullovers mit einem Knistern einhergeht: Man bekommt einen leichten elektrischen Schlag, die Haare stehen einem zu Berge. Die Ursache für dieses Phänomen ist die statische Aufladung von Pullover und eigenem Körper.

Vielleicht haben Sie sich auch schon einmal gefragt, warum sich auf dem Bildschirm des Fernsehers so gerne Staub ansammelt. Einige Staubpartikel sind negativ geladen, die Bildschirmoberfläche ist positiv geladen, sodass sich Staub und Bildschirmoberfläche gegenseitig anziehen.

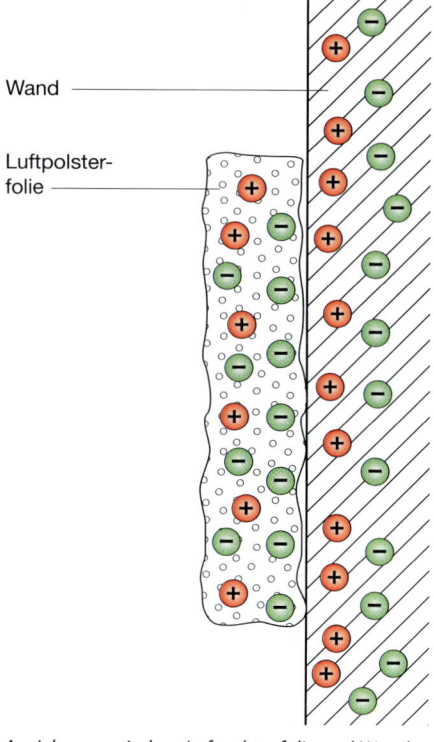

Wand

Luftpolsterfolie

Anziehung zwischen Luftpolsterfolie und Wand

Dies sind Beispiele für recht harmlose elektrostatische Auf- und Entladungen. Dass diese auch sehr viel energiereicher ablaufen können, zeigt uns die Natur, wenn ein Gewitter stattfindet. Blitze stellen selbst elektrische Entladungen dar. Ursache ist eine entgegengesetzte Ladung zwischen Wassertröpfchen und Eiskristallen in den Wolken. Ist die Ladungstrennung sehr groß, kommt es zu einem Ausgleich, indem eine Menge Elektronen fließen. Blitze sind nichts anderes als Elektronenflüsse.

Experiment 2: der krumme Wasserstrahl

Material:
Luftpolsterfolie, Wolle, Waschbecken mit Wasserhahn

Durchführung:
- Lassen Sie Wasser in einem dünnen Strahl aus dem Wasserhahn laufen.
- Laden Sie die Folie elektrisch auf, indem Sie diese an der Wolle reiben.
- Halten Sie dann die Folie zügig an den Wasserstrahl.

> ### Aufgabe
>
> *Notieren Sie Ihre Beobachtungen genau und versuchen Sie, diese zu deuten (Hilfestellung: Rufen Sie sich den Aufbau von Wasserteilchen in Erinnerung).*

Durch Reibung können Elektronen zum Wandern bewegt werden. Was hat dies nun mit Strom zu tun? Auch beim Stromfluss wandern Elektronen. Nun können wir leider nicht immer, wenn wir Strom benötigen, Luftpolsterfolie an einem Stück Wolle reiben und wandernde Elektronen erzeugen. Dies wäre auch nicht erfolgreich, da hier viel zu wenige wandernde Elektronen erzeugt werden.

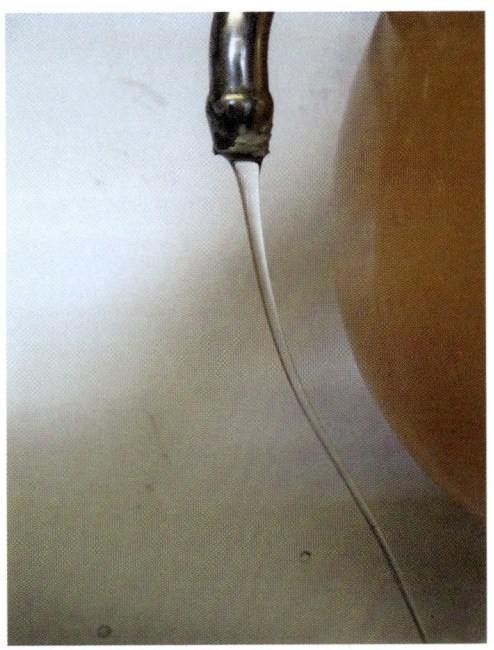

Strom: Durch Spannung hervorgerufener, gleichmäßiger Fluss von Elektronen. Strom wird in der Einheit Ampere gemessen.

Aufgabe

Stellen Sie sich vor, Sie müssten einen Tag lang ohne Strom auskommen. Welche Dinge könnten Sie nicht mehr tun? Welche Alternativen gibt es?

Strom ist **elektrische Energie** (vgl. Kapitel 3.3.4), die aus unserem Leben nicht mehr wegzudenken ist. Wir nutzen den Strom, um uns Vorgänge im alltäglichen Leben zu erleichtern.

Aufgaben

1. *Für welche der folgenden Dienstleistungen wird aus Ihrer Sicht pro Jahr am meisten Energie benötigt, für welche am wenigsten: Kühlen und Gefrieren, Licht, Warmwasser, Heizen, Fernseher, Waschen, Spülen, Bügeln, Kochen.*

2. *Messen Sie den Energieverbrauch verschiedener Geräte (Kühlschrank, Fernseher, Gefrierschrank, Spülmaschine, Waschmaschine, Kaffeemaschine, …) mithilfe eines Verbrauchsmessgerätes und rechnen Sie anhand der ermittelten Werte den Jahresverbrauch aus.*

14.2   Strom erzeugen und speichern

Strom kann aus verschiedenen Primärenergien (vgl. S. 71) gewonnen werden. Was aber ist Strom genau und wie wird er erzeugt?

Eine große Schwierigkeit besteht darin, Strom zu speichern. Das Problem ist also, immer genau so viel Strom zu produzieren, wie gerade benötigt wird. Eine Möglichkeit, Strom zu speichern, ist die Batterie. Ohne Batterien könnten wir unseren MP3-Player nicht benutzen, ebenso wenig unser Handy oder die elektrische Zahnbürste. Wir könnten keine Bilder mit unserer Kamera schießen und unser Laptop würde auch nicht funktionieren.

Wie funktionieren Batterien? Und was unterscheidet Akkus von normalen Batterien?

Experiment 3: Stromkreise

Material:
Kabel mit Krokodilklemmen, Blockbatterie (4,5 Volt), Fahrradglühlämpchen mit Fassung, Metallbüroklammern, Musterklammern

Durchführung:
- Schließen Sie an die beiden Enden der Glühlämpchen-Fassung Krokodilklemmen an und verbinden Sie diese mit der Batterie. Dabei spielt es keine Rolle, welches Kabel mit dem Plus- oder Minuspol verbunden wird.
- Notieren Sie Ihre Beobachtungen und versuchen Sie, diese zu erklären.
- Bauen Sie Schalter in den Stromkreis ein.

Ein Stromkreis besteht immer aus einer Spannungsquelle (Batterie), Leitungen (Kabel) und einem Verbraucher (Glühlämpchen).

Der von der Batterie bereitgestellte Strom sorgt dafür, dass das Lämpchen leuchtet. Aber wie? Batterien bestehen aus zwei verschiedenen Kammern. Vereinfacht gesagt enthält eine der Kammern einen Überschuss an negativen Ladungen, an Elektronen. Dies ist der Minuspol. Die zweite Kammer enthält mehr positive Ladungen, also einen Mangel an Elektronen. Dies ist der Pluspol. Diese unterschiedlichen Ladungsverhältnisse werden durch chemische Reaktionen, die in

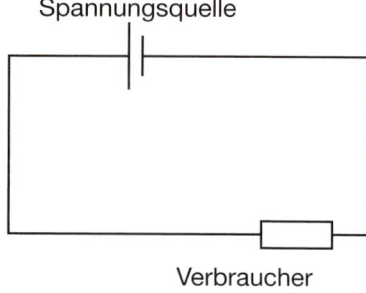

Spannungsquelle

Verbraucher

Stromkreis

der Batterie ablaufen, hervorgerufen. Beide Kammern sind nicht miteinander verbunden, können also keine Teilchen untereinander austauschen. Das würden sie aber gerne, da jedes System auf ein Gleichgewicht hin angelegt ist. Ein System, das nicht im Gleichgewicht ist, versucht dies so schnell wie möglich herzustellen. Wenn Sie z. B. in eine Tasse mit kalt gewordenem Kaffee heißen Kaffee nachschenken, wird sich dieser schnell vermischen und die Temperatur des Kaffees wird in der gesamten Tasse gleich sein. Es wird nicht der Fall sein, dass der kalte Kaffee beispielsweise unten in der Tasse verbleibt und der heiße Kaffee darüber. Dieses Beispiel lässt sich auf die Funktionsweise einer Batterie übertragen. Auch die Batterie ist auf einen Ausgleich angelegt, in diesem Fall auf einen Ladungsausgleich, bei welchem in beiden Kammern gleich viele negative und positive Ladungen vorherrschen. In der Kammer mit dem Elektronenüberschuss herrscht ein hoher Druck an Elektronen, während in der anderen Kammer zu wenig Elektronen vorhanden sind. Verbindet man nun beide Kammern leitend miteinander, so fließen die Elektronen vom Minus- zum Pluspol, also vom Elektronenüberschuss zum Elektronenmangel. Das Kabel ist in der Lage, diese Elektronen zu transportieren. Der Elektronenfluss kommt also nur dadurch zustande, dass zwischen beiden Polen eine elektrische Spannung herrscht, welche durch die unterschiedlichen Ladungen hervorgerufen wird. Elektrische Spannung ist somit nichts anderes als das Bestreben, einen ausgeglichenen, einen Gleichgewichtszustand wieder herzustellen. Die am Minuspol durch chemische Reaktionen produzierten negativen Ladungen (Elektronen) werden durch das Kabel zu der Stelle transportiert, an der zu wenig Elektronen vorhanden sind. Die Elektronen, die am Pluspol ankommen, werden stets durch chemische Reaktionen wieder entfernt, sodass immer mehr Elektronen nachrücken können und der Elektronenfluss nicht abbricht. Dies kann man sich wie einen Süßigkeitenautomaten vorstellen: Indem unten eine Packung Kaugummis entnommen wird, rutscht automatisch die nächste nach.

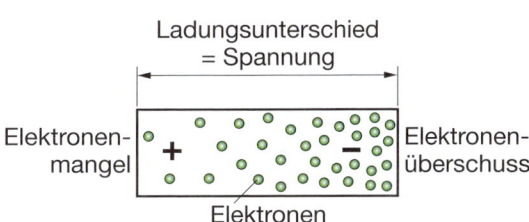

Die Funktionsweise einer Batterie lässt sich sehr anschaulich in einem Modell nachstellen:

Experiment 4: Bau eines Batteriemodells

Material:
zwei gleich große PET-Flaschen (Hartplastik), Wasser, Knete, Verbindungsrohr mit Hahn (alternativ Plastikschlauch mit Klemme)

Durchführung:
- Bohren Sie in beide Plastikflaschen auf gleicher Höhe ein Loch in der Größe, dass das Verbindungsrohr gerade hindurchpasst.
- Dichten Sie die Öffnung mit Knete ab.
- Achten Sie darauf, dass das Verbindungsstück geschlossen ist und füllen Sie eine der Flaschen mit Wasser.
- Öffnen Sie nun den Hahn am Verbindungsstück.

Nun ist aber noch nicht erklärt, warum das Glühbirnchen leuchtet, sobald es in einen geschlossenen Stromkreis eingebunden ist, in dem ein gerichteter Fluss an Elektronen vorherrscht.

Auf dem Weg zum Pluspol der Batterie kommen die Elektronen an der Glühlampe vorbei. Hier müssen sie einen engen Weg passieren: Wenn die Elektronen durch den feinen Draht der Glühbirne fließen, wird Reibung erzeugt, die wiederum Wärme hervorruft. Diese bringt den Draht in der Glühbirne zum Glühen, das Lämpchen leuchtet.

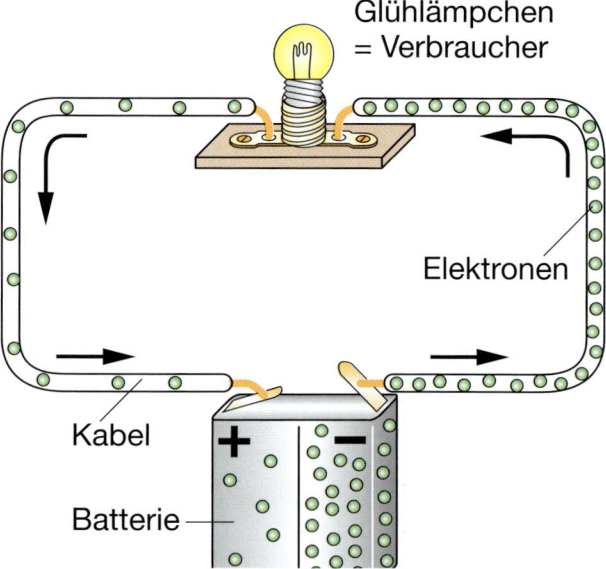

Wanderung von Elektronen im Stromkreis

Experiment 5: mehrere Glühbirnchen mit einer Batterie zum Leuchten bringen

Material:
Kabel mit Krokodilklemmen, Blockbatterie (4,5 Volt), Fahrradglühlämpchen mit Fassung, Metallbüroklammern, Musterklammern

Durchführung:
- Stellen Sie einen Stromkreis mit zwei Glühbirnchen her. Integrieren Sie ein drittes und viertes Lämpchen in diesen.
- Notieren Sie Ihre Beobachtungen.
- Versuchen Sie, mithilfe einer einzigen Batterie zwei Glühbirnchen genauso stark zum Leuchten zu bringen, als wäre nur ein Lämpchen im Stromkreis vorhanden.

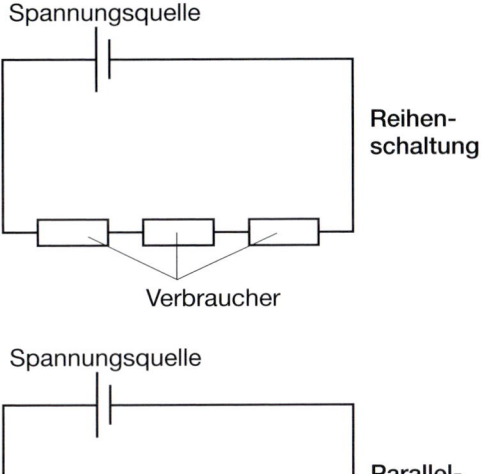

Wenn man mehrere Glühbirnchen in einen Stromkreis einbaut, spricht man von einer **Reihenschaltung**. Je mehr Glühbirnchen in Reihe geschaltet sind, desto schwächer leuchten sie. Dies kann man sich folgendermaßen vorstellen: An jeder Glühbirne müssen die Elektronen einen engen Draht passieren. Dadurch wird der Elektronenfluss langsamer. Pro Zeiteinheit gelangen weniger Elektronen durch den Draht, die Stromstärke verringert sich und die Lämpchen leuchten schwächer. Man kann sich ein Bild vorstellen, um dies zu veranschaulichen. Stellen Sie sich vor, eine dreispurige Autobahn wird alle fünf Kilometer einspurig. Die Autos werden immer dann langsamer, wenn sie die verengte Fahrbahn passieren. Insgesamt ist also die Geschwindigkeit der Autos auf dieser Strecke geringer, als wenn die Autos die ganze Strecke über eine dreispurige Autobahn zur Verfügung hätten. Bringt man jeweils ein Glühbirnchen in zwei getrennte Stromkreise ein, so leuchten die Lämpchen gleich intensiv. Man spricht von einer **Parallelschaltung**. In diesem Fall wird die Batterie schneller entladen, da durch zwei Stromkreise auch doppelt so viele Elektronen fließen.

Die Elektronen fließen so lange vom Minus- zum Pluspol, bis – vereinfacht gesagt – in beiden Kammern die gleiche Anzahl an Elektronen vorliegt. Dann ist die Batterie „leer". Dieses Wort ist missverständlich, da die Batterie nicht leer ist, sondern lediglich keine Elektronen mehr fließen, da nun ein Gleichgewicht herrscht. Für den Fall, dass es sich um eine einfache Batterie handelt, kann diese nun über den Sondermüll entsorgt werden. Bei einem Akkumulator sieht die Sache etwas anders aus. Indem man diesen an die Steckdose anschließt, also dem System Energie in Form von Strom zuführt, laufen chemische Reaktion ab, die dafür sorgen, dass wieder ein Ungleichgewicht von Ladungen in beiden Kammern entsteht. Der Minuspol hat dann wieder einen Überschuss an Elektronen und das Entladen der Batterie kann von vorn beginnen.

Die Energie, welche bei einem Stromfluss umgesetzt wird, ist abhängig von der angelegten Spannung und der Stromstärke.

Spannung: Ladungsunterschied zwischen zwei Polen, der Elektronen zur Bewegung zwingt. Je größer der Ladungsunterschied, desto höher ist die Spannung. Je größer die angelegte Spannung, desto stärker der Elektronenfluss. Einheit: Volt

Stromstärke: Anzahl an Elektronen, die in einer festgelegten Zeiteinheit durch ein Kabel fließen. Einheit: Ampere

Die Spannung ist vergleichbar mit dem Druck auf einer Wasserleitung. Ein hoher Druck sorgt dafür, dass pro Zeiteinheit eine große Menge an Wasser durch die Leitung fließt. Die Stromstärke stellt in diesem Modell also die Wassermenge dar, die pro Zeiteinheit aus dem Wasserhahn fließt.

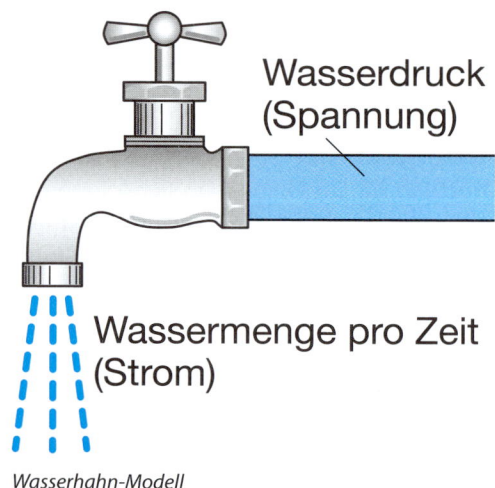

Wasserhahn-Modell

Elektrischer Strom kann in Licht umgewandelt werden. Dabei ist Strom nicht gleich Strom: Der für die Taschenlampe durch die Batterie bereitgestellte Strom ist Gleichstrom. Das bedeutet, die Elektronen fließen lediglich in eine Richtung – vom Minuspol zum Pluspol. Der Strom, mit dem wir im Wohnzimmer die Stehlampe zum Leuchten bringen, ist dagegen Wechselstrom: Beim Wechselstrom ändert sich in Sekundenbruchteilen (in deutschen Stromnetzen 100-mal in der Sekunde) immer wieder die Richtung des Elektronenflusses, indem Plus- und Minuspol ständig ihre Funktion wechseln. Bei Wechselstrom ist es einfacher, Spannungen zu transformieren, außerdem gibt es weniger Energieverlust.

Die an einer Batterie befestigten Kabel sind in der Lage, die Elektronen weiterzuleiten. Welche weiteren Materialien leiten den elektrischen Strom?

Experiment 6: Leiter oder Nichtleiter?

Material:
Blockbatterie (4,5 Volt), Messstrippen mit Krokodilklemmen, Glühlämpchen mit Fassung, Metalllöffel, Schraube, Bleistift, Schere, Münze, Alufolie, Büroklammer, Holzspieß, Becherglas

Durchführung:
Stellen Sie einen Stromkreis her, in den Sie die zu testenden Materialien einbauen.

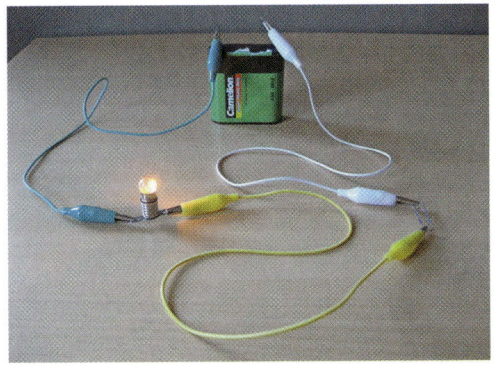
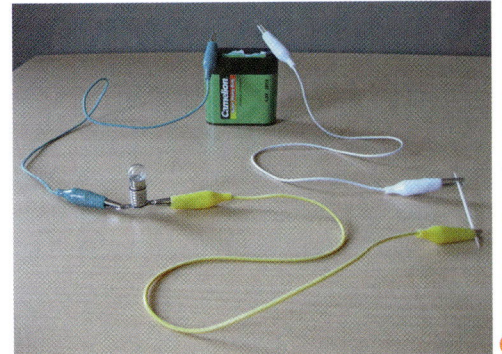

Aufgabe

Ordnen Sie die Materialien nach Leiter/Nichtleiter und versuchen Sie, eine Erklärung dafür zu finden, dass manche Stoffe den Strom leiten, andere wiederum nicht.

Stoffe, die den elektrischen Strom leiten, werden als **Leiter** bezeichnet. Allen Leitern ist eines gemeinsam: Sie besitzen frei bewegliche Elektronen. Sobald durch die in der Batterie vorherrschende Spannung Elektronen in Bewegung gesetzt werden, werden die freien Elektronen in dem Leiter in eine Richtung bewegt: Durch den Leiter fließt elektrischer Strom.

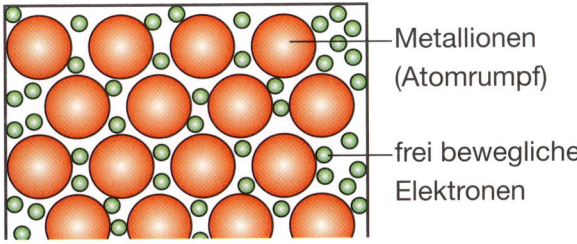

Metallionen (Atomrumpf)

frei bewegliche Elektronen

Leiter sind in der Regel Metalle wie Kupfer, Silber, Eisen oder Aluminium. In Metallen sind die Außenelektronen frei beweglich; sie bewegen sich als sogenanntes Elektronengas um die positiv geladenen Atomrümpfe herum.

Je mehr freie Elektronen ein Stoff besitzt, desto höher ist seine Leitfähigkeit.

Die Stoffe, die keinen elektrischen Strom leiten können, werden als **Nichtleiter** oder auch als **Isolatoren** bezeichnet. Sie besitzen wenige bis gar keine freien Elektronen, sodass der Strom durch diese nicht weitergeleitet werden kann. Stoffe wie Glas, Kunststoff oder Holz gehören zu den Isolatoren. Dass die Messstrippen z. B. mit einer Kunststoffummantelung versehen sind, hat den Grund, uns vor dem Metalldraht zu schützen, durch welchen ein elektrischer Strom fließt, sobald der Stromkreis geschlossen ist.

Bislang wurden nur Feststoffe auf ihre elektrische Leitfähigkeit überprüft. Können auch Flüssigkeiten, z. B. Wasser, den elektrischen Strom leiten?

Experiment 7: Leitet Wasser den elektrischen Strom?

Material:

Becherglas mit Wasser (ca. 200 ml), Salz, drei Messstrippen mit Krokodilklemmen, Blockbatterie, Glühlämpchen mit Fassung, Alufolie

Durchführung:

- Schließen Sie die Messstrippen an Batterie und Glühlämpchen an und befestigen Sie an den Enden der Krokodilklemmen etwas Alufolie.
- Tauchen Sie die Alufolienenden in das Wasser und beobachten Sie, ob das Lämpchen leuchtet.
- Geben Sie nun einen gestrichenen Teelöffel Salz hinzu, rühren Sie um und beobachten Sie das Lämpchen. Wiederholen Sie den Vorgang, bis keine Änderung beim Lämpchen mehr beobachtbar ist.

Aufgabe

Notieren Sie Ihre Beobachtungen und versuchen Sie, diese zu deuten.

Auch Flüssigkeiten können den elektrischen Strom leiten. Dies hängt von den Ladungen ab, die in der Flüssigkeit vorliegen. In reinem Leitungswasser befinden sich zwar geladene Teilchen (Salze, Mineralstoffe, Oxonium- und Hydroxidteilchen), aber die Anzahl dieser ist zu gering, als dass elektrischer Strom fließen könnte. Anders verhält es sich bei Salzwasser. In diesem befinden sich viele geladene Teilchen, die sogenannten Ionen (Natrium- und Chloridionen). Diese sorgen dafür, dass Elektronen durch die Flüssigkeiten fließen können.

Salzlösung leitet den elektrischen Strom

Mit Kindern zum Thema Strom experimentieren

Schon Kinder im Vorschulbereich können zum Thema Strom experimentieren. Es ist notwendig, im Vorfeld mit den Kindern das Thema Sicherheit zu besprechen. Der Umgang mit dem Material muss ihnen erklärt und vertraut gemacht werden, sodass es beispielsweise nicht zu Kurzschlüssen kommt. Wird im Freispiel eine Experimentierkiste zum Thema Strom angeboten, so sollte dies immer von einer Fachkraft begleitet werden.

Bei Kindern im Vorschulalter spielen Erklärungen zum Stromkreis eine untergeordnete Rolle; vielmehr können Beobachtungen phänomenologisch im Sinne von Wenn-dann-Beziehungen gedeutet werden, z.B.:

- **Wenn** das Glühbirnchen mit Kabeln an der Batterie angeschlossen ist, **dann** leuchtet es.

- **Wenn** das Glühbirnchen an einer Seite nicht mit der Batterie verbunden ist, **dann** leuchtet es nicht.

Folgende motivierende Aufgabe könnte im Kindergarten gestellt werden:

Aufgabe

Im Puppenhaus ist kein Licht, sodass alle Bewohner im Dunkeln sitzen. Sorgt dafür, dass Licht ins Puppenhaus kommt. Überlegt, wie man einen Schalter einbauen könnte, sodass man das Licht ein- und ausschalten kann.

Haben die Kinder schon im Vorfeld zum Thema Stromkreise geforscht, könnte diese Aufgabe eine Anwendungsaufgabe darstellen, anhand der die Kinder z.B. zeigen könnten, dass sie den Unterschied zwischen einer Parallel- und einer Reihenschaltung verstanden haben.

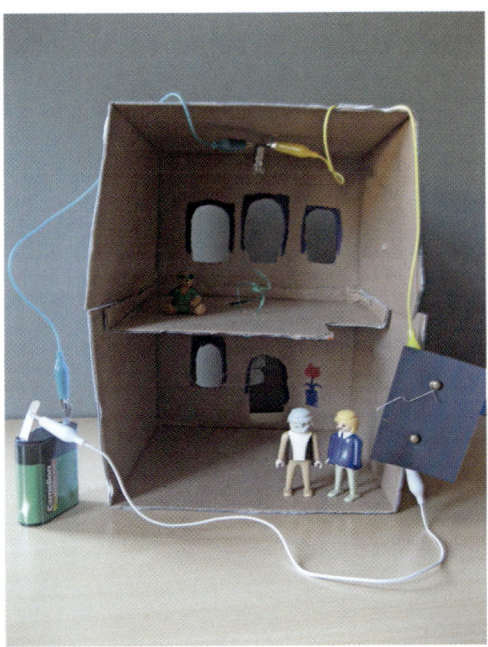
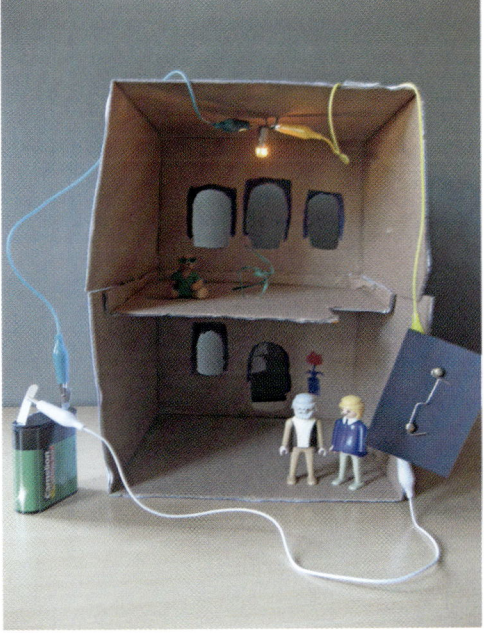

Situation Kindertageseinrichtung Sonnenstraße

Noah und Maya absolvieren in der Kindertageseinrichtung Sonnenstraße ihr Vertiefungspraktikum. Sie sind u. a. mitverantwortlich für die Planung und Durchführung von Forscher- und Experimentierangeboten für die Vorschulkinder.

Am Montag kommt Paula zu den beiden Praktikantinnen und erzählt ganz aufgeregt: „Am Wochenende waren wir auf dem Stadtfest und da habe ich ein ganz tolles Spiel gespielt. Das hieß ‚Der heiße Draht'. Man musste mit einem Stab an einem Draht entlanggehen, ohne ihn zu berühren. Immer wenn man ihn berührt hat, dann hat es gepiept. Ich habe gewonnen, weil ich am weitesten gekommen bin, ohne dass es gepiept hat. Können wir das Spiel nicht für unsere Gruppe anschaffen? Dann könnten wir hier auch richtige Wettbewerbe machen!"

Paulas Bericht bringt Noah und Maya auf eine Idee! Könnte man nicht den heißen Draht mit den Kindern nachbauen?

Aber dazu müsste man wissen, wie der überhaupt funktioniert ...

Können Sie den beiden helfen? Fertigen Sie eine Konstruktionsskizze an, notieren Sie benötigte Materialien und konstruieren Sie in Kleingruppen den „heißen Draht". Stellen Sie sich untereinander Ihre Ergebnisse vor und erläutern Sie Aufbau und Funktionsweise des heißen Drahtes.

Literaturverzeichnis

Aichele, Dietmar/Golte-Bechtle, Marianne: Was blüht denn da?, 57. Auflage, Stuttgart: Franckh-Kosmos, 2005.

Arbeitsgruppe Pädagogik der Frühen Kindheit an der Evangelischen Fachhochschule Freiburg: Rahmenkonzept. Pädagogik der Frühen Kindheit, 2006, abgerufen unter: www.bosch-stiftung.de/content/language1/downloads/leitbild-pfk-freiburg.pdf [25.11.2013].

Arnold, Karin u. a.: Chemie plus, Berlin: Volk und Wissen, 2000.

Asselborn, Wolfgang/Jäckel, Manfred/Risch, Karl T. (Hrsg.): Chemie, Sekundarbereich I. Gesamtband Nordrhein-Westfalen, Hannover: Schroedel, 2001.

Bauer, Joachim: Unser flexibles Erbe, in: Gehirn und Geist, Nr. 9/2007, S. 58–65.

Bergstedt, Christel (Hrsg.): Naturwissenschaften: Biologie, Chemie, Physik – Wasser, Berlin: Cornelsen, 2001.

Bergstedt, Christel (Hrsg.): Naturwissenschaften: Biologie, Chemie, Physik – Boden, Berlin: Cornelsen, 1998.

Bergstedt, Christel (Hrgs.): Naturwissenschaften: Biologie, Chemie, Physik – Vom Waschen, Berlin: Cornelsen, 2000.

Bergstedt, Christel (Hrsg.): Naturwissenschaften: Biologie, Chemie, Physik – Luft, Berlin: Cornelsen, 2002.

Bertelsmeier, Petra: Braucht der Regenwurm keine Beine?, Donauwörth: Auer, 2009.

Braun, Anna Katharina/Meier, Michaela: „Wie Gehirne laufen lernen oder: Früh übt sich, wer ein Meister werden will!" Überlegungen zu einer interdisziplinären Forschungsrichtung „Neuropädagogik", in: Neurodidaktik, hrsg. von Ullrich Herrmann, Weinheim: Beltz, 2006, S. 97–110.

BDEW Bundesverband der Energie- und Wasserwirtschaft e.V.: Trinkwasserverwendung im Haushalt 2012, 8.4.2013, abgerufen unter: http://www.bdew.de/internet.nsf/id/3852C5217E9FD4E1C125786C004274E7/$file/Trinkwasserverwendung%20im%20HH%202012.pdf [25.11.2013].

Campbell, Neil A./Reece, Jane B./Markl, Jürgen: Biologie, 6. Auflage, Heidelberg: Spektrum, 2003.

Caspary, Ralf (Hrsg.): Lernen und Gehirn: Der Weg zu einer neuen Pädagogik, 6. Auflage, Freiburg: Herder, 2009.

Dalhaus, Jennifer: Kann man die Luft auch sehen? Donauwörth: Auer, 2009.

Dalhaus, Jennifer: Basiswissen Mathematisch-naturwissenschaftliche Erziehung für die sozialpädagogische Erstausbildung, Troisdorf: Bildungsverlag Eins, 2011.

DeLoache, Judy S.: Wie Kinder in Symbolen denken lernen, in: Spektrum der Wissenschaft. Dossier, 3/2007, S. 40–45.

Deutsches PISA-Konsortium (Hrsg.): Schülerleistungen im internationalen Vergleich. Eine neue Rahmenkonzeption für die Erfassung von Wissen und Fähigkeiten, Berlin: Max-Planck-Institut für Bildungsforschung, 2000.

Dürr, Hans-Peter: Auch die Wissenschaft spricht nur in Gleichnissen. Die neue Beziehung zwischen Religion und Naturwissenschaften, Freiburg: Herder, 2004.

Eilers-Born, Birgit: Schad- und Fremdstoffe in Haushalt und Umwelt. Experimente für den Unterricht, Hannover: Schroedel, 1999.

Eitel, Andreas: Natur-Wissen schaffen, Band 1: Dokumentation des Forschkönige-Wettbewerbs, Troisdorf: Bildungsverlag Eins, 2009.

Elschenbroich, Donata: Weltwissen der Siebenjährigen, 8. Auflage, München: Goldmann, 2002.

Engelen, Achim/Jonen, Angela/Möller, Kornelia: Lernfortschrittsdiagnosen durch Interviews – Ergebnisse einer Pilotstudie zum „Schwimmen und Sinken" im Sachunterricht der Grundschule, in: Ansätze und Methoden empirischer Forschung zum Sachunterricht (= Forschungen zur Didaktik des Sachunterrichts, Band 5), hrsg. von Kay Spreckelsen, Kornelia Möller und Andreas Hartinger, Bad Heilbrunn: Klinkhardt, 2002, S. 155–173.

Flammer, August: Entwicklungstheorien. Psychologische Theorien der menschlichen Entwicklung, 3. Auflage, Bern: Hans Huber, 2003.

Foodnews. Das Internet-Magazin rund um die Themen Lebensmittel, Herstellung, Konsum und Ernährung: Die küchentechnisch relevanten Bestandteile eines Eis, abgerufen unter: www.foodnews.ch/faq/10_faq/Eier_Inhaltsstoffe.html [15.11.2013]

Fthenakis, Wassilios: Elementarpädagogik nach PISA, 5. Auflage, Freiburg: Herder, 2003.

Fthenakis, Wassilios: Frühe naturwissenschaftliche Bildung. Handbuch Natur-Wissen schaffen, Band 3, Troisdorf: Bildungsverlag Eins, 2009a.

Fthenakis, Wassilios: Frühe technische Bildung. Handbuch Natur-Wissen schaffen, Band 4, Troisdorf: Bildungsverlag Eins, 2009b.

Gisbert, Kristin: Lernen lernen: Lernmethodische Kompetenzen von Kindern in Tageseinrichtungen fördern, Weinheim: Beltz, 2004.

Goschke, Thomas: Lernen und Gedächtnis. Mentale Prozesse und Gehirnstrukturen, in: Kopf-Arbeit, hrsg. von Gerhard Roth und Wolfgang Prinz, Heidelberg: Spektrum, 1996.

Habelitz-Tkotz, Waltraud: Kumulativ Lernen, in: Naturwissenschaften im Unterricht. Chemie, Heft 76/77, Nr. 04/2003, Seelze: Friedrich, 2003, S. 238.

Haug-Schnabel, Gabriele/Bensel, Joachim: Grundlagen der Entwicklungspsychologie: Die ersten 10 Jahre, Freiburg: Herder, 2005.

Haug-Schnabel, Gabriele/Bensel, Joachim: Kindergarten heute spezial. Vom Säugling zum Schulkind – Entwicklungspsychologische Grundlagen, Freiburg: Herder, 2006.

Hellmich, Frank/Köster, Hilde: Vorschulische Bildungsprozesse in Mathematik und Naturwissenschaften, Bad Heilbrunn: Klinkhardt, 2008.

Hempel, Carl Gustav: Philosophie der Naturwissenschaften, 2. Auflage, München: dtv, 1977.

von Hentig, Hartmut: Bildung – Ein Essay, München: Carl Hanser, 1996.

Herrmann, Ulrich: Neurodidaktik. Grundlagen und Vorschläge für gehirngerechtes Lehren und Lernen, Weinheim: Beltz, 2006.

Herrmann, Ulrich: Lernen – vom Gehirn aus betrachtet, in: Gehirn und Geist, Nr. 12/2008, S. 44–48.

Hildebrandt, Anette: Wie kommt das Wasser in den Wasserhahn? Würzburg: Arena, 2007.

Illner, Regine: Naturwissenschaft und Sprache. Erarbeitung eines Konzeptes zur Verknüpfung des Bildungsbereiche Naturwissenschaften mit der sprachlichen Förderung in Kindertagesstätten, Deutsches Jugendinstitut, abgerufen unter: www.dji.de/bibs/384_Expertise_Naturwissenschaften_Illner.pdf [15.11.2013].

Jonen, Angela/Hardy, Ilonca/Möller, Kornelia: Schwimmt ein Holzbrett mit Löchern?, in: Jahrbuch Grundschule IV: Fragen der Praxis – Befunde der Forschung, Sonderband S. 64, hrsg. von Angelika Speck-Hamdan u. a., 2003, S. 159–164.

Jonen, Angela/Möller, Kornelia/Engelen, Achim: Wie kommt es, dass ein eisernes Schiff nicht untergeht?, in: Individuelles und soziales Lernen in der Grundschule – Kinderperspektive und pädagogische Konzepte (= Jahrbuch Grundschulforschung Band 5), hrsg. von Hanns Petillon, Opladen: Leske + Budrich, 2002, S. 59–69.

Karsten, Hartmut: 0–3 Jahre. Entwicklungspsychologische Grundlagen, Weinheim: Beltz, 2005.

Karsten, Hartmut: 4–6 Jahre. Entwicklungspsychologische Grundlagen, Weinheim: Beltz, 2005.

Klepel, Gert: Naturwissenschaften Gesundheit, Berlin: Cornelsen, 2003.

Koerber, Susanne: Entwicklung des wissenschaftlichen Denkens bei Vier- bis Achtjährigen, in: Beiträge zur Lehrerbildung, Nr. 2/2006, hrsg. von der Schweizerischen Gesellschaft für Lehrerinnen- und Lehrerbildung (SGL, BzL), Postfach 3506 Grosshöch-stetten/ Schweiz, S. 192–201.

Koerber, Susanne/Sodian, Beate/Thoermer, Claudia/Nett, Ulrike: Scientific reasoning in young children. Preschoolers' ability to evaluate Covariation Evidence, in: Swiss Journal of Psychology, 64 (3), 2005, S. 141–152.

Kühne, Norbert/Lutz, Rainer: Förderung der Sinne, in: Praxisbuch Sozialpädagogik, Band 6, hrsg. von Norbert Kühne, Troisdorf: Bildungsverlag Eins, 2008.

Kwee, Dirk/Hoennecke, Christian: Experimentieren an Stationen in der Grundschule. Schwimmen und Sinken: 2./3. Schuljahr. Kopiervorlagen und Materialien, Berlin: Cornelsen Scriptor, 2008.

Lefrancois, Guy R. : Psychologie des Lernens, 4. Auflage, Heidelberg: Springer, 2006.

Lück, Gisela: Naturwissenschaften im frühen Kindesalter, 2007a, abgerufen unter: www.uni-bielefeld.de/chemie/dc/NWKind.pdf [15.11.2013].

Lück, Gisela: Handbuch der naturwissenschaftlichen Bildung. Theorie und Praxis für die Arbeit in Kindertageseinrichtungen, 6. Auflage, Freiburg: Herder, 2007b.

Lück, Gisela/Köster, Hilde: Physik und Chemie im Sachunterricht, Braunschweig: Westermann, 2006.

Meixner, Johanna/Müller, Klaus (Hrsg.): Konstruktivistische Schulpraxis. Beispiele für den Unterricht, Neuwied: Luchterhand, 2001.

Merdian, Gerhild: Training mathematischer Grundfertigkeiten im Vorschul- und Grundschulalter, in: KiTa aktuell BY, 7/8, 2006, S. 148–151.

Merkel, Johannes: Gebildete Kindheit. Wie die Selbstbildung von Kindern gefördert wird. Handbuch der Bildungsarbeit im Elementarbereich, Bremen: edition lumiére, 2005.

Möller, Kornelia/Jonen, Angela/Hardy, Ilonca/Stern, Elsbeth: Die Förderung von naturwissenschaftlichem Verständnis bei Grundschulkindern durch Strukturierung der Lernumgebung, in: 45. Beiheft der Zeitschrift für Pädagogik. Bildungsqualität von Schule: Bedingungen mathematischer, naturwissenschaftlicher und überfachlicher Kompetenzen, hrsg. von Manfred Prenzel und Jörg Doll, Weinheim: Beltz, 2002, S. 176–191.

Mortimer, Charles E.: Chemie. Das Basiswissen der Chemie, 9. Auflage, übersetzt von Ulrich Müller, Stuttgart: Thieme, 2007.

Näger, Sylvia: Wo beginnt eigentlich Physik? Kinder haben Spaß an Naturgesetzen, in: kindergarten heute, 1/2005, S. 28–33.

Nentwig, Peter/Schanze, Sascha (Hrsg.): Es ist nie zu früh. Naturwissenschaftliche Bildung in jungen Jahren, Münster: Waxmann, 2006.

Österreicher, Herbert: Natur- und Umweltpädagogik für sozialpädagogische Berufe, Köln: Bildungsverlag Eins, 2011.

Pfeifer, Peter: Konkrete Fachdidaktik Chemie, 2. Auflage, München: Oldenbourg, 1997.

Pramling Samuelsson, Ingrid/Asplund Carlsson, Maj: Spielend lernen. Stärkung lernmethodischer Kompetenzen, Troisdorf: Bildungsverlag Eins, 2007.

Prenzel, Manfred/Parchmann, Ilka: Kompetenz entwickeln – Vom naturwissenschaftlichen Arbeiten zum naturwissenschaftlichen Denken im Chemieunterricht, in: Naturwissenschaften im Unterricht. Chemie 14 (76/77), Seelze: Friedrich, 2003, S. 15–21.

Ratey, John: Das menschliche Gehirn, übersetzt von Sonja Schuhmacher, Darmstadt: Wiss. Buchgesellschaft, 2001.

Reich, Kersten: Benötigen wir einen neuen konstruktivistischen Denkansatz? Fragen aus der Sicht des interaktionistischen Konstruktivismus, in: Wirklichkeit und Welterzeugung. In memoriam Nelson Goodman, hrsg. von Hans Rudi Fischer und Siegfried J. Schmidt, Heidelberg: Carl Auer, 2000.

Reich, Kersten: Kindheit als Konstrukt, abgerufen unter: www.uni-koeln.de/hf/konstrukt/ texte/download/kindheit.pdf [15.11.2013].

Renninger, Suzann-Viola: Vom Frauen- zum Vertrauenshormon, in: Spektrum der Wissenschaft, 08/2005, S. 21–23.

Robert Bosch Stiftung GmbH (Hrsg.): Frühpädagogik Studieren – ein Orientierungsrahmen für Hochschulen, Stuttgart, Robert Bosch Stiftung GmbH, 2008.

Ross, Philip E.: Wie Genies denken, in: Spektrum Dossier, Nr. 3/2008, Heidelberg: Spektrum Verlagsgesellschaft mbH, S. 62–69.

Roth, Gerhard/Prinz, Wolfgang: Kopf-Arbeit, Heidelberg: Spektrum Akademischer Verlag, 1996.

RWE AG: Energie. Entdecke, was die Welt bewegt, Hamburg: Hoffmann und Campe, 2008.

Sapper, Norbert/Widhalm, Helmut: Einfache biologische Experimente, Wien: öbv et hpt, 2000.

Schäfer, Gerd E.: Einführung in die Pädagogik der Frühen Kindheit - Anthropologische Grundlagen und Konzepte, 2004, abgerufen unter: www.uni-koeln.de/ew-fak/paedagogik/fruehekindheit/texte/einfuehrung02.html [11.03.2009].

Schäfer, Gerd E.: Bildung beginnt mit der Geburt. Ein offener Bildungsplan für Kindertages-einrichtungen in Nordrhein-Westfalen, Weinheim: Beltz, 2005a.

Schäfer, Gerd. E.: Bildungsprozesse im Kindesalter. Selbstbildung, Erfahrung und Lernen in der frühen Kindheit, 3. Auflage, Weinheim: Juventa, 2005b.

Schirp, Heinz: Neurowissenschaften und Lernen. Was können neurobiologische Forschungsergebnisse zur Weiterentwicklung von Lehr- und Lernprozessen beitragen?, in: Lernen und Gehirn: Der Weg zu einer neuen Pädagogik, hrsg. von Ralf Caspary, 6. Auflage, Freiburg: Herder, 2006.

Schlag, Bernd: Naturwissenschaftliche Forscherecken im Kindergarten einrichten und nutzen, Berlin: Cornelsen Scriptor, 2008.

Schmidtkunz, Heinz/Lindemann, Helmut: Das forschend-entwickelnde Unterrichtsverfahren, in: Konkrete Fachdidaktik Chemie, hrsg. von Peter Pfeifer, 2. Auflage, München: Oldenbourg, 1997, S. 213–222.

Shonkoff, Jack P./Phillips, Deborah A. (Hrsg.): From Neurons to Neighborhoods. The science of Early Childhood Development und Washington D.C.: National Academy Press, 2000.

Singer, Wolf: Der Beobachter im Gehirn. Essays zur Hirnforschung, Frankfurt a. M.: Suhrkamp, 2002.

Sodian, Beate/Thoermer, Claudia/Kircher, Ernst/Grygier, Patricia/Günther, Johannes: Vermittlung von Naturwissenschaftsverständnis in der Grundschule, in: Zeitschrift für Pädagogik 45, Beiheft, 2002, S. 192–206.

Sodian, Beate/Zaitchik, Deborah/Carey, Susan: Young children's differentiation of hypothetical beliefs from evidence, in: Child development, Nr. 6/1991, S. 753–766.

Sodian, Beate/Jonen, Angela/Thoermer, Claudia/Kircher, Ernst: Die Natur der Naturwissenschaften verstehen. Implementierung wissenschaftstheoretischen Unterrichts in der Grundschule, in: Untersuchungen zur Bildungsqualität von Schule. Abschlussbericht des DFG-Schwerpunktprogramms, hrsg. von Manfred Prenzel und Lars Allolio-Näcke, Münster: Waxmann, 2006, S. 147–160.

Sodian, Beate/Koerber, Susanne/Thoermer, Claudia: Zur Entwicklung des naturwissenschaftlichen Denkens im Vor- und Grundschulalter, in: Es ist nie zu früh. Naturwissenschaftliche Bildung in jungen Jahren, hrsg. von Peter Nentwig und Sascha Schanze, Münster: Waxmann, 2006, S. 11–20.

Spitzer, Manfred: Geist im Netz. Modelle für Lernen, Denken und Handeln, Heidelberg: Spektrum Akademischer Verlag, 2000.

Spitzer, Manfred: Lernen. Gehirnforschung und die Schule des Lebens, Heidelberg: Spektrum Akademischer Verlag, 2009.

Staeck, Lothar: Zeitgemäßer Biologieunterricht. Eine Didaktik, 5. Auflage, Berlin: Cornelsen, 1995.

Stäudel, Lutz: Naturwissenschaftliches Arbeiten, in: Naturwissenschaften im Unterricht. Chemie, 14/2003, Seelze: Friedrich, 2003, S. 4–6.

Stäudel, Lutz/Werber, Brigitte/Freiman, Thomas: Naturwissenschaften – verstehen + anwenden, Seelze: Friedrich, 2002.

Steffensky, Miriam: Einen naturwissenschaftlichen Blick entwickeln: Naturwissenschaftliches Lernen im Kindergarten, in: Vorschulische Bildungsprozesse in Mathematik und Naturwissenschaften, hrsg. von Frank Hellmich und Hilde Köster, Bad Heilbrunn: Klinkhardt, 2008, S. 179–193.

Stern, Elsbeth: Wie abstrakt lernt das Grundschulkind? Neuere Ergebnisse der entwicklungspsychologischen Forschung, in: Individuelles und soziales Lernen in der Grundschule – Kindperspektive und pädagogische Konzepte, hrsg. von Hanns Petillon, Opladen: Leske und Budrich, 2002, S. 27–42.

Stern, Elsbeth: Pedagogy meets neuroscience, in: Science, Nr. 4/2005, S. 745.

Stern, Elsbeth: Effects of instructional support within constructivist learning environments for Elementary school students' Understanding of "floating and sinking", in: Journal of Educational Psychology, Nr. 2/2006, S. 307–326.

Stern, Elsbeth: Wie viel Gehirn braucht die Schule? Chancen und Grenzen einer neuropsychologischen Lehr-Lern-Forschung, in: Lernen und Gehirn. Der Weg zu einer neuen Pädagogik, hrsg. von Ralf Caspary, Freiburg: Herder Spektrum, 2006, S. 128–141.

Stern, Elsbeth: Je früher desto besser?, in: Das wissbegierige Kind. Neue Perspektiven in der Früh- und Elementarpädagogik, hrsg. von Lilian Fried und Gerhard Büttner, Weinheim: Juventa, 2008, S. 21–28.

Stern, Elsbeth/Felbrich, Anja: Erziehungs- und Schulpsychologie, in: Handbuch Psychologie: Wissenschaft – Anwendung – Berufsfelder, hrsg. von Kurt Pawlik, Heidelberg: Springer, 2006, S. 719–731.

Stern, Elsbeth/Neubauer, Aljoscha: Lernen macht intelligent. Warum Begabung gefördert werden muss, München: Deutsche Verlags-Anstalt, 2007.

Stern, Elsbeth/Möller, Kornelia/Hardy, Ilonca/Jonen, Angela: Warum schwimmt ein Baumstamm?, in: Physik Journal, Heft 3/2002, 1. Jahrgang, S. 63–67.

Teichmann, Jürgen/Krapp, Thilo: Mit Einstein im Fahrstuhl. Physik genial erklärt, Würzburg: Arena, 2008.

Thompson, Richard F.: Das Gehirn: von der Nervenzelle zur Verhaltenssteuerung, 3. Auflage, Heidelberg: Spektrum, 2001.

Undorf, Alice: Themenheft Wasser. 3.–4. Klasse, 4. Auflage, Kempen: Buch Verlag Kempen GmbH, 2003.

Unterricht Chemie, Heft 76/77: Naturwissenschaftliches Arbeiten, 4/2003.

Vereinigung Deutscher Gewässerschutz e.V.: Produktgalerie. Virtueller Wassergehalt ausgewählter Produkte (weltweite Mittelwerte), 2004, abgerufen unter: www.virtuelleswasser.de/produktgalerie.html [25.11.2013].

Vester, Frederic: Denken, Lernen, Vergessen: Was geht in unserem Kopf vor, wie lernt das Gehirn und wann lässt es uns im Stich?, 29. Auflage, München: dtv, 2002.

Watzlawick, Paul: Wie wirklich ist die Wirklichkeit. Wahn, Täuschung, Verstehen, 4. Auflage, München: Piper, 2006.

Watzlawick, Paul: Die erfundene Wirklichkeit. Wie wissen wir, was wir zu wissen glauben? Beiträge zum Konstruktivismus, 3. Auflage, München: Piper, 2007.

Weiser, Petra: KiTa Spezial. Einstein, Newton & Co. – Natur und Technik in Kitas, Sonderausgabe, 1/2007.

Westerhoff, Nikolas: Neurodidaktik auf dem Prüfstand, in: Gehirn und Geist, 12/2008, S. 36–44.

Experimentierbücher

Atkinson, Mike: Welt der Wissenschaft, Berlin: Parragon, 2004.

Brown, Mavis: Natur und Umwelt: forschen, untersuchen, entdecken, hrsg. von Wilfried Berghoff (dt. Ausgabe), Berlin: Cornelsen Scriptor, 2006.

Gießler, Christof: Ich bin ein Wissenschaftler, 2. Auflage, Kempen: Moses, 2004.

Hecker, Joachim: Der Kinder Brockhaus, Mannheim: Bibliographisches Institut, 2005.

Köster, Hilde: Fantasie, Werkstatt, Technik. Leichte technische Experimente für Kinder, Freiburg: Herder, 2005.

Köthe, Rainer: Was ist Was. Experimentierbuch. 175 Experimente aus Physik, Chemie und Biologie, Nürnberg: Tessloff, 2001.

Krekeler, Hermann: Spannende Experimente. Naturwissenschaft spielerisch erleben, Ravensburg: Ravensburger, 2005.

Lück, Gisela: Leichte Experimente für Eltern und Kinder, Freiburg: Herder, 2000.

Lück, Gisela: Was blubbert da im Wasserglas. Kinder entdecken Naturphänomene, Freiburg: Herder, 2006.

Press, Hans Jürgen: Spiel, das Wissen schafft, Ravensburg: Ravensburger, 2004.

van Saan, Anita: 365 Experimente für jeden Tag, Kempen: Moses, 2006.

Schreiber, Anke: Das große Buch der Experimente, übers. von Anke Schreiber, Berlin: Gondrom, 2004.

Schreiber, Anke: Die Chemie-Werkstatt. Spannende Experimente ganz ohne Labor, Freiburg: Velber, 2006.

Schreiber, Anke: Die Elektro-Werkstatt. Spannende Experimente mit Magneten und Strom, Freiburg: Velber, 2005.

Schreiber, Anke: Die Hör-Werkstatt. Spannende Experimente mit Klängen und Geräuschen, Freiburg: Velber, 2004.

Schreiber, Anke: Die Licht-Werkstatt. Spannende Experimente rund um Licht und Farben, Freiburg: Velber, 2004.

Schreiber, Anke: Die Luft-Werkstatt. Spannende Experimente mit Atem, Luft und Wind, Freiburg: Velber 2005.

Schreiber, Anke: Die Wasser-Werkstatt. Spannende Experimente rund um Eis und Wasser, Freiburg: Velber, 2004.

Schreiber, Anke: Erstaunliche Experimente. Spielerisch Wissen entdecken, München: Wassermann, 2005.

Schultze, Miriam: Tüfteln, grübeln, Ideen schmieden. Kinder erleben in kreativen Aktivitäten die spannende Welt der Erfindungen, Münster: Ökotopia, 2004.

Spannende Experimente aus Natur und Technik, Starnberg: Dorling Kindersley, 2006.

Wagner, Charlotte: 101 Experimente mit Wasser. Kempen: Moses, 2008.

Bildquellenverzeichnis

Angelika Brauner, Hohenpeißenberg/Bildungsverlag Eins, Köln: S. 40, 41, 67, 184, 216, 243

BDEW Bundesverband der Energie- und Wasserwirtschaft e.V., Berlin, abgerufen unter: www.bdew. de: S. 210

BilderBox.com, Breitbrunn/Hörsching (Österreich): S. 17.1

Birgitt Biermann-Schickling, Hannover/Bildungsverlag Eins, Köln: S. 253

Christian Schlüter, Essen/Bildungsverlag Eins, Köln: S. 11, 22, 46, 116, 166, 171, 212.2, 218

dpa Picture-alliance GmbH, Frankfurt am Main: S. 125.1, 212.1, 242, 269

Elisabeth Galas, Bad Breisig/Bildungsverlag Eins, Köln: S. 27, 29, 52, 62, 64, 65, 66, 72, 92, 132, 149, 154.1, 154.2, 154.3, 154.4, 154.5, 154.6, 159.1, 159.2, 164.1, 164.2, 176, 205.1, 205.2, 205.3, 205.4, 205.5, 209, 241, 244.2, 246.1, 252.1, 252.2, 272, 279, 280.1, 280.2, 281, 289.1, 289.2, 294.1, 294.2, 295.1, 296.1, 296.2, 309.1, 309.2, 309.3, 309.4, 309.5, 309.6, 309.7, 316.2, 329, 330, 332, 333, 334, 335, 336, 337.3

Evelyn Neuss, Hannover/Bildungsverlag Eins, Köln: S. 43

Fotolia Deutschland GmbH, Berlin: S. 7.1 (MIR), 8 (papirazzi), 57 (nicolasjoseschirado), 71 (Rob Stark), 74 (Sebastian Kaulitzki), 75.2 (obri), 76 (Urbanhearts), 86 (firsiv), 125.1 (airArt), 127.1 (FotoLyriX), 127.2 (Bao-RF), 127.3 (Sapsiwai), 127.4 (pics), 153.1 (lantapix), 153.2 (sennah0815), 153.3 (Joachim Opelka), 172 (Udo Kroener), 174 (Smileus), 185 (Dmitriy K.), 187.1 (Smileus), 187.2 (Hallgerd), 196 (drx), 200 (Rainer Schmittchen), 204 (focus finder), 213 (Claudia Paulussen), 226 (hakan corbaci), 234 (Roman Dekan), 235 (elvira gerecht), 240 (Svenja98), 249.2 (kai-creativ), 273 (Kirill Kurashov), 277 (Graham Klotz), 278 (hrisharvey), 301 (Christina Delbert), 304 (Mark Scott), S. 328 (yevgeniy11)

Jörg Mair, München/Bildungsverlag Eins, Köln: S. 228.1, 228.2

MEV Verlag GmbH, Augsburg: S. 7.2 (Waltraud Baeuerle), 75.1 (Peter Gilbert), 125.2 (Michael Pohl), 156.1 (Julia Lauterbach), 238 (Edith Laue), 307 (Michael Spakowski)

OKAPIA KG, Frankfurt am Main: S. 304.2, 304.3, 304.4

Oliver Wetterauer, Stuttgart/ Bildungsverlag Eins, Köln: S. 298

Ullsteinbild, Berlin: S. 304.1 (Peter Arnold Inc.)

Alle übrigen Fotos sowie das Umschlagfoto wurden freundlicherweise von den Autorinnen zur Verfügung gestellt.

Sachwortverzeichnis